감춰진 역사,
아시아의 한국전쟁

Translated from the English Language edition of *The Korean War in Asia*, by Tessa Morris-Suzuki, and originally published by Rowman & Littlefield Publishers, an imprint of Bloomsbury Publishing, Inc., Copyright ⓒ 2018 by the author(s). Translated into and published in the Korean language by arrangement with Bloomsbury Publishing, Inc. All rights reserved.
No part of this book may be reproduced or transmitted in any form or by any means electronic or mechanical including photocopying, reprinting, or on any information storage or retrieval system, without permission in writing from Bloomsbury Publishing, Inc.'

Korean translation copyright ⓒ 2025 by The Academy of Korean Studies
Korean translation rights arranged with Bloomsbury Publishing, Inc through EYA Co.,Ltd

이 책의 한국어판 저작권은 EYA Co., Ltd를 통해 Bloomsbury Publishing, Inc 과 독점 계약한 '(재)한국학중앙연구원'에 있습니다. 저작권법에 의하여 한국 내에서 보호를 받는 저작물이므로 무단전재 및 복제를 금합니다.

AKS 번역총서 14 : 감춰진 역사, 아시아의 한국전쟁

지은이 테사 모리스-스즈키 외   옮긴이 이상호·박성진
초판 1쇄 발행일 2025년 6월 25일
발행인 김낙년   발행처 한국학중앙연구원 출판부
출판등록 제381-1979-000002호(1979년 3월 31일)   주소 경기도 성남시 분당구 하오개로 323
전화 031-730-8773   팩스 031-730-8775   홈페이지 www.aks.ac.kr
ⓒ 한국학중앙연구원 2025
ISBN 979-11-5866-801-3 93910

・이 책 내용의 전부 또는 일부를 재사용하려면 반드시 한국학중앙연구원의 서면 동의를 받아야 합니다.
・값은 뒤표지에 있습니다. 잘못된 책은 바꿔드립니다.

AKS
번역총서
14

감춰진 역사,
아시아의 한국전쟁

테사 모리스-스즈키 외 지음
이상호 · 박성진 옮김

한국학중앙연구원출판부

___ 일러두기

- 이 책은 2018년 로먼앤리틀필드 출판사(Rowman&Littlefield)에서 간행한 *The Korean War in Asia: A Hidden History* 를 한국어로 완역한 것이다.
- 외래어 표기는 국립국어원의 외래어표기법 규정을 따랐다. 고유명사의 경우 원어음을 따르되, 원어음과 한자음을 혼용하거나 한자음만 사용하기도 했다.
- 번역자의 주석은 '역자 주'로 표시하여 원주와 구분했다.
- 원서에 포함된 사진 외에도 본문의 이해를 돕기 위해 사진과 지도 등을 추가로 수록하였다.

___ 감사의 글

이 책은 호주연구협회(The Australian Research Council)의 디스커버리 연구계획 「동북아시아와 한국전쟁: 동북아시아의 구조 속에 남겨진 열전과 냉전의 유산들(Northeast Asia and the Korean War: Legacies of Hot and Cold Wars in Contemporary Constructions of the Region)」(DP120100801) 연구과제의 지원을 받은 공동연구에 기반을 두고 있다. 편집자와 저자들은 호주연구협회의 지원에 진심으로 감사드린다. 더불어 이 책을 통해 발전시킨 여러 주제들을 논의할 수 있도록 「한국전쟁과 동북아시아」 국제학술회의(2013.11.13)를 주최해 준 한국학중앙연구원에도 감사드린다.

연구에 도움을 준 캐서린 처치먼, 페드로 이아코벨리, 신 다카하시와 애덤 브로이노스키에게도 감사를 전하고 싶다. 연구 자료를 찾는 데 도움을 준 호주 국립도서관의 시노자키 마유미와 국제적십자 국제위원회 기록보관소의 파브리지오 벤시, 미국 칼리지파크에 있는 국립문서기록관리청에서 중요한 문서들을 찾는 데 도움을 준 야나기하라 미도리에게도 감사드린다.

이 책의 1장과 8장은 『아시아퍼시픽 저널: 재팬 포커스(The Asia-Pacific Journal: Japan Focus)』(2012.7.30, 2013.12.30, 2014.10.13)와 일본어로 출간된 테사 모리스-스즈키 편, 『일본의 정신사(2): 한국전쟁, 1950년대』(2015)에 수

록되었던 「야마다 젠지로와 이타가키 고조: 캐논 기관-한국전쟁의 숨겨진 얼굴」의 일부 내용을 수정 보완했다. 6장은 『저널 오브 아시안 스터디스(Journal of Asian Studies)』 74-2(2014)에 게재되었던 논문 「600001번 포로: 1950~1953년 일본, 중국, 그리고 한국전쟁에 대한 재고(Prisoner No.600,001: Rethinking Japan, China and the Korean War 1950-1953)」를 개정 증보한 것이다.

이 책에서 언급되는 동아시아인의 이름은 동아시아에서 사용되는 성-이름 순서로 표기한다. 다만 영어로 된 문헌의 경우에는 해당 출판물에 사용된 순서대로 이름을 표기했다.

/
차
례

감사의 글 · 5

서론　한국전쟁, 지역, 세계 _ 테사 모리스-스즈키 · 9

1. 강 건너 불? 한국전쟁과 일본 · 17
　　_ 테사 모리스-스즈키

2. 한국전쟁이 만주 사회에 미친 경제적·사회적·인적 영향 · 65
　　_ 모 티안

3. 분열된 나라에서 분단된 나라로: 몽골이 치른 한국전쟁 · 89
　　_ 리 나랑고아

4. 중화민국이 한국전쟁에서 승리한 방법 · 119
　　_ 캐서린 처치먼

5. 오키나와를 휩쓴 제3차 세계대전의 공포 · 167
　　_ 페드로 이아코벨리

6. 국경을 넘나드는 전쟁: 600001번 일본인 포로의 기묘한 여정 · 195
　　_ 테사 모리스-스즈키

7. 삶과 죽음을 넘나든 정보원들: UNPIK의 중국인 비밀요원들 · 233
　　_ 캐서린 처치먼

8. 미국, 일본, 한국에서의 첩보 전쟁 · 261
　　_ 테사 모리스-스즈키

에필로그　동북아시아와 끝나지 않은 전쟁 _ 테사 모리스-스즈키 · 291

번역을 마치면서 · 307
참고문헌 · 312
찾아보기 · 325

서론 / 한국전쟁, 지역, 세계

_ 테사 모리스-스즈키

한국전쟁이 끝난 지 60여 년이 지난 현재까지도 동북아시아에서 벌어지는 여러 사건들은 한국전쟁이 예거(Sheila Miyoshi Jager) 등이 언급했던 '끝나지 않은 전쟁'이라는 사실을 지속적으로 상기시켜 준다.[1] 한국전쟁 이후 평화협정이 없었기 때문에 한반도의 불안은 동북아시아 지역 전체에 여전히 어두운 그림자를 드리우고 있다. 북한(조선민주주의인민공화국)의 사용 가능한 핵무기 생산 능력 확보와 군사력 증강, 반복되는 미사일 및 핵실험에 대해 미국을 비롯한 강대국의 대응은 세계 평화에 잠재적으로 가장 큰 위협으로 부상했다. 지역적 긴장은 현대의 지정학적·안보적 문제뿐만 아니라 서로 다른 기억과 망각의 패턴에 의해서도 형성된다. 1950~1953년 한국전쟁으로 인해 가장 처참한 피해를 입은 것은 한국 국민이었지만, 이 전쟁은 주변국 많은 사람들의 삶에도 큰 영향을 미쳤다. 하지만 이러한 전쟁의 광범위한 경험과 기억은 잘 알려지지 않았고, 때로는 의도적으로 은폐되기도 했다.

지난 수십 년 동안 현대적 관점의 변화와 더불어 오랫동안 공개되지 않았던 문건들이 기밀 해제되면서 한국전쟁을 재조명하고 재해석하기 시작했다. 중국 역사학자 션즈화(沈志華)의 연구는 중국이 전쟁에 개입하게 된 배경

---

[1] Sheila Miyoshi Jager, *Brothers at War: The Unending Conflict in Korea* (New York: Norton, 2013); 라종일 편, 『끝나지 않은 전쟁』(전예원, 1994).

에 대한 우리의 이해를 재구성하는 데 도움을 주었고,[2] 김동춘과 예거 같은 학자들의 저술은 한국인과 외국인, 민간인과 전투원 모두에 대한 전시 사건의 의미에 대해 생생하고 새로운 통찰을 제공했다.[3] 페리(Samuel Perry)의 최근 연구는 전시 상황을 인식할 수 있는 창구로서 문학을 탐구했다. 오누마 히사오(大沼久夫), 니시무라 히데키(西村秀樹), 김찬정(金賛汀), 백종원(白宗元) 등 일본인 학자와 여러 재일교포 학자들의 저술은 한국전쟁 당시 한일 양국을 연결한 복잡한 경제적, 사회적 관계망에 대한 새로운 관점을 제시했다.[4] 또 다른 연구들은 전쟁의 선전 차원과 참전 국가들의 전쟁 기억 형성에 대해 중요하고 새로운 시각을 제시했다.[5] 이러한 연구들이 커밍스(Bruce Cumings)와 와다 하루키(和田春樹)를 비롯한 주요 역사가들의 통찰력에 더해졌다. 이처럼 한국전쟁의 역사적 맥락과 경험, 그리고 분쟁을 형성한 국제정치적 긴장에 대한 우리의 지식이 확대되고 있음에도 불구하고, 한국전쟁의 지역적 차원의 중요한 측면들에 대해서는 거의 알려지지 않았다.[6]

---

2   Shen Zhihua, *Mao, Stalin and the Korean War: Trilateral Communist Relations in the 1950s*, trans. Neil Silver(London: Routledge, 2012).

3   Dong-Choon Kim, *The Unending Korean War: A Social History*, trans. Sung-Ok Kim(Larkspur, Calif.: Tama Vista, 2008); Miyoshi Jager(2013), *Brothers at War*.

4   대표적으로 Samuel Perry, "The Blue Flower of Pusan Harbor: Engendering Imperial Continuities during the Korean War"(paper presented at the 28th Association for Korean Studies in Europe Conference, Charles University, Czech Republic, April 20-23, 2017); 大沼久夫(編), 『朝鮮戰爭と日本』(東京: 新幹社, 2006); 西村秀樹, 『大阪で闘った朝鮮戰爭: 吹田枚方事件の青春群像』(東京: 岩波書店, 2004); 金賛汀, 『在日義勇兵歸還せず: 朝鮮戰爭秘史』(東京: 岩波書店, 2007); 白宗元, 『検証朝鮮戰爭: 日本はこの戰爭にどうかかわったか』(東京: 三一書房, 2013).

5   대표적으로 Steven Casey, *Selling the Korean War: Propaganda, Politics and Public Opinion in the United States, 1950-1953*(Oxford: Oxford University Press, 2008); Charles S. Young, *Name, Rank and Serial Number: Exploiting Korean War POWs at Home and Abroad*(Oxford: Oxford University Press, 2014); Suhi Choi, *Embattled Memories: Contested Meanings in Korean War Memorials*(Reno: University of Nevada Press, 2014); Grace M. Cho, *Haunting the Korean Diaspora: Shame, Secrecy and the Forgotten War*(Minneapolis: University of Minnesota Press, 2014); Masuda Hajimu, *Cold War Crucible: The Korean Conflict and the Postwar World*(Cambridge, Mass.: Harvard University Press, 2015).

6   Bruce Cumings, *The Origins of the Korean War*, vols. 1 and 2(Princeton, NJ.: Princeton

이 책은 한국전쟁이 주변 국가의 개인들에게 미친 영향을 조명하여 전쟁을 새롭게 바라본다. 이 책의 개별 장들은 공간적·시간적 경계를 넘나들며 한국전쟁을 역내에서 계속되는 분쟁의 역사 속에 위치시키고, 지금까지 상대적으로 학계에서 덜 주목했던 국경을 넘나드는 전쟁의 사회적 측면을 강조한다. 더불어 전쟁을 더 넓은 시간적 맥락에 위치시키고, 일본제국과 아시아태평양전쟁으로 거슬러 올라가는 뿌리를 추적하며, 한국전쟁이 동아시아 지역 사회와 정치에 미친 영향의 지속적인 결과를 강조한다.

이어지는 장들에서는 교전국의 이데올로기, 선전, 첩보 전략에 휘말려 복잡하게 국경을 넘나드는 중국인들의 여정과 전쟁에 참전했다가 때로는 목숨을 잃은 일본인들의 잘 알려지지 않은 이야기를 접하게 될 것이다. 중국 북동부와 특히 한국전쟁의 영향을 많이 받은 오키나와 지역에서의 삶이 전쟁으로 인해 어떻게 변화했는지 살펴볼 것이다. 또한 오랫동안 소홀히 다루어졌지만 중요한 몽골의 한국전쟁 참전 역사를 살펴볼 것이다. 앞으로 살펴보겠지만, 모든 사례들에서 전쟁의 경험은 장기적인 정치적 결과를 가져왔으며, 그중 일부는 오늘날에도 여전히 동북아시아 지역에 반향을 불러일으키고 있다.

한국전쟁의 지역별 역사는 다양한 지리적 환경에도 불구하고 공통된 주제로 연결되어 있다. 여기서 추적한 이야기들은 커밍스나 예거와 같은 학자들이 이미 지적한, 한국전쟁이 이전의 분쟁에서 직접적으로 비롯되었기 때문에 20세기 지역사라는 더 넓은 틀에서 이해되어야 한다는 점을 재조명하고 있다.[7] 예를 들어 4장, 6장, 7장에서 살펴본 중국인을 비롯한 여타 한국

University Press, 1981 and 1990); Bruce Cumings, *The Korean War: A History* (New York: Modern Library, 2010); Wada Haruki, *The Korean War: An International History*, trans. Frank Baldwin (Lanham, Md.: Rowman & Littlefield, 2014).

7 Bruce Cumings(1981), *Origins of the Korean War*, vol. 1; Miyoshi Jager(2013), *Brothers at War*, 1장과 2장 참조.

전쟁 포로들의 경험은 한국전쟁이 중국 국공내전(國共內戰)이 끝난 지 불과 몇 달 만에 발발했고, 한반도에서 벌어진 폭력의 주요 측면이 사실상 다른 형태의 내전의 연속이었다는 사실을 강력하게 상기시켜 준다. 더 깊이 들어가면, 아시아에서 일본의 군사적·제국주의적 팽창이 한국은 물론 오키나와와 내몽골 등 인근 지역으로 전시 상태가 계속 전개될 수 있는 원동력을 만들어냈다고 할 수 있다.

더불어 이런 사례들은 한국전쟁이 미친 영향이 공간적으로 균등하지 않았음을 그대로 보여준다. 한국전쟁은 이 지역을 가로지르는 대규모 군사력이 집중된 냉전의 경계선을 만들어냈고, 동시에 주변 국가와 한반도 전투 지역 간에 인간과 재화(앞으로 살펴보겠지만 동물도 포함)의 대규모 국경 간 이동을 유발했다. 그러나 한국의 이웃 국가들에 대한 영향은 매우 국지적이어서, 예를 들면 중국과 일본의 일부 지역은 분쟁의 영향을 거의 받지 않은 반면, 어떤 마을이나 지역은 완전히 변모했다. 중국에서는 단둥(丹東, 구 안동)과 만저우리(滿洲里) 같은 국경 도시가,(2장과 3장 참조) 일본에서는 사세보(佐世保), 고쿠라(小倉), 요코하마(橫浜) 같은 항구 도시와 오키나와 섬이 전쟁의 영향을 가장 크게 받은 곳이었다.(1장과 5장 참조)

이러한 지역적 관점은 한국전쟁이 주변국 민간인들에게 끼친 가시적, 비가시적 영향 모두를 일깨워 준다. 많은 곳에서 가장 직접적인 영향은 명목상 '자발적'(그러나 실제로는 강제적 또는 반강제적인) 전쟁 지원의 형태로 나타났다. 중화인민공화국과 몽골인민공화국에서는 일반 시민들에게 전쟁 물품과 돈을 기부하도록 촉구하고 압력을 가했다. 모 티안(Mo Tian)과 리 나랑고아(Li Narangoa)가 지적했듯이, 어떤 경우에는 군사적 필요에 의해 지역 주민을 강제로 이주시키기도 했다. 명목상으로 전쟁에 관여하지 않았던 일본에서는 국민 성금을 모으기 위한 정부 차원의 캠페인은 없었지만, 미 점령군이 민간인 노동자를 모집하는 것을 정부가 도왔고, 이들 중 일부는 본인의 의

사와 상관없이 전투 지역의 위험한 임무로 보내졌다.(1장 참조) 그 영향은 물질적 피해뿐만 아니라 심리적 피해도 컸다. 전쟁은 군사적 폭력의 확대 가능성에 대한 공포를 불러일으켰다. 마스다 하지무(益田肇)가 생생하게 보여준 것처럼 (내몽골인을 비롯하여) 중국인들은 자신들의 조국으로 번질지도 모르는 새로운 침략을 두려워했고, 일본인 특히 오키나와인들은 제3차 세계대전을 두려워했다.[8] (자세한 내용은 2장, 3장, 5장 참조)

한국전쟁은 한국인의 정체성뿐만 아니라 주변국 국민의 정체성을 자극하고 형성했다. 한국전쟁에 참전한 중국인 포로들은 중화인민공화국에 충성할 것인지 중화민국에 충성할 것인지 선택해야 했고, 때로는 강요된 선택을 해야만 했다. 반면에 중국과 몽골인민공화국 국경 양쪽에 있던 몽골인들은 전쟁으로 하나가 되었는데, 전쟁이 장기화되면서 그들을 나누는 경계가 더욱 공고해지는 결과가 초래되었다. 전쟁의 영향은 전쟁 지역과 주변 국가의 소수민족에게 특히 심대했다. 이미 남북으로 분열된 재일한국인 사회는 그 어느 때보다 더 깊게 양분되었고, 일부 한국인들은 유엔군사령부 병력과 무기가 일본에서 한국으로 수송되는 것에 항의하고 심지어 방해 행위를 하는가 하면, 일부는 전쟁에 자원하여 한국(대한민국, ROK) 측에서 복무했다.(1장 참조) 남한 내 소수민족이었던 화교는 다른 방식으로 전쟁에 참여했는데, 4장에서 보듯이 많은 화교들이 대한민국과 중화민국이 공동으로 조직한 위장 첩보 작전에 투입되었다. 이 책의 마지막 장에서 설명하듯이, 중국 내 조선족 중 일부는 전쟁에 참여하기 위해 북한으로 귀환했고, 일부는 전쟁 발발로 인해 귀환길이 막혔다. 한편, 러시아혁명 이후 내몽골과 중국 북동부로 피난 온 러시아인들은 한국전쟁 당시의 안보 불안 속에서 의심과 감시의 대상이 되었고, 일부는 고향을 떠나 강제로 이주하거나 소련으로 송환되어 불

---

8   Masuda Hajimu(2015), *Cold War Crucible: The Korean Conflict and the Postwar World*.

확실한 운명을 맞이했다.(3장 및 에필로그 참조)

한국전쟁 당시 동북아시아 전역으로 확장된 다국적 정보 네트워크의 역사는 거의 알려지지 않았고 여전히 많은 부분이 베일에 싸여 있지만, 7장과 8장은 이러한 정보 네트워크가 얼마나 복잡하고 다차원적이었는지를 보여준다. 중국인과 일본인 등이 국내법과 국제법을 모두 위반하는 방식으로 연루되었는데, 이러한 위장 작전은 자의든 타의든 이러한 음모에 휘말린 개인의 삶에 지대한 영향을 끼쳤다. 동시에 한국전쟁의 정보 활동은 동북아시아에서 냉전 시대 첩보 네트워크가 지속될 수 있는 토대를 마련하기도 했다.

이 책의 여러 장들을 연결하는 마지막 공동 주제는 '잘못된 인식'이다. 흔히 '잊혀진 전쟁'으로 묘사되는 한국전쟁은 사실 '잘못 기억된 전쟁'이라고 부르는 것이 더 나을지도 모른다. 내전, 국제전, 세계대전이라는 기묘한 다층적 성격으로 인해 참전의 성격과 전투원의 정체성에 있어서 여러 가지 혼란이 발생했다. 예를 들어 일본과 중화민국은 공식적으로 어떤 방식으로든 전쟁에 참여하지 않았지만, 1장과 4장에서 살펴보듯이 두 나라 모두 실제로는 적대 행위의 중요한 측면에서 조용하고 은밀하게 활동했다. 중화민국은 유엔군 및 한국군과 협력하여 정보 작전과 포로수용소 내 사상 교육을 실시했다. 일본은 기뢰 제거와 상륙작전에서 상당한 공헌을 했다. 3장에서 리 나랑고아가 논의한 몽골의 경우, 잘못된 기억은 이와 정반대의 형태를 띠었다. 몽골인민공화국이 한국전쟁에 군사적으로 개입한 증거가 부족한데도 불구하고 다른 나라들은 몽골이 한국전쟁에 군사적으로 개입했다고 주장하고 또 그렇게 확신했다. 이러한 오해와 잘못된 기억은 가시적인 영향을 미쳤는데, 그중 하나가 몽골의 유엔 가입을 지연시킨 것이었다.

우리는 여러 장의 이야기를 한데 모아 지역적 차원에서 한국전쟁의 정치적·사회적·문화적 의미를 조망하는 폭넓은 관점을 제공하고자 한다. 이러한 관점은 '끝나지 않는 분쟁'에서 평화로운 출구를 찾기 위해 고군분투하고 있는 21세기 동북아시아에서 매우 중요하다. 이 책의 에필로그는 판문점에서 정전협정이 체결된 이후에도 전쟁의 폭력이 이 지역에서 반복되는 여러 가지 방식을 탐구한다. 과거 분쟁에 대한 엇갈린 기억은 새로운 국제적 긴장의 불씨가 될 수 있다. 이 지역의 다양한 전쟁 경험에 대한 기억을 엮어 내는 것은 오랫동안 잘못 기억되어 온 전쟁에 대해 국경을 초월한 공통의 기억을 만드는 출발점이 될 수 있다.

1. 강 건너 불?
한국전쟁과 일본

테사 모리스-스즈키

1950년 6월 25일 한국전쟁이 발발하자 16개 국가[1]가 유엔군사령부(UNC) 지휘 아래 남한에 전투병을 파견했다. 그중에 호주는 전쟁 기간 동안 1만 7,000여 명의 병력을 한국 전선에 파견했다.[2] 대부분의 호주군(그리고 한국전쟁에 참전한 다른 많은 외국군)은 참전 기간 중 상당 시간을 일본에서 보냈으며, 이 때문에 캔버라에 있는 호주전쟁기념관(Australian War Memorial) 수장고에는 1950년부터 1953년 사이에 호주 군인들이 일본과 한국에서 가져온 다양한 사진과 기념품이 보관되어 있다. 이 기념품 중에 1953년 도쿄에서 한 호주 군인이 구입한 기념 스카프가 있다.

'The United Nations'라는 글자가 새겨진 이 기념 스카프에는 전쟁 지역의 지도와 유엔군사령부와 함께 싸운 국가들의 국기와 상징이 그려져 있다. 스카프 중앙에는 후지산과 벚꽃, 탑, 그리고 일본 신사 입구에 세워져 있는 도리이(鳥居)가 그려져 있다. 일본 민족 문화의 대표적인 상징물인 도리이와 후지산이 한국전쟁에 참전한 국가와 부대의 휘장들 속에 솟아 있으며, 언뜻 보기에 유엔군사령부 소속 국가들의 국기가 이를 둘러싼 것처럼 보인

---

1   미국, 영국, 필리핀, 태국, 캐나다, 터키(현 튀르키예), 호주, 뉴질랜드, 에티오피아, 그리스, 프랑스, 콜롬비아, 벨기에, 남아프리카공화국, 네덜란드, 룩셈부르크.

2   Gordon L. Rottman, *Korean War Order of Battle: United States, United Nations, and Communist Ground, Naval, and Air Forces, 1950-1953*(Westport, Conn.: Praeger, 2002), p. 126.

그림 1 한국전쟁 기념 스카프
출처: 호주전쟁기념관(Austrialian War Memorial REL35693)

다. 그러나 자세히 살펴보면 유엔군사령부 소속 국가들의 국기에 더해 한 나라의 국기, 즉 당시 유엔 회원국도 아니고 공식적으로 한국전쟁에 참전하지도 않은 나라인 일본의 국기가 있다.[3] 누가 이 기념 스카프를 디자인하고 제작했는지는 알 수 없지만, 당시에는 잘 알려지지 않았고 그 이후로도 잊혀졌던 사실을 그는 알고 있었던 것 같다. 일본이 한때 자국의 식민지였던 한국에서 1950~1953년에 일어난 전쟁에 적극적으로 그리고 실제로 군사적인 개입을 했다는 사실에 대해서 말이다.

한국전쟁은 1945년부터 현재까지 일본 정부의 승인하에 해외 파병이 이

---

3 (역자 주) 2024년 12월 현재 대한민국 국방부는 한국전쟁에 총 22개국(전투지원국 16개국과 의료지원국 6개국)이 공식 참전한 것으로 인정하고 있다. 의료지원국은 노르웨이, 이탈리아, 인도, 스웨덴, 덴마크, 독일 등 6개국이다. 호주전쟁기념관 소장 기념 스카프에는 총 20개국의 국기가 그려져 있는데, 공식 참전국이지만 여기에 국기가 누락된 나라는 룩셈부르크, 이탈리아, 독일 등 3개국이다.

루어져 전투 및 전투 지원 임무를 수행하다가 일본인이 사망하거나 부상을 입은 유일한 전쟁이다. 오늘날 일본 사회는 '집단적 자위권'에 대한 격렬한 논쟁에 휩싸여 있다. 쟁점은 해외 군사 작전에 대한 일본의 참여 가능 여부를 둘러싼 헌법의 재해석이다. 한편으로 이 논쟁은 한국전쟁에서 일본이 수행했던 역할과 그것이 일본 사회에 미친 영향에 대한 사회적인 망각을 배경으로 해서 이루어지고 있다. 집단적 자위권 문제에 대한 올바른 논의를 위해서는 무엇보다 전쟁에 직접적으로 관여한 일본 국민에게 이 전쟁이 어떤 의미였는지에 대한 깊은 이해가 필요하다.

'일본판 마셜플랜' 다시 생각하기

한국전쟁은 흔히 '잊혀진 전쟁'으로 묘사되지만, 현재 일본의 상황에서 문제는 전쟁이 잊혀지는 데 있는 것이 아니라 전쟁을 기억하는 방식에 있다. 전쟁에 대한 기억은 흔히 안전하고 안도감을 주는 서사라는 캡슐 안에 봉인되어 있는 것처럼 보인다. (이 서사에 따르면) 한국전쟁은 일본이 거의 완전히 고립된 상태에서 벌어진 폭력의 폭발, 즉 일본이 우연히 전쟁 물자 조달의 이득을 얻은 '강 건너 불'에 다름 아니었다. 이 전쟁으로 미국이 주도한 대일연합국 점령 정책의 '역코스'가 가속화되었고, 샌프란시스코 평화조약 체결이 일본에 유리한 영향을 미쳤으며, 일본을 고도성장의 길로 이끌었다는 사실은 상당 부분 인정되고 있다. 일본과 전쟁 문제를 연구하는 많은 저술가들이 한국전쟁이 "상당 부분 일본판 마셜플랜과 동일"하다는 존슨(Chalmers Johnson)의 표현을 인용하곤 한다.[4] 존슨 자신이 이러한 이미지를

---

4   Chalmers Johnson, *Conspiracy at Matsukawa* (Berkeley: University of California Press, 1972), p. 23; 인용된 언급은 William S. Borden, *The Pacific Alliance: United States Foreign Economic Policy and Japanese Trade Recovery, 1947-1955* (Madison: University of Wisconsin Press, 1984), p. 146 참조; Gordon C. K. Cheung, *Market Liberalism: American Foreign Policy*

전달하고자 의도했는지 여부와는 관계없이 그의 말이 지속적으로 반복되면서 전쟁이 일본에 미친 긍정적인 성장 유발 효과가 강조되었고, 일본과 한국전쟁의 관계에서 폭력적인 측면이 가려지는 경우가 많았다. 예를 들어, 일본 역사 교과서에서는 학생들에게 다음과 같은 내용을 강조한다.

> 일본은 미군이 주축인 유엔군의 기지가 되었습니다. 공장, 선박, 철도가 최대한 동원되어 무기를 수송하고 수리하여 군에 필요한 물자를 공급했습니다. 한국전쟁 물자 조달로 인해 일본 경제는 […] 단숨에 부흥했습니다.[5]

드리프트(Reinhard Drifte),[6] 딩맨(Roger Dingman),[7] 오누마 히사오(大沼久夫),[8] 니시무라 히데키(西村秀樹),[9] 와다 하루키(和田春樹),[10] 백종원(白宗元)[11] 등은 일본이 한국전쟁에 깊숙이 관여했음을 강조하며 기존의 이러한 이미지에 도전장을 내밀었다. 그러나 기존 역사 서술에 대한 이들의 중요한 기여에도 불구하고 전후 일본 역사학계의 주류 서사 속에서 이들의 서술은 불투과성 표면에서 빗방울이 미끄러지는 것처럼 사라지는 경우가 빈번했다. 최근의

---

  towards China(New Brunswick, NJ.: Transaction, 1998), p. 36; Aaron Forsberg, *America and the Japanese Miracle: The Cold War Context of Japan's Postwar Revival*(Chapel Hill: University of North Carolina Press, 2000), p. 84.
5 明正三宅(外), 『日本史A: 現代からの歷史』(東京: 東京書籍, 2012).
6 Reinhard Drifte, "Japan's Involvement in the Korean War," James Cotton and Ian Neary(ed.), *The Korean War in History* (Manchester: Manchester University Press, 1989), pp. 121-134.
7 Roger Dingman, "The Dagger and the Gift: The Impact of the Korean War on Japan," William J. Williams(ed.), *A Revolutionary War: Korea and the Transformation of the Postwar World*(Chicago: Imprint, 1993).
8 大沼久夫, 「朝鮮戰爭への日本の協力」, 大沼久夫(編), 『朝鮮戰爭と日本』(東京: 新幹社, 2006), 75-119쪽.
9 西村秀樹, 『大阪で戰った朝鮮爭: 吹田枚方事件の青春群像』(東京: 岩波書店, 2004).
10 Wada Haruki, *The Korean War: An International History*(Lanham, Md.: Rowman & Littlefield, 2014).
11 白宗元, 『檢証朝鮮戰爭: 日本はこの戰爭にどうかかわったか』(東京: 三一書房, 2013).

한 연구는 여전히 이러한 인식이 만연해 있음을 보여준다. "일본군 기뢰 제거 요원들이 유엔군에게 귀중한(비록 과소평가되고 자주 언급되지는 않았지만) 지원 역할을 제공했지만 […] 이 기간 동안 한국전쟁이 일본에 미친 영향은 주로 경제적인 것이었다." 한일관계와 그 관계의 불안은 '간접적'인 것으로, 무엇보다도 일본 경제를 "전후 점령기의 침체"에서 벗어나게 하는 데 기여한 매개적 관계였다.[12]

어떤 의미에서 이러한 언급은 사실이다. 한국전쟁이 일본 경제에 심대한 영향을 미쳤고 성장을 창출했다는 점은 의심의 여지가 없다. 그러나 이러한 사실은 복잡한 현실의 한 측면일 뿐이며, 경제적 영향이라는 단일 측면만을 계속 강조하는 것은 복잡한 현실의 다른 측면을 보이지 않게 만들었다. 이러한 서사는 일본이 일본 사회의 모든 측면에 스며든 한국전쟁에 휘말린 미묘하지만 심오한 방식을 모호하게 만들었다. 무엇보다도 전쟁의 폭력성, 즉 한국전쟁에 참여한 일본인들에 의해, 또는 그들에게 가해진 폭력을 보이지 않게 만든다. 이러한 참전자들의 전쟁 경험, 그리고 이러한 경험이 전후 일본의 복잡한 정계 및 사회 속에서 어떻게 전개되었는지에 대해서는 거의 알려지지 않았다.

다른 한편으로 일본의 한국전쟁 참전에 대한 주류적 서사 속에 사망자나 부상자는 존재하지 않는다. 대다수의 일본인들이 한국전쟁에서 일본인이 사망했다는 사실을 전혀 모르고 있으며, 이러한 일본 대중들의 기억 속 공백은 2011년 미야자키 하야오(宮崎駿)의 애니메이션 영화 「고쿠리코 언덕에서(コクリコ坂から)」가 개봉되면서 분명해졌다. 1960년대 요코하마를 배경으로 한 이 작품에 한국전쟁 중 배가 침몰해 사망한 일본인 승조원을 아버지

---

12 John Swenson-Wright, "The Limits to 'Normalcy': Japanese-Korean Post-Cold War Interactions," Yoshihide Soeya, Masayuki Tadokoro, and David A. Welch(ed.), *Japan as a 'Normal Country': A Nation in Search of Its Place in the World* (Toronto: University of Toronto Press, 2011), pp. 146-192.

로 둔 마쓰자키 우미(松崎海)가 여주인공으로 등장하며, 영화는 대중적으로 큰 성공을 거두었지만 많은 관객들이 이 부분에 대해 놀라움과 안타까움을 표했다.

영화가 개봉된 후 몇 주 동안 우미 아버지의 운명은 인터넷 질문과 답변 사이트에서 주로 젊은 관객들 사이에 상당한 논란을 불러일으켰다. 엠에스엔(MSN)의 소단바코(相談箱) 사이트의 한 블로거는 영화를 칭찬하면서도 당혹감을 드러냈다. "우미의 아버지는 한국전쟁 당시 LST(상륙함)의 승조원이었고 LST는 기뢰에 침몰했습니다. 하지만 일본은 공식적으로 한국전쟁에 참전하지 않았습니다. 일부 민간인이 동원된 것 같습니다. 이해하시는 분이 설명해 주시겠습니까?"[13] 마찬가지로 야후 재팬(Yahoo Japan)의 치에부쿠로(知恵袋) 질의응답 사이트에서 한 누리꾼은 "한국전쟁에서 일본인이 정말 죽었나요?"라고 질문했다. "얼마 전에「고쿠리코 언덕에서」를 봤는데, 주인공의 아버지가 한국전쟁에서 죽었습니다. 한국전쟁에서 일본인이 죽은 것이 역사적 사실이라면 왜 죽었는지 설명해 주실 수 있나요?"[14]

이 장에서 필자는 일본이 한국전쟁에 직접 개입한 세 가지 측면에 주목한다. 이 측면들은 더 이상 비밀도 아니지만 여전히 널리 알려지지 않았고, 이상하게도 일본 국내에서는 물론 국제적으로도 대중들의 기억 속에서 사라져 있다. 첫째, 필자는 우선 한국전쟁의 상당 부분이 일본 영토에서 지휘되고 지시되었다는 사실이 중요하다는 점을 강조하는 동시에 이 사실이 일본인의 전쟁 참여에 미친 영향을 검토할 것이다. 이를 통해 전쟁이 일본 내부에 미친 지리적 영향이 매우 불균등했다는 점, 즉 일부 도시와 지역이 여타 지역보다 전쟁의 영향에 훨씬 더 많이 노출되었다는 점을 강조한다. 두 번째 측면은 전쟁 지역에 일본인이 상당수 존재했고, 일부 사람들은 사망이나

13 http://questionbox.jp.msn.com/qa6962218.html (검색일: 2014.12.15).
14 http://detail.chiebukuro.yahoo.co.jp/qa/question_detail/q1068374040

심각한 부상을 초래한 군사 관련 업무에 종사했다는 점이다. 세 번째로 필자는 한국전쟁 당시 일본 사회 내에서 발생한 사망자와 부상자의 존재, 한국전쟁 참전자의 사망과 부상 형태, 그리고 일본 내에서 이루어진 전쟁 무기 생산에 관해 이제까지 잘 알려지지 않은 문제들을 살펴본다. 오늘날까지 일본이 한국전쟁에 개입한, 여전히 비밀이지만 공공연히 알려져 있는 이 모든 측면들은 일본의 정치적 분열과도 밀접하게 연관되어 있으며 이를 더욱 심화시켰다. 이러한 분열은 이념 투쟁과 격렬한 의회 논쟁, 그리고 때로는 거리 시위와 불복종운동으로 이어지기도 했다. 이러한 갈등 역시 헌법 재해석과 집단적 자위권에 관한 오늘날의 논쟁과도 중요한 관련이 있다.

■ 일본을 보이지 않게 만든 '부유하는 세상'

일본을 한국전쟁의 중심에 놓은 기념품 스카프는 많은 측면에서 상징적이었다. 물론 한국전쟁 당시 병력과 물자가 미국과 다른 여러 곳에서 태평양을 건너 요코하마 등의 항구로 흘러들었고, 다시 내륙을 거쳐 모지(門司), 사세보, 고쿠라 같은 서부의 여러 항구로 또는 전국의 비행장을 통해 한반도로 흘러 들어갔는데, 이러한 거대한 병력과 물자 이동의 중심에 일본이 있었다. 당시 일본국유철도(日本國有鐵道)는 전쟁 기간 동안 미군 물자가 최우선으로 공급되는 것을 보장하는 특별 지침을 전국 지역 지사에 내리기도 했다.[15] 일본의 각종 공장과 농장들은 한국전쟁 기간 동안 약 25억 달러 상당의 물자를 제공했으며, 이는 일본 경제 재건에 가장 중요한 조달 수단으로 활용되었다.[16] 이들이 공급한 물품에는 자동차, 천막, 전투식량, 수백만

15 Wada(2014), *The Korean War*, p. 91.
16 Michael Schaller, "The Korean War: The Economic and Strategic Impact on Japan," William Stueck(ed.), *The Korean War in World History* (Lexington: University Press of Kentucky, 2004), p. 148.

장의 선전 전단, 유엔군 관할 포로수용소에서 사용할 사전(事典)과 칫솔 등은 물론, 심지어 박격포탄, 네이팜탄, 전투기용 연료 탱크 등의 무기도 포함되었다.[17]

조달에 관한 연구들은 주로 무생물에 초점을 맞추는 경향이 있다. 즉 철강, 선박, 직물, 화학물질 등 전쟁 수행에 필요한 물자의 공급량에 주목하는 것이지만 한편으로 중요한 인적 차원의 측면에도 주목해야 한다. 이 '조달'에는 일본 내 미군이 고용한 20만 명 이상의 근로자 노동력이 포함되어 있었다. 1953년 초의 미국 측 비망록에 따르면, 이들 노동자의 상당수가 "한국전쟁과 직접적으로 연관되어 있었다."[18] 더불어 이보다 너 많은 인력이 일본에 주둔하고 있던 영연방군과 전시 물자를 생산하는 기업들에 의해 고용되었다. 그리고 일본인 전쟁 노동자가 모두 일본 내에 있었던 것은 아니다. 수천 명이 전쟁터로 파견되었던 것이다. 이 장에서는 이들의 경험을 살펴볼 것이다.

남한에서 벌어지고 있던 한국전쟁은 유엔군사령부 본부가 있던 도쿄 중심부의 다이이치빌딩에서 지휘되었다. 주요 군사적 결정이 이곳에서 내려졌고, 전쟁에 관한 주요 국제회의와 전황에 대한 유엔군사령부의 기자회견도 도쿄에서 열렸다. 이러한 모든 일에 대한 관리를 미국인들이 맡기는 했지만 필연적으로 일본인도 이러한 일들에 뒤따라오는 일에 관여할 수밖에 없었다. 유엔군사령부는 이론적으로는 다자간 기구였지만 실제로는 미국의

---

17 John G. Westover, *Combat Support in Korea*(facsimile reprint)(Washington, D.C.: Center of Military History, 1987), pp. 81-82; Department of Air, Australia, Minute to the Minister of Air(July 8, 1952), National Archives of Australia, Canberra, Series No.A705, control symbol 159/2/293, "Parliamentary Question by Mr. Beazley on the Use of the Napalm Bomb in Korea"; 長谷川正安(編), 『憲法と地方政治』(名古屋: 風媒社, 1973), 84쪽 참조.

18 P. B. Sullivan, "Korea: Background Briefing Memorandum for Mr. Robertson"(March 27, 1953), National Archives and Records Administration, RG59, Bureau of Far Eastern Affairs, "Miscellaneous Subject Files for the Year 1953, Far East, General," electronic copy held in Okinawa Prefectural Archives, ref. 059-01198-00005-001-145.

통제하에 있었고,[19] 일본 주둔 연합군최고사령관(SCAP, 스캡)이 유엔군사령부 수장이기도 했기 때문에 미국의 일본 점령과 매우 긴밀하게 연관되어 있었다. 결국 유엔군사령부는 전쟁 수행을 지휘하는 기관이었을 뿐만 아니라, 브릭스(Ellis O. Briggs) 주한미국대사가 격렬하게 항의했듯이, 미국이 "일본에서 한국을 지휘"하는 수단이기도 했다. 따라서 브릭스의 말을 빌리자면, 일제 식민 통치가 끝난 지 7년이나 지났지만 한국의 미래에 대한 중요한 결정이 내려질 때마다 "모든 길이 도쿄로 통한다는 것, 그리고 그다음에는 펜타곤으로 통한다는 것 외에는 [한국의] 어느 누구도 어디로 향해야 할지 몰랐다."[20]는 것이다.

물론 한국전쟁이 발발했을 때 일본은 피점령국이었다. 진정한 주권이 없었고, 그런 의미에서 이러한 문제에 대해 선택의 여지도 없었다. 그러나 일본 정부가 이러한 일들에 적극적으로 협력했고, 일본의 주권이 회복된 후에도 여러 방면에서 계속 협력했다는 사실은 일본의 개입 문제를 복잡하게 만들었다. 다양한 수준의 권력과 지휘권을 가진 여러 참여자들이 있었기 때문에 한국전쟁은 현실과 환상이 다면적이고 어지러운 방식으로 교차하는 '거울의 방'이 된 것이 사실이었다.

이러한 현실과 환상의 혼재는 한국전쟁에 대한 일본인의 참전 문제를 고려할 때 특히 분명해진다. 1950년 8월, 두 명의 미국 하원의원은 미군이 한국전쟁에 참전하기 위해 일본인 지원병을 모집할 수 있도록 하는 법안을 통

19　당시 국무부 문서에 따르면, 유엔군사령관은 "(미국)합동참모본부로부터 작전지휘권을 받았다. 한국에서의 최종적인 작전권은 유엔에 있었다고 할 수 있지만, 모든 작전지휘권은 통합 사령부인 미국에 있었다. 물론 유엔도 군사 작전 수행에 간섭할 의사가 전혀 없었다." Sullivan(1953), "Korea" 참조.

20　Ellis O. Briggs, Letter to John M. Allison, State Department, Washington, D.C.(January 14, 1953), National Archives and Records Administration, RG59, Bureau of Far Eastern Affairs, "Miscellaneous Subject Files for the Year 1953–Japan, Jan-June 1953, Correspondence A-L," electronic copy held in Okinawa Prefectural Archives, Naha, ref. 059-01198-00008-001-001.

과시키려 했다. 일본 중의원(衆議院) 의장을 비롯한 일부 일본 인사들도 일본 지원병을 한국전에 파견해야 한다고 촉구했지만,[21] 이러한 움직임은 성공하지 못했고 미군사령부는 일본군을 전쟁에 투입할 계획이 없다고 거듭 부인했다. 이 문제에 대해 우려를 제기한 동맹국들은 일부 일본인이 "부산으로 화물을 운반하는 선박 승조원으로 채용될 수는 있겠지만, 한국인 노동력이 충분하기 때문에 일본인이 한국군에 고용되지는 않을 것이다."[22]라고 말했다.

당시 일본인의 채용이 거부된 이유는 분명했다. 연합국 점령의 기초가 된 포츠담선언은 일본의 무장 해제를 명시했다. 일본이 새로운 전쟁에 군사적 또는 준군사적으로 개입하는 것은 그 조항을 위반하는 것으로 간주될 수 있었다. 남북한 모두 이전의 식민 지배자들이 다시 한반도로 돌아오는 것을 바라지 않았을 뿐만 아니라 전쟁에 지친 일본 내에서도 한국전쟁에 직접 개입하는 것에 대한 반대가 상당했다.[23] 당시 요시다 시게루(吉田茂) 일본 총리는 일본의 직접 개입에 공개적으로 반대 입장을 표명했지만 한편으로는 국제 정치 무대에서 일본이 더욱 적극적으로 활동할 수 있는 기회라고 생각해서 눈에 띄지 않는 방식으로 유엔군사령부의 활동을 지원하고자 했다. 일본의 전쟁 개입을 공개적으로 부인한 또 다른 중요한 요인은 1950년 2월에 체결된 중소 조약 때문이었다. 이 조약의 한 조항은 중국과 소련이 일본과 전쟁이 발발할 경우 서로를 지원한다는 내용이었다. 미국 동맹국들 사이

21　Nam G. Kim, *From Enemies to Allies: The Impact of the Korean War on U.S.-Japan Relations* (San Francisco: International Scholars Publications, 1997), p. 62.

22　Department of External Affairs, Australia, "Japanese Workmen," cablegram to High Commissioner's Office, London(July 18, 1950), National Archives of Australia, Canberra, Series No.A1838, control symbol 3123/7/27, "Korean War-Japan's Policy," emphasis in original.

23　W. R. Hodgson, "Japanese Attitude to Korean War," 1950, report by the Australian Mission in Japan, National Archives of Australia, Canberra, Series No.A1838, control symbol 3123/7/27, "Korean War-Japan's Policy."

에서는 일본이 한국전쟁에 직접 개입할 경우, 소련의 전면적인 참전을 유발해 핵전쟁을 촉발할 수 있다고 심각하게 우려했다.[24] 6장에서 살펴보겠지만, 1950년 말 소련은 실제로 일본이 포츠담선언을 위반하고 전쟁에 군사적으로 개입하고 있다고 국제사회에 항의했다.

그러나 당시 빠른 북진 속도에 놀란 미군사령부는 추가 병력이 절실했고, 일본은 추가 병력의 확실한 공급원이었다. 미군사령부가 내놓은 해결책은 다양한 군사 지원 역할에 일본인을 동원하되, 가능한 한 눈에 띄지 않고 사후에 부인할 수 있는 방식으로 동원한다는 것이었다. 이는 일본인 참전자를 공식적으로는 민간인 신분을 유지시킨 채, 전쟁포로가 될 가능성이 낮은 곳에 배치하는 것을 의미했다. 한반도를 둘러싼 바다가 이상적인 장소였다. 당시 일본에는 필수 기술을 보유하고 있지만 실업 상태에 있고 지상군과 직접 대면할 필요가 없는 대규모 선원 집단이 존재하고 있었다. 이들은 해상에 머물기 때문에 유엔군사령부가 항의를 받을 경우, 일본인이 한국 영토에 있다는 점을 부인하는 데도 유리했다.

한 일본인 전쟁 참전자의 일기에서 당시 일본이 수행한 역할의 본질이 극명하게 드러났다. 1951년부터 1952년까지 소해정을 탔던 이 일본인이 꼼꼼한 필체로 쓴 일기에는 한국의 풍경이 세심하게 스케치되어 있는데, 바다에서 바라본 해안의 모습이며 마을과 마을의 희미한 윤곽이 먼 해안선의 점처럼 보인다.[25] 일본의 직접적인 참전은 한국전쟁의 해양 경계선에서 조용히 그리고 눈에 띄지 않게 이루어진 일종의 부유하는 세상(floating world)이었다.

---

24 Department of External Affairs, Australia, "Your Telegram 278," immediate secret cablegram to Australian Mission, Tokyo(1950.7.6), National Archives of Australia, Canberra, Series No.A1838, control symbol 3123/7/27, "Korean War – Japan's Policy" 참조.
25 문화방송(MBC), 「이제는 말할 수 있다: 6·25 일본 참전의 비밀」, TV 다큐멘터리 방송(2001.6.22; 2001.6.25).

공식적인 수치는 집계된 적이 없지만, 약 8,000명의 일본인이 전쟁 관련 임무를 수행하기 위해 한반도에 파견되었다는 것이 가장 유력한 추정치이다.[26] 수치로만 본다면 당시 유엔군사령부 휘하에서 참전한 필리핀군 7,420명, 뉴질랜드군 4,720명, 프랑스군 3,421명에 비견될 수 있다.[27] 대다수 일본인은 기뢰 제거 작업이나 수송선 및 상륙함 승조원과 같은 해상 작업에 종사했다. 1~2명 정도의 극소수가 수리공과 하역원으로 유엔군을 지원했다. 이들 육상 계약직 노동자 중 일부는 한국 내 유엔 기지 안에서 반감금 상태로 지냈지만, 대부분은 인천과 부산 등 한국 항구에 정박해 있는 화물선을 개조해 해상에서 생활했다. 1950년 9월 미군은 일본 화물선을 긴급 요청하면서, "기존 정책상 일본인의 한국 내륙 상륙을 허용하지 않기 때문에 이들 인력을 수용할 수 있는 수상 주택을 제공"할 필요가 있다고 설명했다.[28] 앞으로 살펴보겠지만, 소수의 일본인이 한국 땅을 밟았고 때로는 최전선에 배치되기도 했지만, 이들의 존재에 대한 미군 지휘부의 신경질적인 반응은 그들이 일본인의 존재를 보이지 않게 해야 할 필요성을 얼마나 심각하게 받아들였는지 잘 보여준다. 하지만 육지와 바다의 경계는 모호했다. 1950년 10월 원산상륙작전 당시 "일본 LST 지휘관들은 배를 해변가에 최대한 가까이 댔지만, 문이 열리는 램프 끝과 해안 사이에는 여전히 수심 약 5피트의 바닷물이 있었다."[29] 이와 같은 문제로 인해 승조원들의 사망과 부

---

26 石丸安蔵, 「朝鮮戰爭と日本の關わり: 忘れ去られた海上輸送」, 『戰史研究年報』 第11號(2008.3), 21-40쪽. 일부에서는 이보다 더 많은 숫자를 제시하고 있지만 확인되지는 않았다. 白宗元(2013), 『檢証朝鮮戰爭: 日本はこの戰爭にどうかかわったか』, 302-303쪽 참조.

27 Rottman(2002), *Korean War Order of Battle*, pp. 119, 121, 126.

28 Miles M. de Witt, "Reconditioning of Vessels," memo to the Commanding Officer, 24 Transportation Medium Port(September 12, 1950), National Archives and Records Administration, College Park, Md., RG 554, Stack area 290, row 50, compartment 16, shelves 3-6, container 5397, folder 564 (Aug.-Dec. 1950), "Japan Logistical Command, AG Section."

29 Donald W. Boose, *Over the Beach: US Army Amphibious Operations in the Korean War*(Washington, D.C.: Government Printing Office, 2008), pp. 229-230.

상 위험성이 매우 컸다.

한국전쟁에서 사망하거나 부상을 입은 일본인의 수는 알려지지 않았다. 한 공식 보고서에 따르면 전투 초기 6개월 동안에만 승조원을 비롯해 기타 전시 임무에 종사한 47명이 사망한 것으로 기록되어 있다.[30] 사망자 총수에 대해 어떤 공식적인 산정도 이루어지지 않았으며, 사망자의 추모식은 대부분 소수의 가족과 친구들만 참석한 가운데 거행되었다. 사망자와 부상자의 가족들은 상황을 비밀로 하라는 강경한 명령을 받았다.[31] 주일미군이 거의 전권을 쥐고 있는 것처럼 보였던 당시에는 이러한 명령이 곧이곧대로 받아들여졌다. 원산 앞바다에서 소해정이 침몰하면서 사망한 스물한 살 승조원 나카타니 사카타로(中谷板太郎)의 형은 그와 그의 가족이 젊은 승조원의 죽음에 대한 진상을 밝힐 경우 점령 당국으로부터 가혹한 처벌을 받을까봐 정말 두려워했다고 회고했다.[32]

한반도 해역에서의 전쟁: 기뢰 제거 작전

최근 일본에서 '집단적 자위권' 문제에 대한 논쟁이 격화되면서 한국전쟁에서 일본의 기뢰 제거 임무를 둘러싼 망각의 먹구름이 걷히고 있다. 오늘날 아시아에서 일본의 군사적 역할 확대를 지지하는 사람들은 한국전쟁에서의 기뢰 제거 임무를 지역 안보에 대한 일본의 역사적 헌신을 보여주는 사례이자 일종의 미래 관여 모델(model for future engagements)이라고 칭송

30　石丸安藏(2008), 「朝鮮戰爭と日本の関わり: 忘れ去られた海上輸送」, 35쪽.
31　横浜の空襲を記録する會, 『横浜の空襲と戰災(5)』(横浜: 横浜市, 1977), 60-61쪽.
32　문화방송(MBC)(2001), 「이제는 말할 수 있다: 6·25 일본 참전의 비밀」; Tatsuya Sato, "Major Security Shift: Brother Says No More War Dead," *Asahi Shimbun / Asia Japan Watch*(May 17, 2014), http://ajw.asahi.com/article/behind_news/social_affairs/AJ201405170041(검색일: 2014.6.8).

하기도 한다. 한 사람의 말을 빌리자면, "일본이 적시에 기뢰 제거 장비들을 제공한 것은 몇 척 안 되는 보조 목제선체소해정(木製船體掃海艇)에 의존해 장비가 부족했던 미 해군에게는 없어서는 안 될 전력이었다. 60여 년이 지난 지금도 한반도 주변에서 미군의 작전을 지원하는 일본의 중요성은 변함이 없다."[33] 그러나 실제로 작전에 참여했던 이들은 그 역사를 좀 더 복잡하고 모호한 관점에서 바라보았다.

아리야마 미키오(有山幹夫)는 아시아태평양전쟁이 한창이던 시기에 후쿠오카에서 자랐고, 1944년 3월 해군병학교(海軍兵學校)를 졸업한 후 일본제국 해군 장교가 되었다. 일본이 전쟁에서 패배하자 그는 당연히 동원 해제될 것으로 예상했다. 그러나 1945년 3월부터 그해 8월 일본이 항복할 때까지 미국은 '기아 작전(Operation Starvation)'으로 알려진 포위 전략의 일환으로 일본 주변 해역에 수많은 기뢰를 투하했다. 패전국 일본은 대규모 기뢰 제거 작업을 수행해야 했고, 아리야마를 비롯한 구일본제국 해군의 일부 대원들이 미 점령군의 지휘 아래 이 작업을 수행하기 위해 계속 복무했다. 1948년 5월 해상보안청이 설립되면서 기뢰 제거 활동은 이 기관의 감독하에 이루어졌다. 그 무렵 일본 해역의 기뢰 제거 작업이 사실상 완료되자 아리야마는 곧 공직에서 벗어날 것으로 예상했지만 전혀 예상치 못한 새로운 임무에 참여하게 되었다.[34]

한국전쟁이 발발한 지 약 3개월 반 후인 1950년 10월 3일, 아리야마와 그가 지휘하는 함선 MS06은 시모노세키로 가라는 명령을 받았다. 처음에는 쓰시마 해협에서 기뢰 제거 작업을 수행하는 임무로, 한국으로 병력과

---

33 Samuel Mun, "Destined to Cooperate: Japan-South Korea Naval Relations," *Diplomat*, February 5, 2014, http://thediplomat.com/2014/02/destined-to-cooperate-japan-south-korea nava-relations/(검색일: 2014.6.8).

34 有山幹夫, 「朝鮮戰爭に參加」, 문화방송, 『이제는 말할 수 있다: 6·25 일본 참전의 비밀』(문화방송, 2001), 1-4쪽.

물자를 수송하는 일본 선박을 보호하기 위해 파견된다는 말을 들었다. 그러나 곧 그들의 임무가 훨씬 더 위험한 임무라는 것이 밝혀졌다. 유엔군은 원산에서 북한군 전선 뒤로 상륙을 계획하고 있었지만, 한반도의 대부분을 장악하고 있던 북한군은 주요 항구를 보호하기 위해 수중 기뢰로 장벽을 구축했다. 전쟁 당시 미 해군이 동아시아 해역에 배치한 소해함은 단 10척에 불과했다. 당시 일본은 공식적으로 완전히 무장 해제된 상태였고 유엔 회원국이 아니었으며, 자국 헌법에 따라 어떤 식으로든 한국전쟁에 직접 관여해서는 안 되었다. 그러나 미 해군의 버크(Arleigh Burke) 제독이 일본 해상보안청장 오쿠보 다케오(大久保武雄)에게 일본의 소해정과 승조원들을 한국 해역에 머물던 미 해군의 소해함대에 합류시키라고 지시했다. 당시 요시다 일본 총리는 철저한 비밀 유지를 조건으로 동의했고, 아리야마가 지휘하는 함선을 포함해 총 54척의 소해정이 한국전쟁에 투입되었다.[35]

이에 놀란 소해정 승조원들은 이러한 재배치에 단호하게 반대했다. 아리야마 미키오도 일본이 다시 전쟁에 휘말릴 위험이 있고 자신의 지휘하에 있는 승조원들이 위험에 처할 수 있어 개탄을 금치 못했다. 그와 승조원들은 하선(下船)하여 명령에 따르지 않겠다고 저항했지만, 결국은 마지못해 다시 소해정에 탑승했다. 설득 과정에서 그들은 이 임무가 일본을 공산주의로부터 구하는 데 도움이 될 뿐만 아니라 일본 해군의 자존심과 명예를 회복하는 데도 도움이 될 것이라고 들었고, 이 임무에 참여한 인원들만 새롭게 만들어질 일본 해군에 들어갈 수 있다는 암시를 받았다.[36]

10월 7일, 일본 소해정 4척과 해안경비대 호위함 4척이 쓰시마 섬 인근에서 미국 함대와 합류하기 위해 어둠 속에서 한국으로 향했다. 기뢰 제거

---

35 Wada(2014), *The Korean War*, p. 138; 鈴木英隆, 「朝鮮海域に出撃した日本特別掃海隊: その光と影」, electronic resource, http://www.mod.go.jp/msdf/mf/history/index.html (검색일: 2014.6.8).

36 有山幹夫(2001), 「朝鮮戰爭に參加」; 鈴木英隆, 「朝鮮海域に出撃した日本特別掃海隊: その光と影」 참조.

그림 2 한국전쟁 중 일본 해안경비대
출처: 베르너 비쇼프, 매그넘 포토

작전은 극도로 비밀리에 진행되었는데, 함정들은 무선 통신을 끈 채 조명탄과 신호기만으로 상호 교신했다. 10월 10일부터 시작된 기뢰 제거 작전은 함정들이 짝을 이루어 기뢰의 위치를 찾기 위해 철망을 내렸다 끌어올리는 방식으로 진행되었다. 작전 3일째에 미군 함정 2척이 기뢰에 부딪혀 폭발하여 미군 수병 13명이 사망하고 79명이 부상당했다.[37] 작전은 일시 중단되었고 헬기가 투입되어 추가 기뢰 제거 작업을 실시하는 동안 미군 함정들이 원산에 대규모 포격을 개시했다. 밤에 멀리 떨어진 해안에서 미 전함의 조명탄이 하늘을 밝히고 항구 도시가 포격으로 화염에 휩싸이는 모습

---

37 有山幹夫(2001), 「朝鮮戰爭に參加」; 鈴木英隆, 「朝鮮海域に出擊した日本特別掃海隊: その光と影」, 6쪽.

을 바라보면서 아리야마는 "잔혹한 장면이라기보다는 화려한 장면"이라고 생각했다. 그는 훗날 "전쟁이 인간성의 미의식을 마비시켰다. 비 오듯 쏟아지는 포탄 아래서 북한군이 끔찍하게 희생되고 있었다."라고 회고했다.[38]

10월 17일, 일본 함정들이 기뢰 제거 작업을 재개했다. 아리야마의 MS06은 다른 일본 함정인 MS14와 짝을 이루었는데, 오후 3시를 조금 넘긴 시각에 MS14가 기뢰에 부딪히면서 갑자기 파손되어 순식간에 침몰했다. 아리야마가 함정의 승조원들을 구출하기 위해 구명보트를 띄웠지만 소형 보트에 불과했으므로 거센 바람에 떠밀려 순식간에 항로를 벗어났다. 미국 함정들이 MS14의 일본인 승조원들을 물 밖으로 끌어냈지만, 승조원 중 한 명인 나카타니 사카타로의 흔적은 찾지 못했다. 구조된 승조원 중 18명이 부상을 입었다. 그중 한 명은 허리와 팔이 부러졌고, 다른 한 명은 폭발로 인해 꼬리뼈가 골절되고 귀가 잘렸다.[39]

일본인 승조원들 사이에서 격렬한 항의가 일어났고, 일부 승조원들은 자신들이 군인이 아니라 공무원이며 한국에서의 근무를 자원하지 않았다고 지적했다. 일본 함정들을 덜 위험한 임무에 배치하겠다는 합의를 놓고 담판을 시도했지만 미군은 이를 거부했고, 남은 세 척의 소해정 함장들은 임무를 계속 수행하지 않을 경우 심각한 결과를 초래할 수 있다는 경고를 받았다. 하지만 세 함장은 승조원들을 더 이상 위험에 노출시키지 않기로 결정했다. 미군과 일본 소해정 사이의 대치 상황은 유엔군사령부의 봉쇄 및 호위함대 사령관인 스미스(Allan E. Smith) 해군 제독에게 보고되면서 폭발 직전에 이르렀다. 스미스 사령관은 일본인 함장들을 해군의 수치라고 꾸짖으며 15분 이내에 임무에 복귀하거나 항구를 떠나지 않으면 자신의 함정이 일본

---

38 有山幹夫(2001), 「朝鮮戰爭に參加」, 28쪽.
39 有山幹夫(2001), 「朝鮮戰爭に參加」; Lt. Col. Shrader (이름은 없음), "Awards to Seamen Injured in Mine Sweeping Operations"(1950.11.6.), National Archives and Records Administration, College Park, Md., RG331, Box No.354, Folder.

소해정을 포격하겠다고 위협한 것으로 알려졌다.[40] 그러나 결국 위협은 실행되지 않았고, 일본 함정들은 호위함을 남겨둔 채 일본으로 출항하기로 결정했으며, 나중에 시모노세키에서 파견된 소해정 한 척이 추가로 합류했다.

이후 오쿠보 다케오 해상보안청장은 일본 승조원들의 행동에 대해 미군 측에 사과하고 책임자를 징계하겠다고 약속했다. 소해정을 회항시킨 세 명의 함장과 그들의 행동에 책임이 있는 직속상관은 해상보안청에서 해임되었다. 그러나 아리야마가 걱정했던 것처럼 불복종죄로 재판에 회부되지는 않았다.[41] 일본이 전쟁 지역에 기뢰 제거 임무를 위해 소해정을 계속 보내기로 합의하자 미군사령부가 처벌에 대한 입장을 완화한 것으로 보인다. 점령 당국도 구일본제국 해군 장교의 공직 파면을 중단하는 것으로 화답했다.[42] 인천항, 군산항, 진남포항 앞바다 등에서 일본이 수행한 주요 기뢰 제거 작전은 연말까지 이어졌고, 일부 일본 소해정들은 1952년 중반까지도 한국 해역에 머물렀다. 약 1,200명의 일본 승조원이 기뢰 제거 임무에 참여했는데, 거의 대부분이 일본제국 해군 출신이었으며, 이들 중 상당수는 전후 일본 해상자위대의 핵심 요원이 되었다.

하지만 이 복잡한 임무는 정치적 논쟁을 불러일으켰다. 일본에서 이 작전을 지휘했고, 1970년대에 정부 각료가 된 오쿠보 다케오는 이 임무를 미일 군사 협력의 모델로 여겼고, 동료와 부하들에게 한국전쟁 기뢰 제거 임무에서 했던 자신의 역할을 강조하며 자신을 "미 해군의 명예 대원"이라고 생각한다고 말하곤 했다.[43] 그러나 작전 수행 중 자신의 형이 전사한 나카타니 도이치(中穀藤一)는 당시의 기뢰 제거 임무가 현재에 미치는 영향을 다소 다

---

40 有山幹夫(2001), 「朝鮮戰爭に參加」, 35-37쪽; 鈴木英隆, 「朝鮮海域に出擊した日本特別掃海隊: その光と影」, 7쪽.
41 有山幹夫(2001), 「朝鮮戰爭に參加」, 35-37쪽.
42 鈴木英隆, 「朝鮮海域に出擊した日本特別掃海隊: その光と影」, 8쪽.
43 中山正暉의 발언, 「衆議院憲法調査會安全保障及び國際協力等に關する調査小委員會」(2003年7月3日).

른 시각에서 바라보았다. 2014년 일본 지역 신문과의 인터뷰에서 그는 집단적 자위권을 향한 오늘날의 움직임이 "국민들 사이에서 충분한 논의 없이 진행되고 있습니다. […] 또다시 전몰자들을 마주하게 될 뿐만 아니라 자위대원들이 해외에서 사람들을 죽일 수 있는 가능성을 과연 온 국민이 받아들이기로 결심했을까요?"⁴⁴

전쟁에서 민간인 1: 한국전쟁에서 일본인 선원들

산노미야 가즈미(三宮克己)는 1950년 9월 상륙작전이 시작된 인천항 앞바다의 월미도에서 벌어진 참혹한 상황을 지금도 생생하게 기억하고 있다. 산노미야는 기뢰 제거 임무에는 참여하지 않았지만, 인천상륙작전에서 미군과 한국군을 상륙시킨 일본군 상륙함 37척 중 한 척의 승조원이었다. 상륙작전의 첫 번째 단계는 47척의 함정이 수행했는데, 이 중 30척에 일본인 승조원이 타고 있었다.⁴⁵ 사건 직후 일본사회당 중의원 의원인 아오노 부이치(青野武一)가 입수한 자료에 따르면 3,922명의 일본인 승조원이 인천상륙작전에 참가했다.⁴⁶ 산노미야와 그의 동료 일본인 승조원들이 월미도에 상륙하자마자 마주한 것은 화염방사기로 형체를 알아볼 수 없을 정도로 불타버린 북한군의 시신이 있는 버려진 벙커였다.⁴⁷

승조원으로 아시아태평양전쟁에서도 살아남았던 산노미야는 일본의 평화헌법을 지지하며 다시는 전쟁을 할 필요가 없을 것이라고 굳게 믿었다. 그는 상선관리위원회(商船管理委員會)에서 운영하는 대형 상륙선에서 일하며

---

44 Tatsuya Sato, "Major Security Shift."
45 Boose(2008), *Over the Beach*, p. 162.
46 青野武一의 발언, 「衆議院 勞働委員會 第2號」(1952年3月2日).
47 椛澤陽二, 「朝鮮戰爭と日本人船員(其の3)」, 『海員』, 2007年 10月, 84-94쪽.

패망한 제국에서 귀환하는 일본인과 일본에서 한국으로 돌아가는 한국인들을 수송하는 일을 맡았다. 그러나 한국전쟁 발발 후 미군은 소해정뿐만 아니라 상륙함도 부족한 절박한 상황이었기 때문에 산노미야가 근무하던 배를 포함한 대부분의 상륙선들은 전쟁 지역에서 사용하기 위해 미국의 통제 하에 놓이게 되었다. 인천상륙작전에 참여한 많은 승조원들이 이후 원산상륙작전과 1950년 12월 흥남에서 전개된 한국군과 미군의 철수 작전에도 참여했다.

한국전쟁이 끝난 후 산노미야는 열정적인 평화운동가로 변신했고, 훗날 후추시(府中市) 시의원이 되었다. 2003년 산노미야는 전쟁을 포기한 국가의 민간인임에도 전투 지역에 배치되어 자신과 동료 승조원들이 위험과 전쟁 트라우마에 노출되었다는 이유로 일본 정부를 상대로 소송을 제기했지만 패소했다. 당시 승조원들이 겪은 위험은 여러 가지였는데, 산노미야의 증언에 따르면, "좁은 선박의 공간에서 결핵균이 이 배에서 저 배로 퍼져나갔고, 그 결과 23~24세의 많은 동료들이 죽거나 영구적인 부상을 입었다."[48]

일시적이었지만 상당수의 민간 상선들도 미군에 의해 징발되었다. 미군은 1950년 9월 26일, 민간 회사인 도자이키센(東西汽船)을 통해 인수한 200척의 소형 모터보트에 약 1,300명의 선원들을 태운 채 일본에서 출항하여 부산항으로 향했다. 부산항에서 이 소형 보트들은 병력, 포탄, 탄약 및 기타 물자를 싣고 있는 대형 선박과 물자를 하역하는 해안 사이를 왕래하는 운반선의 역할을 맡았다. 회사와 미군 간의 합의에 따라 미 CIC(Counter Intelligence Corps, 방첩대)는 도자이키센 소속 선원들이 "공산당원이거나 친공산주의자 혹은 그의 동조자"가 아닌지 여부를 조사할 수 있었다.[49] 이 배

---

48   三宮克己,「証拠説明書4」,東京地方裁判所 民事第6部合議B係(2005.5.16), http://comcom.jca.apc.org/iken_tokyo/tinjutu/kojin/sannomiya/shouko_ sannnomiya_4.htm

49   "Background Check on Japanese Nationals," G-2 memo(September 13, 1950), National Archives and Records Administration, College Park, Md., Records of GHQ, FEC, SCAP and

들은 인천상륙작전 직후에 새로 점령한 항구에서 물자 하역을 지원하기 위해 인천으로 가라는 명령을 받았다. 그러나 이는 일부 선원들의 반발을 불러일으켰다. 한 배의 선원이었던 기타무라 마사노리(北村正則)는 밤새도록 격렬한 토론이 있었다고 회상했다. 당시 선장과 항해사 등 선임사관들은 치열한 전투가 벌어지고 있는 인천으로 배치되는 것을 꺼리는 선원들을 설득하려고 애썼다. 결국 190척의 선박이 인천으로 출항했지만, 일부 선원들은 참여를 거부하고 일본으로 돌아갔다. 그 선박 중에는 제37고코쿠마루(第37護国丸)의 선장과 기관장도 있었는데, 이들은 자신들이 받은 지시가 일본 헌법에 위배된다는 이유로 다른 배로 옮겨 줄 것을 요구했다.[50]

전쟁 지역에 보내진 일본 선원 중 상당수가 경험이 풍부한 선원들이었고 전직 일본 해군 출신의 승조원도 있었지만, 한국전쟁 당시 상륙선에서 근무했던 아케보시 무쓰로(明星陸郎)는 "경험이 전무한 선원들도 대거 채용되었습니다. 요코하마에서는 당시 '후타로(風太郎)'라고 불리던 실직 노동자들을 반강제적으로 승선시킨 경우도 꽤 있었습니다. 어떤 경우에는 이런 사람들이 선원으로 합류했다가 나중에 사라지기도 했습니다."라고 회상했다.[51] 전시 임무로 채용되어 들어간 사람들이 모인 곳은 당혹스러울 정도로 다국적 세상이었다. 일본에서 한국으로 포탄과 기타 물자를 운반하는 미국 선박에서 근무했던 한 일본인 선원은 선원 중에 라틴아메리카인, 필리핀인, 인도네시아인, 사모아인, 노르웨이인 등이 있어서 놀랐다고 했다.[52] 경제적으로 어려운 시기에 상당한 '위험수당'이 포함된 급여는 꽤나 매력적이었다. 상륙

UNC, RG 554, stack area 290, row 50, compartment 16, shelf 3, container 5387, folder 200, "Japan Logistical Command G-2 Section."

50　椛澤陽二,「朝鮮戰爭と日本人船員(其の2)」,『海員』, 2007年 9月, 39-48쪽.
51　明星圭介(編),『むっちゃん機関長半生記：朝鮮戰爭と船員：戰後米船船員外史：明星陸郎十三回忌記念』(横浜: 明星英子, 2005), 49쪽.
52　川村喜一郎,『日本人船員が見た朝鮮戰爭』(東京: 朝日コミュニケーションズ, 2007), 22쪽.

선에서 근무하는 선원들의 경우 일반 선원에 비해 월평균 4배 정도를 더 벌 수 있었고, 비공식적인 다른 돈벌이 기회도 있었다. 미 해군 함정에서는 공식적으로 주류가 금지되고 있었기 때문에 일본인 선원들은 일본에서 값싼 토리스(Torys) 위스키 한 병을 90엔에 사서 인천에 있는 미국 승조원들에게 500~700엔에 팔 수 있었다.[53]

그러나 한편으로 선원들이 겪게 될 위험은 살아 있는 현실이었다. 예를 들어 아시아태평양전쟁 중에 일본의 대다수 부모들이 그토록 두려워했으나 일본이 항복한 이후로는 더 이상 두려워하지 않게 된 아들의 전사 소식이 1950년 11월 말경 21가구의 부모들에게 전해졌다. 전선으로 물자를 수송하던 LT636호가 원산 앞바다에서 기뢰에 부딪혀 22명의 일본 선원이 사망했다는 소식이었는데, 한 명의 선원은 가족의 소재가 파악되지 않아 이 사실을 알리지 못했다. 이 선원들은 공식적으로 미 점령군을 위해 일하는 '민간인 노동자'였고, 이들이 한국전쟁에 직접적으로 관여한 사항은 미군 당국과 일본 정부에 깊은 당혹감을 안겨줄 수 있는 잠재적 원인이었기 때문에 이들의 죽음은 공개되지 않았다. 가족들에게 보낸 서면 통지서에는 선원들이 '실종'되었다고 기재되어 있었고, 이들의 사망 사실은 가나가와(神奈川)에 있는 한 사찰에서 극소수 공무원들만이 참석해 비밀리에 치러진 추모식을 통해 알 수 있을 뿐이었다. 유족들은 이 행사에 초대받지 못했고 대신 행사 사진과 사랑하는 사람의 유골이 담긴 것으로 추정되는 '관'을 받았지만 시신이 수습되지 않았기 때문에 실제로는 비어 있었다. 이때 보상금 지급과 더불어 선원들의 사망에 대한 이야기를 외부로 절대 공개하지 말라는 지시를 받았다.[54]

---

53 明星圭介(編)(2005), 『むっちゃん機関長半生記:朝鮮戰爭と船員:戰後米船員外史:明星陸郞十三回忌記念』, 48쪽.
54 横浜の空襲を記録する會(1977), 『横浜の空襲と戰災(5)』, 60-61쪽.

"오인 사격"으로 인한 부상자와 사망자도 발생했다. 1950년 7월 야스다 요헤이(安田洋平)라는 젊은 일본 선원이 규정을 어기고 담배를 피우다 그 것을 발견한 미군에게 사격을 당해 다리에 총상을 입고, 옆에 있던 다른 일본 선원 한 명도 경상을 입는 사건이 발생했다.[55] 이 사건은 전일본해운조합 (全日本海員組合)의 거센 항의를 불러왔다. 1953년에는 전일본해운조합이 더 거세게 항의하는 사건이 일어났는데, 전시 임무를 수행하던 일본인 선원이 '이승만 라인'을 순찰하던 한국 함정으로부터 총격을 받고 사망하자 조합은 병력과 전쟁 물자를 한국으로 수송하는 작업에서 선원들을 철수시키겠다고 항의했다.[56]

▬ 전쟁에서 민간인 2: 기지 노동자와 기술자들

미국이 일본의 전쟁 지원 활동을 해상에 한정해 유지하려 했음에도 불구하고 일부 일본인은 한국 내륙에서 전쟁에 참여했다. 1952년 연합군의 일본 점령이 끝난 지 몇 달 후, 『아사히신문(朝日新聞)』은 1950년 9월 한국전쟁에서 미군과 함께 싸우다 전사한 히라쓰카 시게하루(平塚重治)라는 29세의 도쿄 청년에 관한 기사를 실었다.[57] 주일미군기지에 고용된 페인트공이었던 그는 전쟁 발발 후 미군과 함께 한국으로 갔다가 서울에서 멀지 않은 곳

---

55 All Japan Seaman's Union, "Injury Sustained by Crew of Q075 LST," letter to Chairman of the Central Struggle Committee, 1950, in GHQ SCAP records, RG 331, classification No.632.2 744, box No.8743, folder 4; "Vessels: Japanese Seamen Bonuses," microfiche copy held in the National Diet Library, Tokyo.

56 "Activities of Richard Deverell in Japan," memo to John M. Allison and Robert J. G. McClurkin, State Department, March 3, National Archives and Records Administration, RG59, Bureau of Far Eastern Affairs, "Miscellaneous Subject Files for the Year 1953, Far East, General," electronic copy held in Okinawa Prefectural Archives, ref. 059-01198-00005-001-145. 이승만 라인은 한국의 이승만 대통령이 선포한 한일 간 해상 경계선을 의미한다.

57 『朝日新聞』 1952年 11月 13日, 7면.

에서 전투 중 사망한 것으로 추정된다. 히라쓰카의 아버지는 미 점령군 측에 해명과 보상을 요구했지만, 미군은 히라쓰카가 불법적으로 한국을 돌아다녔으며 유엔군/미군의 병사였던 적이 없다고 밝혔다. 따라서 그의 가족은 어떤 보상도 받을 수 없었다. 다음 날 『아사히신문』에 실린 또 다른 기사는 오이타현 출신의 요시와라 미네후미(吉原嶺文)와 다른 두 명의 청년도 미군과 함께 한국에 갔다가 실종되었다고 보도했다.[58]

점령 당국은 히라쓰카와 요시와라의 이야기를 잘 알고 있었다. 한국전쟁 당시 미국의 전략은 한국전쟁 지역에 있는 일본인은 가능한 한 해상에 머무는 것이었기 때문에, 일본인이 미군 부대를 따라 한국 영토로 이동했고 일부는 한반도에서 벌어진 지상전에서 사망했을 수도 있다는 언론 보도는 경각심을 불러일으켰다. 당시 군의 비망록에 따르면, 이는 "심각한 국제적 문제를 초래할 수 있다"는 경고가 있었고, 1950년 말경 이 문제에 대한 미군의 극비 조사가 시작되었다.[59]

조사 결과 히라쓰카의 사망은 확인되었지만 요시와라의 운명은 확인할 수 없었는데, 미 제24보병사단에서 근무하던 중 7월 20일 대전 부근에서 사망 또는 부상 또는 포로로 붙잡혔을 가능성이 모두 있었다.[60] 이후 주한미군 전 사단에 부대 내에 일본인이 있는지 파악하고 만약 있다면 '보호 구금'

---

58 『朝日新聞』1952年 11月 14日 (夕刊), 3면.

59 Walter L. Weible, memo from office of Major General Weible to Commanding Officer, US Army Hospital, 8162nd Army Unit, Fukuoka(1951.12.31), "Missing Person," National Archives and Records Administration, College Park, Md., Records of GHQ, FEC, SCAP and UNC, record group 554, stack area 290, row 50, compartment 17, shelf 3, container 46, folder 1, "Logistical Command AG Section, Formerly Top Secret Documents."

60 L. J. Shurtleff, "Report of Investigation concerning the Transportation and/or Utilization of Japanese Nationals by Units of this Command in Korea," National Archives and Records Administration, College Park, Md., Records of GHQ, FEC, SCAP and UNC, record group 554, stack area 290, row 50, compartment 17, shelf 3, container 46, folder 4, "Japan Logistical Command AG Section, Formerly Top Secret Documents."

조치하여 일본으로 송환하라는 명령이 내려졌다. 송환된 일본인들은 신문[61]을 받았고, 지문을 찍은 후 일본 영토의 점령군으로부터 일자리를 제공받았으며, 한국에서의 경험에 대해 누구에게도 말하지 말라는 엄중한 명령을 받았다. 기밀 해제된 미국 측 자료에 따르면 1952년 중반까지 주한미군 부대에서 근무하던 일본인 118명이 송환되었다.

이들 일본인 기지 노동자들은 당시 일본에서 잡일꾼으로 불리던 '하우스보이'나 요리사, 운전사, 수리공, 통역관 등으로 일했다. 하지만 한국에 온 이들 중 상당수는 무기를 들고 전투에 참여했다. 이를테면 한 일본인 남성은 그가 일하던 미군 부대에서 데려갔는데, 그의 고용주가 통역으로 도움을 받을 수 있을 거라고 판단했기 때문이었다. 부산에 상륙한 후 미군과 함께 대전으로 이동한 그는 "부대가 적의 공격을 받아 부대원 절반 정도가 죽거나 부상을 입었습니다. 밤 8시에 사방에 적뿐이었기 때문에 논에 엎드렸습니다. […] 밤새 논에 머물렀습니다."라고 말했다. 그 후 그는 3~4일 동안 걸었고, 그사이 부대와 연락이 두절되었다가 며칠 후에야 재회할 수 있었다. 걷는 도중 그는 "총알 두 발이 얼굴을 스쳐" 그 자리에서 치료를 받기도 했다. 그는 인터뷰에서 "나는 [지급받은] 카빈총을 항상 곁에 두었습니다. 내가 얼마나 많은 북한군을 죽였는지 모르겠습니다."라고 말했다.[62]

특히 당혹스러운 증언이 전쟁고아로 주일미군 부대에 입양되어 부대 "마스코트"로 부대를 따라 한국 전선으로 간 5명의 어린이에게서 나왔다. 그중

---

61 (역자 주) 국내에서 포로들에게 질문해서 정보를 획득하는 기법을 '심문'이라고 쓰는 경우가 있는데, 이는 잘못된 것이다. 심문(審問, inquiry)은 대상자에 대한 통제를 가하지 않은 상태에서 질문하는 것을 의미하는 반면에 신문(訊問, interrogation)은 대상자를 통제한 상태에서 질문을 통해 첩보를 획득하기 위한 체계적인 노력을 의미한다.

62 Ueno Tamotsu, record of interview of T. Ueno, February 17, 1951, National Archives and Records Administration, College Park, Md., RG 554, Records of GHQ, FEC, SCAP and UNC, Stack area 290, row 50, compartment 17, shelf 3, container 46, folder 1, "Japan Logistical Command AG Section, Formerly Top Secret Documents."

한 명은 미군들에게 '지미(Jimmy)'로 알려진 아이였는데, 도쿄 폭격으로 부모를 잃고 열 살 때 이름도 모르는 미군 병사를 따라 한국으로 온 아이였다. 지미는 한국에 온 지 한 달 만에 그 병사에게 버림받고 제23보병연대 장교의 하우스보이로 일하게 되었다. 그는 한 부대에서 다른 부대로 계속 이동했고, 어느 시점에 총을 건네받아 "서너 명의 중국인"을 죽였다고 증언했다. 또한 그는 교전 중에 경미한 부상을 입었다고 말했다. 일본으로 돌아온 그는 104달러와 함께 (다른 모든 이들처럼) 자신이 겪은 일에 대해 절대 발설하지 말라는 명령을 받았다. 그는 일본에 아는 친인척이 없었고 이후 어떻게 지냈는지도 불분명하다.[63] 미군 부대에서 '땅콩'이라는 별명으로 불린 또 다른 고아는 열네 살 때 그를 고용한 미군 장교와 함께 인천상륙작전에 참여했다. 그 역시 전장에서 총을 사용했다고 진술했다.[64] 세 번째 아이는 한국전쟁 초기에 시마네현에서 부산으로 왔는데, 당시 아홉 살에 불과했던 그는 미군과 함께 평양까지 갔다가 그곳에서 버려졌다. 다른 미군 병사가 그를 데려와서 서울의 한 고아원에 맡겼고, 그곳에서 일본으로 돌아온 이후의 행적은 불확실하다.[65]

---

[63] Record of interview of S. T.(May 8, 1951), National Archives and Records Administration, College Park, Md., Records of GHQ, FEC, SCAP and UNC, RG 554, stack area 290, row 50, compartment 17, shelf 3, container 46, folder 1, "Japan Logistical Command AG Section, Formerly Top Secret Documents." 개인정보보호를 위해 인터뷰 대상자의 이름을 이니셜로 처리했다.

[64] Record of Interview with S.Y.(June 4, 1951), National Archives and Records Administration, College Park, Md., RG 554, Records of GHQ, FEC, SCAP and UNC, stack area 290, row 50, compartment 17, shelf 3, container 46, folder 1, Japan Logistical Command AG Section, Formerly Top Secret Documents. 개인정보보호를 위해 인터뷰 대상자 이름의 첫 글자만 제시했다.

[65] Rublee C. Soule, "Return of Japanese National Boy to Japan," letter from Rublee C. Soule to Headquarters United States Eighth Army(March 7, 1951), National Archives and Records Administration, College Park, Md., record group 554, stack area 290, row 50, compartment 17, shelf 3, container 46, folder 1. "Japan Logistical Command AG Section, Formerly Top Secret Documents". 이에 대한 추가적인 논의는 Tessa Morris-Suzuki, "Post-War Warriors: Japanese Combatants in the Korean War," *Asia-Pacific Journal 10*, No.31(July 30, 2012),

정확한 숫자는 알 수 없지만 대규모의 일본인 기술자와 군사 지원 인력이 해운, 인양 등의 여러 회사를 통해 모집되어 주한유엔군사령부에서 일했는데, 1953년 1월 『아사히신문』 기자가 인천 인근 미군 기지에 고용된 일본인 47명을 인터뷰하는 데 성공했다. 일부는 전황에 따라 이리저리 옮겨 다니며 길게는 2년 동안 한국에 머물고 있었다. 1950년대 초반 기준으로 급여는 괜찮았지만 생활 조건은 열악했다. 노동자들은 박스와 빈 드럼통(임시 난로로 사용됨)이 있는 막사에서 숙식을 해결했다. 기자가 이들 노동자 중 한 명으로부터 입수한 정보에 따르면, 주한미군에 고용된 일본인의 수는 이승만 대통령의 한국인 고용 압력으로 인해 급격히 감소하고 있었지만, 여전히 "부산 앞바다의 선박에는 (일본인 기술자 및 군수 지원 노동자) 수천 명이 있었다"고 한다.[66] 한국전쟁에 일본군이 참전하고 있다는 북한과 소련의 주장은 부분적으로는 일본계 미국인 니세이(2세) 부대가 주둔하면서 일어난 논란이었지만, 여기에 제시된 증거는 그들의 주장이 전적으로 실체가 없는 것은 아님을 시사한다.

▆ 재일조선인: 둘로 갈라진 공동체

수천 명의 일본인이 배를 타고 한반도로 가고 있던 상황에서 비슷한 수의 한국인 청년들이 반대 방향, 즉 그들을 식민 지배했던 바다 건너 일본을 향해 가고 있었다. 1950년 7월, 미군은 카투사(KATUSA, Korean Augmentation to the United States Army) 제도를 만들어 한국인을 미군 병사로 직접 충원할 수 있도록 만들었다. 8월에 일본 수송선 시나노마루(信濃丸)가 2,300명의 한국인 신병 1기를 부산에서 요코하마로 실어 날랐고, 신병들은 대열을 지어 요

---

http://www.japanfocus.org/-Tessa-Morris_Suzuki/3803.
66 『朝日新聞』1953年 1月 15日(東京 夕刊).

코하마 해안가의 붉은 벽돌 창고를 지나 고텐바(御殿場) 인근 미 제7보병사단의 후지(富士) 훈련 기지로 이동하는 열차에 탑승했다.[67] 이들 중 상당수가 부산 거리에서 무작위로 연행된 청년들이었다. "일본으로 건너온 부대의 일부 학생들은 교과서를 갖고 있기도 했고, 아픈 아내를 위해 약을 구하러 집을 떠나온 한 신병은 약을 가지고 있었다."[68] 총 8,600명이 넘는 카투사 신병들이 일본으로 건너와 형식적인 훈련을 받은 후 9월에 격동의 인천상륙작전에 투입되었다.

사이타마현 아사카와와 오이타현 벳푸에 있는 미군 기지들도 한국전쟁에 국군으로 자원한 재일조선인을 훈련시키는 장소로 활용되었다. 당시 일본에는 약 60만 명의 조선인(대부분 식민지 시대 이주민과 그 자녀들)이 거주하고 있었으며, 많은 조선인이 가난과 심한 차별을 경험했다. 대다수가 한반도 남부에서 이주해 왔지만, 상당수의 재일조선인은 한국전쟁 당시 남측보다 북측에 더 동정적인 태도를 보였다. 그럼에도 불구하고 전쟁 발발 직후 친남한 성향의 재일동포단체인 재일본대한민국민단(약칭 민단)에서 재일동포사회에 지원병을 모집하는 공고를 발표하면서 수만 명이 남한을 지원하기 위해 자원입대에 응할 것으로 예상되었다. 그러나 미군은 이러한 자원병 모집으로 인해 친북 인사들이 북한을 지원하는 자원병을 모집하는 경쟁적인 운동이 시작될 것을 우려해 모집 과정을 경계했다. 결국 642명의 친남한 측 재일조선인 자원병이 전선으로 보내져, 한국전쟁 중 가장 치열한 전투에 참전했고, 그중 135명이 전사하거나 실종되었다. 한국전쟁이 끝날 무렵에 미국의 일본에 대한 점령도 끝났다. 주권을 회복한 일본은 식민지 시대 이주민들이 획득한 일본 국적을 일방적으로 박탈했다. 끝까지 살아남은 재일조선인 자

67　椛澤陽二(2007),「朝鮮戰爭と日本人船員(其の2)」.

68　Roy E. Appleman, *South to the Naktong, North to the Yalu* (Washington, D.C.: Government Printing Office, 1987), p. 386.

원병 중 약 절반은 자신이 성장하고 모병되었던 나라로 돌아갈 수 없게 되었다.[69]

민단의 모병이 시작되었을 때 일부 일본인 남성들이 민단 사무소에 찾아와 한국에 자원병 서류를 제출했다. 예를 들어 하코다테에 있는 민단 홋카이도 지부 사무소에서는 1950년 7월 첫째 주까지 자원병 60명 중 20명이 일본인이었으며, 이들 중 다수는 일본제국 육군 위관급 장교 출신이었다.[70] 이들의 자원은 거절당했지만, 몇몇 일본인들은 실제로 한국인 신병들과 함께 훈련받고 한국전쟁에 참전했다. 예를 들어 후쿠오카 출신의 한 일본인은 민단을 통해 자원해 점령 당국의 승인을 받은 뒤 주일미군기지에서 120여 명의 한국인 지원병들과 함께 훈련받은 후 한국 전선으로 파견되었다. 하지만 한국어를 전혀 구사하지 못하는 것이 문제가 되어 결국 한국군 고위 장교의 하우스보이로 일하게 되었다.[71]

그사이 전쟁은 재일조선인 사회를 둘로 갈라놓았다. 친남한 단체인 민단이 남한 측에서 싸울 자원병을 모집하는 동안, 친북 성향의 재일조선통일민주전선(약칭 민전)은 일본 좌익과 협력하여 일본에서 한반도로 향하는 미군/유엔군의 운송 및 물자 수송을 막기 위한 은밀한 방해 공작을 벌였다. 연구자 오노 토시히코(小野俊彦)가 한국전쟁 당시 모지항(門司港)의 부두에서 일했던 조선인들과의 인터뷰를 통해 알게 된 것처럼, 하루하루가 살기 힘든 이들에게는 정치싸움을 챙길 겨를조차 없었다. 많은 재일조선인들은 한국전쟁이 고국과 한국에 있는 친인척들에게 미칠 영향을 뼈저리게 느끼면서도

69　金賛汀, 『在日義勇兵帰還せず: 朝鮮戦争秘史』(東京: 岩波書店, 2007).

70　大沼久夫(2006), 「朝鮮戦争への日本の協力」, 98-99쪽; 金賛汀(2007), 『在日義勇兵帰還せず: 朝鮮戦争秘史』.

71　Telegram to Commanding General EUSAK, January 1951 (day not given), in NARA, College Park, Md., Records of GHQ, FEC, SCAP and UNC, record group 554, stack area 290, row 50, compartment 17, shelf 3, container 46, folder 1, "Logistical Command AG Section, Formerly Top Secret Documents."

일용노동자들에게 주는 임금을 받기 위해 밤새도록 일할 기회를 잡으려 했으며, 거대한 군수송선에 군수물자를 실으면서 단지 살기 위해 일해야만 했다. 한 조선인 전직 부두 노동자는 생계를 위한 삶이 너무 고달파서 "어느 쪽이 이기든 전쟁은 끝날 것"이라는 생각밖에 할 수 없었다고 회고했다. 또 다른 사람은 "그 탱크와 물건들이 한국으로 보내지면 사람들을 죽이는 데 사용될 것이라는 것을 알고 있었지만, 우리가 할 수 있는 일이 뭐가 있었겠어요? 그것을 싣지 않는다면 우리가 할 수 있는 일은 아무것도 없었을 겁니다."72라고 말했다.

그런데 조선인 사회 일각의 반전 활동은 생각지도 못한 결과를 초래했다. 일본의 전쟁 개입에 대해서는 기억되는 일이 거의 없지만 불편한 측면 중 하나는 다수 일본인 중 일부에서 소수 조선인 중 특히 좌익적 견해를 표명한 조선인을 향한 의심이 고조되었다는 사실이다. 1950년 12월 26일, 오카자키 가쓰오(岡崎勝男) 관방장관은 일본 정부가 한국의 이승만 정권과 "일본 내 조선인 극좌분자를 고국으로 강제 송환하는 데 합의"했다고 발표했다.73 이 발언은 일본 언론에 널리 보도되고 의회에서 광범위하게 논의되며 재일 조선인 사회의 대규모 시위를 불러일으켰다. 이듬해 1월 중의원 위원회에서 오하시 다케오(大橋武夫) 일본 외무상은 조선인 송환 문제를 일본 정부와 SCAP이 논의 중이지만 '불온분자'를 송환한다는 것에는 양측이 모두 동의했다고 밝혔다.74 결과적으로 이 계획이 실행에 옮겨지지는 않았지만, 사보타주 또는 관련 행위에 가담한 혐의로 체포된 수많은 조선인들이 구치소로

72　小野俊彦, 「北九州門司港の港灣勞働者とその朝鮮戰爭體驗」, 『社會分析』 32號(2005), 133-149쪽, 인용문은 143-144쪽 참조.

73　"Communist Koreans May Be Ordered Deported," *Jiji Press Reports*, December 24, 1950; 參議院 地方行政委員會 第13號(1951年 2月 17日) 도쿄경시청 경시총감 다나카 에이치(田中榮一)의 발언 참조.

74　參議院 地方行政委員會 第4號(1951年 1月 30日) 오하시 다케오의 발언.

보내져 한국으로의 추방을 기다렸다. 특히나 이승만 정부가 공산주의자로 의심되는 이들을 바라보는 관점에서 보면, 이들의 운명은 매우 불확실한 상태에 놓일 게 분명했다. 에필로그에서 살펴보겠지만, 이 사건은 이후 재일조선인의 미래에 큰 영향을 미쳤다.

피와 뼈

일본의 한국전쟁 참전 규모는 유엔군사령부의 대다수 공식 참전국의 규모를 넘어서는 것이었지만 전쟁에 대한 일본의 비밀주의적 입장으로 인해 참전의 세부 사항뿐만 아니라 사상자 수도 불명확한 채로 남아 있다. 2017년까지도 한국전쟁에서 발생한 일본인 사상자 수에 대한 공식 발표는 나오지 않았지만, 사망자 수는 수십 명에 달하고 중상자를 포함한 부상자 수는 수백 명에 달할 것으로 추정된다. 그럼에도 일본 정부는 여전히 한국전쟁에서 자국민이 사망하거나 부상당한 사실을 인정하지 않고 있다. 일본 정부가 전쟁으로 인한 자국민의 사망과 부상을 인정하지 않는 사실은 놀랍다. 그러나 이에 못지않게 주목해야 할 것은 일본과 한국전쟁의 관계를 바라보는 전통적 시각, 즉 한국전쟁을 '일본판 마셜플랜'으로 보는 시각이 전쟁이라는 가장 폭력적인 분쟁이 인간에 가한 엄청난 파괴를 쉽사리 무시하게 만든다는 점이다. 일본 영토에서 전투가 벌어지지는 않았지만 일본 사회의 일부 계층은 한국전쟁의 물리적 현실을 대면하는 일에서 결코 벗어날 수 없었다.

중상을 입은 전쟁포로를 포함한 수만 명의 전쟁 부상자들이 일본으로 옮겨져 규슈, 오사카, 도쿄의 병원에서 치료를 받았는데, 1950년 10월부터 11월까지 6주 동안에만 9,000명 이상의 전쟁 사상자가 일본 남부의 병원으로 이송되었다.[75] 아시아태평양전쟁 당시 군 간호사로 복무했던 일본 적십자 간호사 100여 명이 징집되어 규슈에 급하게 지어진 유엔/미국 야전병원에서 전쟁 부상자 치료를 위해 근무했던 것으로 알려져 있다. 일본인 간호사들이 한국 전선에 파견되었다는 기록도 있지만 아직까지는 확인되지 않았다.[76] 중상자 치료를 맡았던 오사카의 주요 병원들은 전쟁으로 인해 운영 방식 등이 완전히 바뀌었을 것이지만 지금까지도 한국전쟁이 일본 의료사에 미친 영향에 대한 연구는 진행되지 않았다.

일본인은 공식적으로 한국전쟁에 참전해 목숨 걸고 싸워 달라는 요청을 받은 것은 아니지만 다른 종류의 신체적 기여를 하도록 독려받았다. 1953년 초에 한 신문 기사는 전쟁 중 일본과 한반도의 하늘을 가로지르던 미군 수송기의 야간 비행 분위기를 생생하게 전했다.

> 가득 채워진 물건들이 덜컹덜컹 흔들리고, 낙하산 상자와 도어를 부수기 위한 비상용 도끼가 어두운 기내에서 적막한 빛을 내는 가운데 커다란 흰색 나무 상자 대여섯 개가 앞에 놓여 있다. 상자에는 'HUMAN BLOOD-취급 주의'라고 적혀 있다. 일본에서 주문해 특수생산한 포탄이나 군수품은 배로 운송하지만 '혈액'만큼은 항공으로 운송한다.[77]

전쟁이 한창이던 당시 한국 전선의 유엔군 측 부상자들을 치료하기 위해 매일 250파인트의 혈액이 사용되었다. 위 신문 기사에서는 일본인 헌혈자의 혈액 공급량을 직접 언급하지는 않았지만, 이미 7,000명의 일본인이 전시 헌혈 활동, 정확히는 매혈(賣血) 활동에 참여했다고 보도했다. 1960년의

---

75 *Pacific Stars and Stripes Far East Weekly Review*, November 18, 1950.
76 西村秀樹(2004), 『大阪で戦った朝鮮戦争: 吹田枚方事件の青春群像』, 104-107쪽.
77 『朝日新聞』1953年 1月 16日 (夕刊), 3면.

한 뉴스 기사에 따르면, 한국전쟁 당시 "헌혈자는 거의 대다수가 사례금을 받으려는 부랑자와 실업자들로, 이들은 헌혈센터들을 돌아다니며 헌혈했기 때문에 혈구 수치가 계속 떨어졌다."[78]

주한유엔군을 위한 일본인의 헌혈은 일본 적십자사와 미 점령 당국의 요청에 따라 1950년 11월 10일에 설립된 니혼블러드뱅크(日本ブラッドバンク)에서 주관했다. 당시 니혼블러드뱅크의 전무이사는 나이토 료이치(内藤良一)가 맡았는데, 그는 일본군의 악명 높은 세균전 연구 부대인 731부대의 창설자이자 중국에서 살아 있는 희생자들을 대상으로 세균전 실험을 담당했던 이시이 시로(石井四郎)의 최측근이었다. 니혼블러드뱅크의 도쿄 지사장은 1942년 8월 731부대 사령관 대행으로 임명되어 1945년 일본이 패전하기 몇 달 전까지 그 자리를 지킨 기타노 마사지(北野政次)가 맡았다. 아오키 후키코(青木冨貴子) 연구원의 말처럼, 니혼블러드뱅크는 한국전쟁 전선에 생명을 살리는 혈액을 공급하는 동시에 아시아태평양전쟁의 전범들에게 전후 안전한 피난처를 제공하는 이중의 목적을 수행했던 것으로 보인다.[79]

수송기가 혈액을 일본에서 한국으로 실어 나르는 동안, 미군 전사자의 유해를 일본을 거쳐 미국으로 송환하기 위한 대규모 해상 작전이 진행되었다. 전쟁이 지속되는 동안에도 전사자의 유해를 대량으로 이송한 이러한 작전은 전쟁 사상 처음 있는 일로, 이 어려운 임무를 수행하기로 결정한 데에는 전쟁의 최종 결과에 대한 불확실성이 반영된 것으로 보인다. 부패가 진행된 시신은 고쿠라에 있는 캠프 조노(城野)의 거대한 영안실로 보내졌고, 도쿄대학 인류학과 대학원생을 포함한 신체 인류학자와 장의사들로 구성된 팀이 시신을 검시하고 방부 처리했다. 그중에는 훗날 저명한 학자가 된 하니하라

[78] 『朝日新聞』 1960年 4月 13日.
[79] 青木冨貴子, 『731: 石井四郎と細菌戦部隊の闇を暴く』(東京: 新潮社, 2005), 364-377쪽; Hal Gold, *Unit 731* (Tokyo: Tuttle, 2011), pp. 94-100, 140-141.

카주로(穀原和次郎)도 있었는데, 당시의 회고록은 오에 겐자부로(大江健三郎)의 1950년대 작품 『죽은 자의 사치(死者の奢り)』에 나오는 영안실 작업의 허구적 이미지만큼이나 암울했지만, 하니하라는 다양한 인종 배경을 가진 많은 사람들의 유해를 조사할 기회를 얻었다는 데 다소 병적인 기쁨을 표현하기도 했다.[80]

일본은 수만 명의 전사자 시신이 마지막 안식처로 돌아갈 준비를 위해 머무는 곳이기도 했지만 수만 명의 부상자들이 치료받던 곳이기도 했다. 더불어 전쟁에서 가장 치명적인 무기들이 제조된 장소이기도 했다. 전쟁 초기인 1950년 7월 초부터 1951년 상반기까지는 일본인 선원과 노동자의 직접적인 역할이 가장 컸다. 전쟁이 격화되면서부터는 무기 제조에서 일본의 역할이 커졌다. 1951년 12월 5일, 미 육군부는 무기와 탄약을 포함해 "특정 유형의 전시 물자를 일본 기업이 제조"하도록 결정했다. 그리고 "일본 정부가 이 프로젝트의 원활하고 효율적인 운영에 지대한 관심을 갖고 있으므로 이러한 접촉에 관한 보안 감독은 일본 정부의 해당 기관을 통해 이루어져야 한다"고 권고했다.[81] 4개월 후 SCAP은 일본의 항복 이후 점령군이 몰수한 850곳의 군수물자 생산 공장을 일본에 반환한다고 발표했다.[82] 전쟁의 마지막 1년 반 동안에는 대포와 폭약을 비롯해 각종 무기에 대한 주문이 일본 기업에 물밀듯이 밀려들었다.

그 이전에도 일부 일본 기업들은 전쟁 무기, 특히 네이팜과 네이팜탄의 생산에 관여하고 있었다. 비교적 흔한 화학 혼합물에 속하는 네이팜은 쉽

---

80 埴原和郎, 『骨を読む：ある人類學者の體驗』(東京: 中央公論社, 1965).

81 Memo to Assistant Chief of Staff, Department of the Army, "Clearances of Japanese Firms for American Contracts"(December 5, 1951), National Archives and Records Administration (NARA), College Park, Md., Records of GHQ, FEC, SCAP and UNC, RG 554, stack area 290, row 50, compartment 17, shelf 3, container 46, "Japan Logistical Command AG Section: Formerly Top Secret Documents."

82 白宗元, 『検証朝鮮戦争: 日本はこの戦争にどうかかわったか』, 287쪽.

게 만들 수 있어서 한국에서 사용할 미국산 네이팜탄이 1951년 3월부터 일본에서 생산되기 시작했다. 그와 관련된 수량도 상당했다. "평균적으로 날씨가 좋은 날의 네이팜탄 소비량은 공군 4만 5,000갤런, 해군 1만~1만 2,000갤런, 해병대 4,000~5,000갤런에 달했다."[83] 호주 공군도 미국에서 생산된 네이팜을 사용했지만 로켓 헤드의 경우 일본에서 제조한 네이팜으로 채워진 로켓 헤드를 사용하는 실험을 하기도 했다.[84]

네이팜 생산업체 중에는 한국전쟁 당시 폭탄 제조에 앞장섰던 니혼유지(日本油脂)가 포함되어 있었다.[85] 미쓰비시, 닛산, 일본제철 등도 일본 내 무기 생산 부흥으로 이익을 얻은 기업들이다.[86] 그동안 이러한 사실들이 알려지지 않은 것은 아니지만, 그 배경과 의미는 완전히 밝혀진 적이 없다. 네이팜탄과 같은 무기를 생산한 일본 노동자들은 자신이 생산한 무기가 어떤 용도로 쓰이는지 알고 있었을까? 공장 주변에 살았던 사람들은 그곳에서 무엇이 만들어지고 있는지 짐작할 수 있었을까? '한국전쟁 붐'에 대한 경제적 분석은 종종 무기 생산을 그 붐의 한 요소로 언급하고 있지만, 1950년대 일본 무기 생산의 사회사는 거의 밝혀지지 않은 채로 남아 있다. 무기 및 폭탄 제조가 공장 인근 지역 사회와 한국전쟁을 위한 무기 생산 과정에서 발생한 사고 등으로 부상을 입거나 사망한 노동자들에게 미친 영향에 대해서는 거의 알려진 바가 없다.[87]

---

83 미8군 화학장교 도널드 D. 보데(Donald D. Bode) 대령과의 인터뷰(1951.3.1), John G. Westover, *Combat Support in Korea*.
84 Department of Air, Australia, Minute to the Minister of Air, July 8, 1952.
85 長谷川正安(編)(1973), 『憲法と地方政治』, 84쪽.
86 白宗元(2013), 『検証朝鮮戦争: 日本はこの戰爭にどうかかわったか』, 288쪽.
87 日本油脂株式會社, 社史編纂委員會, 『日本油脂三十年史』(東京: 日本油脂株式會社, 1967), 554-555쪽; 『朝日新聞』 1952年 8月 19日 (夕刊).

다시 논의되는 재무장

전후 일본 군대의 기원 역시 한국전쟁에서 찾을 수 있다. 1950년 7월, 한국전쟁 발발에 직접적으로 대응하기 위한 조치로 경찰예비대가 창설되었다. 많은 역사가들이 이 시점을 일본이 재무장을 위해 첫 번째 진지한 발걸음을 내딛은 순간으로 보고 있다. 예를 들어 다우어(John Dower)는 경찰예비대가 대포, 탱크, 항공기를 갖추고 있었다고 언급하며, 경찰예비대의 미국인 교관 중 한 명인 코왈스키(Frank Kowalski) 대령의 말을 인용해 경찰예비대를 "미군의 축소판"[88]이라고 기술했다. 1952년 11월, 경찰예비대는 현재의 자위대의 전신인 보안대로 전환되었다.

그러나 경찰예비대를 위장 군대로 보는 이러한 견해를 모든 이들이 받아들이는 것은 아니다. 프렌치(Thomas French)는 최근 다우어, 마에다 데쓰오(前田哲男), 드리프트(Reinhard Drifte)를 비롯한 여러 학자들이 코왈스키의 오류투성이 사건 기록에 크게 의존하고 있다고 비판하며 경찰예비대가 군대라는 개념에 의문을 제기했다.[89] 프렌치는 당시 소련, 중화인민공화국, 북한이 일본을 군사적으로 공격할 능력이 없었기 때문에 "1950년 일본에는 외부의 적을 방어할 군대가 필요하지 않았다"고 주장한다.[90] 다만 프렌치는 경찰예비대 설립에 외부적 요인이 일부 작용했다는 점을 인정하면서 폭력적인 공산주의자들의 위협과 대규모 소요 등에 대한 방파제로서 "경찰예비대

---

88 John Dower, *Embracing Defeat: Japan in the Wake of World War II*(New York: Norton, 1999), p. 547.
89 Thomas French, "Contested 'Rearmament': The National Police Reserve and Japan's Cold War(s)," *Japanese Studies* 34, No.1(2014), pp. 25-36; W. R. Hodgson, "Japanese Attitude to Korean War," report by the Australian Mission in Japan, National Archives of Australia, Canberra, 1950, Series No.A1838, control symbol 3123/7/27, "Korean War-Japan's Policy."
90 Thomas French(2014), "Contested 'Rearmament': The National Police Reserve and Japan's Cold War(s)," p. 26.

가 내부 안보를 위해 창설되었다"고 강조했다. 일본 정부가 "내부 안보 공백에 대한 환영할 만한 시의적절한 해결책"으로 여겼던 이 부대는 '경비대', 즉 민법의 적용을 받아 국내 치안 유지 임무를 맡는 준군사조직의 형태를 취했다. 경찰예비대가 "보안대로 변모하는 과정"에 가서야 실질적인 군대로서 일부 장비와 기능을 갖추기 시작했다는 것이다.[91]

프렌치의 연구는 다른 역사학자들이 경찰예비대의 복잡하고 복합적인 성격에 주목하여 더 면밀한 연구를 수행하는 데 도움을 주었지만, 일본 역사에서 이러한 결정적 순간을 수정한 그의 견해는 새로운 혼란을 야기했다. 소련과 중국이나 북한의 아시아 동맹국들이 실제로 일본을 공격할 능력이 있었는지 여부와 상관없이 일본과 미국의 많은 고위 인사들이 이들의 공격 위협을 매우 심각하게 받아들였다는 점은 의심의 여지가 없었다. 많은 사례 중 한 가지를 인용하자면, 1950년 10월에 작성된 CIA 보고서는 다음과 같이 결론을 내렸다.

> 소련은 단독으로도 한국, 홋카이도, 오키나와를 신속하게 점령하고, 혼슈에 대한 대규모 상륙공수작전을 감행하며, 알류샨, 규슈, 타이완, 필리핀 및 기타 인접 해역의 섬과 통신선에 대한 방해 공격을 수행할 수 있는 역량을 보유하고 있다.[92]

게다가 프렌치 스스로도 인정했듯이 당시 경찰예비대는 일관되고 명확하게 정의된 실체가 아니라 여전히 그 조직 구성이 진행 중이었다. 더불어 경찰예비대는 일본 행정부는 물론이고 미국 군부 및 정치권의 격렬한 정치적

---

91 Thomas French(2014), "Contested 'Rearmament': The National Police Reserve and Japan's Cold War(s)," p. 34.

92 Central Intelligence Agency, "Critical Situations in the Far East"(October 12, 1950), CIA Freedom of Information Act Declassified files, CIA-RDP86B00269R000300040006-8, p. 12.

갈등의 핵심이었고, 양쪽의 다양한 구성 요인들 간의 권력 균형의 변화 또한 경찰예비대의 진화 방식에 영향을 미쳤다. 8장에서 보다 자세히 설명하겠지만, 경찰예비대 창설 당시 매우 매파적이었던 주일미군 정보 책임자 윌로비(Charles A. Willoughby)는 구일본 육군 고위 장교였던 핫토리 타쿠시로(服部卓四郎)와 협력하여 구일본군 인사들을 경찰예비대에 배치하기 위해 노력했다.93 당시 일본 정부는 점진적 재무장이라는 아이디어는 수용했지만 이것이 너무 빨리 진행되는 것을 경계했고, 결과적으로 이러한 시도는 실패로 돌아갔다. 프렌치가 지적했듯이, 경찰예비대의 고위직은 초기에는 전직 전시 경찰과 내무성 관료들로 구성되었고, 1952년 중반까지 경찰예비대는 카빈총과 같은 경무기로 무장하게 되었다.94

하지만 이야기는 거기서 끝나지 않았다. 미국은 계속해서 일본의 재무장을 압박했고, 일본 우익으로부터 우호적인 반응을 얻었다. 1951년 4월, 미 CIA는 「미국과 연합한 일본 재무장의 실현 가능성」이라는 제목의 극비 보고서에서 "현재 미국의 훈련과 장비를 지원받고 있는 경찰예비대 7만 5,000명은 정치적 의지와 필요한 장비만 있다면 6개월 또는 1년 내에 창설될 수 있는 최대 50만 명 규모의 일본군의 핵심이 될 수 있다"고 제안했다.95 한편 일본 국내에서도 요시다의 측근이자 비공식 고문인 타쓰미 에이치(辰巳榮一)와 오카자키 가쓰오 관방장관 등 우익 정계 인사들이 경찰예비대의 군사적 성격을 강화하는 것을 강력히 지지해 어느 정도 효과를 거뒀다. 타

---

93 "Transmittal of Report on Japan's Rearmament and the Movement of Former Military Officers"(January 28, 1952), CIA Freedom of Information Act Declassified files, HATTORI, TAKUSHIRO VOL. 2_0015.
94 Thomas French(2014), "Contested 'Rearmament': The National Police Reserve and Japan's Cold War(s)," p. 31.
95 Central Intelligence Agency, "The Feasibility of Japanese Rearmament in Association with the United States"(1951.4.20), CIA Freedom of Information Act Declassified files, DOC_0000010668, p. 2.

쓰미는 숙청된 군 장교들을 경찰예비대에 임용하기 위해 선별하는 임무를 맡았고, 1951년 10월에는 약 400명의 구일본군 장교들이 경찰예비대 보직에 내정된 것으로 알려졌다.[96] 1952년 6월까지 일본 정부가 경찰예비대 확충 계획을 추진하면서 마련한 2,000개에 달하는 새로운 보직에 대한 지원자 중 약 70~80%가 전직 제국군인 출신이었다.[97] 스위스 사진작가 비쇼프(Werner Bischof)가 찍은 놀라운 사진은 1951년 초 일본 경찰예비대의 한 부대가 군복을 입고 훈련하는 모습을 보여주었다.[98]

1952년 8월 초에 호주 외교관들은 미 국무부 영(Kenneth Young)과의 대화를 보고하면서 미국이 다음과 같이 결정했음을 호주에 알리도록 했다고 언급했다.

> 일본의 경찰예비대를 강화하기 위한 '점진적이고 은밀한' 프로그램이 향후 12~18개월에 걸쳐 시작되어야 합니다. 영에 따르면, 이 프로그램은 일본 정부에 충분한 전차와 중화기를 대여하여 일본의 4개 관구대에 각각 2개 포병대대와 1개 전차중대를 갖추도록 해야 합니다.[99]

---

[96] 당시 미국의 정보기관들이 "신뢰할 수 있는" 출처들로부터 수집한 정보들에 따르면, 경찰예비대를 위해 400여 명의 구일본군 장교들을 선발하는 데 타쓰미가 관여했음을 반복적으로 언급하고 있다. Report No.ZJJ-56, "Tatsumi Eiichi," March 28, 1952, CIA Freedom of Information Act Declassified files, TATSUMI, EIICHI_0040; "Tatsumi Eiichi"(March 14, 1953), CIA Freedom of Information Act Declassified files, TATSUMI, EIICHI_0068; "Transmittal of Report on Japan's Rearmament and the Movement of Former Military Officers."

[97] 衆議院 外務委員會 第37號(1952年 6月 25日) 경찰예비대본부 차장 에구치 미토로(江口見登留君)의 발언 참조.

[98] Werner Bischof, "Japan: Japanese Self Defense Forces during the Korean War," 1951, reference number PAR284989; "Japan: Soldier (Japanese Self Defense Forces) during the Korean War," 1951, reference number PAR284989, on the website of Magnum Photos, http://pro.magnumphotos.com/.

[99] Memorandum from D. W. McNichol, First Secretary, Australian Embassy, Washington D.C., to the Secretary, Department of External Affairs, Canberra, "Japanese Police Reserve" (August 7, 1952), National Archives of Australia, Canberra, A5461, 3/11/4/1, "Japanese Rearmament," March 25, 1952, to December 22, 1953.

이러한 점에서 경찰예비대가 초창기부터 완전한 군대가 아니었고 내부 안보에서 핵심적 역할을 수행했다는 점을 지적하는 것이 타당한 일이다. 그러나 경찰예비대의 창설과 발전은 한국전쟁이 진행되는 동안 일본을 거의 완벽히 무장 해제된 국가(기뢰 제거 부대를 보유하고 있기는 했지만)에서 "현대적인 군사 장비로 무장한" 약 11만 명의 군대를 보유한 국가로 전환하는 과정에 핵심적인 역할을 한 것은 분명했다.[100] 일본 정부는 1953년 후반기에 접어들면서 평화헌법이 존재하는데도 불구하고 향후 3년 동안 현재의 보안대를 18만 명 선으로 확충하고 구축함, 잠수함, 전투폭격기 등의 군사 장비를 확보하기 위한 계획을 수립했다.[101]

▬ 전쟁의 지리학

고쿠라, 요코하마 같은 항구 도시와 오키나와 같은 섬들이 한국전쟁에서 수행한 역할은 전쟁이 주변 국가에 미친 지리적 영향이 매우 불균등했음을 상기시켜 준다. 2장과 3장에서 살펴보겠지만, 중국에서도 전쟁의 인적 피해는 특히 만저우리, 단둥 등 일부 도시에 집중되었는데, 여기에 거주하던 주민들의 삶은 전쟁의 영향으로 완전히 바뀌었다. 일본의 경우, 전쟁의 불균등한 영향은 도쿄를 한편으로 하고 사세보, 고쿠라 같은 항구 도시를 다른 한편으로 하는 양쪽에서 대조적인 모습으로 드러났다.

---

100 "Japanese Defence and Mutual Security Aid," extract from "Digest of Dispatches," Department of External Affairs, Canberra, National Archives of Australia, Canberra, A5461, 3/11/4/1, "Japanese Rearmament," March 25, 1952, to December 22, 1953.

101 Memorandum from J. L. Allen, Second Secretary, Australian Embassy, Washington D.C., to the Secretary, Department of External Affairs, Canberra, "Japanese Rearmament"(October 27, 1953); Ministerial Dispatch from Ambassador E. Ronald Walker, Australian Embassy, Tokyo, to R. G. Casey, Minister for External Affairs(November 13, 1953), National Archives of Australia, Canberra, A5461, 3/11/4/1, "Japanese Rearmament," March 25, 1952, to December 22, 1953.

도쿄는 한국전쟁의 핵심부였다. 한국전쟁에 참전한 유엔군은 황궁 바로 건너편, 일본 수도 도쿄의 중심부에 있는 국회의사당에서 조금 떨어진 다이이치빌딩에서 한국전쟁을 지휘했고, 다른 전쟁 관련 활동들도 이 주변에서 주로 이루어졌다. 유엔군사령부가 언론 브리핑을 하는 곳이 도쿄였기 때문에 전쟁을 취재하는 외신 기자들도 도쿄에 모였고, 국제적십자위원회 등 전쟁 관련 활동을 하는 국제기구들도 도쿄로 모여들었다. 이러한 지휘, 통제, 정보 수집 활동과 이를 위해 도쿄에 모인 수많은 외국인들로 인해 도쿄는 미국의 언론인인 볼드윈(Hanson W. Baldwin)의 표현대로 열광적인 활기를 띠게 되었다.

도쿄는 극명한 대조를 보이는 도시입니다. 우리 정복자들은 사치스럽고 호사스러운 멋진 삶을 살고 있습니다. 파티와 만찬, 춤과 연애가 암울한 한국의 상황을 가리는 은막이 되고 있지만 완전히 숨기지는 못하고 있습니다.[102]

그러나 요코하마, 고쿠라, 모지, 사세보와 같은 항구 도시에서 느끼는 전쟁은 매우 달랐다. 이 항구 도시들 대부분은 한국으로 수송되는 병력과 군수물자의 수송 거점으로 변모했다. 철조망으로 봉쇄된 이 항구들에는 지역 어선이나 상선들이 정박할 수 없었고, 대신 군병력과 물자를 전선으로 수송하는 데 동원된 선박들로 가득했다. 군용 차량이 쉴 새 없이 거리를 누비고, 거대한 병력수송선의 상부 구조물이 부둣가 창고 위로 우뚝 솟아 있었다. 스위스 사진작가 비쇼프는 한국전쟁 기간 동안 일본 전역을 여행하면서 전

---

102 Hanson W. Baldwin, "Tense Lands in China's Shadow," Lloyd C. Gardiner(ed.), *The Korean War*(New York: Quadrangle Books, 1972), pp. 128-138, 인용문은 p. 131 참조. 볼드윈의 원래 기사는 『뉴욕타임스매거진(New York Times Magazine)』 1950년 12월 24일자에 게재되었다.

쟁으로 변화된 풍경을 발견했다. 미국이 직접 점령한 오키나와는 일본 대기업이 수행한 대규모 건설 프로젝트가 진행되면서 지역 농부들로부터 몰수한 토지 위에 타르와 콘크리트로 만든 막사와 항공기 격납고들이 줄지어 서 있는 풍경을 만들어냈다.(자세한 내용은 5장 참조) 비쇼프는 한국에서의 폭격 임무를 마치고 오키나와 미군 기지에 새로 만든 활주로에 굉음을 내며 착륙하는 거대한 B-29 폭격기들의 사진을 찍었는데, 폭격기 측면에 붙어 있는 유엔 로고는 적에게 투하한 폭탄 수로 빙 둘러져 있었다. 이들 기지 주변과 일본의 항구 도시에는 전쟁의 그늘 속에서 홍등가가 번성하여 전장으로 가는 길에 이 지역을 지나가는 새로운 유동 인구들을 맞았다.

한국전쟁이 고쿠라 등지에 경제 성장과 일자리를 가져왔지만, 그것은 단순히 (요시다 총리의 악명 높은 표현을 빌리면) '신이 내린 선물'이 아니라 훨씬 더 복잡하고 더 난폭하며 더 많은 고통으로 가득 찬 것이었다. 역사학자 이시마루 야스조(石丸安藏)는 "미군들의 집단 탈영과 한반도 전장에서 사망한 군인의 시신 운반 등 전쟁의 공포는 고쿠라항과 모지항 주변에 살던 이들에게 큰 영향을 미쳤다"고 기록했다.[103] 이시마루가 언급한 '집단 탈영'은 전쟁 발발 직후인 1950년 7월 11일, 미 제24보병연대 소속 병사 200여 명이 캠프 조노에서 집단 탈영해 고쿠라 시내로 내려와 여러 상점들의 창문을 부수고 부녀자들을 폭행하여 지역 주민들과 몸싸움을 벌인 사건이었다. 이 폭동으로 일본인 남성 한 명이 총에 맞아 사망하고 여러 명이 부상을 입었으며, 당시 고쿠라 시장인 하마다 료스케(浜田良祐)의 회고에 따르면 28명의 여성이 강간당했다고 한다.

당시 미군은 점진적인 인종 통합 정책을 취하고 있었지만 광범위한 인종 차별이 여전히 남아 있었다. 제24보병연대는 백인 지휘관의 통제하에 있었

---

[103] Ishimaru Yasuzō, "The Korean War and Japanese Ports: Support for the UN Forces and Its Influences," *NIDS Security Reports* 8 (December 2007), pp. 55-70, 인용문은 pp. 63-64.

는데, 점령 초기부터 일본에 주둔하던 흑인들로 전원 구성된 부대였다. 이들은 시골인 기후현(岐阜県)에 주둔하고 있었으나 다른 점령군 부대 및 일부 일본 국민과의 교류에서 인종적 편견 문제로 어려움을 겪었다. 한국전쟁이 발발한 후에도 제24보병연대 병력 대부분은 전투 경험이 거의 없었기 때문에 한국 전선에 투입되지 않기를 희망했다. 그들은 또한 전투에 필요한 장비도 제대로 갖추지 못했고, 일부 대원들은 제1대대의 스콧(Beverley Scott) 중위가 가졌던 의구심을 공유했던 것으로 보인다. 당시 스콧은 자신과 같은 흑인들이 왜 "고향에서도 완전한 권리를 누리지 못하는 상황에서 남한의 해방을 위해 목숨을 바쳐야 하는지" 고민에 빠져 있었다.[104]

한국을 향한 제24보병연대의 출발은 혼란 그 자체였다. 병사들은 원래 사세보항에서 출항할 예정이었지만 갑자기 고쿠라의 캠프 조노로 변경되었고, 그곳은 그들을 수용할 시설이 제대로 갖춰지지 않은 상태였다. 그곳에서 그들은 "어선과 비료운반선, 석탄운반선, 유조선"으로 급하게 구성된 선단을 타고 한국으로 수송될 예정이었다.[105] 이러한 혼란 속에서 자신들이 처한 비참한 상황에 더해 죽음의 그림자가 드리우자 집단 탈영과 폭동이 일어났다. 폭동에 가담한 병사들은 연대원 3,000명 중 극히 일부에 불과했지만, 고쿠라 시민들에게 이 폭동은 한국전쟁의 실상을 보여주는 끔찍한 사건이었다. 폭도들은 다른 연대원들에 의해 체포되어 다음 날 전선으로 이송되었다. 미군의 피상적인 조사는 사망자나 부상자가 없었다는 공식 발표로 마무리되었고, 고쿠라 폭동은 한국전쟁 당시 일본의 역사에서 감춰졌다. 미일 안보 관계가 심화되는 상황에서 미국 정부나 일본 정부 모두 이 폭동으로

---

104 William T. Bowers, William M. Hammond, and George L. McGarrigle, *Black Soldier, White Army: The 24th Infantry Regiment in Korea* (Washington D.C.: United States Army Center of Military History, 1996), p. 65.

105 William T. Bowers, William M. Hammond, and George L. McGarrigle(1996), *Black Soldier, White Army*, p. 79.

불거진 인종 차별과 여성에 대한 폭력이라는 민감한 문제를 조사할 의지가 전혀 없었고, 점령기 검열로 인해 이 사건은 피해자들을 제외하면 빠르게 잊혀졌다.

▬ 결론: 평화와 전쟁 사이의 일본을 기억하다

물론 한국전쟁은 전후 일본 경제를 부흥시키는 데 결정적인 역할을 했다. 그러나 한국전쟁을 일본판 마셜플랜으로 바라보는 시각이 널리 퍼지면서 전쟁의 중요한 인간적·사회적·윤리적 측면이 오랫동안 가려져 왔다. 이 책에 소개된 이야기들은 기억의 공백을 메우는 데 도움이 되지만, 잊혀진 다른 많은 사람들의 목소리에도 귀 기울여야 한다. 예를 들어 1,000여 명의 적십자 간호사가 한국전쟁 중에 징집되어, 치료를 위해 미군 기지와 병원에서 일본으로 이송되어 온 수많은 부상병들을 치료했다는 사실 등이다.[106] 그들의 이야기는 아직까지도 전해지지 않고 있다.

한국전쟁에서 일본인의 존재를 감추려는 노력이 완전히 성공하지는 못했다. 특히 연합군 점령이 끝난 후 일부 일본 신문들은 한국 내 일본인 선원과 노동자의 활동에 대한 보도(대개는 다소 간략한 내용이었지만)를 게재했다.[107] 한편 북한, 중국, 소련의 신문들은 일본인의 전쟁 참여에 대해 자주, 그리고 종종 터무니없이 과장된 기사를 게재했다. 그 결과 동아시아의 기억은 두 갈래로 나뉘었다. 일본에서는 전쟁 지역에 있는 일본인과 전쟁 사상자에 대한 이미지가 대중의 기억에서 사라지는 경향을 보였고, 북한에서는 조국해방 전쟁 승리의 서사에서 여전히 일본의 '전쟁 범죄 가담'에 대한 이미지가 과

---

106 『朝日新聞』 1999年 4月 27日; 『朝日新聞』 2003年 12月 25日.
107 『朝日新聞』 1953年 2月 25日; 『朝日新聞』 1953年 5月 17日.

장되어 있다.[108]

한국전쟁을 구성하는 '거울의 방' 안에서 이후 냉전과 탈냉전 분쟁들에서 다시 등장할 불투명한 교전 전략이 정교해졌다. 2003년 미국 주도의 이라크 침공 무렵, 전쟁에서 '민간 군수산업'의 역할(실제로 수년 전부터 확대되고 있었다)이 광범위한 대중의 관심과 논쟁의 대상이 되었다.[109] 그러나 일본의 한국전쟁 참전 사례는 1950년대 초반에도 민간과 군의 역할 경계가 어떻게 모호했는지를 보여준다. 도자이키센과 같은 기업들은 영리 목적의 군사적 역할에 적극적이었으며, 전쟁 중 오키나와에서 미군의 중요한 계약업체이자 논란의 대상이었고(5장 참조) 오늘날 세계 최대 민간 군사 기업 중 하나로 남아 있는 미국 비넬사(Vinnell Co.)도 마찬가지였다.[110] 8장에서 살펴보겠지만, "특별 인도"를 둘러싼 이후의 논란을 예고하는 관행도 한국전쟁에서 포로들을 신문하고 훈련하기 위해 일본으로 이송하는 과정에서 벌어지기도 했다.

한국전쟁 당시 일본의 복잡한 정치적 상황은 전쟁에서 일본의 역할을 특히 모호하게 만들었다. 일본에게 부유하는 세상이었던 한국전쟁을 탐구하는 작업은 전후 동아시아의 집단적 자위권이라는 곤혹스러운 현실을 새롭게 조명하게 한다. 한국전쟁의 역사에 대한 보다 풍성한 서술은 과거를 기억하는데뿐만 아니라 이 지역의 미래를 만들어 가는 데도 필수적이다.

---

108 *Korean Central News Agency News*, June 26, 2005.
109 Peter W. Singer, *Corporate Warriors: The Rise of the Privatized Military Industry* (Ithaca, N.Y.: Cornell University Press, 2003).
110 Peter W. Singer(2003), *Corporate Warriors*, pp. 13, 95-97; Richard A. Davies, memo to Waller, "Investigation"(1952,10,6), National Archives and Records Administration, College Park, Md., Record Group 260, Records of the U.S. Civil Administration of the Ryukyu Islands, Labour Department, Box 1 of HCRI-LA, Folder No,1, "Labour Conditions 1952," microfilm copy held in the Okinawa Prefectural Archives, Naha.

2. 한국전쟁이 만주 사회에 미친 경제적·사회적·인적 영향

모 티안

중국 북동부에 위치한 만주는 중화인민공화국이 한국전쟁에 참전하는 데 중요한 역할을 담당했고 중국의 전쟁 수행에 상당한 물적·인적 지원을 제공했다. 한국전쟁에서 만주의 입장과 관련된 대부분의 연구가 중국공산당의 전쟁 개입에 대한 분석에 초점을 맞춘 반면 전쟁이 초래한 만주 사회의 사회적 변혁에 대해서는 학문적 관심을 거의 기울이지 않았다. 한국전쟁의 정치적·전략적 측면이 강조되면서 특히 중국 인민들에게 영향을 미친 사회경제적 측면에 대해서는 소홀히 다뤄졌다. 제2차 세계대전 막바지에 이루어진 소련의 만주 침공이 가져온 만주 지역의 생산력과 자체 통화의 붕괴, 산업화 계획 및 사회동원 계획, 노동 조건, 전쟁 발발 후 만주 지역 주민들의 강제 이주 등의 문제는 여전히 제대로 연구되지 않았다. 이 장에서 다루는 주제는 한국전쟁이 만주에 미친 경제적·사회적 영향을 조사하기 위한 최초의 시도이다. 특히 중국인민지원군과 함께 한국전쟁에 참전한 군인보다는 민간인에 초점을 맞춰 다음과 같은 질문에 답하고자 한다. 한국전쟁은 1950년대 만주 개발의 성격 형성에 어떻게 작용했는가? 한국전쟁 기간 동안 만주 사회는 어떤 사회적 변혁을 겪었는가?

━ 만주 사회의 산업화

일본의 괴뢰 국가였던 만주국(1932~1945)은 만주 지역에 당시로서는 첨단의 산업 인프라를 남겼는데, 특히 선양(沈陽), 푸순(撫順), 번시(本溪), 안산(鞍山), 다롄(大連)과 같은 남만주 지역의 산업 도시들에 중공업이 집중되었다. 하지만 『장자오(張嘉璈) 일기』 같은 자료에서 생생하게 알 수 있듯이, 용광로와 발전기를 비롯해 이들 인프라의 일부 핵심 부품들은 일본군 퇴각 직후 소련군에 의해 해체되어 소련으로 옮겨졌다.[1] 남만주에 비해 북만주는 산업이 낙후되어 있었다.[2] 남만주는 1950년대 초 만주 산업의 핵심 지대였다. 더욱이 일제의 지배하에 개발된 만주의 천연 자원과 소련과의 근접성은 중공업 개발에 유리한 환경을 조성했다.[3]

그러나 한국전쟁 발발로 중국 정부가 수립한 만주에 대한 경제계획이 중단되었다. 1950년 전쟁 발발 이전에 중화인민공화국이 세운 일반 경제계획은 군사비를 줄이고 경제 재건과 교육에 대한 투자를 늘리는 것을 목표로 했다. 중국의 경제계획은 경제 개발을 빠르게 촉진할 수 있는 산업에 자원을 집중했다. 이 정책에 따라 철강, 전기, 광업, 기계 제작을 비롯한 관련 산업이 대규모로 확충되었고 이를 뒷받침하는 교육 및 연구 인프라도 구축되었다. 특히 중국 정부는 150개의 주요 중공업 시범 프로젝트를 만들었는데, 그중 3분의 1이 만주에 위치해 있었다. 이러한 프로젝트는 주로 철강, 화학, 중공업, 자동차, 방위 산업 분야에 집중되었다. 정부는 군사비를 43%에서

1　Donald G. Gillin and Ramon H. Myers(eds.), *Last Chance in Manchuria: The Diary of Chang Kia-Ngau*(Stanford, Calif.: Hoover Institution Press, 1989), p. 45 참조.

2　이 장에서는 현재의 랴오닝성(遼寧省)을 남만주로, 지린성(吉林省)과 헤이룽장성(黑龍江省)을 북만주로 지칭했다.

3　한국전쟁 전후 만주 경제에 대한 전반적인 논의는 笠原正明, 「中國の朝鮮戰爭介入と滿州問題」, 『神戸市外國語大學外國學研究所研究年報』, 通號 7(1970.3), 65-102쪽 참조.

30%로 줄이고 나머지 70%는 경제 건설과 교육 부문에 투입할 계획이었다.[4]

한국전쟁이 발발하자 중국 지도부는 경제 운용 방향을 전쟁 지원 쪽으로 전환했다. 1951년 11월, 중국 정부는 경제계획을 전면적으로 수정했다. 수정된 계획은 전쟁과 국방을 우선순위로 두고 상업 및 기타 분야에 대한 투자를 후순위로 돌렸다.[5] 전쟁과 국방을 강조한다는 것은 정부가 전쟁 관련 활동에 인적·물적·재정적 자원을 최대한 투입하기 위해 모든 노력을 경주하고 군사비를 대폭 늘릴 것임을 의미했다. 정부는 전쟁 수행과 직접적으로 관련된 산업 및 군사 인프라 건설 수요를 충족시키기 위해 노력했다. 1951년 군사비는 중국 전체 예산 지출의 거의 절반을 차지했다.[6] 만주에서는 전쟁 관련 산업 개발에 대한 투자가 우선시되었다. 1950년 중국 정부는 만주에 33억 위안(元)을 투자했는데, 이는 만주 연간 재정 예산의 40%, 만주 전체 정부 투자의 77%를 차지했다. 1950~1952년 동안 정부가 투자한 인프라 건설비의 절반이 만주에 투입되었다.[7]

한국전쟁은 만주 산업의 공간적 분포에도 변화를 가져왔다. 1950년대 초 만주의 산업 분포는 주로 이전 시기 이 지역에 대한 일본의 집중 투자에 의해 이루어졌는데, 앞서 살펴본 바와 같이 주로 남만주의 주요 도시들에 집중되었다. 이러한 산업 인프라의 공간적 분포 패턴은 한국전쟁 중 남만주가 유엔군의 폭격 범위 안에 위치하고 있었기 때문에 중국의 안보에 위협이 되었다. 한국전쟁 발발 후 중국 당국이 일부 인프라를 남만주에서 북만주로 이전한 것도 이러한 이유 때문이었다. 중국 정부는 북만주의 하얼빈(哈爾濱)

4　趙德馨主(編), 『中華人民共和國經濟史, 1949-1966』(鄭州市: 河南人民出版社, 1988), 94-95쪽.
5　趙德馨主(編)(1988), 『中華人民共和國經濟史, 1949-1966』, 94-95쪽.
6　趙德馨主(編)(1988), 『中華人民共和國經濟史, 1949-1966』, 95쪽.
7　王東·謝偉, 「朝鮮戰爭與東北工業布局的調整」, 『中州學刊』 2013年 3期, 155쪽.

그림 3 중국 북부와 몽골 지역
출처: CIA의 중국 지도(공개 도메인)에서 편집

과 치치하얼(齊齊哈爾)에 중공업과 군사 인프라를, 지린(吉林)에 화학공업을 유치했고, 자무쓰(佳木斯)와 무단장(牡丹江)에는 면방직 공장, 아마 공장, 고무 공장들을 다시 지었다. 1950년 말까지 남만주에 있던 총 26개의 주요 공장을 북만주 헤이룽장성으로 이전했다. 여기에는 군수산업 10개 공장과 기계산업 9개 공장, 방직산업 3개 공장, 고무산업 2개 공장이 포함되었다. 이 중 12개 공장은 하얼빈에, 6개 공장은 치치하얼에 배치되었다.[8] 실제로 새로 건설된 공장들은 거의 모두 이 북만주에 집중되었다. 물론 이러한 정책이 정부가 남만주의 산업 발전에 소홀했다는 의미는 아니었다. 1952년 이후 미국의 폭격 위협이 줄어들자 정부는 남만주 산업에 더 많은 투자를 시작했다.[9]

---

8 黑龍江省統計局(編), 『黑龍江省四十年巨變: 1949-1989』(北京: 中國統計出版社, 1989), 16쪽.
9 王東·謝偉(2013), 「朝鮮戰爭與東北工業布局的調整」, 155쪽.

표 1 1949~1952년 만주의 중공업 산출과 비율

지역	1949년 중공업 생산 (10억 위안)	1949년 총산업에서 중공업 비율(%)	1952년 중공업 생산 (10억 위안)	1952년 총산업에서 중공업 비율(%)
랴오닝성	0.572	48.0	2.618	57.9
지린성	0.195	51.7	0.490	43.9
헤이룽장성	0.372	49.4	0.915	48.5
만주	1.139	49.1	4.023	53.5

출처: 王東·謝偉,「朝鮮戰爭與東北工業布局的調整」,『中州學刊』 2013년 3期, 156쪽.

표 2 1949~1952년 만주의 산업 발전

지역	연도	기업 수	산업 생산량(%)	성장률(%)	산업 비율(%)
랴오닝성	1949	8,816	11.9	–	48.0
	1952	10,690	45.2	–	57.9
지린성	1949	291	3.8	43.5	28.7
	1952	2,895	11.1	43.5	43.8
헤이룽장성	1949	5,218	7.5	35.8	36.0
	1952	–	18.9	35.8	52.3

출처: 王東·謝偉,「朝鮮戰爭與東北工業布局的調整」,『中州學刊』 2013년 3期, 156쪽.

이러한 산업 이전은 만주에서 중공업의 전반적인 발전으로 이어졌다. 〈표 1〉에서 볼 수 있듯이 1949년에서 1952년 사이에 랴오닝성의 총산업 생산량에서 중공업이 차지하는 비중이 급격히 증가했다. 이러한 증가의 이유는 정부가 지린성과 헤이룽장성 등의 북만주에 대한 중공업 인프라 개발에 많은 투자를 했지만, 이 기간 동안 랴오닝성이 여전히 실제 산업 생산량에서 중요한 역할을 했기 때문이다. 안산의 제철소, 푸순의 노천 탄광, 다롄과 뤼순(旅順)의 화학 공장 등 랴오닝성의 중공업 공장 확충이 이 지역의 산업 생산량을 끌어올렸다. 한편 지린성과 헤이룽장성의 중공업 비중은 소폭 하락했지만, 이 두 지역의 총생산량이 이 기간 동안 두 배 증가했다는

점에 주목해야 한다. 만주 전체 산업 부문에서 중공업이 차지하는 비중은 1949년 49.1%에서 1952년 53.5%로 증가했고, 중공업 생산량은 1949년 11억 3,900만 위안에서 1952년 40억 2,300만 위안으로 증가했다.

1949년부터 1952년까지 만주에서는 산업 인프라와 생산량이 급속도로 발전했다. 〈표 2〉에서 볼 수 있듯이 1949년에서 1952년 사이에 랴오닝성의 기업 수는 8,816개에서 1만 690개로, 지린성의 기업 수는 291개에서 2,895개로 증가했다. 산업 비중도 랴오닝성은 48%에서 57.9%로, 지린성은 28.7%에서 43.8%로, 헤이룽장성은 36%에서 52.3%로 빠르게 성장했다. 만주 지역의 산업 인프라 확장은 주로 무기 및 탄약 생산과 관련이 있었다. 선양을 비롯한 만주의 주요 산업 도시들이 모두 무기 생산에 진력을 다했다. 선양에서는 상당수의 공장들이 무기 및 탄약 생산을 확대했다. 선양에 위치한 53공창(五三工廠)은 정부에서 할당한 총기와 탄약 생산량을 맞추기 위해 교대 근무를 대폭 늘리고 근무 시간을 연장했다. 그 결과 총기와 탄약 생산량은 1950년에서 1951년 사이 4배, 1951년에서 1952년 사이 다시 2배 증가했다.[10] 다른 군사 관련 장비 생산도 지역 경제와 사회에 큰 영향을 미쳤다. 예를 들어 선양중형기기창(沈陽重型機器廠)에서는 군용 곡괭이를 10만 개 생산했는데, 작업을 완수하기 위해 공장에서는 노동자와 그 가족을 생산에 동원시켰다.[11] 또 다른 예로 소련의 미그 전투기용 타이어 생산을 맡은 선양제3고무창(沈陽第三橡膠廠)을 들 수 있다. 한국전쟁 기간 동안 이 공장은 중국에서는 처음으로 3종의 전투기 타이어를 생산하기도 했다.[12]

한국전쟁 기간 동안 중국 정부가 내세운 정치 의제는 만주를 전쟁 수행을 위한 산업 구조로 만드는 것이었다. 전쟁 수행을 지원하기 위해 사회를 급

---

10 中共沈陽市委黨史硏究室(編著),『沈陽人民記憶中的抗美援朝』(沈陽: 萬卷出版公司, 2010), 33쪽.
11 中共沈陽市委黨史硏究室(編著)(2010),『沈陽人民記憶中的抗美援朝』, 33쪽.
12 中共沈陽市委黨史硏究室(編著)(2010),『沈陽人民記憶中的抗美援朝』, 34쪽.

속히 산업화하려는 전략에 따라, 이러한 정치적 목적을 달성하기 위해 모든 가용 자원이 동원되었다. 군수산업을 근간으로 한 만주 사회는 필연적으로 경제 활동 전 분야에 대한 국가 개입이 증대했고, 그것이 이 지역의 산업과 인프라의 성격을 구성했다. 만주 지역의 경제 인프라는 비교적 잘 구축되었지만, 중국 정부는 전쟁 수요와 직접 관련된 산업에 대한 정부의 투자와 통제를 강화하여 이 지역의 산업 발전을 적극적으로 추진했다.

만저우리에서 전시 수송과 노동 생활

북한과의 지리적 근접성 때문에 만주는 무기와 군수물자의 수출입을 위한 주요 경유지가 되었다. 중국과 소련으로부터 지원받은 무기와 군수품이 기차로 만주를 거쳐 북한까지 운송되었다. 소련과 몽골인민공화국 국경에 위치한 작은 도시 만저우리는 특히 군사 지원 물자 수송에 중요한 역할을 했다. 한국전쟁 초기에 만저우리의 경제 개발은 소규모 목축과 광업에 기반을 두고 있었다.[13] 이 도시의 행정은 만주 주둔 동북군구(東北軍區)의 지휘를 받는 군사관제위원회가 직접 관리했다. 한국전쟁 초기 중국의 대북 군사 지원은 주로 소련이 제공한 물자였고, 만저우리의 절묘한 위치 덕분에 이 도시는 소련과 몽골에서 북한으로 무기를 수송하는 핵심 통관지가 되었다.(자세한 내용은 3장 참조)

북한에 대한 군사 지원의 수송을 용이하게 하기 위해 중국 정부는 만저우리의 행정 구조를 개편했다. 한국전쟁이 일어나기 전 중국 공군과 해군은 이곳에 두 개의 사무소를 설치했다. 이는 무역과 수송을 처리하는 임시 기관으로 기능했다. 그러나 군사 지원 수송이 급격히 증가하면서 두 사무소는

13　王燁, 「中國北部邊疆邊境城市發展硏究: 以內蒙古自治區滿洲裏, 二連浩特爲例」, 陝西師範大學 博士學位論文(2013), 100쪽.

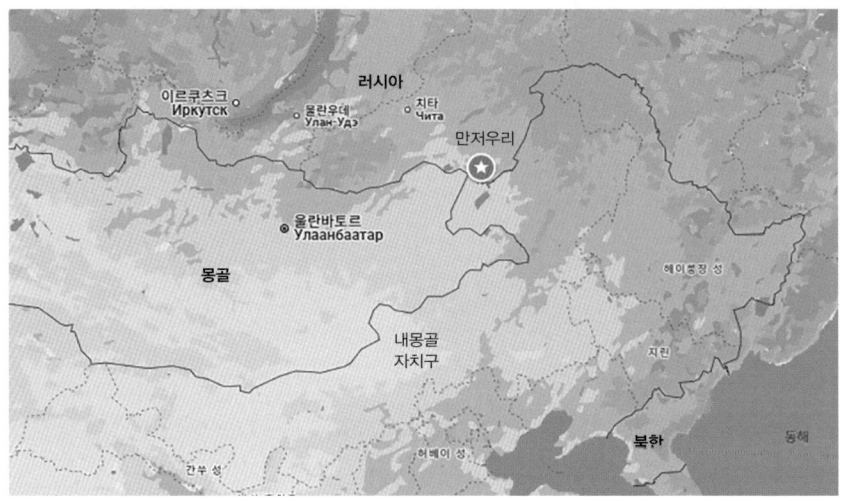

그림 4 만저우리의 위치
✪ 표시가 된 곳이 만저우리

제 기능을 하지 못하게 되었다. 1950년 말과 1951년 초에 만저우리를 통한 군수물자의 흐름은 도시 수용 능력의 한계에 부딪혔다. 당시 만저우리를 통과하는 물자의 4분의 3이 군수물자였다.[14]

1950년 9월, 중국 군사위원회는 이 두 사무소를 중앙인민정부 인민혁명군사위원회 총후방 근무부 만저우리기지 환적소(中華人民政府 革命軍事委員會 總後方 勤務部 滿洲裏基地 轉運站)라는 단일 기관으로 통합했다. 환적소는 군수과와 민수과로 나뉘어 관리되었다. 군수과에 총 10개 분대, 민수과에 2개 대대와 1개 중대로 조직이 구성되었다. 전성기에는 3,000명의 군인이 역에 배치되었다.[15] 1950년 11월부터 1954년까지 만저우리역의 거의 모든 열차

14   原憲千, 「軍事管制時期的滿洲裏口岸運輸」, 徐占信, 『滿洲裏與抗美援朝戰爭』(海拉爾: 內蒙古文化出版社, 2006), 260쪽. 위엔시엔치엔(原憲千)은 1950년 1월부터 1951년 10월까지 만저우리에서 군수품 수송을 담당했던 최고위급 관리였다.
15   趙德才, 「滿洲裏在抗美援朝戰爭中的貢獻: 在滿洲裏工作過的老同志恒憶錄」, 徐占信, 『滿洲裏與抗美援朝

업무는 군사 지원 수송에 투입되었다.

이러한 갑작스러운 수송량 증가는 만저우리 기차역에서 일하던 공무원들에게 큰 부담을 안겨주었다. 군수물자 수송을 담당했던 자오 데카이(趙德才)의 회고록을 보면 군수물자 수송으로 인한 과중한 업무량을 확인할 수 있다.

> 당시에는 [군수품의] 환적 작업이 매우 과중했습니다. 가장 힘들었던 점은 환적에 필요한 현대식 철도 시설이 없다는 것이었습니다. 만저우리에는 크레인이 한 대밖에 없었기 때문에 모든 수입 군수물자는 인력을 최대한 동원해 작업을 완료해야 했습니다. 영하의 추운 겨울에 […] 레이더 차량이나 건설 차량 한 대를 기차에 실으려면 보통 50~60명의 인력이 필요했습니다. 환적 및 재배치 작업이 점점 더 과중해지면서 이러한 작업을 담당하는 수천 명의 군대와 노동자들조차도 수요를 충족시킬 수 없었기 때문에 때때로 우리는 만저우리 정부 및 지역 공장에서 일하는 관리, 군인, 경찰들에게 환적 작업에 참여하도록 요청해야 했습니다. […] 환적이라는 과중한 업무와 제한된 간부 수, 경험 부족 때문에 오랫동안 수송 업무를 담당해 온 간부들은 밤낮으로 씩씩하게 일했습니다. 이러한 일들은 하루나 이틀에 끝나는 일이 아니라 몇 달 동안 계속되는 끊임없는 투쟁이었습니다.[16]

여기에 더해 상황을 더욱 악화시킨 것은 극도로 추운 겨울철 날씨와 즐길 거리가 없는 주변 환경, 부족한 음식, 너무도 열악한 숙박 시설이었다. 곡물, 과일, 채소 등 기초생필품은 모두 인근 지역에서 조달해야 했고, 이 때문에 만저우리에서는 음식이 인근 지역보다 몇 배나 비싼 가격에 판매되었다. 만저우리역의 많은 노동자들은 채소를 먹을 여유가 없었고, 이들 중 상당수가

戰爭』(海拉爾: 內蒙古文化出版社, 2006), 254-255쪽.
16 趙德才(2006), 「滿洲裏在抗美援朝戰爭中的貢獻」, 256쪽.

비타민 결핍으로 병에 걸렸다. 7개월 동안 지속된 만저우리의 긴 겨울은 노동자들의 삶을 비참하게 만들었다. 4월에도 여전히 눈이 내렸고 8월에는 물이 얼기 시작했다. 노동자들은 극한의 추위로부터 몸을 보호할 수 있는 옷이 충분하지 않았다. 게다가 만저우리의 의료 시설은 매우 열악하고 낙후되어 있어 경증 환자만 치료할 수 있었고, 중환자는 다른 지역에서 치료를 받아야 했다.[17] 만저우리역의 끔찍한 근무 환경을 다음의 증언에서 확인할 수 있다.

> 만저우리역 건설 초기에는 이 추운 지역에서 환적이라는 중노동을 수행하는 데 필요한 인력이 부족했고, 의식주 환경도 매우 열악했습니다. 방한복은 충분하지 않았고, 밥은 거친 잡곡밥이었습니다. 우리는 매주 한 끼만 고운 쌀밥을 먹을 수 있었는데, [우리에게] 이것은 식단 개선으로 여겨졌습니다. 신선한 채소는 거의 먹을 수 없었고 냉동 순무와 감자를 먹는 것이 전부였습니다. 우리가 머물던 집은 낡고 허름했습니다. 대다수의 간부들은 2층 침대에서 잠을 잤고 샤워도 할 수 없었습니다. 군인들에게도 환적을 할 설비가 없었습니다. 모든 일은 [군수품을] 어깨에 짊어지거나 밀고, 최대한 많은 인원을 동원하여 임무를 완수하는 방식으로 이루어졌습니다. 겨울에는 기온이 영하 50도까지 떨어지기도 했습니다. 떨어지는 물이 얼어붙기도 했습니다. 너무 추워서 기관차에 시동을 걸 수 없을 정도였습니다. 철도의 일부 철제 부목은 추운 날씨로 인해 파손되었습니다. 건설 차량의 타이어는 추위 때문에 접지력이 떨어져 50~60명이 밀어도 시동이 걸리지 않았습니다. 많은 간부들이 얼굴, 코, 손, 발에 동상을 입었습니다.[18]

17　徐占信(2006), 『滿洲裏與抗美援朝戰爭』, 111-112쪽.
18　趙德才(2006), 「滿洲裏在抗美援朝戰爭中的貢獻」, 256쪽.

또 다른 증언에 따르면, 군수물자 운송을 맡은 많은 직원들에게 문제가 된 것은 주택이었다.

이 기간 동안의 작업으로 노동자와 군인의 수가 늘어날 수밖에 없었습니다. 그러나 주택 부족으로 인해 많은 제약을 받았고, 이는 업무에도 영향을 미쳤습니다. 많은 직원들이 이곳에서 장기간 근무했지만, 주택이 충분하지 않아 정착하지 못했습니다. 예를 들어 [만저우리] 입국소의 직원 수는 2,000명에 달했지만 가족이 있는 직원은 10%에 불과했습니다.[19]

노동자들이 군수물자 운송 과정에서 겪은 혹독한 상황에도 불구하고 그들은 자신들이 맡은 일에 열성을 다했다. 만저우리에서 군수물자 운송에 참여했던 공무원들의 증언에 따르면, 지방정부 공무원들은 무기 및 군수물자 수송에 대한 대규모 지원에 대해 긍정적인 이미지를 퍼뜨리는 데 도움이 되었다.

환적과 재선적 작업이 잡히면 간부, 병사 및 그 가족 모두가 작업에 뛰어들었습니다. 일부 여성 간부들은 아기에게 젖을 먹인 후 다시 밤에 일하러 왔습니다. 일부 간부들은 [만저우리]역에서 식사하고 생활했기 때문에 집에 불이 나도 그 사실을 몰랐을 것입니다. 병이 들기도 했지만 많은 간부들이 계속 일을 했습니다.[20]

---

19 原憲千(2006), 「軍事管制時期的滿洲裏口岸運輸」, 264쪽.
20 趙德才(2006), 「滿洲裏在抗美援朝戰爭中的貢獻」, 256쪽.

안동(安東) 이전

중국과 북한의 국경에 위치한 도시 안동(오늘날 단둥)은 중국의 한국전쟁 참전으로 큰 영향을 받은 또 다른 지역이다. 전쟁은 산업 및 기업의 공간 구조에 변화를 가져왔고 지역 주민의 대규모 이주를 초래했다. 안동은 북한과 마주한 압록강 하구에서 약 40킬로미터 떨어진 곳에 위치해 있다. 한국전쟁 초기에는 인구가 약 20만 명에 달하는 산업 도시였으며, 인구의 상당수가 이 지역 공장 노동자와 그 가족이었다. 안동 경제의 상당 부분은 펄프와 제지, 섬유, 성냥, 담배와 같은 경공업에 의존했다. 중국공산당이 중국을 점령한 후 안동 경제는 중국 내전(1946~1949)으로 인한 불황에서 회복되기 시작했지만, 1950년 8월부터 시작된 유엔 공습으로 큰 타격을 입었다. 안동에 대한 유엔의 공습에 대응해서 중공중앙동북국(中共中央東北局)은 10월 11일, 모든 공기업과 민간 기업, 정부기관, 학교를 이전하고, 근로자와 그 가족들에게 만주의 다른 지역과 중국 북부로 대피할 것을 명령했다.[21]

예상했듯이 이 대피 프로그램은 주민들에게 환영받지 못했다. 처음부터 주민들은 정부의 피난 요청에 긍정적으로 반응하지 않았다. 유엔군의 공습으로 안동 주민들의 삶이 중단되었지만, 그들은 새로운 곳에서 다시 살아야 한다는 것에 대해 불안해했다. 주민들은 한편으로는 유엔군의 공습을 두려워하면서도 다른 한편으로는 공습이 일상생활에 큰 지장을 주지 않을 것이라는 희망에 매달렸던 것으로 보인다. 일부 주민들은 중국 정부의 대북 지원 결정이 이러한 혼란을 가져왔다고 비난하면서 고향인 안동을 떠나기 싫어했고, 민간 기업 소유주들은 공장 이전으로 인해 생산이 지연되어 사업에

21　李澄, 「回憶抗美援朝在安東那些日子(代綜述)」, 劉啟發(主編), 『英雄城市英雄人: 丹東人民支援抗美援朝戰爭資料專輯』(丹東市: 中共丹東市委黨史研究室, 1989), 7쪽.

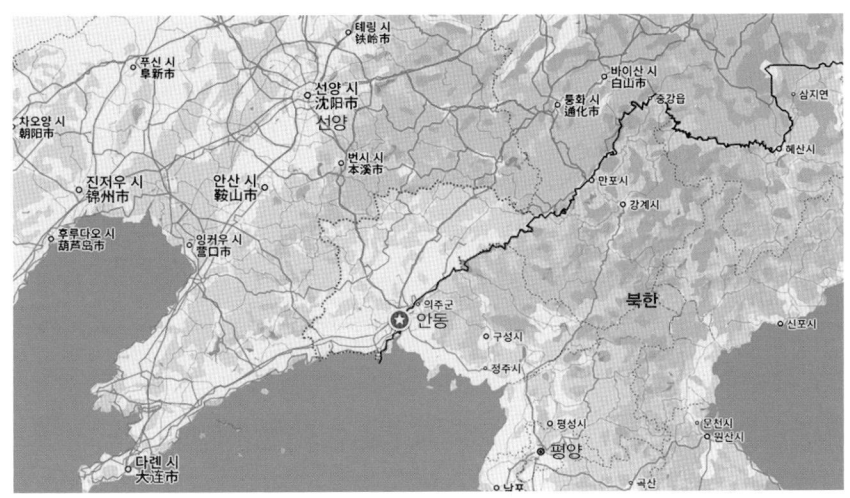

그림 5 안동의 위치
✪ 표시가 된 곳이 안동

큰 손실을 볼까봐 걱정하는 경우가 많았다.[22]

　중국 당국이 기계설비를 이전하고 인력 대피를 시행하는 과정에서 맞닥뜨린 더 심각한 문제는 막대한 이전 비용이었다. 안동 지방정부는 공기업 이전 시 기계, 원자재, 완제품, 반제품 등을 분해해 운반하고 근로자와 그 가족을 재정착시키는 데 막대한 비용이 소요된다는 사실을 알게 되었다. 기계설비를 원활하게 이전하기 위해 공장 노동조합은 전체 과정을 담당할 직원을 지정했다. 정부는 지역 주민을 달래기 위한 조치도 동시에 취했다. 모든 공장 근로자가 기계설비와 함께 이주하는 것이 원칙이지만, 그 가족들에게는 안동에 남을 수 있는 선택권을 부여했다. 이로 인해 경제적 어려움을 겪

22　萬照華, 「防空疏散」, 劉啟發(主編), 『英雄城市英雄人: 丹東人民支援抗美援朝戰爭資料專輯』(丹東市: 中共丹東市委黨史硏究室, 1989), 18쪽.

은 일부 가족은 정부로부터 일정 금액의 생계비를 지원받을 수 있었다.[23]

민간 기업 이전의 핵심 문제는 공장 설비를 운반하는 수단과 이 과정에서 발생하는 비용의 문제였다. 이 문제를 해결하기 위해 안동 정부는 공장 설비 수송에 군용 차량을 할당하고 설비가 이전될 장소를 정했다. 예를 들어 면화, 편직, 염색, 마감 공장은 주로 랴오닝성 남부의 면화 생산지로, 제철, 피혁, 의류 공장은 주로 선양과 지린성의 철도 단지로 이전했다. 한편 정부는 원활한 이전을 위해 안동에 있는 공장의 면화, 곡물, 석유 가공을 중단했다. 생산을 재개할 적절한 장소를 찾지 못한 공장의 직원들에게는 생계비를 지원했다. 이들 공장은 생산을 재개하기 위해 기계설비를 분해하고 정부의 허가를 기다려야 했다.[24]

중국 당국이 기계설비 이전과 인력 대피를 시행하는 과정에서 겪은 이러한 문제에도 불구하고, 대규모 인력 및 장비 이동의 효과는 놀라웠다. 동원령이 내려진 지 40일 만에 안동 외 지역으로 이전한 공기업은 전체 48개 중 32개에 달했고, 공장 노동자 9,000명과 그 가족 1만 5,000명이 재정착했다. 정부의 대피 정책에 따라 안동을 벗어나 이주한 사람들의 숫자는 파악되지만 자발적으로 이주한 사람들의 숫자를 추산하기는 어렵다. 다만 자발적으로 정착한 공장 노동자의 가족까지 합치면 그 수는 3만 명에 달할 것으로 보인다. 이전한 민간 산업체 수는 292개로 안동 전체 산업체 수의 14.4%를 차지했고, 민간 상공업체 수는 453개로 전체의 23.8%를 차지했다. 그 외 민간 산업체와 상업체는 각각 전체의 27.6%, 31%가 부분적으로 이전했다. 또한 지방 정부기관과 학교에 속해 있던 공무원, 교직원, 학생 3,403명이 이주했다. 시군 기관에서 근무하던 공무원의 가족 450여 명은 안동 외곽 지역에 정착했다. 1950년 12월 말까지 안동 전체 인구의 약 3분

23　萬照華(1989),「防空疏散」, 24쪽.
24　萬照華(1989),「防空疏散」, 25쪽.

의 1이 이주한 셈이었다.²⁵

이 대규모 대피로 인해 생겨난 낯선 장소에 대한 이미지는 1950년 한국전쟁이 발발했을 당시 일본으로 송환되기를 기다리던 만주 정착 일본인 간호사 이시다 스미에(石田壽美惠)의 증언을 통해 알 수 있다. 이시다와 다른 일본인 의료진은 한국전쟁에서 부상당한 중국인민지원군을 치료하기 위해 모집되어 안동 인근 병원에서 일하게 되었다. 이시다의 표현에 따르면 한국전쟁 당시 안동은 군인들이 한국으로 들어가기 위해 모여들면 순식간에 '군인들의 바다'가 되었다가 이들이 전쟁터로 떠나면 갑자기 조용해지곤 했다. 이시다는 미군의 공습을 피하기 위해 방공호를 파던 일을 떠올리며 자신이 치료한 부상자 중 상당수가 국경을 넘어온 북한군이며, 그들이 전쟁터에서 입은 부상뿐 아니라 심한 동상으로 고통받았다고 기억했다. 가장 기본적인 의료 장비만 가지고 촛불을 켜고 절단 수술을 비롯한 여러 수술을 진행했다.²⁶

캐스카트(Adam Cathcart)는 안동을 비롯한 여러 국경 도시들이 어떻게 전쟁의 폭력과 혼란을 피해 중국으로 탈출하는 수많은 북한 민간인들의 진입로가 되었는지 보여주었다. 중국 내 조선족 군인과 간부들이 전쟁에 참여하기 위해 북한으로 돌아가는 동안, 수천 명의 북한 민간인들이 반대 방향으로 피난을 떠났다. "중국 정부는 주중북한대사관의 지원을 받아 1950년 말 중국 내 피난민 수가 이미 1만 명을 넘어선 것으로 추정했다."²⁷

---

25 劉啟發(主編), 『英雄城市英雄人: 丹東人民支援抗美援朝戰爭資料專輯』(丹東市: 中共丹東市委黨史研究室, 1989), 8쪽.

26 石田壽美惠, 「戰場に送るため救った命」, NHK 戰爭証言アーカイブス, https://www2.nhk.or.jp/archives/movies/?id=D0001100115_00000(2017. 8. 7). 중국과 북한 편에서 한국전쟁에 참여한 일본인들에 대한 추가적인 정보는 제6장을 참조.

27 Adam Cathcart, "The Bonds of Brotherhood: New Evidence on Sino-North Korean Exchanges," *Journal of Cold War Studies* 13, No.3(Summer 2011), pp. 27-51, 인용문은 p. 37 참조.

민간인의 사회적 동원

한국전쟁 기간 동안 만주의 정치·경제는 대중 동원과 집단주의에 의해 뒷받침되었다. 지방정부는 전쟁에 대한 대중의 지지를 유도하기 위해 다양한 사회동원 프로그램을 계획하고 실행했다. 전쟁 발발 후 중국 정부는 만주에서 대규모 동원 프로그램을 계획했다. 중국 지도부는 정치적·사회적 동원을 매우 중요하게 받아들였다. 그들의 방식은 민간인에게 중국의 전쟁 개입이 정당하며 이를 지지하는 것이 중요한 애국 행위라는 확신을 심어주는 것이었다. 동원 캠페인의 핵심은 대중의 참여를 유도하는 것이었다.

사회동원의 가장 효과적인 형태는 애국공약을 이행하는 것이었는데, 여기에는 물질적 기부와 전쟁 수행에 민간인 참여를 독려하는 등의 광범위한 정치 의제가 포함되어 있었다.[28] 애국공약의 이행은 정부 선전을 통해 추진되었다. 1951년 2월 중국인민정치협상회의 전국위원회에서는 전국 모든 민족의 마을, 기관, 학교, 공장, 상점, 심지어 모든 거리와 주택가에 한국전쟁 지원 정신을 전파할 것을 촉구했다. 1951년 3월 30일, 『인민일보(人民日報)』는 「애국공약운동을 보급하자」라는 사설을 게재했다. 이 사설은 애국공약운동의 시발점이 된 획기적인 성명서였다.

항미원조운동과 강간범근절운동이 전개되는 동안 전국 곳곳에서 애국공약운동이 시작되어 홍보되고 있습니다. 이는 애국운동의 성과를 공고히 하기 위한 좋은 방법이며, 전국 각계각층의 대중들에게 널리 홍보되어야

---

[28] 애국공약운동은 중국공산당원들에게 새로운 것이 아니었다. 1943년 10월 초, 중국공산당들은 공산당이 장악한 섬강녕변구(陝甘寧邊區)에서 대중의 지지를 얻기 위해 이 전략을 사용한 바 있었다. 한국전쟁 기간 동안 애국공약운동 외에도 중국공산당은 1957년에서 1961년까지 또 다른 유사한 운동을 시작했다. 중국공산당들의 정치운동으로서 애국공약운동에 대한 일반적인 분석은 土岐茂, 「'愛國公約'の歷史と原理: 人民の自律的規範の創造」, 『早稻田法學會誌』 第29卷(1979.3), 289-313쪽 참조.

합니다.[29]

1951년 6월 2일, 『인민일보』는 또 다른 사설을 통해 전국의 직장 단위에서 애국공약을 고안해 시행하며, 그 이행을 감독할 지도부를 자체적으로 선출할 것을 촉구했다.

> 전국의 우리 인민은 이 형식을 장악하고 이를 적극 활용하여 우리의 단결과 애국운동, 항미원조운동을 강화하고 생산과 사업, 학습을 비롯한 혁명 투쟁과 건설을 전진시켜야 합니다.[30]

당 지도부는 직장 단위 외에도 사회의 기본단위인 가족을 애국공약운동의 중요한 요소로 인식했다. 당 지도부에서는 애국공약을 통해 정치 활동과 가족의 삶의 목표가 결합될 것을 기대했다. 모든 가족이 애국공약에 서명하고 공약에 규정된 활동을 실천하도록 권장받았다. 만주 지역 지방 단위 공산당위원회에서는 전쟁에 대한 대중의 지지를 호소하는 이 요청에 적극 호응했다. 대중의 지지를 동원하기 위해 다양한 형태의 공약이 발표되었다. 예를 들어 선양시 공산당위원회는 월별 생산 할당량 달성, 군량미 기부, 군인과 그 가족에 대한 우대, 농작물 납품과 세금 납부, 정치 사업 목표 등 다양한 공약을 발표했다.

애국공약은 기금 모금이나 생산성 향상과 같은 특정 목표를 달성하기 위해 다양한 형태로 고안되었지만 한 가지 공통된 특징을 가지고 있었다. 그것은 바로 한국전쟁에 중국이 개입해달라는 요청에 부응하려는 국가의 특정 목적과 긴밀하게 관련되어 있었다는 점이다. 애국공약은 공산당 지도부

---

29 『人民日報』 1951年 3月 30日.
30 『人民日報』 1951年 6月 2日.

와 이들의 한국전쟁 개입 결정에 대해 강력한 지지를 표명하고 있었다. 이 공약은 또한 공산당의 통치를 공고히 하는 것도 목표로 삼고 있었다. 선양시 공산당위원회에서 발표한 지령의 내용은 애국공약이 가진 고도의 정치적 성격을 잘 보여준다.

> 공약의 내용에는 정치적 의제뿐만 아니라 생산, 사업, 학습에 관한 의제들도 포함되어야 합니다. 경험한 바에 따르면 실제로 효율적인 많은 공약들에 이 세 가지 의제 모두가 결합되어 있습니다. 모든 과제의 완성은 정치적 목적의 명확성에 의존해야 하기 때문입니다. [⋯] 당은 대중을 이끌며 모든 공약을 대중들에게 과제로 할당하고 점검하는 작업을 통해 통일시켜야 합니다. 상위 조직의 공약은 하위 조직의 공약을 지도하고 감독해야 합니다. 하위 조직의 공약은 상위 조직의 공약을 실현하고 보장해야 합니다. 국영공장 생산소조(小組)의 공약들은 월간 할당량을 제때 완수하기 위한 원동력이 되어야 합니다. 생산부의 공약들은 생산 계획에 대한 3개월 단위의 '촉진 및 점검 기계'가 되어야 합니다. [⋯] 공장별 공약들은 연간 생산 계획을 비롯해 3개월 또는 6개월마다 개정 계획을 최우선시해야 합니다. 공상기업(工商企業)들의 애국공약은 기업에서 가정으로 침투되어야 합니다. [⋯] 정부기관, 학교, 마을의 공약들도 체계적으로 개정되어야 하며 임무를 확고히 따르고, 상명하달식 지도 계획에 완전히 통합되어야 합니다.[31]

사회동원의 한 형태인 애국공약에 대해 대중들이 취한 태도에 대해서는 확고한 결론을 내릴 만큼 증거가 충분하지 않다. 공식 소식통에 따르면 애국공약은 대중들의 긍정적인 지지 덕분에 상당한 성과를 거두었던 것으로

---

31 「中共瀋陽市委愛國公約的指令」(1951.7.7), 中共瀋陽市委黨史研究室(編著)(2010), 『瀋陽人民記憶中的抗美援朝』, 283쪽.

알려졌다. 선양의 모든 계층 사람들이 애국공약의 실행에 참여했다고 알려졌다. 노동자, 군인, 여성, 학생, 교사 등이 자신의 업무와 직접적으로 관련된 공약에 서명하고 이행했다. 당시 애국공약운동에 참여한 사람은 약 120만 명으로 추산된다. 1951년 말까지 20개 이상의 산업과 254개 공장에서 대중의 노동 봉사를 장려하는 대회가 열렸다. 선양에서는 작업반에 속한 약 9만 명의 직원들이 대회에 참가했다. 공상기업들이 30대의 비행기를 기증했다. 생산성 향상, 절약 실천, 물자 기부를 통해 모금된 총기금은 비행기 40대를 구입할 수 있는 금액이었다.[32] 그러나 실제로 애국공약이 대중에게 큰 호소력을 발휘했다고 보기는 어렵다. 마스다 하지무가 인용한 보고서에 따르면 적어도 일부 계층에서는 공식적인 한국전쟁 선전에 대한 열의가 뚜렷하게 부족했음을 알 수 있다.[33] 만주에서 애국공약이 사회동원의 일반적인 형태가 되었지만, 공약에 서명하는 것은 종종 형식적인 일이었다. 많은 공장에서 애국공약은 전쟁 수행을 지원하기 위한 수단이라기보다는 노동력을 규율하기 위한 수단이 되었다.

직장에서부터 가정에 이르기까지 광범위한 영역에 걸쳐 사회동원의 한 형태로 이루어진 애국공약운동은 만주의 사회 구조에 중대한 영향을 미쳤다. 애국공약은 국가에 대한 개인의 기여를 강력히 장려했다. 전쟁 수행을 지원하기 위해 세금을 더 내고 개인 소유물을 기부하는 등 개인의 희생을 요구했다. 만주 지역의 마을들과 학교에서 수많은 모임과 회의가 조직되었다. 애국공약으로 많은 사람들이 정부의 전쟁 개입을 지지하기에 이르렀다. 만주의 지방정부는 수백만 명의 민간인을 동원하여 전쟁 개입을 지원했다. 전쟁 기간 동안 61만 명의 농민이 운반대, 수송대, 농공대에서 복무

---

32 中共沈陽市委黨史研究室(編著)(2010), 『沈陽人民記憶中的抗美援朝』, 3쪽.

33 Masuda Hajimu, *Cold War Crucible: The Korean Conflict and the Postwar World*(Cambridge, Mass.: Harvard University Press, 2015), pp. 129-132.

했으며, 이 중 21만 명이 중국군과 함께 북한으로 들어간 것으로 추산된다. 수천 명의 농민이 철도 건설 인부와 기관사로 일했다. 랴오닝성에서는 약 250만 명이 각종 물류 활동에 참여했으며, 이는 전체 인구의 11.7%, 랴오닝성 17~50세 남성 노동력의 52.3%를 차지했다.[34] 지린성에서는 전시 물류에 참여한 농민공의 수가 136만 명에 달했으며, 이 중 3만 명이 운반대로, 2,315명이 운전기사로, 2,525명이 통역으로, 1,007명이 기술자로 근무했다.[35]

애국공약을 통한 사회적 동원에 의존하는 전략은 중국 정부가 만주 사회의 경제적·사회적 자원을 동원할 수 있는 다른 효과적인 수단이 부족했음을 시사한다. 제한된 경제적 능력과 당시 중국 내에서 그즈음부터 사회 통제를 확립하기 시작했다는 사실을 고려할 때, 중국 당국이 중국 사회의 광범위한 하층 계급을 끌어들이기 위해 전통적인 대중 정치 동원 전략에 의지했다고 할 수 있다. 이러한 정치운동은 대중으로 하여금 당의 노선을 따르도록 장려했고, 당이 추진하는 프로그램을 별다른 반대 없이 추진할 수 있도록 도왔다. 대중 동원 프로그램이 성공하기 위해서는 정부와 국가 주도의 계획에 적극적으로 참여하는 대중 간의 긴밀한 협력이 필요했다. 정부는 정책을 실행하기 위해 아래로부터의 도움이 절실했다.

결론

이 장에서는 한국전쟁으로 인한 만주의 사회적·경제적 변화의 측면을 살펴보았다. 만주는 산업 건설, 군사 지원 수송, 사회동원, 인구 이동 측면에서 광범위한 변화를 겪었다. 경제적으로 중국의 한국전쟁 참전은 산업 인프

---

[34] http://www.21ccom.net/articles/lsjd/lsjj/article_20140316102471.html
[35] http://www.21ccom.net/articles/lsjd/lsjj/article_20140316102471_2.html

라의 급속한 성장과 지역 내 산업 공간의 재배치라는 변화를 촉진했다. 중국 정부는 중공업 개발에 우선순위를 두고 일부 산업을 남만주에서 북만주로 이전하는 등 전략적으로 만주의 산업 구조를 재편했다. 전반적인 산업 구조 재편으로 만주의 국가 자원과 기관은 대부분 군사적 수요에 집중되었다.

한국전쟁이 가져온 정치적 결과와 관련하여 만주 사회의 사회적 동원이 심화된 점을 들 수 있다. 정치화 과정은 정부가 인적·물적 자원을 전쟁에 투입하기 위해 만든 동원 프로그램과 수송 시스템, 그리고 곳곳에서 이루어진 애국공약의 실행에서 찾아볼 수 있다. 공산당이 한국전쟁에 개입하는 것에 대한 대중적 지지를 얻기 위해 대규모 사회적 동원이 이루어졌다.

인간 존재에 미치는 영향이라는 측면에서 한국전쟁은 다양한 형태의 전쟁 지원에 관여한 만주 대중의 일상, 특히 만저우리, 안동, 선양과 같은 전략적 요충지에 거주하는 사람들의 삶에 지대한 영향을 미쳤다. 이러한 영향에는 대중이 만주에서 군사 지원 물자를 수송하는 과정에서 겪은 육체적 고난도 포함되었다. 전쟁으로 인한 정부의 피난 요청으로 인해 대규모 인구 이동이 이어지기도 했다. 전시의 사회적 변화의 이러한 영향은 한국전쟁의 정전협정이 체결된 후에도 이 지역에서 오랫동안 지속되었다.

3. 분열된 나라에서 분단된 나라로
몽골이 치른 한국전쟁

리 나랑고아

한국전쟁에서 몽골의 역할은 거의 알려지지 않았다. 이는 한국전쟁이 오랫동안 잊혀진 전쟁이라는 점을 다시 한 번 상기시켜 준다. 당시 중국(내몽골)과 몽골 국경 양쪽의 몽골인이 모두 한국전쟁에 참여하여 중요한 역할을 담당했다. 양쪽이 모두 한국전쟁에서 북한을 지원했다. 제2차 세계대전 이후 국제 질서 속에서 사회주의 통일전선은 중국과 몽골 간의 역사적 협력을 위한 공통 기반을 제공했으며, 한국전쟁에서 몽골인민공화국(약칭 몽골)이 수행한 역할은 이후 몽골인민공화국과 조선민주주의인민공화국(약칭 북한) 간에 계속된 긴밀한 관계의 토대를 마련했다. 더불어 이 장의 이야기는 한국전쟁이 전쟁에서 동물, 특히 말이 중요한 역할을 한 전쟁, 세계전쟁사에서 기병대가 마지막으로 중요한 군사 작전을 수행한 전쟁이었음을 상기시켜 주는 동시에, 전쟁으로 인해 동북아시아 전역에서 동물과 인간의 복잡한 이동이 있었음을 보여준다. 그러나 한국전쟁에서 몽골과 내몽골의 역할을 둘러싼 혼란은 몽골의 외교적 고립을 심화시켰다. 이런 의미에서 한국전쟁에서 분열된 몽골의 역할은 이후 수십 년 동안 동아시아 국제정세에 영향을 미쳤다.

몽골인민공화국은 1924년 소련에 이어 두 번째 사회주의 국가로 건국되었다. 내몽골도 1949년 수립된 중화인민공화국이라는 중국의 큰 정치적 틀 속에서 사회주의 체제를 따르기를 열망했다. 북한은 1948년 사회주의 전선에 합류했다. 사회주의 전선에서 한국전쟁은 특히 평화와 공산권을 위협하는, 그중에서도 동북아시아의 공산권을 위협하는 미 제국주의자들과 그 추종자들에 대한 전쟁으로 이해되었다. 소련, 몽골인민공화국, 중화인민공화국은 한반도의 사회주의 형제국을 돕기 위해 연합 전선을 구축했다. 소련은 중국과 북한에 무기와 군사 장비를 제공하여 전쟁을 도왔고, 몽골은 식량과 말을, 중국은 전투병을 지원했다. 이 장에서는 중국과 몽골 국경 양쪽에서 한국전쟁에 참여한 몽골인들의 활동을 살펴보고, 그들이 한국전쟁을 지원함으로써 초래된 정치적 도전과 유산을 살펴본다.

중국과 국경을 맞대고 있는 몽골의 정치적 위상은 국제적 지위에 따라 달랐다. 몽골은 1921년부터 사실상 독립 국가였으나, 1946년 국민투표를 통해 완전한 독립이 공식적으로 인정되었다. 북한에 대한 몽골의 지원은 소련의 영향을 많이 받았지만 독자적인 외교 정책의 틀 내에서 이루어졌다. 북한 지도자들은 동북아시아의 혹독한 겨울철 날씨 속에서 전쟁을 치르는 데 필요한 말을 비롯해 여러 중요한 자원을 보유하고 있는 몽골에 지원을 요청했다. 몽골이 내건 슬로건은 '영웅적인 조선 형제'를 돕고 세계 평화를 위해 일한다는 것이었다. 반면 독립을 이루지 못한 내몽골은 1949년 중국의 5개 자치구 중 하나가 되어 독자적인 외교 정책을 펼치지 못했다. 내몽골의 몽골인들은 중국의 항미원조보가위국(抗美援朝保家衛國, 미국에 대항해 조선을 도와 내 집과 나라를 지킨다) 정책의 틀 안에서 전쟁에 참여했다. 이 문구와 그 전파 방식은 중국의 국가 이익과 밀접한 관련이 있었다. 미국이 실제로 중국을 침공할지도 모른다는 정치적 두려움 외에도, 새로 수립된 중국에서 아직까지 분열되어 있는 여러 민족들을 통합해야 할 필요성도 있었다. 외부 위협에 맞선 단결은 이러한 국가적 통합을 달성하는 데 도움이 될 수 있었다. 한국전쟁이 발발하기 불과 반년 전에 새로운 중국에 편입된 내몽골도 여기서 예외가 아니었다.

몽골과 내몽골에서 북한에 제공한 지원의 형태는 다양했다. 몽골은 식량과 가축을 제공하는 방식으로만 전쟁을 지원한 반면, 내몽골은 기부뿐만 아니라 중국인민지원군의 일원으로 전투에 직접 참여했다. 중국군 부대에 속한 몽골인 병사들뿐만 아니라 몽골의 기병부대도 전선에 투입되어 막대한 손실을 입었다. 이러한 정치적 위상과 전쟁 지원 형태의 차이, 그리고 공통된 문화와 언어 때문에 몽골의 참전 여부를 둘러싼 국제적 혼란이 계속되었다.

'영웅적인 조선 형제들'을 위한 몽골의 지원: 가축들의 긴 행렬

몽골인민공화국과 조선민주주의인민공화국은 모두 동아시아의 제국, 즉 중국과 일본제국의 붕괴로 탄생한 국가이다. 몽골과 북한은 소련의 지원을 받아 식민지 역사에서 벗어난 경험을 공유했다. 제2차 세계대전 직후 몽골과 북한은 외교 협상을 통해 상호 간 독립 및 사회주의 국가의 지위를 인정하고 1948년부터 공식 외교 관계를 수립했다. 한국전쟁 발발 후 몽골은 북한에 재외공관을 개설하고 1950년 8월 평양에 대사를 파견했다.[1] 재외공관의 상호 설치는 양국 간 의사소통에 큰 도움이 되었으며, 한국전쟁 중 몽골이 대북 지원을 효과적으로 할 수 있게 했다.

몽골의 대북 지원은 상당 부분 인도주의적 성격이 강했다. 유목국가인 몽골은 가축과 축산물을 공급하는 데 최적의 국가였다. 몽골 정부는 1951년부터 1955년까지 10만 마리의 가축을 한반도에 보냈으며,[2] 북한으로 보낸 막대한 양의 축산물까지 고려하면 대북 지원에 사용된 가축의 수는 훨씬

---

1   Jamiyan-i Battur, *XX-Zunni Mongol ba Solongus-un Harichaa*[20세기 한국 몽골 관계사] (Ulaanbaatar: Admon, 1999), p. 70.
2   "Mongolian Aid to DPRK 1950-1955," Archive of the Ministry of Foreign Affairs of Mongolia, 03.01.25.

더 많다. 예를 들어 몽골 정부는 1953년에 양 5만 마리, 염소 2만 마리, 소 500마리를 보내기로 합의했다. 처음에 북한 정부는 이 동물들을 산 채로 받기를 원했지만 나중에는 고기와 가죽으로 받기로 결정하고 몽골 정부에 가죽 가공까지 요청했다.[3] 이는 식량과 가죽에 대한 당장의 수요를 충족시키기 위한 것이기도 했지만, 가죽을 신속하게 가공할 산업적 능력이 부족했기 때문이기도 했다.

몽골에서 한국으로 보낸 말과 여타 가축의 대량 육로 수송에 관한 이야기는 1950년대만 해도 전쟁에서 살아 있는 동물의 역할을 얼마나 소홀히 다뤘는지를 잘 보여준다. (앞으로 살펴보겠지만) 기병대는 현대식 무기 앞에서 무력했지만 말은 장비 수송에서 중요한 역할을 했고, 다른 가축들은 계속 이동해야 하는 병사들의 식량과 의복 공급원으로서 필수적이었다. 가축 수송은 몽골(공여국), 북한(수혜국), 중국(수송 중개국) 간의 외교 관계에 기여했을 뿐만 아니라 이들 국가 간의 인적 교류도 증가시켰다.

몽골 문화에서 말은 가장 귀한 선물이었으며, 몽골 정부는 한국전쟁 동안 북한에 약 3만 필의 말을 지원했다. 이 말들은 전투용뿐만 아니라 수송용으로도 사용되었다. 1951년 초 북한 지도자 김일성의 요청으로 조선인민군에게 말이 처음으로 보내졌다. 김일성은 7,000필의 말을 원했고, 몽골 정부도 이에 동의했다. 말을 고르는 것이 중요한 문제였다. 군사적 목적으로 사용할 것이기 때문에 4~10년 된, 건강하고 잘 길들여지고 훈련된 말이어야 했다. 이 말들은 대부분 처이발상(Choibalsan, 오늘날의 도르노트 Dornod aimag) 인근의 지역 목동들이나 군부대로부터 구입했는데, 그곳이 중국 철도역과 가까워 기차로 말을 전선까지 운송할 수 있었기 때문이다. 최고의 말을 제공하는 것이 어려운 문제임을 알고 있던 몽골 정부는 각료와 고위 관료로 위

---

3   "Sangiin yamni said nuhur Molomjamch-d(재무부장관 몰론잠치에게 보내는 편지)"(1953.11.3), Archive of the Ministry of Foreign Affairs of Mongolia, 03.01.48.

원회를 구성하여 말을 고르고 옮기는 일을 맡게 했다. 위원회에는 람자브 (Lamjav) 부총리(위원장), 국방부 장관, 내무부 차관, 중앙협력위원회 부위원장, 처이발상주의 고위 관리[4] 등이 참여했으며, 이 위원회에서 모든 말을 지원했다. 말 구입 자금은 개인과 기관의 기부금을 통해 정부가 마련했다.[5] 신생국가로서 몽골이 가진 부를 보여주기 위해 동맹국에게 최고의 말을 제공해야 한다는 정치적·관습적 압력이 몽골 정부에 가해졌다.

위원회는 조선인민군에게 말을 인도하는 일의 정치적 중요성을 설명하는 것은 물론이고, 말을 구매하고 우수성을 검사하는 일까지 책임졌다. 더불어 관련 지방 당국에는 1951년 2월 28일까지 "임무를 완수하기 위해 필요한 조치"를 취할 수 있는 권한이 부여되었다.[6] 그러나 몽골 국민들은 말의 용도에 대해 제대로 된 설명을 듣지 못했던 것으로 보인다. 공식적인 설명은 다소 모호했으며, 말은 "국가의 특별한 필요"를 위한 것이므로 가장 좋은 말을 팔거나 기증하여 국가를 도와야한다고 언급했다. 그러나 일부 목동들은 실제 목적을 모른 채 말을 팔 수는 없다며 명확한 설명을 요구했다.[7] 당시 관리들이 모호하게 설명한 이유는, 목동들이 자신이 키운 우수한 말을 전선에 투입한다는 사실을 알면 선뜻 팔지 않을 수도 있고, 국제사회로부터 몽골이 북한에 군마를 지원한다는 비난을 받을 수도 있다는 우려 때문이었다. 당시 몽골의 신문들이 한국전쟁에서 제국주의에 맞선 북한을 지원하기 위해 기부금 모금을 독려하고 개인과 단체, 기관들의 기부금과 서약 관련 기사를 내면서 전쟁 소식을 자세히 보도할 때도 말을 전선에 보내고 전달하는 일에

---

4   National Central Archive of Mongolia, 1-5-319.
5   "Report on Horses Delivered to DPRK,"(1951.3.31), 1951, Archives of the Ministry of Foreign Affairs of Mongolia, 03-01-07.
6   National Central Archive of Mongolia, 1-5-319.
7   "Mongolian Aid to DPRK 1951," Archives of the Ministry of Foreign Affairs of Mongolia, 03-01-08.

대해서는 철저히 침묵했다.

  말을 비롯한 여러 가축의 수송은 다른 지원 물자들에 비해 훨씬 더 복잡하고 노동집약적이며 비용이 많이 드는 작업이었다. 1951년에 이루어진 첫 번째 말 수송과 전달 과정은 가축 수송이 매우 복잡한 과정을 거친다는 사실을 보여준다. 이 말들은 여러 지역에서 징발되어 처이발상주의 여러 수매소에서 구입이 이루어졌다. 이후 주 수도에서 동쪽으로 205km 떨어진 중국 국경역이자 만저우리와 가까운 아브다르카라트(Avdarkharaat)에 모았다. 여러 수매소에서 아브다르카라트로 가는 동안 말들은 여러 무리로 나뉘었고, 300필로 이루어진 각각의 말 무리를 6명의 군인과 숙련된 목동들이 돌보았다. 말들이 너무 지치지 않고 건강과 체력을 유지할 수 있도록 하루에 20~30km의 느린 속도로 이동했다. 아브다르카라트에 도착하기 위해 각 무리는 10km의 거리를 두었고, 가는 길에 동물들에게 먹일 좋은 초원을 찾으려고 망루를 설치했다. 하지만 2월 22일부터 25일까지 사흘 밤낮으로 눈보라가 몰아쳤다. 목동 122명이 밤낮으로 눈 속에서 말을 지키느라 옷이 흠뻑 젖어 거의 모든 목동들이 동상에 걸렸다.[8]

  아브다르카라트에서 선발된 100명의 군인과 민간인(목동 36명 포함)이 말을 만주로 수송했다. 기수(騎手)가 자신이 키운 말을 탈 경우에는 일당으로 20투그릭(tögrög)를 받았고, 정부 소유의 말을 탈 경우에는 10투그릭을 받았다. 이들은 3월 12~13일경 만주에 도착했다. 몽골 정부는 국경을 넘을 때 동물과 동행하는 사람들의 외모와 행동에 특별한 주의를 기울였다. 목동과 군인들은 국경을 넘을 때 어떻게 행동하고 어떤 옷을 입어야 하는지에 대한 상세한 지침을 받았다. 또한 국경을 넘기 전에 북한을 지원하는 것이 얼마나 중요한지 정치적 이해를 돕기 위해 이들을 대상으로 세미나를 개

---

[8] "Report on Horses Delivered to DPRK"(1951.3.31), Archives of the Ministry of Foreign Affairs of Mongolia, 03-01-07.

최했다.⁹

북한 군인과 목동 77명이 말을 받기 위해 만저우리를 찾았다. 총 7,378필의 말과 9,000개의 굴레, 1,000개의 족싸개(hobble)¹⁰가 북중 국경 도시인 안동으로 수송되었다. 만저우리에서 안동까지 기차로 48시간이 걸렸다.¹¹ 몽골 말의 우수성과 몽골 목동의 기술에 북한과 중국 관리 모두가 감탄했다. 전쟁 중 최전방에서도 북한군은 몽골 말의 신뢰성과 우수성에 깊은 인상을 받았다. 북한군 일부 사단의 장교들은 몽골 국민에게 편지를 보내 말을 보내준 것에 대해 감사를 표했다.

몽골 인민들이 보내주신 말들이 미국 침략자들과의 전쟁에 크게 기여하고 있습니다. 이 말들과 함께 우리는 전쟁에서 우리의 임무를 성공적으로 완수했습니다. 몇 가지 예를 들자면, 미국의 공습으로 우리는 모든 말을 잃어버렸습니다. 하지만 공습 후 비행기가 사라지자 우리의 말들이 스스로 돌아왔습니다. 말은 말을 못하지만 우리의 진정한 친구입니다. [⋯] 어느 이른 아침, 우리는 적이 눈앞에 왔다고 경고하는 말 울음소리에 잠에서 깼습니다. 열심히 일한 말과 함께 싸웠던 치열한 전투를 기억하며 몽골 인민들의 따뜻한 마음과 도움에 다시 한 번 감사를 드리고 싶습니다. [⋯] 우리는 모든 침략자를 무찌를 것을 약속드립니다.¹²

몽골 정부는 1952년과 1953년 사이에도 2만 필 이상의 말을 북한에 보

9　"Report on Horses Delivered to DPRK"(1951.3.31), Archives of the Ministry of Foreign Affairs of Mongolia, 03-01-07.

10　"Report on Horses Delivered to DPRK"(1951.3.31), Archives of the Ministry of Foreign Affairs of Mongolia, 03-01-07.

11　"Mongolian Aid to DPRK1951," Archives of the Ministry of Foreign Affairs of Mongolia, 03-01-08.

12　"Solongusin Ard Tumen Yalagdashgui," *Unen Sonin*, January 8, 1953, p. 1.

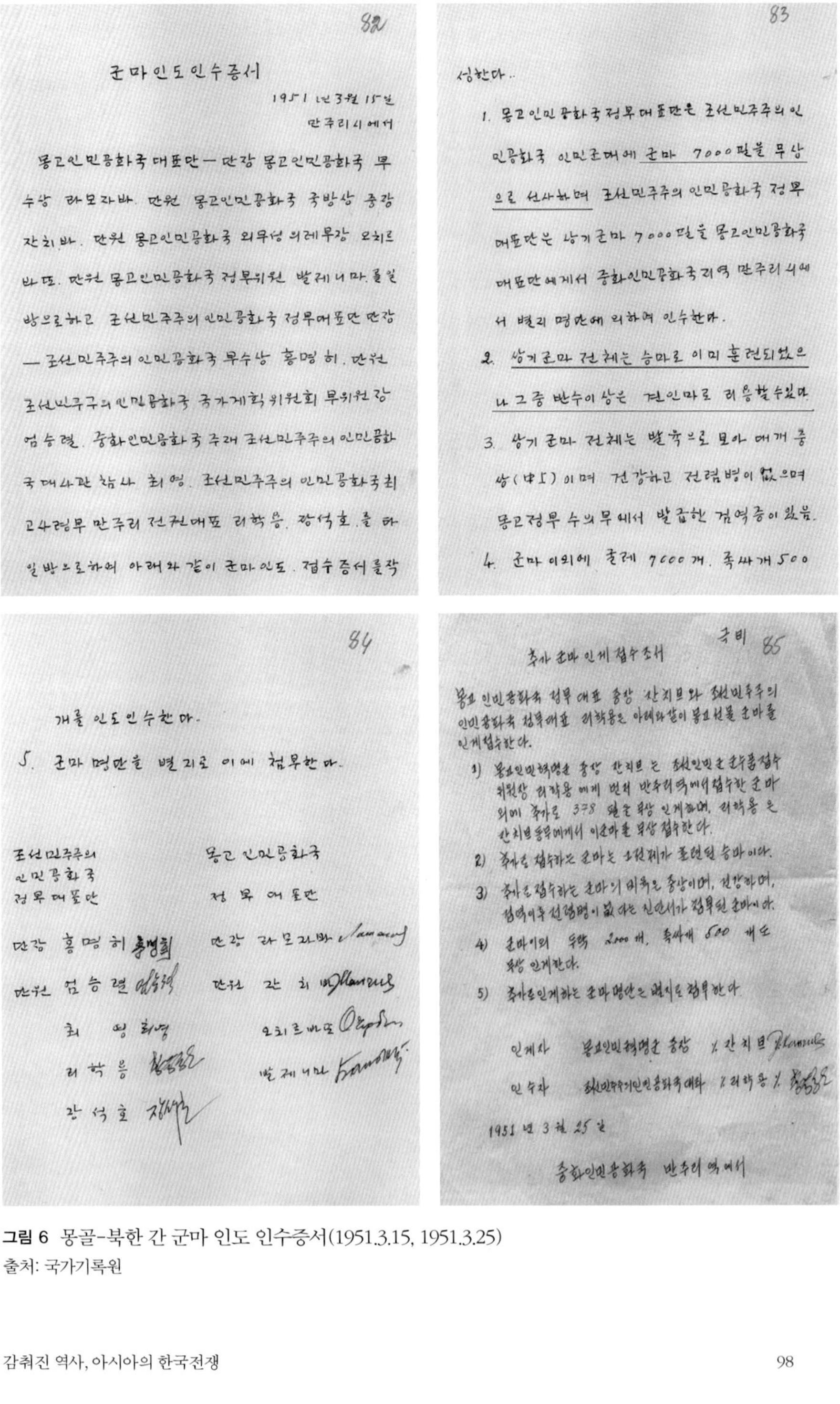

82

군마인도인수증서

1951년 3월 15일
만주리시에서

몽고인민공화국 대표단 — 단장 몽고인민공화국 부수상 라모라바, 단원 몽고인민공화국 국방상 중장 잔치바, 단원 몽고인민공화국 외무성 의례부장 오치르바또, 단원 몽고인민공화국 정무위원 발레녜마를 일방으로 하고 조선민주주의인민공화국 정무대표단 단장 — 조선민주주의인민공화국 부수상 홍명희, 단원 조선민주주의인민공화국 국가계획위원회 부위원장 엄승렬, 중화인민공화국 주재 조선민주주의인민공화국 대사관 참사 최영, 조선민주주의인민공화국 최고사령부 만주리 전권대표 리학응, 장석호를 타일방으로 하여 아래와 같이 군마인도 접수증서를 작

83

성한다.

1. 몽고인민공화국 정무대표단은 조선민주주의인민공화국 인민군대에 군마 7000필을 무상으로 선사하며 조선민주주의인민공화국 정무대표단은 상기 군마 7000필을 몽고인민공화국 대표단에게서 중화인민공화국 역 만주리시에서 별지 명단에 의하여 인수한다.
2. 상기 군마 전체는 승마로 이미 훈련되었으나 그 중 반수 이상은 견인마로 리용할 수 있다.
3. 상기 군마 전체는 발육으로 보아 대개 중상(中上)이며 건강하고 전염병이 없으며 몽고정무 수의부에서 발급한 검역증이 있음.
4. 군마 이외에 굴레 7000개, 족쇄개 500

84

개를 인도인수한다.

5. 군마 명단을 별지로 이에 첨부한다.

조선민주주의 인민공화국 정무대표단	몽고인민공화국 정무대표단
단장 홍명희	단장 라모라바
단원 엄승렬	단원 잔치바
최영	오치르바또
리학응	발레녜마
장석호	

극비 85

추가 군마 인계접수조서

몽고인민공화국 정무대표 중장 잔치브와 조선민주주의인민공화국 정무대표 리학응은 아래와 같이 몽고선물 군마를 인계접수한다.

1) 몽고인민혁명군 중장 잔치브는 조선인민군 군수품접수위원장 리학응에게 먼저 만주리역에서 접수한 군마 외에 추가로 378필을 무상 인계하며, 리학응은 잔치브동무에게서 이 군마를 무상 접수한다.
2) 추가로 접수하는 군마는 모두가 훈련된 승마이다.
3) 추가로 접수하는 군마의 비육은 중상이며, 건강하며, 검역이후 전염병이 없다는 진단서가 첨부된 군마이다.
4) 군마이외 우락 2000개, 족쇄개 500개도 무상 인계한다.
5) 추가로 인계하는 군마 명단은 별지로 첨부한다.

인계자 몽고인민혁명군 중장 ½ 잔치브
인수자 조선민주주의인민공화국 대표 ½ 리학응 ½

1951년 3월 25일
중화인민공화국 만주리역에서

그림 6 몽골-북한 간 군마 인도 인수증서(1951.3.15, 1951.3.25)
출처: 국가기록원

냈다.¹³ 북한 지원용 말의 마지막 대규모 징발은 1953년 6월에 시작되었고 8월에 전달되었는데, 그 무렵에 전쟁이 끝나면서 이 말들은 북한 인민의 해방 축하 행사에 보내졌다.¹⁴ 겨울철에 이루어진 첫 번째 징발과 수송 과정에서 기수들은 눈보라를 만나고 동상에 시달렸는데, 마지막 징발 때는 수일에 걸쳐 천둥번개와 폭풍우를 만나 수백 필의 말을 중국과 러시아 국경을 넘어가는 길에 잃어버렸다. 일부 말은 돌아왔지만 145필이 실종되어 기수들이 이를 책임져야 했다. 게다가 장기간의 우천으로 인해 많은 말들이 발굽썩음병에 감염되었고, 만저우리에서 기차 수송을 기다리는 동안 병들어 906필의 말을 몽골로 돌려보내야 했다. 몽골로 보낼 수 없는 말은 살처분되거나 목동들에게 식용으로 제공되었다. 하지만 당초 계획했던 1만 6,000필보다 많은 1만 7,438필의 말을 북한에 넘겼고, 북한인들은 "건강한 어린 말이 많고 […] 번식용으로 사용할 수 있는 말들이 많아졌다"며 기뻐했다.¹⁵

몽골은 조선인민군뿐만 아니라 중국인민지원군에도 말을 지원했다. 최소 5,000필의 몽골 말이 중국에 팔렸고, 내몽골 기병대 중 한 부대가 이 말들을 모아 1951년 한국 전선으로 보내기 위해 군마로 훈련시키는 임무를 맡았다.¹⁶

말은 군사용과 수송용으로 유용했지만 양, 염소, 소와 같은 다른 가축은 중요한 식량 공급원이자¹⁷ 경제를 지속하기 위한 생산 자원이었다. 따라서

---

13 "Mongolian Aid to DPRK 1950-1955," Archive of the Ministry of Foreign Affairs of Mongolia, 03.01.25.

14 "B. N. M. A. Ulsin belegleliin aduug A. B. N. Solongos Ulsad tushaasan tuhai(조선민주주의인민공화국에 몽골 말을 지원한 데 대한 보고)"(1953.9.19), Archive of the Ministry of Foreign Affairs of Mongolia, 03.01.44.

15 "B. N. M. A. Ulsin belegleliin aduug A. B. N. Solongos Ulsad tushaasan tuhai(조선민주주의인민공화국에 몽골 말을 지원한 데 대한 보고)"(1953.9.19), Archive of the Ministry of Foreign Affairs of Mongolia, 03.01.44.

16 王峰遐, 『抗美援朝: 1950 內蒙古紀事』(北京: 中共黨史出版社, 2011), 214쪽.

17 "Sangiin yamni said nuhur Molomjamch-d(재무부장관 몰론잠치에게 보내는 편지)"(1953.3.3),

몽골인들은 북한에 보내는 가축의 암수 균형을 중요하게 생각했다. 역사적으로 몽골 전사들은 지속적인 식량 공급원으로 항상 소 떼를 데리고 다녔다. 그들은 최적의 식량 공급과 번식을 위해 무리의 암수 균형과 체력에 주의를 기울였다. 이러한 역사적·토착적 지식을 바탕으로 몽골 정부는 북한에 보낼 가축의 암수 비율에 대해 명시적인 지침을 내렸고, 이를 통해 지속적으로 가축을 공급할 수 있었다. 양과 염소 무리는 수컷 30%, 암컷과 어린 동물 70%로 구성하고, 암컷 20~25마리당 씨수컷 1마리를 보냈다. 말의 경우 70%는 일할 수 있는 말, 10%는 암말, 20%는 망아지, 암말 10필당 종마 1필로 구성했다.[18] 분명히 말은 주로 수송과 군사 작전에 필요한 반면, 양과 염소는 지속적인 식량 생산용으로 더 많이 필요했다.[19]

가축 지원은 전쟁이 끝난 후에도 계속되었다. 북한 주민들은 가축 지원에 감사했다. 가축, 특히 양과 염소에 대한 수요는 증가한 반면 말에 대한 수요는 감소했다. 1954~1955년 몽골 정부는 북한에 말 1만 2,000필을 지원하겠다고 약속했지만, 북한 정부는 농민의 생계와 경제 기반 개선을 위해 말 대신 염소와 양 3만 마리를 요청했다. 이 요청에 따라 1955년에 3만 마리 이상의 양이 전달되었다.[20] 1955년 몽골대사관 관리인 샨두르세렌(Shandurseren)은 북한인들이 몽골의 지원을 어떻게 활용하고 있는지 보기 위해 북한 현지를 답사했다. 그가 방문하는 곳마다 현지 주민들이 열렬히 환영하며, 얼마나 많은 가축을 지원받았는지, 동물들이 얼마나 잘 보살핌을 받고 있는지 보여주었다고 한다.[21]

    Archive of the Ministry of Foreign Affairs of Mongolia, 03.01.48.
18 Jamiyan-i, *XX-Zunni Mongol ba Solongus-un Harichaa*, pp. 76-77.
19 "Solongusin Ard Tumen Yalagdashgui," p. 1.
20 "Gadaad Yvdalin Yamni said Jargalsaikhan, ABNSA ulsin Elchin said Hon Don Cheiighuleen avch uulzsan tuhai(몽골 외무장관 자가르사이칸과 북한대사와의 면담 보고)", Archive of the Ministry of Foreign Affairs of Mongolia, 03.01.56.
21 "Report on Visit to Hamgyong and Ryangang," 1955, National Central Archive of Mongolia.

이러한 지원은 모두 활발한 모금운동으로 뒷받침되었다. 몽골 신문인 『우넨소닌(Unen Sonin)』은 모금운동에 대한 정보와 개인, 단체, 기관의 기부 및 서약 소식을 전하는 주요 매체가 되었다. 기사와 서약은 해방을 위해 싸우고 있는 조선인들과 세계 평화를 위한 전국적인 모금운동과 관련된 것이었다. 구호품이 북한으로 보내질 때마다 신문은 이를 더욱 집중적으로 보도했다. 예를 들어 1952년 5월 1일 기념행사를 위해 북한에 가져갈 선물에 대해서 신문은 4월 한 달 동안 적어도 이틀에 한 번씩 몽골 인민들이 대북 지원용 기부금과 가축을 약속했다는 보도를 연달아 게재했다. 모금운동이 시작될 때마다 몽골 정부나 조선 인민을 위한 기금중앙위원회는 신문 1면에 북한 인민 지원에 관한 대대적인 발표문을 게재했고, 캠페인이 끝날 때마다 얼마나 많은 물자가 전달되었는지, 북한인들이 몽골인들에게 얼마나 고마워했는지를 보도하는 기사를 실었다. 모금운동은 종종 특정 장소에서 대규모 집회를 열고 개인이나 단체가 월급의 일부를 한국전쟁 지원금으로 기부하고 서약하는 방식으로 진행되었다. 급여 헌납은 기부자 임금의 5일치에서 2개월치까지 다양했다.[22] 1955년까지 북한에 기부된 총액은 2억 투그릭 이상이었다.[23] 1950년부터 1955년까지 몽골의 연평균 세입이 약 4억 투그릭에 불과했다는 점을 감안한다면 놀라운 액수였다.[24]

■ 환적역이자 사회주의 전선의 거점인 만저우리

몽골의 모든 가축과 지원 물자들은 중국, 소련, 몽골의 삼각 교차점 근처

---

22 *Unen Sonin*, January 8, 1953; February 4, 1953; February 7, 1953; February 12, 1953 참조.
23 "Mongolian Aid to Korea 1950-1955," Archive of the Ministry of Foreign Affairs of Mongolia, 03.01.25.
24 *Mongolia: An Economic Handbook* (Warrington, UK: Joseph Crosfield & Sons, 1963), p. 16.

이자 시베리아횡단철도가 지나는 내몽골 도시 만저우리를 경유했다. 2장에서 살펴본 바와 같이 만주에서 생산된 모든 물자와 가축, 소련의 무기, 전투기 등 군사 장비와 다른 동유럽 국가들의 지원 물자는 만저우리를 거쳐 기차로 북한에 수송되었다.[25] 만저우리는 몽골과 내몽골, 한국전쟁의 관계에 있어서도 핵심적인 요충지였다. 앞의 2장에서 한국전쟁 기간 동안 만저우리 사회생활의 변화에 초점을 맞추었다면, 여기서는 전시 다국적 교류의 장으로서 만저우리의 역할에 대해 살펴보고자 한다.

만저우리는 러시아혁명 이후 중국과 소련 사이의 가장 중요한 무역 도시였다. 중국이 소련에서 수입하는 모든 중화기와 비행기가 만저우리역을 거쳐 들어왔고, 중국 정부가 군사 장비의 대가로 소련에 보낸 곡물과 농산물도 만저우리역을 통해 환적되었다. 한국전쟁으로 인해 물동량이 급격히 늘어났는데 지방의 소도시역에서는 이 모든 물자를 효율적으로 처리할 수 있는 현대식 장비와 인력을 갖추지 못했기 때문에 부담이 컸다. 그 결과 수송이 정체되고 지연되어 전선으로 전쟁물자를 공급하는 데 문제가 발생했다. 이에 소련이 불만을 제기하자 중국의 중앙정부가 개입해 철도역을 중국인민해방군이 지휘하는 동북군구 산하에 두었다. 군수물자가 다른 모든 물자보다 우선시되어야만 했다. "선 군사, 후 무역"이라는 슬로건을 내걸었다.[26] 그러나 이것만으로는 충분하지 않아 인적·기술적 자원을 효율적으로 관리하고 전쟁물자를 다른 모든 것보다 우선시하기 위해 곧 마을 행정 전체가 군의 통제하에 놓이게 되었다. 이 작은 내몽골 시골 마을은 이제 동북 정부와 동북군사령부를 통해 중국 중앙정부가 직접 관리하게 되었고, 한국전쟁

---

25 소련에서 보낸 무기를 제외하고도 1953년에만 몽골에서 보낸 전투화를 가득 실은 5대의 마차와 말 건초를 실은 26대의 마차 및 1만 7,444마리의 말, 동독에서 보낸 62개의 선물 상자, 스위스에서 보낸 가정용품 62상자, 불가리아에서 보낸 의약품 54상자와 의류 111상자, 체코슬로바키아에서 보낸 기관차 3대 등이 만저우리역을 통과했다. 徐占信, 『滿洲裏與抗美援朝戰爭』(海拉爾: 內蒙古文化出版社, 2006), 175쪽.

26 王鐵樵, 『滿洲裏外運五十年 1946-1996』(海拉爾: 內蒙古文化出版社, 1996), 60쪽.

이 끝나기 직전인 1953년 4월까지 그 상태를 유지했다.[27]

한국전쟁으로 인해 만저우리는 사회주의 국가, 특히 중국, 몽골, 소련, 북한 간의 회의와 소통의 중심지가 되었다. 대체로 몽골과 러시아에서 보내는 물자들이 만저우리를 통해 북한으로 인도되었다. 지원은 지원국과 수혜국(이 경우 북한) 간의 거래로 보이는 듯했지만, 실제로는 다자간 외교적 상호작용의 기회이기도 했다. 각 지원국에서 만저우리로 지원 물자를 가져온 외교 사절단은 일반적으로 북한 대표뿐만 아니라 중국 외교부 대표를 비롯해 소련 대표의 환영을 받기도 했다. 종종 만저우리 시장이 이들 외국 대표단을 위해 리셉션이나 만찬을 열기도 했다. 만저우리의 주민들은 이곳에 오거나 이곳을 통과하는 북한인들에게 숙소, 음식, 금전적 지원 등을 제공하기 위해 동원되었다. 전쟁 기간 동안 약 700명의 북한 군인과 관리들이 만저우리에 파견되어 북한으로 보내는 물자와 가축 수송을 관리했다. 지도급 인사들은 호텔에 머물렀지만 수행원들은 학교 교실과 사무실 등지에서 지냈다. 담요, 이불, 그릇 등을 현지 가정에서 제공했다.[28] 당시 여유가 많지 않던 상황을 고려하면 현지의 대규모 자원 동원이 필요했다.

내몽골 대초원에 위치한 만저우리는 인근에 대규모 가축 무리를 방목할 수 있는 장점이 있었기 때문에 가축 운송에 적합했고, 현지 내몽골인들은 목초지와 건초를 제공하고 가축을 기차에 싣는 일을 도왔다. 내몽골인들은 몽골어와 중국어를 통역하는 역할도 맡았다. 앞서 언급했듯이, 일반적으로 몽골 관리와 목동들은 만저우리역에 가축과 기타 지원품을 가져와 북한 관리에게 넘겨 북한으로 운송했다. 종종 몽골 목축업자들이 국경까지 동행하는 경우도 많았다. 만저우리에서 북한 국경으로 이동하는 동안 내몽골 기병

---

27 王鐵樵(1996), 『滿洲裏外運五十年 1946-1996』, 55쪽; 徐占信(2006), 『滿洲裏與抗美援朝戰爭』, 10-11쪽.

28 徐占信(2006), 『滿洲裏與抗美援朝戰爭』, 181쪽.

대 일부가 열차를 보호하는 데 관여하기도 했다.

　엄청난 수의 가축이 이동하면서 몽골과 중국 내몽골의 국경 양쪽 몽골인 간의 교류가 대폭 증가했을 뿐만 아니라, 과부하된 작은 국경역 도시는 더욱 활기를 띠었고 인프라 수요도 증가했다. 만저우리역에서 북한에 가축을 인도하는 데는 가축의 질병 여부를 검사하고 기차에 싣는 시간이 필요해 보통 며칠이 걸렸다. 가축을 실어 나르는 일은 그 누구도 경험해 본 적이 없었기 때문에 시간이 많이 걸리는 작업이었다. 예를 들어 말의 경우 몽골의 전문 기수들이 일일이 말을 싣고 마차에 묶는 작업을 담당했다. 각 마차에는 8~12필의 말이 실렸고, 한 번의 수송에 약 37대의 마차가 동원되었다. 기차 운송은 하루에 300~800필로 제한되었고, 만저우리 도심 근처에는 말을 먹일 목초지가 없었기 때문에 말들은 만저우리에서 약 70km 떨어진 내몽골의 목초지 쭌우흐르트호수(Zuun Ukhert Lake)에 모였다. 매일 일정 수의 말이 기차 운송을 위해 만저우리로 인도되었다. 1951년 1차 말 인계 때는 만저우리에서 말을 인수하기 위해 77명의 북한군과 목동들이 만저우리에 왔다.[29] 가축 인계를 담당한 몽골 대표단은 말이나 가축을 인수하러 만저우리에 온 북한 군인과 민간인에게 식량을 제공하기도 했다.[30]

　이 국제 환승역에서 주민들은 창의적인 아이디어로 가축과 인력 이동의 요구를 충족시키기 위한 방안을 마련했다. 말 운송을 위해 기차 화차칸에는 지붕을 덮지 않았지만, 운송 중 말의 안전을 보장하기 위해 각 화차 둘레에 높은 울타리를 설치했다. 예상치 못한 요구에 대한 즉흥적인 대응 사례는 1952년 5월 1일 노동절을 기념하기 위해 식량과 옷감을 실은 화물열차

29　"Report on Horses Delivered to DPRK," March 31, 1951, Archives of the Ministry of Foreign Affairs of Mongolia, 03-01-07.
30　한 예로 북한에 마지막으로 대규모 군마 인계가 이루어지던 1953년 8월 북한군에 식량이 충분치 않다는 점을 인지한 몽골 대표단들은 소 10마리, 양 3마리, 쌀 609kg과 식료품을 북한 관리들에게 제공했다. "Solongusin ard tumen yalagdashgui(조선 인민은 패배할 수 없다)", *Unen Sonin*, January 8, 1953, p. 1.

30량을 북한에 전달하기 위해 여행을 떠난 몽골의 고위 관리와 그 수행원들의 이야기를 통해서도 알 수 있다. 이들은 러시아를 경유해 4월 22일 만저우리에 도착했고, 중국 열차로 물자를 환적하는 동안 하룻밤을 머물렀다. 만저우리에서 그들은 북한 대표와 중국 외교부 대표를 만나기도 했다. 몽골 고위 관리는 물자 운송 열차에 침대 열차를 연결해 달라고 요청했지만 만저우리역에는 침대 열차가 없어서 일반 열차를 그와 그의 대표단 전용으로 배치하고 좌석을 모아 침대를 만들었다. 열차에는 전등이나 난방 시설이 없었기 때문에 중국 외교부 대표가 침구를 가져오고 양초를 준비했다. 중국 외교부 직원 2명이 몽골인들과 함께 열차에 동승했다.[31]

북한 정부는 몽골 정부에 말과 기타 지원 물자의 수송비를 부담해 달라고 요청했다. 몽골 정부는 이에 동의했고, 전쟁이 끝날 때까지 만저우리에서 북한 국경까지의 운송뿐만 아니라 몽골 국경 내에서 발생한 모든 비용까지 지불했다.[32] 중국 철도회사는 운송비를 지급받기 위해 베이징 주재 몽골 대사관으로 청구서를 보냈다. 1952년 10월부터 12월까지 몽골은 세 차례에 걸쳐 가축, 말, 육류를 북한으로 보냈는데, 중국을 통한 총운송비는 39억 5,810만 7,501위안(약 15만 2,000달러)이었다.[33] 중국 철도회사는 실제 운송비를 청구했을 뿐만 아니라 말의 안전을 위해 열차에 울타리를 치고 화차 높이를 높이는 등의 작업을 몽골 측에 요청하기도 했다.[34]

만저우리는 가축과 지원 물자가 북한으로 가는 환적지 역할을 했을 뿐만 아니라 북한인들이 몽골, 소련, 여러 동유럽 국가 등 다른 나라로 가는 관문

31　徐占信(2006), 『滿洲裏與抗美援朝戰爭』, 178-179쪽.

32　"Letter from the Mongolian Embassy in Beijing to the Ministry Foreign Affairs of Mongolia," No.53(March 11, 1954), Archive of the Ministry of Foreign Affairs of Mongolia, 03.01.56.

33　"Sangiin yamni said nuhur Molomjamch-d(재무부장관 몰롬잠치에게 보내는 편지)"(1953.3.3), Archive of the Ministry of Foreign Affairs of Mongolia, 03.01.48.

34　"Letter from the Mongolian Embassy in Beijing to the Ministry Foreign Affairs of Mongolia," No.53(March 11, 1954), Archive of the Ministry of Foreign Affairs of Mongolia, 03.01.56.

이기도 했다. 많은 한국전쟁 고아들이 만저우리를 통해 이들 국가로 건너갔다. 1952년 몽골은 만저우리를 통해 197명의 북한 고아를 받아들였다.[35] 몽골은 이 아이들이 1958년에 한국으로 돌아갈 때까지 이들을 돌보았다.[36] 일부 북한 고아들이 몽골에 머무르고 있던 1953년 상반기에만 1,922명의 어린이가 만저우리를 거쳐 동유럽으로 보내졌다. 기차 환승이 늦어지는 경우가 많아 아이들은 만저우리에서 하룻밤을 지내기도 했다. 북한 정부가 숙박비와 식비를 지급할 돈이 없었기 때문에 만저우리 주민들이 아이들에게 무료로 숙소를 제공했다. 1953년 7월 1일, 체코슬로바키아로 가던 714명의 어린이가 역에서 몇 시간 동안 기차를 기다려야 했는데, 현시 내외대표부에서 아이들에게 음식을 제공하고 신발이 없는 어린이들에게는 신발을 제공했다.[37]

만저우리가 전쟁 지원과 물자의 주요 수송 거점이었기 때문에 만저우리의 안보가 국가적으로 중요한 문제가 되었고, 간첩과 반혁명분자로 의심되는 사람들을 (다른 곳으로) 이주시키는 것이 정치 의제로 떠올랐다. 1951년 10월, 동북군구사령부에서는 이 마을에서 외국인을 이주시키기로 결정했다.[38] 제2차 세계대전이 끝날 무렵 만저우리에는 약 3,000명의 러시아인이 살고 있었다. 이들 대부분은 1917년 러시아혁명을 피해 만저우리에 왔기 때문에 30년 이상 거주했으며, 산업과 상업 전 분야에서 일하고 있었다. 그들은 내몽골과 그밖에 다른 외딴곳으로 이주했다. 현지인들의 도움으

---

35 National Central Archive of Mongolia 342-1; Jamiyan-i, *XX-Zunni Mongol ba Solongus-un Harichaa*, pp. 90-93 참조.

36 이들을 위해 특별 유치원과 학교가 설립되었다. 80명 이상의 몽골인 직원이 아이들을 돌보는 데 관여했고, 한국어를 가르치기 위해 북한 출신 직원들을 고용하기도 했다. 한국어와 몽골어를 매일 3시간씩 가르쳤고, 다른 과목은 몽골어로 가르쳤다. 아이들은 모두 이들을 위해 만든 기숙사에서 생활했고, 직원들이 24시간 돌보았다. 기숙사에는 자체 주방은 물론 요리사와 도서관도 갖춰져 있었다.

37 徐占信(2006), 『滿洲裏與抗美援朝戰爭』, 181쪽.

38 徐占信(2006), 『滿洲裏與抗美援朝戰爭』, 165-166쪽.

로 70일 만에 내몽골 싱안맹(興安盟)[39]에 290개의 숙소가 세워졌고, 1952년 8월까지 약 600명의 러시아인이 그곳으로 이주했다. 그러나 그곳에는 수백 명에 달하는 추가 인구를 위한 식량을 생산할 경작지가 충분하지 않았을 뿐만 아니라 몽골 대초원에서는 난방용 목재를 찾을 수 없었다. 1년 후 내몽골 자치정부는 현장 조사를 실시하여 이 지역이 새로운 정착지로 적합하지 않다는 것을 확인하고, 새로운 정착민들이 다른 곳으로 이주하여 살 수 있도록 허용했다. 지방정부는 이들의 물품, 부동산, 가축을 사들여 '귀환'을 준비하는 데 도움을 주었고, 소수의 사람들에게 여행 지원을 제공하여 러시아인들의 이주를 촉진했다. 1954년까지 총 5,714가구, 2만 4,805명의 러시아인(만저우리 출신 러시아인 1,413명 포함)이 만저우리의 국경 초소를 통과하여 소련으로 돌아갔다.[40]

전쟁이 끝난 후 1953년 8월, 만저우리 주둔 북한군 장교들이 북한으로 돌아갔다. 북한 정부는 만저우리 주민들과 내몽골 자치정부의 도움에 감사를 표하기 위해 정부 고위 관리 한 명을 보냈다. 당시 만저우리 시장 술린(Sulin)은 북한 정부로부터 3급 은성 국기훈장을 수여받았고, 북한 정부는 만저우리역에 비단 현수막을 내걸었다.[41]

내몽골의 한국전쟁 지원

한국전쟁은 미 제국주의에 대항하는 사회주의 통일전선의 기틀을 마련하고 독립 국가로서 몽골의 위상을 강화하는 한편, 내몽골이 1949년 수립

---

39 맹(盟, League)은 몽골의 행정 단위로, 도(道, Province)와 유사하다. 맹은 여러 개의 기(旗)로 구성되며 이는 군(郡, County)과 유사하다.
40 徐占信(2006), 『滿洲裏與抗美援朝戰爭』, 167-172쪽.
41 徐占信(2006), 『滿洲裏與抗美援朝戰爭』, 182-183쪽.

된 신생 중화인민공화국의 일원이 되는 데도 중요한 계기가 되었다. 내몽골은 가축이 이 지역을 통과하도록 지원함으로써 북한을 지원하는 몽골을 도왔고, 한국전쟁에서 중국인민지원군을 지원하는 가축, 돈, 식량 등의 막대한 기부를 통해 자체적으로도 재정을 지원했다. 내몽골의 군인들과 기병사단도 중국인민지원군의 일원으로 파견되었다. 몽골과 마찬가지로 중국에도 지역 단위로 많은 기부금 모금소가 설치되었다. 이 모금소는 모두 중국인민항미원조총회(中國人民抗美援朝總會)에서 운영했다. 1950년 항미원조총회의 내몽골 지부가 설립되었고, 이후 맹, 기 수준에서, 심지어 마을 단위 지부에서 주민들을 동원하여 돈, 곡물, 천, 가축, 기타 물품을 기부하도록 했다. 1952년 초까지 총인구가 5만 명에 달했던 시린궈러맹(錫林郭勒盟)에서만 가축 4,274두, 말린 고기 1만 3,352kg, 기타 식량과 물품 등 총 3억 위안에 가까운 물품을 기부했다.[42]

새로 건국된 중화인민공화국은 일본과의 전쟁이나 국민당과의 내전에서 아직 회복되지 않았기 때문에 전쟁을 지원하기 위해 기부금에 의존했다. 중국은 경제와 군수산업을 재건하기 위해 소련에 차관을 요청해야 했지만, 한국전쟁으로 인해 소련으로부터 빌린 차관은 주로 소련이 제공한 무기와 군사 장비의 구입 대금으로 사용되었다. 1950년부터 1955년까지 소련은 중국에 총 66조 1,630억 루블의 차관을 저리로 제공했는데, 이 중 95%가 한국전쟁에 사용되었다.[43] 중국의 군사비 지출은 1950년과 1951년에 각각 국가 전체 예산의 38.19%와 45.64%를 차지했다.[44] 이것으로도 군대에 물자를 공급하기에 충분치 않았다. 이에 중국은 부족한 비행기와 무기를 국민들

---

42   "Ximeng Kangmei Yuanchao Aiguo Juanxian Yundong Zongjie," Inner Mongolia Archive, 309-2-123.
43   沈志華, 『毛澤東, 斯大林與朝鮮戰爭』(廣東: 廣東人民出版社, 2003), 398쪽.
44   中國社會科學院 中央檔案館, 『中華人民共和國經濟檔案資料選編: 1949 – 1952 綜合卷』(北京: 中國城市經濟社會出版社, 1990), 872, 891쪽.

이 기부한 돈으로 충당했다.⁴⁵ 비행기와 대포를 기부하는 대대적인 운동이 전개되었다. 내몽골에서도 각 기, 현(縣), 진(鎭), 시(市)별로 한 대 이상의 항공기나 대포를 구입하는 데 사용할 돈을 모으도록 장려했다. 1951년 6월 7일, 중국인민항미원조총회는 중국인민지원군을 지원하기 위한 무기 기부 방법을 발표했는데, 150억 위안을 기부하면 전투기 1대, 500억 위안은 폭격기 1대, 250억 위안은 전차 1대, 90억 위안은 화포 1대, 80억 위안은 대공포 1대와 같은 가치가 된다는 내용이었다. 내몽골위원회는 당초 전투기 12대 구입을 목표로 모금을 진행했지만, 내몽골 국민들은 당초 계획을 훨씬 뛰어넘는 31대의 전투기에 해당하는 4,620억 위안 이상을 모금했다.⁴⁶

모금운동의 성공은 당시 내몽골에서 한창 진행 중이던 토지개혁과 활발한 애국운동 덕분이었다. 토지개혁 과정에서 부유한 농장주와 목축업자의 재산과 가축이 몰수되어 토지가 없거나 공동의 목적에 헌신하는 사람들에게 분배되었다. 이에 토지와 가축을 분배받은 사람들이 기꺼이 나누었고, 일부 여유가 있는 사람들은 개혁의 일환으로 강제로 기부해야 했다. 기부금 모금운동에는 활발한 선전 활동도 병행되었다. '항미원조보가위국'이라는 구호는 또 다른 제국주의 국가의 침략에 대한 두려움을 사람들의 마음에 직접적으로 전달해 매우 효과적이었다. 몽골의 군량미와 가축이 북한 인민과 북한군을 돕기 위해 직접 보내졌지만, 내몽골을 비롯한 대부분의 중국 원조는 북한을 지원하며 싸우고 있던 중국인민지원군을 지원하는 동시에 자국을 수호하기 위한 것이었다. 내몽골은 북한 국경과 가까운 지역 중 하나였다. 여성들은 군인들의 군화를 만드는 데 동원되었고, 학생들은 '항미원조보가위국'이라는 한자가 새겨진 책가방을 받았고 전쟁 노래를 배웠다.⁴⁷

---

45 王峽遐(2011), 『抗美援朝: 1950 內蒙古紀事』, 108쪽.
46 王峽遐(2011), 『抗美援朝: 1950 內蒙古紀事』, 108쪽.
47 「후허하오터에서 삼풀잡(Sampuljab) 씨와의 인터뷰」(2014.8.10).

신생 중화인민공화국은 일본 제국주의로부터의 해방자이자 이제는 미 제국주의자로부터의 수호자로 소개되었다. 신문을 비롯한 여러 보도들에서 "중국공산당이 우리를 해방시키고 새 삶을 주었으니 이제 우리가 그들에게 갚아야 할 때"[48]와 같은 대중들의 발언을 인용하면서, 그들이 눈물을 흘리며 중국에 대한 애국심을 보여주었다는 보도들이 잇따랐다. 또한 많은 보도에서 "가장 사랑스러운 사람"[49]인 중국인민지원군 병사를 돕기 위해 목동들이 양이나 말을 기부한 과정을 보도했다.[50] 이처럼 중국에서 한국전쟁은 북한 대 남한·미국의 전쟁이 아니라 중국 자신의 가족 및 국가의 안전과 밀접히 관련이 있는 전쟁으로 인식되었다. 이러한 논리에 따르면 한국전쟁은 한반도에서 미 제국주의자들에 맞선 중국의 전쟁이었다.

내몽골은 말과 여러 가축을 대규모로 중국인민지원군에 전달했을 뿐만 아니라 중국인민지원군의 일원으로 내몽골 기병대를 파병했다. 내몽골 기병대는 다양한 방식으로 한국전쟁에 기여했다. 일부 연대는 국경지대에서 북한까지 물품과 무기를 안전하게 수송하는 임무를 맡았고, 일부 연대는 중국인민지원군 총후근부(總後勤部)를 돕거나 전선에서 중국인민지원군과 조선인민군의 군마 훈련을 담당했으며, 일부 연대는 전선에 파견되기도 했다.[51]

내몽골 기병대는 만주국 몽골군의 기병대와 내몽골 자치정부(1930년대 후

---

48 Inner Mongolia Archive, 309-2-125.

49 (역자 주) 중국인민지원군 병사들을 "가장 사랑스러운 사람"이라고 지칭하게 된 것은 중국인 웨이웨이(魏巍)가 1951년 4월 11일자 『인민일보』에 「누가 가장 사랑스러운 사람인가(誰是最可愛的人)」라는 통신문을 게재한 이후부터이다. 이 통신문을 당시 중국공산당 지도부에서 높게 평가하여 중국군은 물론 전국에 배포했다.

50 "Ximeng Kangmei Yuanchao Aiguo Juanxian Yundong Zongjie," Inner Mongolia Archive, 309-2-123.

51 「烽火燎原鐵騎兵」, 中國人民政治協商會議, 『解放戰爭中的內蒙古騎兵』(呼和浩特: 內蒙古文史書店發行, 1997), 284-310쪽; 「在戰鬥中發展壯大的騎兵六支隊」, 中國人民政治協商會議, 『解放戰爭中的內蒙古騎兵』, 358-404쪽.

반 일본의 지원을 받아 만주국 서쪽에 몽골 자치정부를 수립하려 했다)의 기병대를 기반으로 창설되었다. 1949년 내몽골이 중국에 편입될 무렵, 내몽골 기병대는 중국인민해방군 산하 5개 기병사단(각 사단에 약 9,500명)으로 재편되었다. 1950년 기병대 1개 연대가 한국전쟁 전선에 파견되었지만 말과 기병은 공습과 현대식 기관총에 맞서 생존할 가능성이 거의 없었고, 결과적으로 이들을 전선에 투입한 것은 큰 손실로 이어졌다. 그 결과 기마병은 나중에 군수품 수송과 보급을 돕는 임무로 전환되었다. 내몽골 기병대원 80여 명은 조선인민군을 위해 몽골이 지원한 말들을 훈련하고 길들이는 일에 종사했다. 6,000명으로 구성된 2개 연대(제10연대, 제30연대)는 해체되어 보병으로 훈련받았고, 3,000명으로 구성된 1개 연대(제31연대)는 포병 훈련을 받았다.[52]

말을 타고 싸우는 데 익숙한 기병들이 보병으로 입대하여 훈련을 받는 것은 어려운 일이었고, 심지어 포병연대에 합류하는 것은 더욱 어려운 일이었다. 제210포병연대로 개칭된 이 포병연대는 2개 무기대대(각 850여 명), 1개 지휘대대, 1개 로켓대대, 1개 수송대대로 나뉘었다. 기병대 장교들은 단기간에 새로운 군사 기술 훈련을 받았고, 중국제 신형 506로켓포의 사용법을 배웠다. 이 장교들이 다시 단기간에 병사들을 훈련시켜 전선에 배치되었다. 이들은 한국전쟁 중 가장 치열한 전투가 벌어진 1951년 10월에 전선으로 파견되었다. 이들에게 말이 없는 것은 아니었다. 말을 탈 수는 있었지만 더 이상 칼과 소총은 소지하지 않았고, 말은 적 항공기에 맞서 대형 기관총을 끄는 데 사용되었다. 그들이 전선에 도착했을 때는 이미 공중에서 공격을 받아 많은 병사와 말을 잃은 후였다. 이들은 1952년 12월부터 1953년 7월 전쟁이 끝날 때까지 전투에 참여했으며, 특히 전술적으로 중요한 두 개의 고지인 281.2고지(화살머리고지)와 394.8고지(백마고지)를 점령하기 위한 전투

52 　王峽遐(2011), 『抗美援朝: 1950 內蒙古紀事』, 213쪽.

에 참여했다.[53] 전투가 치열할 때 장교들은 중국어 암호어를 사용할 시간이 없었고, 적들이 알아듣지 못할 것이라는 확신으로 몽골어로 의사소통했다.[54] 이 일은 중공군 군사 규범에 위반되는 것이었지만, 그들 중 일부는 어차피 중국어를 많이 알고 있지도 못했다. 내몽골인들은 신생 중화인민공화국이라는 '고국'을 지키기 위해 한국전쟁에 물질적·군사적 지원을 제공했지만, 그들의 공헌은 신생 중화인민공화국 전체의 전쟁 수행 노력 가운데 일부에 불과했기 때문에 그들의 이야기와 정체성은 역사에 드러나지 않았다.

▬ 한국전쟁의 유산: 누가 누구인가?

몽골과 내몽골 모두 북한에 식량과 가축을 비롯해 다양한 형태로 막대한 재정 지원을 했다. 몽골은 전투에 참여하지 않고 인도주의적 지원만 제공하고도 자부심을 가졌으며, 내몽골인들은 전투에 참여하여 전쟁의 '승리'에 기여함으로써 자신들이 속한 신생 중화인민공화국의 안보에도 기여했다는 자부심을 가졌다. 포로가 되지 않고 살아 돌아온 이들은 국가적 영웅으로 추앙받으며 훈장과 칭호를 수여받았다. 그들은 자신들이 이 신생 국가와 중국 인민을 지키기 위해 최선을 다했다고 확신했다. 몽골과 내몽골의 몽골인 모두가 공산주의 형제애가 강화되고 있다는 생각에 고무되었다. 하지만 예상치 못한 결과가 나왔다.

몽골은 한국전쟁 당시 전투에 참여했다는 혐의를 국제사회로부터 받았으며, 이는 몽골이 유엔 회원국이 되는 데 상당한 장애물이 되었다. 몽골은 1946년에 유엔 가입을 신청한 최초의 국가들 중 하나였지만, 1961년이 되어서야 가입이 승인되었다. 이러한 혐의는 중국인민지원군에 편입된 친국

---

53 「在戰鬥中發展壯大的騎兵六支隊」, 中國人民政治協商會議, 『解放戰爭中的內蒙古騎兵』, 387-404쪽.
54 董其武, 『董其武日記』(北京: 解放軍出版社, 2001), 91쪽.

민당 중국인 전쟁포로들로부터 나온 것으로 보이며, 이들 중 상당수는 전쟁이 끝났을 때 중국 본토로 돌아가지 않고 타이완으로 가기로 결정했다.(자세한 내용은 4장, 6장, 7장 참조) 이들 중국인 포로 중 일부는 몽골군의 한국전쟁 참전에 대해 다음과 같이 진술했다.[55]

1. 미 공군과 공중전을 벌였던 소련제 '미그' 전투기의 상당수를 몽골인 조종사가 조종했다.
2. 몽골군은 압록강 상공에서 공중전을 벌였다.
3. 몽골 기병대, 전차여단, 보병부대가 공산군 편에서 한국전쟁에 참전했다.

1955년 12월 13일 열린 유엔 안전보장이사회 제703차 회의에서 중화민국 대표 장팅푸(蔣廷黻)가 몽골의 유엔 회원국 가입 신청을 거부하며 이러한 주장을 했다. 그는 몽골이 평화를 지향하는지에 대한 의문을 제기했다. 그는 몽골을 침략자로 묘사하기 위해 1947년 바이탁 복드 전투(Battle of Baitag Bogd)[56]를 거론하며 몽골도 한국전쟁에 참전해 유엔을 상대로 싸웠다고 주장했다.

우리 모두는 외몽골이 중국공산당 및 북한공산당과 함께 유엔에 대항하여 한국전쟁에 참여했다는 사실도 알고 있습니다. 몽골 기병대, 몽골 전차 군단, 몽골 조종사들이 한반도에서 유엔군과 싸웠습니다. 타이완에는 몽골

---

55 Robert Rupen, *Mongols of the Twentieth Century*, Part 1(Bloomington: Indiana University Publications, 1964), pp. 342-343.
56 바이탁 복드 전투는 1947년 6월부터 1948년 7월까지 중화민국과 몽골 사이에 벌어진 일련의 국경 분쟁이다. 당시 소련은 방공망을 제공하여 몽골을 지원했다고 알려졌다. 당시 중화민국은 몽골이 소련의 지시를 따르고 있다고 판단했고, 이에 약 1년여 전 중화민국이 승인했던 몽골의 독립을 부인했다. 이에 대해서는 Sergey Radchenko, "Choibalsan's Great Mongolia Dream," *Inner Asia* 11, No.2(2009), pp. 231-258 참조.

군이 유엔에 맞서 북한군, 중공군과 나란히 싸우는 것을 목격한 5,000명의 전직 포로들이 있습니다. 저는 이 5,000명의 증인들을 신문할 목적으로 우리나라에 안보리를 파견할 것을 제안합니다. 저는 대안으로 회원국들이 질문하고 조사하기를 원하는 만큼 증인을 데려올 것을 제안합니다. 외몽골이 유엔에 대한 침략을 저질렀다는 사실은 명백합니다.[57]

유엔이 이 전직 포로들을 면담하기 위해 타이완에 조사단을 파견했는지, 아니면 장팅푸의 진술을 검증하기 위해 이들을 유엔 회의에 데려왔는지는 알 수 없다. 다만 위에 인용된 발언은 몽골의 유엔 가입 가능성에 대한 논의에서 매우 중요한 순간에 이루어졌다. 유엔 총회는 12월 8일 제552호 본회의 결의안, 즉 몽골을 포함한 18개국의 회원국 가입을 제안한 결의안을 검토할 것을 권고했다. 그러나 중화민국은 몽골의 유엔 가입을 반대하기 위해 유엔에서 처음이자 마지막으로 거부권을 행사했다.[58] 장팅푸의 발언과 그의 로비는 몽골에 대한 다른 국가들의 시각에도 영향을 미쳤다. 예를 들어 1957년 9월 9일 열린 안전보장이사회 790차 회의에서 당시 비상임이사국이었던 쿠바 대표는 한국전쟁 당시 몽골이 침략국이었다는 사실을 언급하며 "상당수 몽골인들이 당시 유엔이 거듭 비난하던 한국에 대한 침략에 가담했다는 것은 충분히 입증되었다"고 말했다.[59]

이러한 주장은 어떻게 생겨났을까? 만약 우리가 몽골이 한국전쟁에서 군사행동에 관여하지 않았음을 보여주는 몽골의 공문서를 인정한다면, 중국

---

57 United Nations Security Council Official Record, 703rd meeting, December 13, 1955, paragraph 56.
58 United Nations Security Council Official Record, 790th meeting, September 9, 1957, paragraphs 63, 64.
59 United Nations Security Council Official Record, 790th meeting, September 9, 1957, paragraph 77.

국민당 군인들은 잘못된 정보를 얻었거나 혼동한 것임에 틀림없다. 한국전쟁 중 몽골 조종사가 미그 전투기를 조종했고 몽골군이 압록강 상공에서 공중전을 벌였다는 그들의 진술을 어떻게 해석해야 할 것인가? 이것은 정치적 전략의 산물인가?

한국전쟁 당시 조종사들의 신원은 혼란을 야기하는 민감한 문제였다. 소련은 자국 조종사들이 공중전에 직접 참전했다는 사실을 전 세계에 알리고 싶어 하지 않았다. 소련 조종사들은 적에게 잡히지 않기 위해 공산권 내에서만 비행하도록 제한되었다. 조종사들은 신분을 노출하지 않기 위해 공중전 중 한국어나 중국어를 사용하도록 요청받기도 했지만, 치열한 공중전 상황에서 외국어를 사용하는 것은 매우 어려운 일이었기 때문에 지시를 무시하고 비행에 임했다. 소련 조종사들 외에 중국과 북한의 많은 조종사들도 소련제 미그-15를 중국과 북한에서 조종했다. 중국은 많은 소련 전투기를 수입했다. 소련의 도움으로 중국 공군은 1950~1951년, 1년 만에 1,000대의 전투기를 보유한 막강한 전력을 갖추게 되었다.[60] 앞서 언급했듯이 전 국민이 동원되어 비행기와 대포를 구입하는 데 필요한 자금을 모았다. 안동, 둥펑(東豊), 미아우구(庙沟) 등 만주에 있는 세 곳의 공군 기지는 한국전쟁을 지원하던 소련 공군과 공유했다. 소련은 1952년에 지원을 중단했고, 이후로 전쟁에 참여한 조종사의 대부분은 중국인 또는 북한인이었다. 이 조종사들은 경험이 부족했고 국경 근처 기지에서 훈련을 받았다.[61]

그렇다면 왜 몽골 조종사라는 주장이 계속될까? 조종사들이 몽골어를 사

---

[60] 중국은 타이완 국민당 정권과의 예상되는 충돌에 대비하여 공군력을 증강하고자 했으며, 1949년 국공내전이 끝난 직후 소련에 전투기 제공 및 조종사 훈련 지원 그리고 적절한 공군 기지 건설을 요청했다. 그러나 타이완 공격을 준비하기도 전에 한국전쟁이 발발했고, 한국전쟁 중 중국은 지상군의 진격을 지원할 수 있는 공군력이 절대적으로 필요했다. Steven J. Zaloga, "The Russians in MiG Alley," *Air Force Magazine*, February 1991, https://www.airandspaceforces.com/article/0291russians

[61] Steven J. Zaloga(1991), "The Russians in MiG Alley."

용했다는 증거가 있을까? 아니면 얼굴 생김새를 보고 '몽골인'으로 식별했을까? 항공기 헬멧을 착용한 상태에서는 조종사들의 국적을 구분하기 어려웠을 것이며, 특히 중국, 한국, 중앙아시아, 몽골 등 동아시아인의 국적을 구분하기는 불가능했을 것이다. 다른 근거 자료가 없는 상황에서 일부 관찰자들은 몽골이 소련의 괴뢰 국가였다는 점을 근거로 소련 비행기를 조종하는 아시아계 조종사가 몽골인이라고 추정했을 가능성이 높다.

다른 하나는 "몽골 기병대, 전차여단, 보병부대가 한국전쟁에 공산주의자들과 함께 참전했다"는 내용이었다.[62] 이는 흥미로운 가능성이지만 사실일 가능성은 낮다. 몽골 기병대를 전쟁에 파견한 기록이 없고, 몽골 기병대는 중국을 거쳐 한반도로 이동해야 했기 때문이다. 그러나 이 진술은 몽골 조종사에 대한 진술보다 더 확실한 근거를 가지고 있을 것이다. 몽골이 전투에 참여했다는 설은 몽골과 내몽골의 몽골인들을 혼동한 데서 비롯되었을 가능성이 크다. 앞서 살펴본 것처럼 내몽골 기병대는 전투에 참전했다. 치열한 전투가 한창 벌어지고 있는 상황에서 지휘관들은 암호어를 사용할 시간이 없었고 대신 몽골어를 사용하여 서로 의사소통했다. 몽골어를 이해하지 못하고 그들의 배경에 대해 알지 못하는 사람들은 그들이 몽골군라고 생각했을 수도 있다. 이렇게 몽골 기병대와 보병이 최전선 전투에 참여했다는 소문이 생겨났을 가능성이 높다.

또 다른 요인은 내몽골 출신 군인들의 자기 정체성 때문이었을 가능성이다. 일반적으로 지리적·정치적 용어로서 '내몽골'이라는 용어는 한국전쟁 훨씬 이전부터 존재했지만, 내몽골의 몽골인들이 스스로를 내몽골인이라 부르는 경우는 드물었다. 내몽골인들은 20세기 초에는 몽골인, 몽골훈(몽골어로) 또는 멍구렌(蒙古人)으로 불렸다. 이러한 용어는 중국-몽골 국경 이북

---

62 Robert Rupen(1964), *Mongols of the Twentieth Century*, Part 1, pp. 342-343.

의 몽골인들이 스스로를 식별하는 방식이나 중국인들이 그들을 지칭하는 방식과 동일했다. 게다가 한국전쟁에 파병된 기병대 대부분은 1930년대에 만주국에 편입된 내몽골 동부 출신으로, 내몽골이라는 맥락에서 보더라도 변방에 속하는 사람들이었다. 중화인민공화국이 건국된 지 불과 1년 만에 이들이 한국전쟁에서 중국군과 접촉하면서 스스로를 몽골인(멍구렌)이라고 부르던 오랜 습관을 바꿨을 것이라고는 믿기 어렵다. 따라서 제한적인 교육만 받은 외부인, 특히 남중국에서 온 중국인들에게는 중국-몽골 국경의 반대편에 살고 있는 몽골인과 내몽골인의 정치적 차이를 파악하기 어려웠을 것으로 추정할 수 있다. 이런 식으로 내몽골인들은 의도치 않게 국경 북쪽에 있는 몽골 형제들을 외교적 곤경에 빠뜨린 셈이었다.

중화민국 국민당 군인의 진술에 대한 또 다른 설명은 냉전 이데올로기 투쟁에 뿌리를 둔 정치적 문제일 수 있다는 것이다. 몽골을 유엔군과의 전투에 참전했던 국가 중 하나로 인정하게 되면 몽골의 유엔 회원국 가입 자격이 박탈되어 유엔에서 공산권 국가들을 제어할 수 있었기 때문이다. 1946년, 중국 국민당 정부는 몽골의 국민투표와 소련과의 동맹조약을 근거로 몽골을 독립 국가로 인정했다. 그로부터 불과 몇 달 후 몽골은 유엔 회원국 가입 신청서를 제출했다. 당시 유엔 주재 중화민국 대표단은 몽골의 가입 신청을 지지했다. 그러나 1947년 바이탁 복드 국경 지역에서 몽골군과 중국군이 충돌하여 몽골군이 소련의 공군 지원 아래 영토를 획득한 사건 이후 중화민국 대표단은 이를 곧 후회했다. 게다가 소련은 1945년 8월 중소협정에서 중국공산당을 지원하지 않고 일본과의 전쟁이 끝나면 중국 영토를 중화민국에 넘기기로 한 약속을 지키지 않았는데, 이는 국민투표를 통해 몽골이 독립할 경우 중국이 이를 인정한다는 전제하에 이루어진 약속이었다. 그러나 소련은 중국 국공내전 기간 동안 공산당 측을 지지했고, 1950년 2월 몽골과 중국은 우호 조약을 체결했다. 1950년대 내내 몽골의 유엔 가입 요청이 계속해서 거부된 것은 이러한 움직임에 대한 외교적 보복의 한 형태였을 가능성이 컸다.

한국전쟁은 같은 대의를 따르는 몽골인들을 하나로 모았지만 이후 오랜 기간 동안 분리되는 데도 영향을 미쳤다. 중화인민공화국은 한국전쟁을 승리라고 보면서 주권 국가로서의 자신감을 심어준 반면 소련은 한국전쟁에서 중국의 역할에 대해 미온적으로 지원하면서 두 사회주의 거인 사이의 간극이 벌어졌다. 중국은 언젠가 몽골이 중국에 편입되기를 바라며 몽골과 긴밀한 관계를 맺기를 원했지만, 소련은 몽골에 대한 통제를 강화하며 이를 거부했다. 1950년대 말부터 중국과 소련의 국교가 단절되면서 몽골과 내몽골 사이의 국경도 폐쇄되었다. 국경 양쪽의 주민들은 같은 사회주의 정치 이념을 공유했지만, 국경이 다시 개방된 1980년대 후반까지도 여전히 서로 '냉전' 상태에 놓여 있었다. 남북한의 통일을 위한 전쟁으로 여겨졌던 한국전쟁은 아이러니하게도 한반도의 분단을 더욱 고착화했을 뿐만 아니라 동북아시아 사회주의 전선의 분열을 심화시켰고, 결국 몽골의 분단으로 이어졌다.

4. 중화민국이 한국전쟁에서 승리한 방법

캐서린 처치먼

미국은 전장에서 라디오 방송을 했을 뿐만 아니라 선전 전단도 뿌렸습니다. 미국이 중화민국에서 온 국민당군이 전쟁에 참전하고 있다고 언급한 것은 아니지만, 우리가 들은 소문들은 모두 국민당원들이 그곳에 있다고 전하고 있었습니다. 이때 많은 사람이 탈영했는데, 그 이유는 국민당 군대가 바로 그곳에 있었기 때문입니다. 그들은 모두 그랬습니다. 저는 원래 국민당군 출신이었고 공산당으로부터 가혹한 대우를 받았기 때문에, 탈영한 것은 잘한 일이었습니다.
- 중국인민지원군 탈영 이유를 설명하는 장루이치(張瑞祺), 2007년 4월 14일, 타이완 구이산에서[1]

판문점에서 정전협정이 체결된 지 60여 년이 지났지만 남북한의 무장 군인들은 지금도 여전히 공동경비구역을 사이에 두고 서로를 의심의 눈초리로 바라보고 있다. 남북한의 긴장 관계는 때로는 설전을 벌이며 폭발하고 더 악화되기도 했는데, 이는 양측이 여전히 잠재적 갈등 상태에 있으며 서로의 정치적 정통성을 인정하지 않고 있음을 상기시켜 준다. 비슷한 시기에 더 남쪽에서는 중화인민공화국과 중화민국(중국 국민당 또는 타이완)이 남북한

---

1 周琇環·張世瑛·馬國正·周維朋, 『韓戰反共義士訪談錄』(臺北: 國史館, 2013), 358쪽.

만큼은 아니지만 격렬한 대치 상태를 지속하고 있다. 남북한과 마찬가지로 두 경쟁 국가가 단일 국가를 주장하면서 대치하고 있는 상황이다. 타이완섬을 통치하는 국가의 공식 명칭은 여전히 '중화민국'이지만, 지리상으로나 정치적으로 타이완 해협을 통해 이루어진 수십 년에 걸친 경제적 협력, 타이완인의 국가 정체성 자각 등이 복합적으로 작용하여 비중국어권에서는 '두 개의 중국' 관계보다는 중국-타이완 관계라는 관점에서 보도록 조장된 측면이 있다.

두 개의 중국과 두 개의 한국은 역사적으로 상당한 유사점을 가지고 있다. 두 개의 중국과 두 개의 한국 모두 종결되지 않은 내전에서 시작되었고, 1950년부터 1953년까지 내전 갈등의 최전선에서 오히려 내부적으로 통합되었다. 두 개의 중국과 두 개의 한국이 존속할 수 있었던 것은 같은 시기에 마련된 국제 관계의 여러 양상들과 안보 태세에서 비롯되었다. 장루이치와 같은 중국인 병사들에게 중화민국은 잠재적으로 충성을 바칠 수 있는 대안 정부인 동시에, 본토의 중화인민공화국에 비해 크기는 작지만 타이완에서 살아남았다는 사실은 중화민국의 직접적인 통치권 안팎에 있는 중국인들에게 정치적·이념적으로 중요한 의미를 부여했다. 한국전쟁이라는 맥락 속에서 중화민국은 실제적인 군사 개입보다 이를 훨씬 능가하는 상징적 중요성을 지니고 있었다. 중공의 참전 직후부터 한반도의 군사 분쟁에 대한 공개적인 참전은 배제되었지만, 상징적 차원에서는 참전 요청이 없더라도 전장에 있거나 유엔군에 포로로 잡힌 중국인 병사들의 행동에 영향을 미칠 수 있었다. 전쟁이 진행되면서 중화민국은 이러한 상징적 의미를 자국에 유리하게 활용할 수 있는 방법을 찾아냈다. 물론 중화민국이 이러한 방법만으로 전쟁을 치른 것은 아니었다.

한국전쟁에서 중화민국의 개입을 간단하게 설명하기는 어렵다. 한국전쟁에 개입한 중화민국에 대해서는 조직적 군사행동 계획의 부재, 참전의 민감성, 오랫동안 비밀에 부쳐졌다는 점 때문에 일관된 서술이 어려웠다. 반면에 국민당 정부가 전쟁에 미친 영향과 개입으로 얻은 이득은 명확하다. 국민당 정부는 자칭 반공포로라고 선언한 이들이 중공으로 송환되는 것을 거부하도록 지원하고 격려함으로써 정전협정을 지연시켜 한국전쟁이 1년 이상 연장되는 데 영향을 미쳤고, 전쟁이 끝날 무렵에는 미국의 보호 아래 타이완의 입지를 굳건히 하면서 유엔 총회에서 중국을 대표하는 국민당 정권의 정통성을 계속해서 인정받았다. 가장 중요한 것은 중화민국이 유엔 안전보장이사회 상임이사국 지위를 유지했다는 점인데, 이러한 상황은 1971년까지 18년 동안 지속되었다.

한국전쟁에서 중화민국의 역할에 대한 이전 연구들은 두 가지 주요한 문제에 초점을 맞추었다. 하나는 두 개의 중국과 미국의 관계에 관한 것이고, 다른 하나는 포로 송환 문제였다. 중화인민공화국의 한국전쟁 참전은 미국과 중화인민공화국의 관계 정상화에 큰 차질을 가져왔으며, 이러한 관계 악화에 대해 다양한 세부 연구가 진행되었다. 가버(John Garver)는 한국전쟁에서 미국과 중화민국의 관계의 이면에 대해 연구했으며,[2] 타이완 학자 장수야(張淑雅)는 중화민국이 공산당에게 본토를 빼앗긴 후 미국이 국민당 지도자 장제스(蔣介石)와의 기존 관계를 갑자기 변화시켰다는 신화를 무너뜨리고자 했다. 장수야는 미국 의회 의원들이 장제스와의 무너진 관계를 전략적·상징적 자산으로 복원하는 데 거의 2년이나 걸렸다고 주장했다.[3] 부산과 거제도의 포로수용소에서 반공 단체를 조직했던 중공군 포로들의 송환 문제는 휴전회담을 지연시키고 전쟁을 장기화하는 데 영향을 미쳤기 때문에 전쟁 당시에도 상당한 주목을 받았고, 이는 중국의 한국전쟁 개입 관련 연구

2   John W. Garver, *The Sino-American Alliance: Nationalist China and American Cold War Strategy in Asia*(Armonk, N.Y.: M. E. Sharpe, 1997).
3   張淑雅, 『韓戰救台灣? 解讀美國對臺政策』(臺北: 衛城出版, 2011).

주제들 중 가장 많이 논의되고 연구된 주제였다. 다만 최근까지 이루어진 상당수의 연구는 영어권 자료와 중국어로 번역된 소수의 자료만을 활용했다는 한계를 지닌다.

서방 학자들은 포로들과의 인터뷰 번역본, 미군 기록, 언론 보도 등 다양한 자료를 활용하여 중국인 포로들이 중화인민공화국으로의 송환을 거부하게 된 배경을 파악하려고 노력했다.[4] 이 문제에 대한 중화인민공화국의 출판물은 주로 학술 연구보다는 회고록으로 구성되어 있으며, 출판된 회고록 대부분은 장저쓰(張澤石)라는 한 사람의 저술에서 나왔다.[5] 한국 내 중국인 포로의 활동은 중화인민공화국 내에서 여전히 민감한 주제이며, 외국 학자들이 유엔 전쟁포로였던 사람들에게 접근하는 일은 여전히 엄격하게 통제되고 있다.[6] 해협을 건너 타이완에서 지난 10년간 이루어진 연구들은 두 가지 상이한 출처의 자료에 기반해 두 가지 상이한 시각에서 진행되었다. 하나는 정부 공식 정책에 대한 기록물 연구이고, 다른 하나는 전직 포로들과

---

4 대표적으로 William C. Bradbury, Samuel M. Meyers and Albert D. Biderman(eds.), *Mass Behaviour in Battle and Captivity: The Communist Soldier in the Korean War*(Chicago: University of Chicago Press, 1968), p. 196; Rosemary Foot, *A Substitute for Victory: The Politics of Peacemaking at the Korean Armistice Talks*(Ithaca, N.Y.: Cornell University Press, 1990)의 5장 "Victims of the Cold War: The POW Issue" pp. 108-129; Charles S. Young, *Name, Rank and Serial Number: Exploiting Korean War POWs at Home and Abroad*(Oxford: Oxford University Press, 2014) 참조.

5 현재까지 당시 포로수용소들과 그 내부에서 일어난 일들에 대해 중국어 자료를 기반으로 쓴 가장 상세한 서술은 하진(Ha Jin, 金哈)의 소설 『전쟁쓰레기(War Trash)』이다. 이 소설은 중화인민공화국 포로 문제에 관해 가장 많은 글을 쓴 장저쓰의 회고록을 바탕으로 했다.

6 거제수용소에 수감되었던 중국인민지원군 병사를 비롯해 전직 병사들과의 인터뷰 자료집의 저자인 리샤오밍(李小兵)은 자신과 인터뷰를 하려면 별도의 허가가 필요하다는 점을 인정하기도 했다. Richard Peters and Xiaobing Li(eds.), *Voices from the Korean War*(Lexington: University Press of Kentucky, 2005), pp. xiv, 247-248. 타이완에 살고 있는 고령의 전직 군인들과의 인터뷰에 이러한 종류의 허가는 전혀 불필요한 일이었다. 부르고스(Russell Burgos)는 자신의 논문에서 중국인민지원군 병사들과의 인터뷰 통제가 미친 영향을 다루기도 했다. Russell Burgos, "Review of Peters, Richard; Li, Xiaobing, eds., Voices from the Korean War: Personal Stories of American, Korean, and Chinese Soldiers," H-War, H-Net Reviews, November 2004, http://www.h-net.org/reviews/showrev.php?id=10008(검색일: 2015.11.10).

의 구술사 인터뷰이다. 후자는 유엔 중국인 포로의 대다수를 차지했던, 간부급이나 조직원이 아닌 일반 병사들의 생각을 살펴볼 수 있다는 점에서 가치가 있다. 창(David Cheng Chang)의 최근 박사학위논문은 타이완 해협 양쪽의 중국어 자료와 인터뷰를 활용한 최초의 논문이라고 할 수 있다.[7]

이러한 잘 알려진 이야기 외에도 한국전쟁에 중화민국이 기여한 점, 즉 미군 및 한국군과의 협력이나 극비로 수행된 여러 비밀 작전으로 이루어진 또 다른 차원의 이야기가 있다. 이 극비 작전들은 납치범, 게릴라, 통역사, 교사 등 다양한 배경을 가진 중국인들이 수행하였으며, 통역사와 교사 직업을 가졌던 이들은 포로 문제와 관련이 있다. 이 장에서는 한국에서 중화민국이 수행한 전쟁의 다양한 측면과 전쟁에 참전한 중국인들에게 중화민국이 갖는 상징적 중요성을 새롭게 조명한다. 또한 중화민국이 한국전쟁에서 얻은 것이 무엇인지 고찰하고, 한국 내에서 행해진 중화민국의 활동과 목표를 한국 내전의 맥락에서 고려해야 하는지 아니면 중국 내전의 연장선상에서 고려해야 하는지 질문을 제기하고자 한다.

중화민국의 야망과 극비 작전

중국에서 국민당 정부가 몰락한 직후에 한반도에서 전쟁이 발발한 사실은 양 사건이 긴밀하게 연결되어 있음을 시사한다. 1949년 10월 1일 중화인민공화국 건국 선언과 1950년 6월 25일 북한군이 38선을 넘은 시점 사이에는 9개월의 시차가 있지만, 중화인민공화국 건국 당시에 중국 본토의 남서부 지역은 여전히 국민당 정부의 지배하에 있었다. 국민당 정부는

---

7 David Cheng Chang, "To Return Home or 'Return to Taiwan': Conflicts and Survival in the 'Voluntary Repatriation' of Chinese POWs in the Korean War"(PhD diss., University of California, San Diego, 2011).

1949년 12월 10일까지도 타이완으로 떠나지 않고 있었고, 하이난(海南)은 1950년 4월 30일까지도 공산당에 최종적으로 넘어가지 않았다. 즉 대규모 분쟁이 끝나고 다음 분쟁이 시작될 때까지 불과 42일 사이였다. 하이난을 잃기 열흘 전인 4월 19일에 국민당 고위급 장군인 우티에청(吳鐵城, 전 상하이 시장)과 주스밍(朱世明)이 서울을 방문해 한국이 중화민국에 공군 및 해군 기지를 제공하면 남한이 북한과 싸우는 것을 지원하겠다고 제안했다.[8] 이를 통해 중국 국민당은 이미, 다가오는 남북한의 갈등이 자국의 반공 전쟁에 전략적 이점이 될 것이라고 여겼다는 점이 분명해진다. 두 전쟁의 시간적 근접성은 한반도에 온 중국인 병사들의 충성심과 태도에 중요한 의미를 부여하고 있었으며, 미국의 대중화민국 정책과 국민당군을 한국에 파병하려는 중화민국의 노력에도 영향을 미쳤다.

하이난을 잃은 중화민국은 타이완과 중국 남동부 연안의 몇 개의 섬들만 지배하게 되었고, 마지막 남은 영토마저 공산당에게 넘어가는 것은 시간문제처럼 보였다. 중화민국이 하이난을 잃은 다음 날인 5월 1일, 트루먼(Harry S. Truman) 대통령이 타이완 방어에 관여하지 않겠다고 발표하면서 미국은 장제스에게서 손을 떼는 듯 보였다. 그러나 미국이 손 놓고 있던 이 정책은 한반도에서 전쟁이 발발한 지 이틀 만인 6월 27일에 뒤집혔다. 이때부터 타이완은 새로운 전쟁에서 미국의 전략적 자산이 되었고, 트루먼 대통령은 미 해군 제7함대를 타이완 해협에 파견하고, 타이완이 공산군의 손에 넘어가는 것을 막기 위해 타이완 해협의 중립화를 발표했다. 그러나 트루먼은 국민당 공군과 해군에도 본토에 대한 공격 중단을 요청했기 때문에 중립화가 국민당에게 어떤 이점이 있는 것은 아니었다. 그 후에도 중국 연안의 섬 점

---

[8] Bruce Cumings, *The Origins of the Korean War*, Vol. 2: *The Roaring of the Cataract* (Princeton, N.J.: Princeton University Press, 1990), pp. 492-498.

령을 둘러싸고 공산군과 국민당군 사이에 사소한 충돌이 계속 발생했고,[9] 중국 남서부에 남겨진 국민당 정규군과 비정규군에 대한 공산군의 승리는 1953년 7월에야 선언되었다.[10] 공개적인 분쟁은 훨씬 줄어들고 국지화되었지만 한국전쟁의 이면에는 지속된 중국 내전이 자리 잡고 있었다. 국민당에게는 타이완을 안전하게 점령하고 있는 한 언젠가는 공산당으로부터 중국 본토를 탈환할 수 있다는 희망이 있었으므로 중화민국은 이러한 목표를 염두에 두고 한반도 문제에 개입하고자 했다.

중화민국은 자국의 위태로운 상황에도 불구하고 대한민국 방어를 위해 미국에 대한 군사 지원에 신속히 나섰다. 1950년 6월 29일, 전쟁 발발 4일 만에 열린 장제스와 미국의 회의에서 중화민국 외교부장 예궁차오(葉公超)는, 미국에 의해 무장되고 훈련된 3만 3,000명의 국민당군 부대를 파병하겠다고 제안했다.[11] 6월 30일 열린 군 관계자 회의에서는 최근 저우산군도(舟山群島)에서 퇴각한 제61사단과 제80사단 병력으로 이 부대를 구성하기로 결정했다.[12] 장제스는 한국전쟁을 동아시아에서 공산주의에 맞선 대전쟁의 일부로 보고 일지에 이렇게 적었다. "이 일이 제3차 세계대전의 시작이 될지는 아직 알 수 없지만, 확실히 말할 수 있는 것은 이 일이 동아시아에서 공산주의와의 전쟁의 끝이 아닐 것이라는 점이다."[13] 그는 또한 중국이 전쟁에 참전하면 미국이 타이완 해협 중립화 정책을 포기하고 중국에 대한 공중

---

9 일련의 충돌에는 1950년 5월 25일부터 8월 7일까지 이어진 완산군도(萬山群島) 전투, 1950년 8월 9일의 난펑다오(南鵬島) 전투, 1952년 4월 11일부터 15일까지 이어진 난르다오(南日島) 전투가 포함되며 이들 전투에서 중화민국은 인민해방군에게 대승을 거두었다. 그러나 1953년 7월 16일부터 18일까지 둥샨다오(東山島)를 공산당에게서 탈환하려는 국민당의 작전은 실패로 돌아갔다.
10 이에 대한 설명은 易忠, 「中南剿匪作戰史略」, 『軍事歷史』 4期(2001), 54-58쪽 참조.
11 Jay Taylor, *The Generalissimo: Chiang Kai-shek and the Struggle for Modern China*(Cambridge, Mass.: Harvard University Press, 2009), p. 437
12 劉維開, 「蔣中正總統對韓戰及相關問題的看法與政策: 民國三十九年」, 『近代中國』 137期(2000), 93쪽.
13 劉維開(2000), 「蔣中正總統對韓戰及相關問題的看法與政策: 民國三十九年」.

및 해상 공격 재개를 허용하여 중화민국에 유리할 것이라고 확신했다. 그는 "공산당이 북한과 함께 전쟁에 참전하면 미국은 분명히 태도를 바꿀 것이고, 우리에게 한국을 돕기 위해 병력을 추가해 달라고 요청할 뿐만 아니라 우리가 중국 본토에 대한 육상 및 해상 공격을 할 수 있도록 허용해서 더 이상 우리의 길을 막지 않을 것이다."[14]라고 썼다.

트루먼 대통령은 당초 장제스의 제안을 수용할 것인지 검토했지만, 애치슨(Dean Acheson) 국무장관은 중국이 국민당군에 피해를 입히고, 기회가 왔을 때 타이완을 쉽게 점령하기 위해 한국전쟁에 개입하도록 부추길 수 있다면서 이를 만류했다. 합동참모본부와 논의한 결과, 수송과 장비 측면에서 국민당군이 가져올 득보다는 오히려 실이 많을 것이므로 정중하게 제안을 거절하는 것이 최선이라는 데 의견을 모았다. 맥아더(Douglas MacArthur)도 이러한 판단에 동의했지만,[15] 그는 타이완으로 가서 장제스에게 직접 이 결정을 설명하기로 했다. 사전에 워싱턴에 알리지도 않고, 워싱턴에서 고위 장성을 대신 보내라는 권고를 받았음에도 맥아더가 타이완으로 직접 간 것은 1951년 4월에 그가 해임되는 결정적인 이유가 되었다.[16]

그러나 장제스의 파병 제안을 잊지 않았던 맥아더는 10월 19일 중국인민지원군이 압록강을 넘어 한국으로 진격해 유엔군을 밀어내자 한반도의 방어선을 확보하기 위해 5만~6만 명의 국민당군이 필요하다고 말했다. 그는 공산주의자들의 주의를 한반도에서 돌리기 위해 국민당군이 본토 공격을 재개할 수 있도록 허용하고 싶다는 의사도 밝혔다. 이 아이디어는 미국

14　劉維開(2000), 「蔣中正總統對韓戰及相關問題的看法與政策: 民國三十九年」, 94쪽.

15　Harry S. Truman, "The Truman Memoirs: Part III," *Life 40*, No.6(February 6, 1956), pp. 126-138; Dean Acheson, *Present at the Creation: My Years in the State Department*(New York: Norton, 1969), pp. 412-413.

16　John W. Garver(1997), *The Sino-American Alliance: Nationalist China and American Cold War Strategy in Asia*, p. 38; Dean Acheson(1969), *Present at the Creation: My Years in the State Department*, pp. 422-423

무부에 의해 거부되었다.[17] 이후 유엔군사령관 클라크(Mark W. Clark)가 국민당군 2개 사단을 파병하는 방안에 찬성했지만, 이번에는 이승만이 이를 거부했다. 1952년 4월에도 미 국가안전보장회의(National Security Council, NSC)에서 이 문제를 논의했다.[18] 국민당이 계속해서 참전 의사를 표명하는 가운데, 1953년 말 중앙통신사(中央通訊社)는 대규모 병력 증원을 통해 이 전쟁을 확실히 끝내기 위해서는 미국의 정책이 국민당군의 한반도 파병을 허용하도록 바뀌어야 한다고 워싱턴발로 보도했다.[19]

공개적으로 언급되지는 않았지만 국민당의 또 다른 목표는 한국전쟁에 군사적으로 개입하여 국민당군을 한반도를 경유해 중국 본토로 우회 진입시키는 것이었다. 1949년 7월부터 1951년 9월까지 초대 주한중화민국대사를 역임한 샤오위린(邵毓麟)은 당시의 생각을 이렇게 회고했다. "한국전쟁이 미국과 소련 간의 세계대전이 된다면 남북한은 분명히 통일될 것이고, 우리는 압록강을 건너 동북으로 진격해 본토를 탈환할 가능성이 있습니다."[20] 이것은 미국이 가장 피하고 싶었던 일이다. 미국이 국민당군의 개입을 꺼렸던 것은 중국의 참전을 부추길 수 있다는 우려 때문이었고, 실제로 중국이 전쟁에 참전한 이후에도 미국은 가능한 한 한반도에서 군사적 충돌을 억제하는 것을 목표로 삼았다. 그 결과 미국과 중화민국의 협력은 너무나 민감한 사안이 되어 국민당군이 한반도에서 미국을 통해 수행한 것으로 알려진 유일한 군사 작전은 1951년 1월 CIA를 통해 비밀리에 진행된 작전뿐이었다.[21]

17　John W. Garver(1997), *The Sino-American Alliance: Nationalist China and American Cold War Strategy in Asia*, pp. 43-44.
18　John W. Garver(1997), *The Sino-American Alliance: Nationalist China and American Cold War Strategy in Asia*, p. 49.
19　『聯合報』1953年 2月 4日, 1면.
20　邵毓麟, 『使韓回憶錄』(臺北: 傳記文學出版社, 1980), 151쪽.
21　한국전쟁 기간 동안 미국은 당시 버마에서 '오퍼레이션 페이퍼(Operation Paper)'라는 작전명으로

'TP 탈취 작전(Operation TP Stole)'으로 명명된 이 작전의 정확한 내용은 아직 밝혀지지 않았지만, 인도가 중화인민공화국에 지원하는 의료 인력 및 물자를 가로채기 위한 비밀 탈취 작전으로 알려져 있다. 인도 정부는 군 야전병원 세 곳에 필요한 장비와 병원을 운영할 의료 및 기술 인력을 노르웨이 화물선을 전세 내어 홍콩을 경유해 중국으로 수송하려 했다. 미국은 이러한 필수 물자를 차단하여 중국인민지원군의 전쟁 활동을 약화시키고자 중국어를 구사하는 덴마크계 미국인 CIA 요원 토프트(Hans V. Tofte)에게 화물이 홍콩에 도착하는 것을 막으라고 지시했다. 토프트는 이전에 중국에서 8년 동안 살면서 장제스와 친분을 쌓은 적이 있다. 예전에 토프트는 비공식 경로로 타이완의 자금에 접근할 수 있었는데, 한번은 소형 비행기 한 대와 중국은행(中國銀行) 관인이 찍혀 있는 70만 달러 상당의 금괴를 가로채서 그 금괴를 한국에 있는 정보 요원들이 사용하도록 가져간 적도 있다.[22] 토프트의 지시에 따라 무장한 중화민국 해안경비대가 화물선에 탑승해 노르웨이 승조원들에게 총구를 겨누고 의료품을 압수했다. 지휘을 맡은 CIA 요원들은 해안경비대 선박의 갑판 아래에 숨어 있었다. 노르웨이 승무원들은 풀려났지만 인도 의료진은 실종되어 다시는 소식을 들을 수 없었다.[23]

국민당 제93사단 잔존 병력들의 게릴라전을 지원한 바 있었다. 이에 대해서는 Victor S. Kaufman, "Trouble in the Golden Triangle: The United States, Taiwan, and the 93rd Nationalist Division," *China Quarterly* 166(2001), pp. 440-456.

22 토프트의 활동에 대해서는 Joseph C. Goulden, *Korea: The Untold Story of the War*(New York: Times Books, 1982), pp. 462-474 참조.

23 탈취 작전에 대한 자세한 내용은 Paul Edwards, *Combat Operations of the Korean War: Ground, Air, Sea, Special and Covert*(Jefferson, N.C.: McFarland, 2010), pp. 165-166; William B. Breuer, *Shadow Warriors: Covert Operations in Korea*(New York: Wiley, 1996), pp. 128-129; Paul Edwards, *Unusual Footnotes to the Korean War*(London: Bloomsbury, 2013), 제23장 참조.

중화민국과 포로 문제

미군은 일부 중화민국 출신 중국인들을 비전투 역할에 장기간 고용했다. 이들을 고용한 주된 이유는 1950년 말부터 유엔군에 사로잡힌 수많은 중국어 구사 포로들을 처리하기 위해서였다. 만다린어에 대한 전문 지식이 부족하고 대규모 포로들과 의사소통을 해야 하는 상황에 직면한 미국은 중화민국에 도움을 요청할 수밖에 없었다. 맥아더 사령부는 대규모로 계속해 유입되는 중국인 포로들을 처리하고 신문을 지원하기 위해 중화민국에 영어를 구사하고 읽을 수 있는 중국어 전문가를 요청했다. 미군은 1951년 첫 달에만 중화민국, 홍콩, 일본에서 73명의 통역관을 고용했다. 통역관 중 한 명이었던 황톈차이(黃天才)는 회고록에서, 전쟁 기간 내내 이런 종류의 일을 위해 중화민국에서 약 200명이 고용되었다고 추정했지만,[24] 어떤 때는 이들로도 통역 수요를 감당하기에 충분하지 않았던 것으로 보인다.[25] 통역관들은 G-2 산하 정보 수집 부대의 일원이자 미 육군 군무원(Department of Army Civilians, DAC)으로 미 육군 급여 체계에 따라 고용되었다. 이들을 고용하기로 한 것은 맥아더 장군의 결정이었지만 이는 미국의 대중화민국 정책에 어긋나는 것이었기 때문에, 이들은 중국인민지원군 포로들에게 자신들이 중

---

24 黃天才,「韓戰第一線上審訊共軍戰俘: 一萬四千名反共義士來臺幕後(上)」,『傳記文學』, 96:5(2010), 4-21쪽.

25 高文俊,『韓戰憶往: 浴血餘生話人權』(臺北: 生智文化事業有限公司, 2000), 243쪽. 중국인민지원군을 탈영한 병사 가오원쥔(高文俊)은 1951년 5월 부산포로수용소에 도착했을 때 이곳의 수많은 막사들을 미군 G-2가 담당하고 있었으며, 각 막사에는 조장과 포로 등 7명이 수용되어 있고, 각 막사에 수용된 이들 상당수가 중국 표준어인 만다린어를 구사하지 못하는 것은 물론 일부 중국인들은 중국어를 전혀 읽을 줄 몰랐다고 회고했다. 이들은 아마도 미국계 중국인이거나 한국계 중국인이었을 가능성이 컸다. 브래드버리의 통계에 따르면 1951년 4월부터 6월까지 약 1만 5,000명의 중국인 포로가 생포되었는데, 이는 한국전쟁 기간 중 생포된 중국인민지원군 포로의 76%에 달하는 숫자로 통역관이 부족했던 것은 전혀 놀랄 만한 일이 아니다. William C. Bradbury, Samuel M. Meyers and Albert D. Biderman (eds.), *Mass Behaviour in Battle and Captivity*, p. 348.

화민국에서 왔다는 사실을 밝힐 수 없었다.[26]

처음으로 파견된 18명의 통역관은 중화민국 육군에서 11명, 해군에서 3명, 공군 및 외교부에서 각각 2명씩 선발했다. 이들은 중국인민지원군 포로들에게 자신이 타이완 출신이라는 사실을 밝히지 않겠다고 서약했다. 반면에 이들은 국민당에 도움이 될 만한 중국인민지원군 관련 정보를 제공했다.[27] 국민당원이자 중화민국 육군 장교였던 궈징(郭靜)은 정치적 목적을 위해 포로들에게 자신의 신분을 드러낸 것으로 알려졌다. 궈징은 도쿄의 한 군사 시설에서 미국 신문팀의 일원으로서 중국어 통역관으로 일하던 중 미군 세 명으로 구성된 팀과 함께 류빙장(劉炳章)이라는 중국인민지원군 포로에 대한 정보 수집 신문에 참여하게 되었다. 류빙장은 한때 중화민국 육군의 중견 장교이자 국민당원이었으며, 1951년 2월 부산포로수용소에서 도쿄 인근 기지로 이송되어 4개월 동안 거의 매일 집중 신문을 받았다. 신문 기간이 끝날 무렵 궈징은 류빙장에게 자신이 국민당원임을 비밀리에 밝히고 쑨원(孫文)의 『삼민주의(三民主義)』 사본을 건네주며 다른 포로들에게 그 사상을 전파해 달라고 부탁하고, 수용소 내 반공주의자들을 열심히 조직하면 결국 타이완으로 가는 목표를 이룰 수 있을 것이라고 말했다.[28]

황텐차이는 조금 늦게 합류한 18명의 통역관 중 한 사람이었다. 1951년 2월 12일 타이완을 떠나 3월에 도쿄를 거쳐 한국에 도착했다. 황텐차이는 난징국립정치대학 출신으로 영어 구사가 가능했는데, 이전에 난징 군사위원회 외사국(外事局)에서 통역관으로 근무했고, 1947년에 국민당군과 타이

26　黃天才(2010),「韓戰第一線上審訊共軍戰俘: 一萬四千名反共義士來臺幕後(上)」, 8쪽.
27　高慶辰,『空戰非英雄』(臺北: 麥田出版股份有限公司, 2000), 231쪽; David Cheng Chang, "To Return Home or 'Return to Taiwan'," pp. 168-169.
28　反共義士奮鬥史編纂委員會,『反共義士奮鬥史』(臺北: 反共義士就業輔導處, 1955), 34-38쪽; David Cheng Chang(2011), "To Return Home or 'Return to Taiwan'," pp. 212-223. 류빙장에 관한 이야기를 시간순으로 볼 때, 궈징은 아마도 중화민국에서 파견된 18명 가운데 첫 번째 그룹에 속했던 것으로 보인다.

완으로 와서 잠시 동안 기자로 일하기도 했다. 그는 한국에서의 근무를 회상하면서, 1951년 초 어느 날 국방부로부터 해외 파견 통역관 면접에 참석할 의향이 있느냐는 공문으로 보이는 편지를 받았는데, 면접이 끝난 후에야 자신이 한국으로 파견된다는 사실을 알았다고 했다. 1951년 3월 9일, 그를 포함한 20여 명의 인력이 미군 비행기로 도쿄로 날아가 다음 날 다치카와 비행장에 착륙한 뒤 사이타마현의 캠프 드레이크(Camp Drake)로 파견되었다. 중화민국 국적자라는 사실을 숨기기 위해 황톈차이와 그의 동료들은 미 육군 군복을 입고 소속된 군무원(DAC) 지부에서 발급한 신분증을 받았다.

이들은 다시 대구로 날아갔고, 그로부터 약 일주일 뒤에 전선의 여러 부대로 흩어졌다. 황톈차이와 함께 온 10여 명은 동부전선의 제10군단에 배치되어 며칠 동안 아무 일도 하지 않다가 521군사정보중대에 파견되어 근무하게 되었다. 4주 후 미 해병 제1사단에서 중국인 포로 처리를 지원할 중국인 통역관 세 명이 필요하다는 연락이 왔고, 중화민국 출신 통역관 황톈차이와 그의 동료 루이정(陸以正), 정셴(鄭憲) 등은 다음 날 지프차를 타고 동해안에 있는 163군사첩보대로 이동했다. 당시는 1951년 4월 맥아더 장군이 해임될 무렵이었다. 이들의 임무는 명목상 포로를 신문하여 이름과 계급, 군번, 생포 경위 등을 파악하는 것이었지만, 163군사첩보대의 지휘관들은 군사 정보 관련 추가 질문을 던졌다. 이는 제네바협약에서 승인되지 않은 질문으로, 포로 경험, 사기, 장비 및 무기 상태 등의 주제를 포함하고 있었다.[29] 황톈차이는 중화민국에 가기를 원하는 많은 중국인 포로를 만났지만 귀정과 달리 자신이 중화민국 출신이라는 사실을 알리지 않았을 뿐만 아니라 그와 같은 이들을 어떻게 다룰지에 대한 미군의 공식적인 정책이 아직 없었기 때문에 중화민국으로의 송환을 권유하지도 않았다.[30]

29　黃天才(2010), 「韓戰第一線上審訊共軍戰俘: 一萬四千名反共義士來臺幕後(上)」, 15쪽.

30　黃天才(2010), 「韓戰第一線上審訊共軍戰俘: 一萬四千名反共義士來臺幕後(上)」, 18쪽.

위에서 언급한 비밀스러운 공헌 외에 장제스가 제안한 한반도를 우회한 중공군과의 군사적 교전 제안은 실현되지 않았다. 미국은 전쟁이 한반도를 넘어 중국과의 더 큰 분쟁으로 확대될 것을 우려했기 때문에 중화민국이 제안한 3만 3,000명의 국민당군 파병은 결코 실현되지 않았다. 그러나 일부 중국인민지원군 병사들의 마음속에서 국민당군 참전이라는 허구의 이야기가 그 자체로 생명력을 가지면서 전장에서의 그들의 행동에 영향을 미치게 되었다.

▬ 군대 재입대: 국민당에 대한 충성심으로 포로 생활을 견뎌내다

중국인민지원군이 처음 한반도에 들어왔을 때는 중국 본토에서 대규모 전투가 끝난 지 1년이 채 지나지 않은 때였다. 유엔군은 중국인 포로를 생포하기 시작하면서 장제스에 대한 충성을 맹세하고 중국으로의 송환을 거부하는 병사들을 많이 만나게 되었다. 전쟁이 끝났을 때 약 2만 1,000명의 중국인 전쟁포로 중 약 7,000명만이 중화인민공화국으로 송환되었고, 전체의 3분의 2가 넘는 1만 4,300여 명의 포로가 당시 국민당 선전에 따르면 "자유 중국으로 돌아갔다." 중화인민공화국으로 송환되지 않은 포로 수가 많았던 것은 친공파와 반공파 간의 격렬한 투쟁의 결과였으며, 결국 반공파의 승리가 반영된 것이었다. 중화인민공화국 측 자료는 당시 포로수용소 내 반공 활동이 포로로 위장시켜 포로수용소에 심어놓은 국민당 요원들의 부추김과 강압에 의한 것으로 보았지만, 브래드버리(William C. Bradbury)나 창(David Cheng Chang)[31]은 국민당 지지자와 반대자 모두와의 인터뷰를 바탕으

---

31 William C. Bradbury, Samuel M. Meyers and Albert D. Biderman(eds.)(1968), *Mass Behaviour in Battle and Captivity*; David Cheng Chang(2011), "To Return Home or 'Return to Taiwan'."

로 포로를 비롯해 전투에서 일부 병사들의 행동이 한반도에 들어오기 전 중국에서 경험한 것에서 큰 영향을 받았다는 사실을 밝혀냈다.

한국에 주둔한 중국인민지원군 부대의 대다수 병사들은 이전에 국민당군에서 복무했고, 일부는 최근에 인민해방군(PLA)에 입대한 이들이었다. 1953년 미군이 1만 7,572명의 중국인 전쟁포로를 대상으로 실시한 조사에 따르면 1만 1,485명(65%)이 인민해방군에서 해방전사 또는 "해방군"이었는데 이들은 국공내전 당시 국민당군으로 포로로 잡혔으며,[32] 54% 남짓한 이들이 공산군(인민해방군 또는 중국인민지원군)에서 1년 정도 복무한 경험이 있는 것으로 집계되었다. 거의 모든 중국인 포로들은 1950년 10월부터 1951년 6월 사이에 생포되었으며, 4분의 1 남짓한 이들이 내전에서 공산군에게 포로로 잡힌 본토의 마지막 국민당 저항군 중 하나인 윈난성과 쓰촨성 등 중국 남서부 지방 출신이었다.[33]

가오원췬의 이야기는 이들 국민당 출신 군인들이 공산군에서 얼마나 짧은 시간을 보냈는지를 보여준다. 가오원췬은 만주 출신으로 황푸군관학교를 졸업했고 마지막 남은 국민당 방어선이 무너질 때 쓰촨성에 있었다. 비행기를 타고 타이완으로 도주한 지휘관에게 버림받은 가오원췬은 동기생들과 같은 방법으로 탈출을 시도했지만 제때 비행장에 도착하지 못했다. 그는 1950년 1월 중순 인민해방군에 편입되었고, 공산 치하에서 불과 13개월을 보낸 후 이듬해 5월 초에 탈영했다.[34] 만주 출신 병사들이 가오원췬보다 먼저 한국에 파견되었다면, 공산군에서 보낸 시간이나 공산 통치하에 있던 기

---

32 William C. Bradbury, Samuel M. Meyers and Albert D. Biderman(eds.)(1968), *Mass Behaviour in Battle and Captivity*, pp. 343, 345.

33 William C. Bradbury, Samuel M. Meyers and Albert D. Biderman(eds.)(1968), *Mass Behaviour in Battle and Captivity*, p. 341.

34 高文俊(2000), 『韓戰憶往: 浴血餘生話人權』, 43–46쪽에서 가오원췬의 부대가 인민해방군에 흡수되는 과정을 기술하고 있으며, 146–153쪽에서는 가오원췬의 탈영과 항복 과정을 기술하고 있다.

간은 6개월 정도로 짧았을 가능성이 있다. 더군다나 이 병사들이 공산당에 대한 불만을 품고 있지 않았더라도 장루이치와 가오원췐 같은 전직 국민당군 장교들은 공산군에 대한 불만으로 가득 차 있었다. 많은 병사들과 부대 지휘관이 인민해방군에 항복했거나 가오원췐처럼 제때 탈출하지 못해 비자발적으로 공산군에 편입된 경우가 많았다. 장루이치처럼 국민당군 장교 출신으로 공산군에 편입되어 공산당으로부터 의심받는 병사들도 있었다.

공산주의 통치에 불만을 품은 이유로는 끊임없는 정치 세뇌, 강제적인 자아 비판, 기만적인 행동, 강제 노역, 가족에 대한 모욕 등이 꼽혔다.[35] 가오원췐의 경우에는 국민당군 출신 장교가 당한 의문의 죽음도 한 원인이 되었다.[36] 이를 인식한 것은 반공포로들뿐만이 아니었다. 거제도포로수용소 내 공산당 세포의 서기장이 된 자오쩌루이는, 공산당에 불만을 품었지만 내전 중 인민해방군 병력 증강을 위해 인민해방군에 입대시킨 전직 국민당 군인들의 문제와 이들의 위험성을 인식하고 있었다.[37] 미군 폭격기의 끊임없는 폭격, 굶주림, 야간 행군으로 인한 수면 부족, 혹독한 추위 등 한국에서 중국인민지원군 병사들이 겪은 끔찍한 상황은 사기를 떨어뜨렸다. 이러한 상황은 일부 국민당 군인들 사이에서 공산당이 자신들을 죽이려고 한국에 파병

---

35 William C. Bradbury, Samuel M. Meyers and Albert D. Biderman(eds.)(1968), *Mass Behaviour in Battle and Captivity*, pp. 5-105에서는 5명의 서로 다른 수감자들이 겪었던 이러한 내용들을 열거하여 상세히 기술하고 있다.

36 高文俊(2000), 『韓戰憶往: 浴血餘生話人權』, 84쪽.

37 자오쩌루이는 인민해방군이 국공내전에서 상당한 병력을 잃어 신병들을 대규모로 모집해야 했고, 그 결과 "위험분자"들이 입대할 수밖에 없었다고 설명했다. 이 "위험분자"들은 공산당과 인민해방군을 혐오했는데, 그 이유는 이들 중 일부가 부유한 집안 출신이기도 했고 일부는 계급투쟁을 피해 입대했기 때문이며, 어떤 이들의 부모는 공산당으로부터 사형을 선고받았고 때로 집안의 땅을 공산당에 빼앗겼기 때문이었다. 더불어 자오는 상당수 국민당 병사가 지휘부와 함께 인민해방군에 편입되었다는 점에 주목했다. 1949년 1월 평진전역(平津戰役) 동안 약 20만 명의 병사가 편입되었고, 2월부터 4월까지 15만 명이 추가로 더 편입되었다. 따라서 당시 공산당은 모든 부대원들의 충성심에 의구심을 갖고 있었다. Richard Peters·Xiaobing Li(ed.), "Organizing the Riots on Koje: Colonel Zhao's Story," *Voices from the Korean War*(Lexington: University Press of Kentucky, 2005), pp. 247-248.

했다는 믿음을 확산시키는 결정타가 되었다. 상하이 전투(1949년 5~6월)에서 포로로 잡힌 국민당 군인 장부팅(張步庭)은 이렇게 회상했다.

> 당시 한국에서 싸우는 사람들 대부분은 내전에서 포로로 잡혔던 국민당 군 출신이었습니다. 공산당은 "이들의 일부라도 없애지 않으면 결국 우리와 맞서게 될 것"이라고 생각했기 때문에 그것이 여기에 전 국민당 군대가 많은 이유였습니다. 그들은 우리를 없애고 싶어 했습니다. 공산주의자들은 매우 영리했고, 중국인민지원군은 거의 모두가 전 국민당원이었으며, 본토에는 700만에서 800만 명이 있었습니다. 적지 않은 수였고, 오히려 너무 많은 숫자였죠. 우리들을 한국으로 보내지 않아 나중에 우리가 그들에 맞서게 된다면 그들은 무엇을 할 수 있겠습니까? 그래서 우리를 없애려는 목적은 우리가 반대할 수 없게 만들어서 통제하기 쉽게 하려는 것이었습니다.[38]

장루이치도 비슷한 감정을 표현했다.

> 한국전쟁에 동원된 분대장과 부분대장들은 대부분 인민해방군 출신으로 이전에 분대장과 부분대장 혹은 노련한 고참 병사들이었습니다. 공산당은 우리가 전투 경험을 살려 최전선으로 가서 인민을 위해 봉사하라고 그럴듯한 말로 둘러댔지만, 사실은 다른 사람의 칼을 빌려서 우리를 죽이려는 것입니다. 우리는 죽어 마땅한 사람들이고 우리의 죽음은 아무렇지도 않다는 것입니다.[39]

38　周琇環·張世瑛·馬國正·周維朋(2013), 『韓戰反共義士訪談錄』, 98쪽.
39　周琇環·張世瑛·馬國正·周維朋(2013), 『韓戰反共義士訪談錄』, 359쪽; 高文俊(2000), 『韓戰憶往: 浴血餘生話人權』, 92쪽.

이러한 생각들이 불만을 품은 전 국민당원들의 탈영을 부추기는 중요한 요인이었으며, 국민당군이 한국에서 싸우고 있다는 소문도 일부에게는 탈영을 부추기는 요인이 되었다. 심지어 일부 중국인민지원군 지휘관들은 이러한 소문을 선동할 의도로 부추기기도 했다. 최전선에서 통역관으로 근무하던 황텐차이는 새로 포로가 된 많은 중국인민지원군 병사들이 처음 의사소통을 하는 중국어 구사자였기 때문에 포로수용소에서 반공 단체의 영향을 받기 전 중국인민지원군 포로들의 생각과 관심사에 대해 믿을 만한 정보를 제공할 수 있는 사람이었다. 황텐차이는 자신이 인터뷰한 포로들 중에 전직 국민당군 병사들이 많으며, 이들은 현재 한국에 있다고 소문이 난 국민당에 투항해 중화민국으로 송환된 후 국민당군에 재입대할 수 있다는 희망을 품고 있다는 것을 알게 되었다. 황은 이런 생각을 가진 병사와의 첫 만남을 자세히 언급했다.

얼마 지나지 않아 십여 명이 넘는 포로들 가운데 쓰촨성 사투리를 쓰는 나이 많은 포로를 대상으로 심층 신문을 준비했습니다. […] 열 개의 질문도 채 주고받지 않았을 때, 그가 갑자기 목소리를 낮추고 "선생님, 타이완에서 오셨죠?"라고 물었습니다. 나는 충격을 받았지만 내색하지 않았습니다. 저는 그에게 "나는 미군입니다"라고 대답했습니다. 하지만 그의 얼굴 표정에서 제 말을 믿지 않는다는 것을 알 수 있었습니다. 저는 호기심에 일부러 무심한 척하며 왜 제가 타이완에서 왔다고 생각하냐고 물었는데 그렇게 긴 답을 듣게 될 줄은 몰랐습니다.
우선 그는 지체없이 나에게 자신이 원래 국민당군에서 군복무했으나 이후 지휘관이 "봉기"하여 전 부대를 이끌고 공산당에 투항했다고 말했습니다. 그 후 공산당은 그의 부대를 "해체"하여 공산군에 편입시켰고 그들은 온갖 배척을 당했습니다. 그는 공산당을 싫어해 도망치고 싶었으나 공산군이 중국 전역을 점령해 도망칠 곳이 없었습니다. 나중에 갑자기 부대가 "항미원조"를 내걸고 한국에 가서 싸울 것이라는 소식을 들었습니다. 중국에 있는 동안 타이완에서 군대가 파병되어 전쟁에 참전한다는 소식을 듣고 은근히 기뻐 하루빨리 한국에 갈 수 있기를 바랐습니다. 외국에 있으면 탈출할 기회가 없을까봐 걱정할 필요가 없었기 때문입니다. 처음에 한국에 오는 것이 이렇게 위험하리라고는 생각지도 못했습니다. 전선에 투입되기도 전에 미군 폭격기의 폭격으로 죽을 고비를 넘겼고, 전선에 투입된 후 구사일생으로 마침내 탈영에 성공했습니다. 그는 나에게 여러 번 강조했습니다. 자신은 "포로로 붙잡힌 것"이 아니라 스스로 "투항"하려 의도적으로 타이완 군대를 찾아 "부대로 복귀"했다는 것입니다.[40]

황은 그러한 생각을 드러낸 많은 포로들을 만났는데. 그들은 특히 공산군에 편입되어 그곳에서 받은 대우에 불만이 많은 사람들이었다. 따라서 장제스가 약속한 3만 3,000명의 병력이 타이완에서 동원되지 않았음에도 불구하고 그 소문은 일부 전 국민당이었던 중국인민지원군 병사들의 상상력에 강력한 영향을 미쳤다. 새로 생포된 일부 중국인민지원군 포로들은 황톈차이에게 중국을 떠나기 전부터 미군 장비로 무장한 국민당 부대가 한국에서 싸우고 있다는 소식을 들었다고 말했고, 또 다른 한 포로는 국민당 장군 바이충시(白崇禧) 장군을 이 부대의 지휘관으로 지목하기도 했다.[41]

미국은 여러 심리전 작전을 통해 국민당군이 참전했다는 소문을 더욱 부추겨 중국인민지원군 병사들의 항복을 유도했다. 가오원퀀은 국민당 3개 사단이 유엔군과 함께 싸우고 있다는 선전 전단을 읽은 적이 있으며, 이것

---

40 黃天才(2010), 「韓戰第一線上審訊共軍戰俘: 一萬四千名反共義士來臺幕後(上)」, 16-17쪽.
41 바이충시는 마지막까지 중국 본토에서 싸웠던 군 지휘관이었고 더불어 1950년 하이난에서 마지막까지 싸우고 떠난 인물이었기 때문에 이러한 소문의 대상이 된 것은 일면 당연한 일이었다.

이 탈영을 결심한 이유 중 하나였다고 회상했다.⁴² 그러한 전단지는 남아 있지 않은 것으로 보이지만, 1951년 2월 26일자 전단 중 적어도 한 장은 전 국민당군 장교들을 겨냥하여 "공산당의 감시, 혹독한 비판, 모욕적인 심리 자극과 노역"에 지친 사람들에게 유엔에 투항할 것을 권유하는 내용이었다.⁴³ 1951년 5월에 체포된 장이푸(張一夫)는 미 공군 비행기가 확성기를 통해 중화민국 국가인 삼민주의가(三民主義歌)를 연주하며 상공을 비행했다고 회상했다.⁴⁴ 일부 공산주의자들도 자신들의 목적을 위해 국민당 참전 소문을 이용하기도 했다. 푸라는 이름의 포로는 신문 과정에서 한국에 도착한 자신의 부대에서 국민당이 미군과 함께 싸우고 있다는 소문을 들었으며, 그런 소문은 조국 수호를 위해 힘쓰고 독려하기 위해서였다고 진술했다.⁴⁵ 가오원췐은 실망스럽게도 곧 국민당이 한국에 없다는 사실을 알게 되었고, 아마도 같은 목표를 가지고 있던 다른 사람들도 이 사실을 공유했던 것 같다. 포로로 잡힌 가오원췐은 통역관 황톈차이에게 국민당 부대가 어디 있는지 물었고, "당신이 가서 찾아보고 찾으면 돌아와서 말해!"라는 대답을 들었다.⁴⁶

　탈영(또는 적어도 탈출의 가능성)의 한 가지 동기로 한국에 국민당군이 있다는 생각은 중국인민지원군 병사들이 중국 내전에서 겪은 이전 경험과 관련

42　高文俊(2000), 『韓戰憶往: 浴血餘生話人權』, 148쪽. 최근 인터뷰에서 가오원췐은 당시 전단지에 국민당 장군 류안치(劉安祺)가 이 부대를 지휘하고 있다고 주장하면서, 이는 중국인민지원군 병사들이 항복하면 타이완으로 바로 돌아가거나 아니면 한국에 남아 이 부대에 속해 싸웠을 가능성도 있었다고 언급했다. https://www.voachinese.com/a/history-mystery-people-volunteer-army-20151009/2998726.html 필자는 그러한 가오원췐의 주장이 담긴 전단지를 찾지는 못했다.

43　Albert G. Brauer Korean War Psychological Warfare Propaganda Leaflets Collection, North Dakota State University Library, leaflet 2/125.

44　David Cheng Chang, 「張一夫先生訪問紀錄」, 『口述歷史』13期(2013.11), 121-152쪽.

45　William C. Bradbury, Samuel M. Meyers and Albert D. Biderman(eds.)(1968), *Mass Behaviour in Battle and Captivity*, pp. 52-53.

46　高文俊(2000), 『韓戰憶往: 浴血餘生話人權』, 153쪽. 가오원췐이 다른 곳에서 미국으로 이주한 타이완인이라고 기술한 이 통역관은 황톈차이일 가능성이 매우 높다.

이 있었다. 내전 당시에 병사들은 한쪽에 포로로 잡혔다가 탈영해 다른 쪽에 다시 잡히는 일이 드물지 않았기 때문에 편을 바꿀 수 있는 가능성을 열어두는 것이 좋은 보험 정책이었다. 국민당군 중위 출신인 웨이시시(魏世喜)는 거제도 수용소에 도착하자마자 외투 속에 숨겨둔 국민당군 신분증을 제시한 것으로 알려졌다.[47] 전투에 국민당이 참전했다는 소문을 이용해 공산당이 부대 사기를 진작시켰던 것처럼, 포로수용소에도 국민당 요원이 있다는 믿음을 부추겨 국민당 성향을 가진 사람들을 색출하기 위한 목적으로 이를 이용했다. 부산포로수용소 공산 조직의 대대장이자 간부였던 쑨정관(孫振冠)은 자신을 타이완에서 파견된 특수요원으로 위장해 포로들이 스스로 자신의 정체를 밝히도록 유도했다. 국민당에 투항할 목적으로 탈영해 거제도 포로수용소에서 가장 악명 높은 반공 지도자 중 한 명이 된 리다안(李大安)은 쑨정관에게 속아 정체를 드러냈고, 이 오판으로 공산군 포로들로부터 가혹한 구타를 당하는 대가를 치렀다.[48]

　포로로 잡힌 중국인민지원군 병사들이 중화민국으로 망명하려는 의도적인 목표를 가지고 있었는지 혹은 포로 생활 동안 자신에게 유리할 것이라는 믿음으로 미국인들에게 국민당에 충성하겠다고 맹세했는지 여부는 알 수 없지만, 적어도 일부에게는 국민당이 전쟁에 참전했다는 소문 하나만으로도 탈영과 망명을 하기에 충분한 유혹이었다. 특히 이러한 생각은 중화민국이 아니라 미국의 심리전 선전과 중국인민지원군 지휘관들이 그들의 머릿속에 심어준 것이었다. 미 제7함대로 타이완에 발이 묶인 국민당군은 한반도에서 일정 역할을 수행하는 것이 막혔지만 국민당군의 참전 신화는 탈영을 부추겼고, 포로로 잡힌 전 국민당군 출신 중국인민지원군 병사들로부터 장제스와 국민당에 대한 충성 맹세를 받아내게 했다. 포로수용소에 수감된

47　靳大鷹, 『志願軍戰俘記事』(北京: 解放軍文藝出版社, 1986), 70쪽.
48　于勁, 『厄運』(香港: 天地圖書有限公司, 1992), 112-113쪽.

친국민당 포로들 다수는 반공 단체의 핵심을 형성하여 동료 수감자들에게 폭력으로 위협하며 비슷한 충성심을 보이도록 강요했다.

▰ 내전 사고방식의 지속

탈영이 전장에서 벗어나려는 의도나 국민당에 다시 합류하려는 간절한 소망에서 비롯되었든 혹은 정치적 불안이나 절박함에서 비롯되었든, 중국인민지원군 병사들의 행동은 많은 병사들이 국공내전에서 습득한 태도와 사고방식에 흔들리고 있었음을 여실히 보여준다. 전쟁 기간 내내 유엔군이 생포한 17만 3,700여 명의 포로 중 1950년 10월부터 1952년 6월까지 생포된 중국인 포로의 수는 2만 1,300명에 달했다. 전쟁포로들은 당초 부산 인근의 수용소에 수용되었고, 이들을 임시로 수용할 계획이었음에도 금방 과밀 상태가 되었다. 1951년 1월, 포로들을 배를 이용해 거제도 앞바다에 있는 상설 수용소로 옮기기로 결정했고, 같은 해 5월에 공사가 완료되었다. 1952년 거제에 수용된 포로 중 절반은 26세 미만이었고, 과밀하고 비위생적인 환경에서 함께 모여 지내며 음식도 제대로 먹지 못했으며, 종종 극도로 지루한 생활을 했다. 포로들이 경비병을 거의 볼 수 없었을 뿐만 아니라 의사소통도 불가능한 상황에서 정치화된 포로들 사이의 이념 차이는 폭력적인 갈등으로 폭발했다.[49]

중국인민지원군 포로 대부분은 72수용동과 86수용동에 수용되었고 포로들을 정치적 충성도에 따라 분류하려는 시도는 없었다. 잡다하게 뭉친 이들은 '타이완 귀환'을 공언하는 반공주의자와 '본토 귀환'을 공언하는 친공주의자 사이의 격렬한 진영 투쟁에 휘말렸다. 중간 지대에 있던 사람들

---

[49] 거제도에서의 포로 생활에 대한 논의는 Charles S. Young(2014), *Name, Rank and Serial Number: Exploiting Korean War POWs at Home and Abroad* 참조.

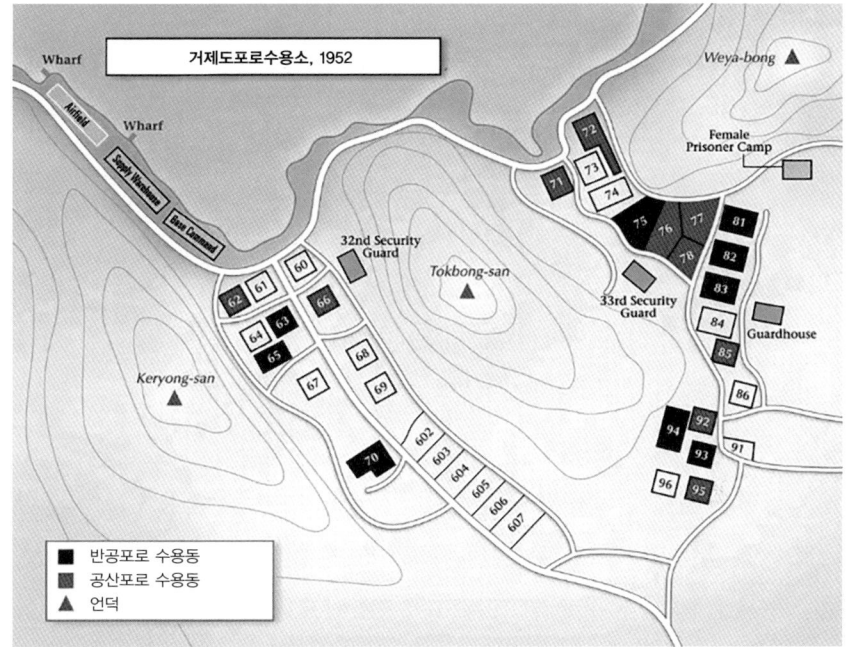

그림 7　1952년 당시 거제도 일대 포로수용소 시설도
거제도포로수용소는 독봉산을 중심으로 60, 70, 80, 90 단위의 네 개 구역으로 나뉘고, 구역 내에 수용동을 두었다.
출처: 나무위키(https://namu.wiki) '거제포로수용소' 항목

은 어느 한쪽 진영에 충성을 맹세해야만 했다. 다수를 차지한 '타이완 귀환' 진영은 곧 수용소 내부 운영을 독점하고 5월과 6월에는 72수용동을, 10월에는 86수용동을 장악하여 친공 진영의 생활을 매우 힘들게 만들었다.[50] 1951년 10월 이후 수백 명의 비송환 포로를 72수용동과 86수용동에서 다른 곳으로 이송했지만, 1952년 6월에 가서야 미군은 친공포로 3,000명을

50　反共義士奮鬪史編纂委員會(1955), 『反共義士奮鬪史』, 51-68쪽에서는 거제도 내에 있는 중국인민지원군 수용소의 반공 조직들에 대해 개략적인 기반과 구조를 보여준다. 반공주의자들은 수용소 내에 중국국민당반공청년구국단, 72수용동의 중국국민당63지부, 86수용동의 반공항아청년동맹회 등의 정치 조직을 만들었다.

71수용동으로 옮겨 반공포로들과 분리했다.

이 혼란스러운 상황이 벌어진 데 대해 일부 연구에서는 미군과 수용소에 잠입한 국민당 요원들 간에 사악한 결탁이 있었기 때문이며 이 요원들이 강제 문신이나 협박, 살해까지도 지시할 수 있었다고 보았다.[51] 이 시기의 전향에 대해 중국공산당 기록에 일반적으로 나오는 설명에 따르면, 처음부터 부산포로수용소에 배치된 국민당 요원들이 병사들에게 중국인민지원군에 들어오기 이전의 신분을 밝히도록 유혹했다는 것이다. 신분을 밝히는 것의 대가는 수용동 관리자와 같은 직위는 물론이고 현 수용소에서 그리고 타이완에 도착했을 때 특별 식량 및 특별 대우 등의 특권을 주는 것이었다.[52] 반면 데이비드 쳉 창은 수용소 내 중국인민지원군 포로들의 행동에 영향을 미치기 위해 국민당이 미국과 공모했다는 윌프레드 버쳇의 저서에서 언급된 이야기들은 중국으로 송환된 이들이 수용소에서 반공주의자들에 맞서 충분한 노력을 하지 않았다는 비난을 피하고 싶어 지어낸 이야기라고 주장했다.[53] 미국과 중화민국 간의 오랜 관계와 수용소 내 반공 세력의 동원을 볼 때, 수용소 내 혼란은 중화민국과는 제한적인 연관성을 가진 수용소 내 자생적 운동이었거나 최소한 초기에는 자생적인 것이었음을 시사한다.

미국의 장제스 지원 정책은 한국전쟁에서 주요 국지적 갈등이 마무리된 지 1년 후이자 포로수용소에서 반공 조직이 결성된 지 9개월 후인 1952년

---

51 영미 학계에서 '잠입한 요원(planted agents)'이라는 견해는 윌프레드 버쳇(Wilfred Burchett)의 『혼돈의 거제도(Koje Unscreened)』에서 유래한 것으로, 버쳇은 국민당 요원들이 거제도포로수용소에 초기 지도자로 활동하도록 들여보내졌다고 주장했다. Wilfred Burchett and Alan Winnington, *Koje Unscreened*(London: Britain China Friendship Association, 1953), p. 13. 더불어 당시 주한미국대사였던 무쵸(John Muccio)와의 구술 인터뷰에서, 무쵸는 타이완에서 파견된 최초의 통역관들이 "장제스의 게슈타포"라고 확신했다. David Cheng Chang(2011), "To Return Home or 'Return to Taiwan'," pp. 172-173 참조. 다만 이러한 주장들은 거제도 수용소 생활에 대해 최근 중국에서 출판된 기록들에는 나타나지 않는다.

52 Wilfred Burchett and Alan Winnington(1953), *Koje Unscreened*, p. 10.

53 David Cheng Chang(2011), "To Return Home or 'Return to Taiwan'," pp. 14-15.

봄에야 확정되었다. 미국이 장제스가 통치하는 타이완을 정치적 자산으로 인정한 것도 이 시기 이후의 일이었다. 1952년 10월 래드퍼드(Arthur Radford) 제독이 장제스를 방문하는 등 미국은 이때부터 고위 인사들을 파견하고 일본이 중화민국과 평화조약을 체결하도록 독려했으며, 장제스가 수반인 국민당 정부를 아시아, 특히 동남아시아의 화교를 대상으로 공산주의에 대항하는 정치적 자산으로 활용함으로써 국민당 정부에 정통성을 부여하기 시작했다. 장제스에 대한 이러한 재평가는 반공 조직이 포로수용소를 장악한 지 6~9개월이 지나서야 이루어졌으므로,[54] 그 이전에 미국이 자신들이 전적으로 지지하지 않는 정권과 포로들의 접촉을 장려했을 가능성은 낮다.

학계에서는 포로수용소 내에서 국민당 요원이 선동했을 가능성을 부정하는 여러 요인들을 받아들였다. 황텐차이와 같이 미군 통역관으로 근무한 중화민국에서 온 중국인들은 주로 포로수용소가 아닌 최전선 근처에서 근무했으며, 황텐차이의 회고록과 중화민국 정부의 여러 기록들에 따르면, 이들 미군 통역관들은 복무 초기 몇 달 동안은 중화민국 정부와 거의 접촉하지 못해 반공포로들과 국민당 정부 요원을 연결하는 데 크게 도움이 되지 못했다. 한국전쟁 초기에 도쿄에 있던 궈정을 제외하고 포로들을 대상으로 국민당 이데올로기 사업을 한 이들에 대해서는 기록이 없으며, 궈정 또한 미국인들의 눈을 피해 이 사업을 수행해야만 했다. 또 다른 요인은 국민당에 대한 충성심을 드러낸 일이 처음에는 미국인은 물론 미국을 위해 일하던 중국인 모두를 놀라게 했다는 점이다.[55] 당시 중화민국과 미국 간의 조직적인 공

---

54 1952년 10월 이전 미국 정부는 중화민국에 대한 몇 가지 선택지를 고려했는데, 여기에는 장제스를 축출하고 새로운 지도자를 고르는 안, 중화민국을 중공과의 거래에서 협상 카드로 사용하는 안이 포함되었다. 당시 다양한 선택지에 대한 상세한 내용은 張淑雅(2011), 『韓戰救台灣? 解讀美國對臺政策』, 196-202쪽 참조.
55 이러한 놀라움이 브래드버리가, 왜 그토록 많은 중국인 포로들이 공산당 통치에 불만을 품고 있었는지, 왜 송환을 거부하는 포로들의 비율이 그렇게 높았는지를 연구하게 된 배경이 되었다.

모를 부정하는 가장 설득력 있는 증거는 국민당에 충성을 드러낸 이들에 대한 미국의 처우였다. 1951년 1월부터 미국은 리다안과 같이 아주 유능하고 효과적인 반공지도자와 조직원들을 비밀리에 조직해 위험한 정보 활동에 나서도록 종용했는데, 그 대가로 타이완에 보내줄 것이라는 약속을 했고, 이는 미국과 중화민국 간의 협력 정책이 추진되기 훨씬 이전의 일이었다.(자세한 내용은 7장 참조) 타이완 정부와 수용소 내 국민당 요원들 사이에 분명한 의사소통 채널이 존재했고 미국과 국민당 사이에 긴밀한 관계가 있었다면, 이러한 활동은 분명히 타이완 정부에 전달되어 타이완의 역사에 등장했을 것이다.

데이비드 쳉 창은 포로들 사이에서 반공주의자들이 성공한 이유에 대해서 우선 반공주의자들이 포로수용소에서 공산주의자들보다 조직화에 훨씬 능숙했기 때문이라고 보았다. 반면에 공산포로들의 간부급은 수용소 당국에 자신들을 드러내지 않으려고 애썼다.[56] 거제도포로수용소에서 친공포로였던 우진펑(吳金鋒)은 공산주의자들이 수용소에서 권력을 장악하지 못한 이유를 고위급 공산주의자들이 자신을 드러내지 않고 지도자 자리를 맡지 않아 권력 장악의 기회를 놓쳤기 때문이라고 말하며, 이를 '낡은 사고방식, 낡은 체계, 낡은 관행, 내전 당시의 낡은 명령' 때문이었다고 설명했다.[57] 지도급 공산주의자들이 나서지 않자 반공주의자들은 자체 조직을 만들고 포로들의 환심을 사기 위해 나섰다. 반공 지도자들은 포로들을 통제하는 데 적극 협조했고 공산주의자에 대한 정보를 기꺼이 제공했기 때문에 미군의 호감을 샀다. 또 다른 요인으로는 중국으로 포로를 송환하면 이들을 위태롭게 만들 수 있기 때문에 이들을 최종적으로는 타이완으로 보내는 것을 보장받

---

[56] David Cheng Chang(2011), "To Return Home or 'Return to Taiwan'," p. 219.
[57] 吳金鋒,「志願軍歸國戰俘口述實錄節選」,『解放軍文藝』4期(2012年), http://blog.sina.com.cn/s/blog_c166c7a70101lsif.html

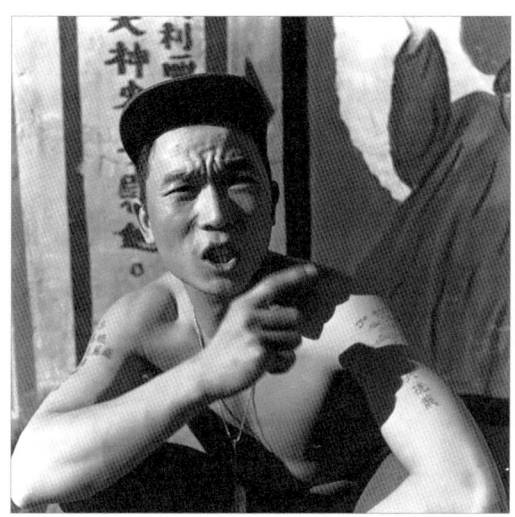

그림 8 1952년 거제도포로수용소 1
한 포로가 자신의 반공 문신을 보여주고 있다.
출처: 베르너 비쇼프, 매그넘 포토

기 위해서 반공주의자들이 수용소 당국과 협력하기를 원했다는 점이다. 이는 의사소통이 거의 불가능한 대규모 수감자들을 통제하는 데 어려움을 겪고 있던 미군에게 특히 유용했다.

  1951년 6월 27일, 리다안이 이끄는 72수용동의 중국인 반공포로들은 피가 섞인 포도주를 마시는 선서식을 통해 본토로 돌아가지 않고 타이완으로 돌아가겠다고 공개적으로 선언했고, 7월 7일에는 1,000명의 반공포로들이 피로 서명한 탄원서를 장제스에게 제출하여 자신들의 청원을 들어달라고 요청했다. 거의 같은 시기에 포로들의 몸에 반공 구호를 문신으로 새기는 악명 높은 일이 시작되었고, 결국 반공포로 수용동에 수감된 모든 포로들에게 요구되었다. 문신을 새기는 관행은 중국 내전 당시에 이미 처벌의 수단으로, 또는 자신이 속한 부대가 편을 바꾸지 못하게 보증하는 수단으로서 역사적 전례가 있었다. 산시성의 군벌 옌시산(閻錫山)의 국민당군에서는 공산주의자 또는 공산주의자로 의심되는 사람들에게 충성심을 증명하도록 반공 구호를 문신으로 새기게 했고, 장루이치도 한국에 오기 훨씬 전에 이미 "살주발모(殺朱拔毛, 주더朱德를 죽이고 마오쩌둥毛澤東을 없애자)"라는 문신을 새겼다.[58] 수용소 내부에서 문신 강요나 진영 간 폭력 행위 증가 같은 조직적 행위들이 발생한 시기는 수용소 외부에서 벌어진 일들과 일치했다. 1951년 7월부터 휴전회담이 시작되면서 이미 공개적으로 국민당에 충성을 맹세한 포로들이 중국으로 송환될 가능성에 대해 극도로 불안해했다. 이에 따라 포로들은 다른 포로들과 외부에 중국 송환에 대한 반대 의사를 밝히기 위해 극단적인 방법을 택했다. 문신을 새기고 탄원서에 피로 서명하는 두 가지 조치가 바로 그것이었다.

이 시기 이후에야 타이완 국민당 정부는 중국인 반공포로 문제에 적극적으로 관심을 갖기 시작했다. 1951년 8월에 중화민국 국방부는 이들을 타이완에 데려올 수 있는 방법을 연구하기 시작했다. 10월 말, 주한중화민국대사관은 자체적으로 파악한 상황을 본국에 보고했다.

거제도포로수용소에 수감된 72수용동 제4대대장 웨이시시(魏世嘉)와 부대대장 왕유밍(王有敏)은 원래 국민당군 장교였으나 반란 진압에 실패해 포로가 되어 공산군에 편입되었다. 이들은 남한 침공 이후 전투에 투입되어 기회를 틈타 공산당 간부들을 사살하고 소속 부대를 이끌고 유엔군에 투항했다. 9월 29일, 이들은 다른 국민당 당원들과 함께 타이완으로 돌아가 적과 싸우고 나라를 위해 복수할 수 있도록 법을 제정해 달라고 정부에 요청했다.[59]

---

58 周琇環·張世瑛·馬國正·周維朋(2013), 『韓戰反共義士訪談錄』, 368-369쪽. 이는 주더와 마오쩌둥의 이름을 딴 언어유희로 '주'는 '돼지(豬)'를 뜻하는 단어와, '마오'는 '돼지 털(毛)'을 뜻하는 단어와 동음이의어로 '살저발모(殺豬拔毛, 돼지를 죽이고 털을 뽑는다)'와 발음(사주바마오)이 같다.

59 周琇環, 「韓戰期間志願遣俘原則之議定(1950-1953)」, 『國史館館刊』 24期(2010.6), 61쪽.

수용소 포로들 중 처음에는 정치에 무관심했던 포로들의 삶은 어땠을까? 수용소 내 각 진영 간부들 간의 격렬한 정치는 포로들 사이에 정치적으로 강력한 친공주의 또는 반공주의 신념을 가진 이들이 소수에 불과했다는 사실을 보이지 않게 만들었다. 수용소에서 어떤 종류의 간부급 역할도 맡지 않았던 사람들의 목소리가 들리기 시작한 것은 최근의 일이다. 중국인 포로들에 대한 중국 측 기록 대부분은 친공 송환자들이 쓴 것이지만, 중화민국의 초기 기록은 반공 선전가들이 쓴 것이었다. 양측의 설명은 두 진영에 속한 병사들의 정치적 이상주의를 지나치게 강조하면서 소수의 간부급 인사들이 폭력과 협박을 통해 정치적으로 반대편에 있는 다수의 병사들에게 자신들의 명령을 따르도록 강요했다고 비난한다. 그러나 브래드버리는 『전장과 포로수용소에서의 군중 행동(Mass Behaviour in Battle and Captivity)』에서, 당시 대부분의 포로들은 수용소 내 간부급 지도자들의 정치적 행동을 단순히 따르는 경향이 있었다고 결론지었다. 또한 그의 연구에 따르면 한쪽 편 혹은 다른 쪽 편에 대한 정치적 충성 맹세는 거의 철회되지 않았는데, 포로들이 충성 맹세를 자신의 미래 지배자에게 공로를 세우는 수단으로 사용하면서 시간이 지남에 따라 그 맹세가 더욱 공고해지는 경향이 있었기 때문이었다.[60]

수용소 내 반공포로들의 초기 권력 장악이 중국 및 타이완으로 가는 최종 귀환자 수를 확정하는 데 핵심적이었다는 주장은 반공포로로서 타이완으로 송환되었지만 간부 직책을 맡지 않았던 전직 포로들과의 최근 인터뷰를 통해 확인되었다. 이들 중에 강한 정치적 신념을 가진 사람은 거의 없었고 대부분은 자신의 목적을 위해 무슨 말을 해야 할지 정확히 알고 있었던 이들이다. 당시로부터 시간적으로나 공간적으로도 멀리 떨어졌고, 정치

---

60 William C. Bradbury, Samuel M. Meyers and Albert D. Biderman(eds.), *Mass Behaviour in Battle and Captivity*, pp. 322-326.

적 보복 가능성으로부터도 안전해지자 이들이 이제는 당시 포로수용소에서 보낸 시간에 대해 객관적으로 묘사하는 것이다. 일부는 외부 세계에 대해서 전혀 알지 못했고, 일부는 한국에 들어올 때까지 타이완이 있는지조차도 몰랐다. 2007년 타이베이에서 진행된 인터뷰에서 롱지셴(龍集賢)은 이렇게 회상했다.

> 타이완이 어디에 있는지, 얼마나 큰 나라인지도 몰랐고 그냥 외국처럼 느껴졌기 때문에, 한국에 와서야 타이완이 있다는 것을 알았고, 그곳에 가고 싶다는 생각도 들었습니다.[61]

부상을 입어 부대에서 버려졌다가 포로로 잡힌 송정밍(宋正明)은 이렇게 회상했다.

> 포로수용소가 거제도에 있었다는 것도 타이완에 도착하고 나서야 알았고, 이 섬인지 저 섬인지 전혀 알 수 없었고 아무도 알려주지 않았어요. 저에게는 혼란스러운 전쟁이었고, 제가 왜 싸우고 있는지, 왜 포로가 되었는지 전혀 알지 못했습니다.[62]

포로로 잡혀간 장이푸는 자신의 정치적 의식 수준을 기억하고 있었다.

> 누군가 "인민을 위해 봉사하라"고 하면 우리는 그 말을 따라 "인민을 위해 봉사"라고 복창했습니다. 우리는 전선 후방의 병원에 있었고, 군대와 싸우는 것도 아니었고, 아무도 공산당이 무슨 짓을 하고 있는지 이야기하거나

---

[61] 沈幸儀, 『一萬四千個證人: 韓戰時期「反共義士」之研究』(臺北: 國史館, 2013), 317쪽.
[62] 周琇環·張世瑛·馬國正·周維朋(2013), 『韓戰反共義士訪談錄』, 151쪽.

알지 못했습니다. 우리는 혼란스러운 아이들이었죠. 동쪽으로 가라고 하면 동쪽으로 가고, 서쪽으로 가라고 하면 서쪽으로 갔죠. 공산당의 이념이 무엇인지도 전혀 몰랐습니다.[63]

장이푸는 자신을 비롯해 여러 포로들이 거제에 도착했을 때 바닷물을 마셨는데, 그 이유는 바닷물이 짠 줄 몰랐기 때문이었다고 회상했다.[64] 상당수 포로들이 자신이 직접 접하는 환경 밖의 세상에 대해서 기초적인 지식조차도 충분히 교육받지 못한 이들이었다. 대부분은 아주 어린 나이에 국민당에 의해 강제 징병된 사람들이었다. 포로 중 44%는 교육을 전혀 받지 못했고, 36%가 학교를 다닌 기간이 3년 이하였다.[65] 대다수 포로들은 장제스 치하에서의 정치와 마오쩌둥 치하에서의 생활에 대해 충분한 지식을 갖고 있을 가능성이 거의 없었다. 학교에 가본 적도 없는 포로들이 첫 교육을 받은 것은 극동군사령부 민간정보교육국(The Civil Information and Education Section, CIE)이 설립한 학교들을 통해서였다. 포로들은 외부 세계와 타이완, 정치에 대한 정보를 수용동 간부들에게 전적으로 의존해야 했고, 초기에 장제스에게 충성을 맹세한 이들이 조직 간부직을 장악하면서 대부분의 중국인 포로들을 지휘하게 되었다. 송정밍은 거제의 반공수용동 안에서 평범한 병사의 생활이 어떠했는지 엿볼 수 있는 증언을 들려주었다.

포로수용소에 갇혀서 처음부터 끝까지 밖에 나갈 수 없었고, 별다른 일도 없었습니다. 아침부터 저녁까지 너무 지루해서 미쳐버릴 것 같았고, 누구

63　David Cheng Chang(1968), 「張一夫先生訪問紀錄」, 128쪽.
64　David Cheng Chang(1968), 「張一夫先生訪問紀錄」, 141쪽.
65　William C. Bradbury, Samuel M. Meyers and Albert D. Biderman(eds.)(1968), *Mass Behaviour in Battle and Captivity*, p. 342.

도 감히 말을 꺼낼 엄두를 내지 못했습니다. 물론 포로수용소에서는 난투극과 싸움이 벌어졌습니다. 결국에는 모두의 미래가 매우 불투명했고 상황이 어떻게 끝날지도 전혀 몰랐습니다. 타이완 송환파가 우위를 점했기 때문에 누군가 중국으로 돌아가고 싶다고 하면 밤에 포로들이 찾아와서 아무도 모르게 그를 없애려고 했습니다. 이런 일이 계속되었지만 아무도 감히 공개적으로 이야기하지 않았을 뿐입니다. 타이완으로 돌아가겠다고 하면 아무런 문제가 없었고 걱정할 필요가 전혀 없었습니다. 그들은 수도 많았고 아무도 감히 건드리지 못했습니다. 거제에서는 타이완으로 돌아가고 싶은 장교를 뽑아 문신을 새기게 해서 타이완에 가겠다는 의지를 보여줬습니다. 부산에서든 제주에서든 타이완 송환파는 항상 가장 영향력이 있었고 발언권도 가장 컸습니다. 모든 수용소가 미국인들에 의해 운영되었기 때문에 수용소 안에서는 모든 것에 대한 구체적인 규칙이 있었습니다.[66]

포로가 되기 전 대다수 중국인민지원군 병사들은 주변 상황과 정세에 대해 거의 알지 못했다. 국공내전과 한국전쟁이라는 두 전쟁에서 병사들은 자신이 직접 접하고 있는 환경 이외에 외부 세계에서 실제로 무슨 일이 벌어지고 있는지 알 수 없었고 지휘관으로부터 들은 정보 외에는 다른 정보에 접근할 수도 없었다. 이곳에서도 공산포로와 반공포로 사이에 소문이 난무했는데, 전자는 미군이 포로들을 타이완으로 보낼 계획이라고 믿었고,[67] 후자는 미국이 공산군에 항복할 것이라고 믿었다.[68] 송정밍의 경험은 수용동

66　周琇環·張世瑛·馬國正·周維朋(2013),『韓戰反共義士訪談錄』, 150-151쪽.
67　Richard Peters·Xiaobing Li(ed.)(2005), "Organizing the Riots on Koje: Colonel Zhao's Story," p. 243.
68　이러한 소문은 특히 포로들이 육지에서 거제도로 이송될 때, 거제에서 제주도로 이송될 때 난무했다. 反共義士奮鬥史編纂委員會(1955),『反共義士奮鬥史』, 15-16쪽, 117-118쪽.

내 간부들의 경험보다 훨씬 더 일반적이었을 것이다. 정보 출처에 대한 접근이 제한적이었기 때문에 수용동 간부들에 대한 정치적 충성심은 포로들이 수용소 밖에서 벌어지는 일을 이해하는 데 결정적인 역할을 했다. 장제스 지지 선언의 목적은 타이완이 중국 본토 수복을 위해 전쟁할 가능성을 의미했고, 만약 이를 믿는다면 반공수용동의 포로들이 결국에는 국민당 깃발 아래 고향으로 돌아갈 수 있을 것이라는 믿음으로 더 이상 저항하지 않도록 하기에 충분했다.

첩보원의 길로

이러한 폭력과 불확실성이 지배하는 환경 속에서 타이완에서 파견된 두 번째 국민당 그룹이 들어왔다. 1951년 11월 중순, 거제도포로수용소에서 CIE 학교 교사로 일하기 위해 타이완에서 23명이 도착했다. CIE 학교의 기능은 포로들에게 민주적 가치관을 재교육하는 것이었고, 교과 과정에는 반공 의제가 공식적으로 포함되어 있었다.[69] 타이완에서 파견된 교사들은 중화민국 국방부 제2청에서 선발되었고, 미 육군 군무원(DAC)으로 근무했다. 미국은 이들이 수용소 내에서 어느 정도 국민당 요원으로 활동하며 포로들 사이에서 친국민당과 반공 감정을 자극하는 데 일조했다는 사실을 인지하고 있었다.[70] 이때부터 포로들도 이 요원들의 출신과 활동에 대해 알고 있었

---

69 反共義士奮鬪史編纂委員會(1955), 『反共義士奮鬪史』, 162-163쪽에서는 이러한 목적을 위해 CIE 학교에서 실제로 이루어진 교육 목표의 사례들을 볼 수 있다. 더불어 Tal Tovy, "Manifest Destiny in POW Camps: The U.S. Re-education Program during the Korean War," *Historian* 73, No.3(2011), pp. 503-525 참조.

70 William C. Bradbury, Samuel M. Meyers and Albert D. Biderman(eds.)(1968), *Mass Behaviour in Battle and Captivity*, p. 259; 反共義士奮鬪史編纂委員會(1955), 『反共義士奮鬪史』, 107-108쪽에서는 교사로 선발되기 위한 세 가지 조건을 충족해야 한다고 언급하고 있다. 즉 확고한 반공주의자일 것, 국민당 군대에서 장교로 복무한 경력이 있을 것, 연설에 능숙할 것, 이 세 가지가 바로 그것이었다.

던 것으로 보인다. 거제도포로수용소의 비송환 포로였던 원젠유(文健友)는 타이완인과 CIE 학교에 대한 자신의 인상을 다음과 같이 밝혔다.

포로수용소에 도착한 후 타이완에서 통역관 몇 명을 보냈고, 그들은 미국인 수준의 임금을 받고 훈련을 받았다고 들었습니다. 그들은 포로수용소에 교사로 와서 일하면서 타이완이 매우 좋은 곳이며, 국민당에는 공산주의에 확고하게 반대하는 사람들이 많다는 것을 말해주었습니다. […] 어떤 사람들이 수용소에 CIE라고 불리는 학교를 세웠고. 그 이름을 '시민 학교'라고 불렀습니다. 이 학교의 목적은 수감자들이 고향으로 돌아간 후 할 수 있는 일들을 가르치는 것이었습니다. 사실 그곳에 있던 사람들은 모두 반공주의자였습니다. 반공주의자가 아니면 그곳에서 가르칠 수 없었습니다. 그 학교의 교장도 반공주의자였습니다. 그들은 포로들의 사상에 대해 매우 잘 알고 있었습니다. 수용소 내에서 반공반소주의자들이 수용소를 조직하고 관리했습니다.[71]

1951년 12월 포로 교환 협상이 시작되면서 반공 조직 간부진은 수용동에 대한 자신들의 통제력을 더욱 강화했다. 많은 포로들은 유엔군이 자신들을 돌봐줄 것이라고 믿었고, 포로 교환 협상이 정전협정에서 협상 카드로 사용될 수 있다는 전망에 따라 조직적으로 지하 조직을 구성해서 여러 수용동의 권력을 장악·강화하기 위해 무자비한 수단을 사용했다.[72] 협상 과정에서 중화인민공화국과 북한은 모든 전쟁포로를 본국으로 송환할 것을 요구했지만 대다수 중국인 포로들은 이를 원하지 않는다고 선언하거나 선언하

71　周琇環·張世瑛·馬國正·周維朋(2013), 『韓戰反共義士訪談錄』, 347-348쪽.
72　William C. Bradbury, Samuel M. Meyers and Albert D. Biderman(eds.)(1968), *Mass Behaviour in Battle and Captivity*, p. 335.

그림 9 1952년 거제도포로수용소 2
자유의 여신상 모형 주변에 한국인 및 중국인 포로들이 모여 있다.
출처: 베르너 비쇼프, 매그넘 포토

도록 강요받았다. CIE 학교의 정치적 세뇌를 통해 수용소 내 중국인 포로들 사이에서 반공주의적 태도가 굳어지는 것을 지켜본 미국은 포로들 사이에서 정치운동을 조장하는 것을 더욱 지원했다. 탈영자들이 중국으로 송환될 경우 처벌이 거의 확실시되는 상황에서 이들을 중국으로 돌려보내는 것은 비인도적이기 때문에 미국은 포로들이 비송환을 선택할 수 있도록 해야 한다고 판단했고, 결국 자원송환(voluntary patriation) 원칙을 고수하며 1952년 2월 27일 이를 확정했다. 포로들은 같은 해 4월 8일부터 송환 선택에 대한 심사를 받게 되었다. 1952년 3월 20일, CIE 학교는 수업을 중단했고, 4월 5일에는 중국인민지원군 사령관 펑더화이(彭德懷)가 모든 포로를 중국으로 송환하라고 발표했다.

포로 심사를 앞둔 이 시기에 두 진영의 포로들 사이에서 가장 참혹한 폭력 사태가 벌어졌다. 친공포로가 쓴 선전문에도 그 잔인함이 묘사돼 있다. 심사가 시작되기 전날 밤, 중국 송환을 원하는 72수용동 포로들에게 분노한 여단장 리다안은 큰 칼로 포로들의 문신을 잘라내 그 살을 먹었다.[73] 심사 과정 자체도 비송환 조직에 의해 엄격하게 통제되었다. 국민당 군에 몸담은 적이 없는 전직 팔로군(八路軍) 출신 장홍칭(蔣鴻慶)은 심사 경험과 자신이 타이완에 오게 된 이유를 다음과 같이 설명했다.

> 포로수용소에 있을 때 두 갈래 길이 있었습니다. 하나는 자유로 가는 길이고, 다른 하나는 중국 본토로 돌아가는 길이있습니다. 우리 부대 전체가 함께 신문을 받으러 갔습니다. 그 길은 매우 좁았고, 우리는 뒤에 배낭을 메고 있었습니다. 한 사람이 다른 사람을 잡고, 또 다른 사람이 그다음 사람을 잡는 식이었습니다. 그 안에는 중대장, 대대장도 있었습니다. 그들이 중국 본토로 돌아가는 것을 허락하지 않았기 때문에 서로가 계속해서 잡고 있었습니다! 중국 본토로 돌아간 사람들은 그들이 주의하지 않을 때 도망쳐서 돌아간 것입니다. 나는 그곳에 있었고, 사람들이 타이완이 얼마나 좋은지 계속 말했습니다. 그래서 나는 말했습니다. "좋아요, 타이완으로 돌아가면 돌아가는 거죠!" 그렇게 된 것입니다.[74]

1953년 2월 25일이 되어서야 국민당 정부는 중국 본토로의 송환을 거부한 포로들을 받아들이겠다는 입장을 미국에 공식적으로 전달했다. 같은 해 3월 초, 장제스는 정책고문으로 샤오위린 전 대사가 참석한 가운데 휴전의 영향과 반공포로 문제를 논의하는 회의를 열었다. 샤오위린 전 대사는 이 회의에서 한국에 주재하는 동안 주한중화민국대사관이 미국을 위해 통역으

---

[73] 反共義士奮鬪史編纂委員會(1955), 『反共義士奮鬪史』, 105쪽.
[74] 周琇環·張世瑛·馬國正·周維朋(2013), 『韓戰反共義士訪談錄』, 109-110쪽.

로 일한 중국인들의 명단을 보관하고 있으며, 가능한 한 그들과 연락을 유지하려고 노력했다고 밝혔다. 그는 이 통역관들을 구성한 후 이들을 활용해 어떻게든 반공포로들을 접촉해 조직화시켜 한국 정부와 협력해 자원송환 문제를 조정할 수 있다면 결국에는 반드시 승리를 거둘 수 있다고 제안했다.[75]

장제스는 원래 이 조직화 작업을 샤오위린에게 맡기고 싶어 했다. 하지만 샤오위린은 이 임무가 비밀리에 수행되어야 한다고 판단하며 주한대사로 2년 동안 재직한 자신은 이 작업을 수행하기에는 너무나 유명인라고 생각했다. 당시 국방부 정치부 주임을 맡고 있던 장징궈(蔣經國)와 논의한 끝에 공산당과의 협상 경험이 있는 천젠중(陳建中) 국민당 중앙당부 제6조 부주임을 파견하기로 결정했다. 1953년 봄, 천젠중은 천즈칭(陳志清)이라는 가명으로 주한중화민국대사관 군사 무관으로 부임했다. 그 후 그는 반공포로들을 격려하고 지원할 목적으로 소규모 지휘부를 만들었다. 이 그룹은 당시 왕동위안(王東原) 대사와 주한중화민국군 장교, 그리고 두세 명의 지하공작원으로 구성되었으며, 일부 요원들은 기자로 위장했다.[76] 다만 천젠중(천즈칭)의 활동은 공산 측 첩보원들을 통해서 중국으로 실시간으로 전달되었다. 그가 한국에 도착한 지 두 달 반 후, 중화인민공화국 라디오 방송은 국민당이 "스파이 천○○을 파견해 이승만과 공모하여 중국인 포로들을 강제로 억류할 계획을 세웠다"고 보도했다.[77] 천젠중의 첫 번째 임무는 반공포로들과 연락 채널을 개설하는 것이었는데, 그 임무에는 상당한 난제가 도사리고 있었다. 거제수용소에서 대규모 폭동이 일어난 후 상당수 반공포로들이 주한중화민국대사관과는 너무 멀리 떨어진 제주도수용소로 이송되었기 때문이다. 하

75 周琇環(2011), 「接運韓戰反共義士來臺之研究(1950-1954)」, 127-128쪽.
76 周琇環(2011), 「接運韓戰反共義士來臺之研究(1950-1954)」, 128-129쪽.
77 周琇環(2011), 「接運韓戰反共義士來臺之研究(1950-1954)」, 129쪽.

지만 원젠유에 따르면, 그는 제주도 CIE 학교에 교사로 잠입하는 데 성공했다.[78] 원젠유는 제주에 도착한 이후 여러 개의 조직으로 나뉘어 있던 반공포로들을 하나의 조직으로 통합하는 것을 목표로 삼았다. 천젠중은 제주에서 반공포로 간부진과 만나 전략을 논의했고, 본토 송환에 반대하는 강력하고 조직적인 반공 저항 세력을 형성하는 데 큰 영향을 미쳤다.

1953년 6월, 반공포로들은 판문점 휴전회담 결과를 알게 되었다. 포로들이 중립국(주로 인도) 군대의 통제하에 38도선 개성 인근 지역으로 이송되어, 중국 대표의 '설명'을 통해 중국 송환을 권유받게 될 것이라는 내용이었다. 타이완 국민당 정부가 포로를 받아들이기로 합의했지만, 미국은 아직까지도 반공포로들이 타이완으로 갈 수 있다는 확실한 보장을 하지 않았다. 1953년 7월 27일 정전협정이 체결될 때까지 자원송환 원칙은 공식적으로 확정되지 않았다. 표면적인 휴전 조건에 따르면, 중국군 포로들이 먼저 "설명"을 들은 후 중국으로 돌아갈지 여부를 선택할 수 있도록 허용했다. 포로들 사이에서는 이것이 자신들을 공산주의자들에게 넘기기 위한 구실이라는 소문이 돌았고, 이에 포로들은 중립 지역에서 자신들의 안전 보장에 대한 특정 조건이 합의될 때까지 청소나 하역 혹은 건설 작업을 거부하며 파업에 들어갔다.[79] 미래에 대한 불확실성은 중국으로 돌아가기로 결정한 포로들과 공산주의자들에 대한 일부 극단적인 폭력의 동기가 되었다.

9월 8일부터 제주에서 개성으로 포로 이송이 시작되어 9월 30일에 끝났고, 이 무렵 타이완 국민당 정부는 포로 문제를 선전에 활용하기 위해 타이완 언론을 통해 반공포로에 대한 자세한 소식을 전파했다. 8월 6일 '반공의사(反共義士)'라는 명칭이 처음 사용되었고, 이는 곧 비송환 포로들을 지칭하는 표준 용어가 되었다. 국민당에게는 선전을 위한 황금 같은 기회였다. 국

---

78 周琇環·張世瑛·馬國正·周維朋(2013), 『韓戰反共義士訪談錄』, 335-352쪽.
79 反共義士奮鬥史編纂委員會(1955), 『反共義士奮鬥史』, 156-157쪽.

민당은 비송환 포로들을 본토의 공산당 통치를 참지 못하고 자유를 위해 싸운 용감한 이들로 묘사했다. 이 무렵 타이완 기자들이 제주도를 공식적으로 둘러보고 그곳의 반공포로들과 이야기를 나눴으며, 그들에게 중화민국 국기를 건네면서 국민당 선전 다큐멘터리를 시청하도록 했다.

1953년 9월 말, '반공의사(反共義士)'들의 이야기가 중화민국의 주요 신문인 『중앙일보(中央日報)』와 『렌허바오(聯合報)』의 거의 모든 호에서 1면 톱뉴스로 보도되었다. 반공포로들이 타이완 언론을 통해 알려지면서 이들의 복지를 위한 단체들이 조직되어 이들의 타이완 귀환을 요구하기 시작했다.[80] 인도군이 포로들을 학대했다는 개성발 보도에 대한 반응으로, 타이베이에서 10만 명이 모여 항의 행진을 벌이기도 했다.[81] 1954년 1월 22일, 중국인 포로들이 자신들이 선택한 국가의 보호 아래 조건 없이 석방되었다.

1954년 1월, 타이완으로의 송환을 선택한 1만 4,000여 명의 반공의사들이 지룽(基隆)에 도착해서 타이완을 둘러볼 때 수천 명의 군중이 모여들어 환영의 팡파르를 울리며 이들을 맞이했다. 이는 일련의 패배 이후 본토의 중국공산당에 반격을 가한 작은 전환점이었다. 타이완으로 송환된 중국인 포로 수가 많다는 것은 중국공산당에게 상당한 위신 손상이었다. 중국공산당은 이를 미국의 지원을 받은 소수의 국민당 요원들이 원치 않는 다수에게 폭력과 강압을 가한 결과라고 주장했다. 전향은 중국공산당에게 매우 민감한 사안이었으며, 1980년대에도 중국 언론에는 반공 전향자 수를 공개하는 것이 금지되어 있었다.[82] 국제 무대에서 중화민국은 '반공의사'를 통해 상

80　周琇環(2011),「接運韓戰反共義士來臺之研究(1950-1954)」, 130쪽 이하에서는 이러한 목표를 달성하려는 타이완인의 노력을 기술하고 있다.

81　『聯合報』1953年 10月 10日, 1면.

82　1986년에 출판된 다잉(大鷹)의 『지원군포로기사(志願軍戰俘紀事)』에는 구체적인 숫자 대신 ×××××로 표시됐지만 이후 중화인민공화국의 출판물에서는 대체로 그 숫자가 표기되었다. 大鷹, 『志願軍戰俘紀事』(北京: 解放軍文藝出版社, 1986).

당한 정치적 이득을 얻었고, 이들의 귀환은 본토 사람들에게 선택권이 주어졌을 때 공산당을 지지하지 않는다는 생각을 선전하는 데 활용되었다. 유엔 주재 중화민국 대표인 장팅푸는 유엔에서 중국의 가입을 반대하는 논리를 펼칠 때마다 중국이 회원국이 될 자격이 없다는 확실한 증거로 항상 포로 문제를 제기했다.[83] 1954년 8월부터 10월까지 가오원쥔을 비롯한 소수의 반공의사들은 홍콩, 태국, 인도, 그리스, 터키, 이탈리아, 스페인, 미국, 캐나다를 순회하며 화교 협회와 유엔에 자신들의 사연과 중국 본토의 상황을 알리는 세계 순회 연설에 나섰다. 타이완 출신 포로 천융화(陳永華)도 1954년과 1955년 두 차례 일본을 방문했다.[84] 타이완으로 송환된 대다수 포로들에게 국민당군에 일괄 편입되는 것 외에 다른 선택지는 없었다. 중국으로 송환된 포로에게 가해지는 대대적인 정치적 박해는 피했지만,[85] 삶을 선택하는 데 심각한 제약을 받았으며 40세까지 군을 떠날 자유가 없었다.[86]

한국인 연락책: 화교들의 심리전 수행과 전투 참여

한국에서 국민당을 위해 일했지만 잘 알려지지 않은 중국인 그룹은 남한에 살던 화교이다. 이들은 대부분 산둥성 출신이었는데, 1948년 당시 1만 7,430명에 달했다. 전쟁이 진행되는 동안 이 숫자는 거의 변하지 않았지만, 이 통계에는 전쟁으로 인한 많은 사상자와 북한에서 온 수많은 중국계 피난

---

83 王東原,「反共義士爭奪戰紀實: 為紀念一二三自由日第三十六週年而寫」,『傳記文學』52:1(1988.1), 26쪽.

84 高文俊(2000),『韓戰憶往: 浴血餘生話人權』, 283-341쪽; 林金田,『傷痕血淚: 戰後原臺籍國軍口述歷史』(南投: 國史館台灣文獻館, 2008), 254쪽.

85 중국에서 간행된 비송환 포로에 대한 기록들에는 군을 떠나겠다고 요구했던 몇몇 인사들에 대한 투옥 등의 처벌 사례가 상세히 나와 있지만 그 이상은 언급되어 있지 않다. 張澤石·高延賽,『孤島: 抗美援朝志願軍戰俘在台灣』(北京: 金城出版社, 2012), 163-169쪽.

86 이 정책은 포로였던 군인뿐만 아니라 모든 군인에게 적용되었다. 국민당 군인에게 적용된 규제에 대해서는 張澤石·高延賽(2012),『孤島: 抗美援朝志願軍戰俘在台灣』, 211쪽 참조.

민들에 의해 대체된 숫자가 숨겨져 있다.[87] 재일조선인이 전쟁의 정치에 휘말렸던 것처럼(1장 참조) 화교들도 마찬가지였다. 중화민국은 전쟁 기간 내내 남한에 대사관을 유지하면서 서울이 북한에 점령당할 때마다 서울과 부산을 오갔고, 타이베이는 반공 동맹국으로서 서울과 우호적인 외교 관계를 맺었다. 포로 문제가 전 세계의 주목을 받기 시작하던 1952년에 양국은 3월 27일에는 한국 친선 대표단이 장제스를 만나기 위해 타이완을 방문했고,[88] 4월에는 중화민국 기자단이 방한했으며,[89] 11월에는 이승만 대통령의 비서관 두 명이 중국 국민당 관리들과 4일간 회동하는 등 각별한 노력을 기울였다.[90] 주한중화민국대사관은 한국 내 화교들의 지원을 동원하는 효과적인 중심지였으며, 국민당은 현지에서 태어난 화교들의 지원을 효과적으로 활용하여 미군 및 한국군의 다양한 작전을 위해 화교들과 접촉하고 그들을 조직했다. 이러한 작전에는 미군을 위한 중국인 포로 신문, 북한 내 병력 및 정보 수집, 심리전 참여, 무엇보다도 저공으로 비행하며 중공군에게 항복을 촉구하는 전단 살포 및 선전 방송도 포함되었다.

미국이 타이완에 통역을 요청하기도 전에 먼저 중국군 포로들이 잡혔기 때문에 미국은 가능한 모든 곳에서 중국인 통역관을 고용해야 했고, 그들의 첫 기착지는 부산에 있던 중화민국대사관이었다.[91] 중국계 미국인과 함께 화교들도 포로심사수용소에서 일했다. 처음에 그들에 의해 심사가 진행되는 과정에서 장이푸는 자신이 소지하고 있던 소량의 아편과 모르핀을 한 화교의 코코아 한 봉지와 교환하기도 했다.[92] 1951년 1월 30일 미국은 중

---

87 王恩美, 『東アジア現代史のなかの韓國華僑: 冷戰體制と「祖國」意識』(東京: 三元社, 2008), 156쪽.
88 『聯合報』 1952年 3月 28日, 3면.
89 『聯合報』 1952年 4月 3日, 1면; 1952年 4月 4日, 1면; 1952年 4月 5日, 4면.
90 『聯合報』 1952年 11月 7日, 1면.
91 王恩美(2008), 『東アジア現代史のなかの韓國華僑 : 冷戰體制と「祖國」意識』, 161쪽.
92 David Cheng Chang(2013), 「張一夫先生訪問紀錄」, 140쪽.

화민국대사관에 심리전 지원을 요청했고, 2월 15일에는 중화민국대사관의 협조를 얻어 영어나 일본어 구사가 가능한 초·중등 화교학교 교사들을 조사했다. 이렇게 선발한 14명을 대구로 파견해 단기 훈련를 받게 한 뒤, 통역과 심리전을 위해 각 지역에 분산 배치했다. 이러한 선발 작업은 이후에도 계속되었다. 이들의 동원을 감독한 사람이 바로 샤오위린 대사였으며, 그는 자칭 "중국심리전부지휘관(中國心戰部指揮官)"이라는 직책도 맡았다. 1951년 6월까지 39명의 한국 화교가 미군에서, 27명이 한국군에서 복무했다.[93]

1951년 3월, 특수 작전을 위한 또 다른 부대가 창설되었다. 당시 한국군은 국민당과 협력하여 한국군 내에 화교들로만 구성된 특수 첩보 수집 부대를 창설했다. SC지대(Seoul Chinese Brigade)로 알려진 이 부대는 적진 후방에서 작전을 수행했으며, 국민당해외공작회는 현역 군인인 왕스유(王世有)를 책임자에, 만주국육군군관학교를 졸업하고 일본에서 훈련받은 중국인 류궈화(劉國華)를 부책임자에 임명했다. 한국군 정보부 박경원은 부산에서 국민당군 대표와 조직 구성에 관한 협정을 체결했다. 이 협정에는 한국군이 무기, 화약, 차량, 의복, 식량을 공급하되 임금은 국민당 정부가 지급하고 추가 경비는 재한화교 사회에서 모금한 기부금으로 충당한다는 내용이 담겼다. 부대장은 화교인 뤄야퉁(羅亞通)[94]이, 부사령관은 한국인 이백건이 맡았으며 류궈화가 작전을 감독했다.

전쟁 기간 동안 약 500명의 화교가 이 부대원이었지만, 약 200명만 전선에서 복무했고 나머지 300명은 후방에서 근무했다. 대원들은 서울 내자동과 경기도 파주군 월롱면에서 전투 및 정보 수집 훈련을 받았다. 이 부대는 한국군 소속이었기 때문에 한국군으로부터 왕스유에게 명령이 전달되었고,

---

93 王恩美(2008), 『東アジア現代史のなかの韓國華僑: 冷戰體制と「祖國」意識』, 161쪽; 周琇環(2011), 「接運韓戰反共義士來臺之硏究(1950-1954)」, 127쪽.

94 王恩美(2008), 『東アジア現代史のなかの韓國華僑: 冷戰體制と「祖國」意識』, 165-167쪽. 이후 뤄야퉁(2009년 사망)은 한국 화교 사회에서 영향력 있는 지도자가 되었다.

왕스유는 이를 다시 부대 지휘관에게 전달했다. 이 부대의 주요 임무는 중국인민지원군 병사를 생포하고 군복이 바뀔 때마다 새 중국인민지원군 군복을 입수하는 등의 정보 수집이었다. 한국어와 중국어를 모두 구사할 수 있는 이들은 군복만 바꿔 입으면 중국인민지원군이나 북한군으로 위장할 수 있었기 때문에 첩보 활동에 이상적이었다. 이들은 북한군을 만나면 중국인민지원군으로, 반대로 중국인민지원군을 만나면 북한군으로 위장하는 등 임무 성공률이 상당히 높았고 때로는 게릴라전을 수행하는 임무도 부여받았다.

한때는 (1953년 7월 15일) 30명이 북한에 파견되어 게릴라 임무를 수행하기도 했다. 하지만 이 부대는 백두산에서 매복 공격을 받아 15명만 살아남았다. 1953년 7월 27일 정전협정이 체결되면서 SC지대는 해체되었지만, 일부 대원들은 정전협정 체결 후에도 계속 복무했다. SC지대에서 복무하다 목숨을 잃은 화교는 100여 명 이상이었다.

뤄야퉁에 따르면, SC지대의 주요 목표는 한국군의 전력을 활용해 중국 북동부에 접근하여 정보망과 게릴라 기지를 설치하는 것이었지만 이 시도는 실패로 돌아갔다.[95] SC지대의 이 목표가 특히 중요한데, 그 이유는 이 부대 병사들이 남북한 간 전쟁이라는 양국 간의 좁은 범위를 벗어난 활동에 관여했음을 시사하기 때문이다. 중화민국대사관을 통해 이 부대의 활동은 미국이나 남한을 지원하는 데만 국한되지 않았으며, 중국공산당과의 지속적인 갈등에서 군사적 또는 정보적 우위를 점하려는 국민당의 계획을 지원하는 목표도 주어졌다. 한국 화교들이 중국의 운명이 걸린 이 큰 전쟁을 무시할 수는 없었을 것이다.

---

[95] 王恩美(2008), 『東アジア現代史のなかの韓國華僑: 冷戰體制と「祖國」意識』, 166쪽.

━ 중화민국의 승리

잇따른 군사적 패배로 본토에서 추방당한 경험이 있는 국민당 중국인들은 한반도에서 전쟁이 발발하면 공산당에 대항하는 새로운 전선이 형성될 것으로 기대했다. 이후 중국공산군의 참전은 더 많은 것을 약속하는 것처럼 보였지만, 전쟁이 한국 영토 밖으로 확산되는 것을 꺼린 미국으로 인해 이러한 희망은 무너졌다. 한국전쟁의 맥락에서 볼 때, 대중의 믿음과는 달리 중국 국민당과 그 지지자들은 단순히 미국의 명령을 따르기만 하지는 않았다. 중국 국민당의 전쟁 개입은 자국의 목적을 추구하기 위해 독자적인 방식으로 이루어졌다. 중화민국이 한국전쟁에 참여한 결과는 장제스가 처음에 기대했던 것과는 달랐지만, 국민당과 친국민당 세력의 여러 노력이 빠르게 결합되어 타이완에서의 통치를 강화하고 국제 무대에서 중화민국의 입지를 확보하는 데 성공했다. 전쟁이라는 상황, 특히 중국의 개입은 미국에게 타이완에서 국민당의 중요성을 부각시키기에 충분했고, 타이완을 불명예스럽고 부실한 정권의 마지막 전초기지에서 동아시아 지역의 핵심적인 전략 자산으로 탈바꿈시켰다. 영어를 구사할 수 있는 국민당원은 미군에게 인기 있는 통역관이 되었고, 외교 정책의 골칫거리였던 장제스는 중국인들 사이에서 국제적으로 반공주의를 대변하는 상당히 유용한 인물로 변모했다.

국민당과 친국민당 중국인들은 스스로의 노력으로 많은 성과를 거두었다. 포로 문제를 주도함으로써 단기적으로 얻은 즉각적인 성과 중 하나는 1954년 1월 반공포로의 타이완 도착이었다. 이로 인해 상당수 청년들이 본토 공산당과의 전쟁에 참전하겠다고 맹세하며 대거 입대했다. 당시 반공포로들은 국민당의 사기를 북돋아주었고, 이들은 이후 30년 넘게 본토에서 타이완으로 망명하는 사람들의 상징이 되었다. 한 추산에 따르며, 약 1만 7,000명이 최초의 "반공의사"를 따랐는데, 그 마지막 사람은 1989년 6월에

푸젠성에서 타이완으로 MiG-19를 타고 망명한 장원하오(張文浩)였다. 한국전쟁에서 중화민국이 얻은 또 다른 긍정적인 성과는 반공 정서를 공고히 하고 동북아시아에서 공산주의의 영토 야망을 봉쇄한 것이다. 중화민국이 유엔과 안전보장이사회에서 거의 20년간 자리를 유지하는 동안 중화인민공화국이 이 기구에서 배제된 것은 중화민국이 한국전쟁 초기부터 포로 문제를 영리하게 다뤘고 미국 및 한국과 협력하려는 의지가 있었기 때문이다. 물론 중화민국이 이 지위를 잃은 후에도 미국은 타이완을 이후 10년 동안 인정하면서 관계를 그대로 유지했고, 한국과의 동맹은 이 지역에서 가장 오래 지속된 동맹 중 하나가 되어 한국이 중화인민공화국을 중국의 합법적인 정부로 공식 승인한 1992년에 가서야 끝이 났다. 한국전쟁에서 배제된 중국 국민당은 한반도를 통해서는 본토 반격에 나설 수 없었지만, 최소한 공산당의 추가 영토 획득을 막고 타이완에서의 입지를 지킬 수 있었다. 중화민국은 미국과의 관계와 실제 전쟁을 목도한 중국인들의 정서를 신중하게 활용하여 한국전쟁을 통해 적은 비용으로 동아시아 지역과 국제사회에서 장기적인 정치적 이득을 얻을 수 있었다.

5. 오키나와를 휩쓴 제3차 세계대전의 공포

페드로 이아코벨리

한국전쟁은 당시 미군이 점령하고 있던 류큐열도(琉球列島, 오키나와현)에 어떤 영향을 미쳤을까? 이 질문에 답하기 위해서는 당시 오키나와의 정치적·경제적 상황뿐만 아니라 오키나와 지역 주민들이 한국전쟁에 대해 어떻게 생각했는지 살펴볼 필요가 있다. 이 장에서는 오키나와 지역 사회 내에서 전쟁에 대한 불안감이 고조되면서 "공포의 공동체"가 형성되는 과정을 살펴보려 한다. 이어지는 논의는 최근 학계에서 주목하는 감정사(history of emotions) 관련 연구 성과들을 한국전쟁의 유산 연구, 특히 오키나와의 맥락에 연결하는 것이다. 한국전쟁 당시 류큐열도의 정치적·사회적 상황들을 맥락 짓다 보면 당시 지역 주민들 사이에서 제3차 세계대전에 대한 두려움이 점차 커지고 있었음을 어느 정도 이해할 수 있을 것이다.[1]

한국전쟁 기간 동안 오키나와는 엄청난 구조적·정치적·사회적 변화를 경험했다. 제2차 세계대전에서 일본이 패한 후 오키나와는 일본의 다른 지역과는 달리 미군이 독점적으로 무기한 관리하는 영토가 되었으며, 이는 1951년 샌프란시스코 평화조약에서 일본과 연합국 정부에 의해 확인되었다. 일본의 다른 지역은 1952년 4월까지 연합군최고사령관(SCAP)의 전반적

---

[1] 제3차 세계대전에 대한 두려움에 대해 보다 일반적인 논의는 Masuda Hajimu, *Cold War Crucible: The Korean Conflict and the Postwar World*(Cambridge, Mass.: Harvard University Press, 2015) 참조.

인 통제를 받기는 했지만 자체 의회와 정부를 유지한 반면, 오키나와의 새로운 통치 구조는 '오키나와 총독'이 된 극동군사령관이 도쿄에서 이끄는 방식이었다. 또한 일본에 본부를 둔 류큐사령부 사령관이 '부지사(1957년부터는 고등판무관으로 불림)'가 되었다.

미국 통치자들이 류큐열도의 내부 통치 조직을 지칭하는 용어는 1950년 12월과 1952년 4월 두 차례에 걸쳐 변경되었는데, 이 용어들은 과거 15세기 초부터 1879년까지 존재했던 류큐왕국 시절을 떠올리게 한다. 첫 번째는 류큐열도 미국민정부(The U.S. Civil Administration of the Ryukyu Islands, 이하 USCAR)이고, 두 번째는 평화조약이 발효되면서 설립된 류큐정부(The government of the Ryukyu Islands, 이하 GRI)이다. 전자는 미국 군정부(軍政府)의 민정 버전이었고,(1945년부터 1957년까지 민정장관은 미 육군 장성이었다) 후자는 오키나와 주민을 대표했지만 법령의 폐지권은 USCAR에 종속되어 있었다. 한편 1947년 처음 허용된 오키나와의 정당들은 정강(政綱)에서 일련의 변화를 겪었다.[2] 특히 본토의 일본사회당이나 일본공산당과 가까운 정당인 오키나와사회대중당과 오키나와인민당 등이 각종 선거를 통해 주목받으면서 1950년 이후 오키나와에서 미국의 권력에 끊임없이 도전했다.

미국의 오키나와 통치 종식과 일본 본토 재편입을 요구하는 조국복귀운동은 1951년부터 모든 주요 정당들이 내건 공약이었음에도 불구하고 1972년까지 실현되지 않았다. 실질적인 물리적 영향이라는 측면에서 한국전쟁은 미군 병력과 물자의 유입을 가져왔고, 지역 주민의 풍경과 삶을 변화시켰다. 한국전쟁 기간 동안 많은 오키나와 주민들이 미군이 점령한 섬

2 군정청 특별포고 제23호 "정당", 月刊沖繩社(編), 『Laws and Regulations during the U.S. Administration of Okinawa: 1945-1972(1)』(那覇: 池宮商會, 1983), pp. 79-80 참조. Mikio Higa, Politics and Parties in Postwar Okinawa(Vancouver: University of British Columbia Press, 1963); David J. Obermiller, "The U.S. Military Occupation of Okinawa: Politicizing and Contesting Okinawa Identity 1945-1955" (PhD diss., University of Iowa, 2006); 照屋榮一, 『沖繩行政機構變遷史: 明治 12年-昭和 59年』(那覇: 照屋榮一, 1984), 101쪽 참조.

을 떠나 다른 곳에서 더 나은 미래를 모색하기 위한 방법으로 정부 주도의 이민 계획 수립을 요구하기도 했다.³

이러한 역사적 사건과 과정은 일본을 비롯해 여러 나라의 학자들에 의해 연구되어 왔지만, 현실의 감정과는 관련이 없었다. 감정사 연구의 선구자인 레디(William Reddy)가 주장했듯이, 일반적으로 역사가들은 과거의 감정적 실체를 탐색하는 데 거의 관심을 보이지 않았다.⁴ 확실히 한국전쟁 당시 오키나와의 주요 서사에는 특정 시공간에 살았던 사람들의 감정도 포함되어 있다. 로젠바인(Barbara H. Rosenwein)의 말처럼 감정은 일상, 정치, 경제에 내재되어 있으며, "사람들이 이해관계와 관심을 갖는 모든 사회 집단의 한 측면"이었다. 지역 사회에서 공유되는 정서적 경험의 범위와 질은 자연재해, 정치적 격변, 전쟁 같은 중대한 사건의 결과로 인해 변화할 수 있다. 로젠바인의 주장에 따르면, 일부 역사학자들이 민족을 '상상의 공동체'로 여기는 것과 마찬가지로 우리는 크든 작든 "감정 공동체(emotional community)"에 대해 논의해야 한다.⁵ 감정 공동체는 구성원들이 "감정과 그 표현에 대해 동

---

3   복귀운동에 대해서는 Shinji Kojima, "Remembering the Battle of Okinawa: The Reversion Movement," Joyce N. Chinen(ed.), *Uchinaanchu Diaspora: Memories, Continuities and Constructions*(Honolulu: University of Hawaii Press, 2007), p. 140; Atsushi Toriyama · and David Buist, "Okinawa's 'Postwar': Some Observations on the Formation of American Military Bases in the Aftermath of Terrestrial Warfare," *Inter-Asia Cultural Studies* 4, No.3(2010), pp. 400-417; Robert D. Eldridge, *The Return of the Amami Islands: The Reversion Movement and U.S.-Japan Relations*(Lanham, Md.: Lexington Books, 2004). 이민운동에 찬성한 일부 오키나와인들은 일본 본토를 둘러보거나 남미와 같이 멀리 떨어진 곳에 머무를 수 있는 방안을 요구했다. Kozy Amemiya, "Reinventing Population Problems in Okinawa: Emigration as a Tool of American Occupation," *JPRI Working Paper* 90(2002); Pedro Iacobelli, "The Limits of Sovereignty and Post-War Okinawan Migrants in Bolivia," *Asia-Pacific Journal* 11, No.34(2013), http://apjjf.org/2013/11/34/Pedro-Iacobelli/3989/article.html; James Lawrence Tigner, "Japanese Immigration into Latin America: A Survey," *Journal of Interamerican Studies and World Affairs* 23, No.4(1981), pp. 457-482.

4   William Reddy, *Navigation of Feeling: A Framework for the History of Emotions*(New York: Cambridge University Press, 2001).

5   Barbara H. Rosenwein, "Problems and Methods in the History of Emotions," *Passions in Context 1*, No.1(2010), pp. 10-12.

일한 가치관을 공유하는" 사회적 집단이라고 말할 수 있다. 로젠바인이 시사하듯이 이러한 집단이 만들어내는 다양한 문화적 형태를 고려할 때, 우리는 이러한 공동체가 가치 있다거나 해로운 것이라고 정의하고 평가하는 감정의 체계를 밝혀내려고 노력한다.[6] 이 장에서 살펴보듯이 한국전쟁 초기, 특히 1950년 말 중국의 본격적인 개입 이후 오키나와는 제3차 세계대전이 발발할 수 있다는 두려움에 휩싸인 감정적 공동체였으며, 이 작은 열도는 공산주의자들의 초기 공격 대상이 되었다.

이 책의 다른 장에서 살펴보듯이 한국전쟁은 지역 변화의 결정적인 순간이었다. 남한에는 미국 주도의 유엔군이, 북한에는 중국인민지원군이 개입하면서 한반도 남과 북의 갈등은 국제적인 사건이 되었다.[7] 한국전쟁은 전통적인 내전이라기보다는 세계대전의 축소판 같은 양상을 띠었다.[8] 한국전쟁은 미국에서는 '잊혀진 전쟁'이 되었지만, 한반도에서는 지금도 '기억'되고 있으며 동북아시아의 현재 관계에 여전히 영향을 미치고 있다.[9] 한국전쟁이 주변 지역에 미친 영향은 동심원으로 볼 수 있는데, 안쪽 원의 인구는 전투에 직접 관여한 반면, 전장에서 멀리 떨어진 오키나와는 주변 원에 속하지만 미군의 거점으로 간주되었다. 전쟁에 깊숙이 관여하는 동시에 적대 행위가 한반도 경계를 넘어 확대될 경우 잠재적 공격 대상이 될 수 있는 곳이기도 했다.

---

6   Barbara H. Rosenwein(2010), "Problems and Methods in the History of Emotions," pp. 10-12.
7   남한을 포함한 전 세계 17개국이 유엔의 참전을 지지했다. 북한도 소련을 비롯한 여러 나라로부터 지원을 받았다.
8   한국전쟁의 배경에 대해서는 김점곤, 『韓國動亂』(광명출판사, 1973); Peter Lowe, *The Korean War*(New York: Palgrave Macmillan, 2000); William Stueck, *The Korean War: An International History*(Princeton, N.J.: Princeton University Press, 1995).
9   Bruce Cumings, "The Korean War: What Is It That We Are Remembering to Forget," Sheila Miyoshi Jager·Rana Mitter(ed.), *Ruptured Histories: War, Memory, and the Post-Cold War in Asia*(Cambridge, Mass.: Harvard University Press, 2007), p. 267.

이 장에서는 아카이브 자료와 지역 신문을 기반으로 다음과 같은 내용을 살펴본다. 특히 한국전쟁이 미국이 지배하는 오키나와에 미친 정서적 영향에 주목한다. 한국전쟁과 그로 인한 사회 변화, 제3차 세계대전 발발에 대한 공포가 오키나와 열도에 '공포 공동체'를 형성했고, 이 공동체의 목소리가 미군정의 주목을 받았다고 주장한다.[10] 일본 본토와 일부 서구 국가에서도 비슷한 불안이 있었지만 오키나와에서는 사람들의 일상에 직접적인 영향을 미치는 현실이 되었다. 이러한 의미에서 이 연구는 한국전쟁 당시 오키나와의 역사를 이해하는 데 기여하고, 미군 점령기 오키나와에 대한 주류 서사의 대안적 시각을 제공한다. 이 연구는 아시아태평양전쟁에 대한 기억, 미군의 대규모 주둔, 한국전쟁 참전 등 오키나와에서 공포 분위기가 형성된 근원과 당시 오키나와에서 제3차 세계대전의 공포가 어떻게 경험되었는지를 설명한다.

미국령 오키나와

한국전쟁은 오키나와 역사에서 중요한 사건이었다. 나하(那覇)와 한반도의 거리는 900km에 불과해 오키나와 주민들에게 한국에서 벌어진 사건은 가까운 이웃에게 일어난 일과 같았다. 한국전쟁은 한국과 오키나와 사회가 비록 그 수준은 다르지만 동일한 역사적 과정에 연루된 최초의 사례는 아니었다. 한때 조선과 류큐왕국은 중국 조공(朝貢) 체제의 일부였고, 이 체제는 오키나와와 조선의 상인들이 동아시아 지역 다른 도시의 항구에서 활발하게 교역하는 지역 차원의 상업 및 교류 네트워크였다. 그러나 류큐왕국과 조선의 활발했던 관계와 교류가 16세기 중반부터 줄어들기 시작했다. 이러

---

10 "Public Reaction to International Situation"(1951.1.19), document prepared by the Ryūkyū Command in Okinawa Prefectural Archives(이하 OPA) Call No.0000105499, folder 2.

한 변화는 무엇보다도 1609년 일본 남부의 사쓰마(薩摩) 다이묘(大名)가 류큐왕국을 침공했기 때문이다.(사쓰마 침입 사건)[11] 이후 다이묘가 류큐왕국의 상업 활동을 재개하도록 허용했지만 그 규모가 크게 축소되었고 주로 중국 및 일본과의 무역에 국한되었다.

19세기 일본 근대화의 결과로 류큐왕국은 무너졌고 그 영토는 1870년대에 일본에 편입되었다. "류큐 처분"으로 알려진 일본의 류큐열도 병합은 7년에 걸친 과정 끝에 마무리되었고, 이후 광범위한 동화 정책이 도입되었다.[12] 새로운 일본 신민(臣民)이 된 오키나와 주민들은 일본어 교육을 받고 천황을 숭배해야만 했다. 지역 경제는 도쿄의 지시에 따라 변화되었고, 사탕수수와 같은 새로운 작물이 섬의 물리적 여건을 개선하지 않은 채 도입되어 기존 작물을 대체했다. 일본 정부가 공식적으로 오키나와를 식민지로 간주하지 않았다고 해서 오키나와 주민들이 식민 지배를 경험하지 않은 것은 아니다. 1945년 이전 오키나와에 대한 일본의 접근은 동화 정책을 중심으로 이루어졌으며, 이는 실제로 오키나와 사람들을 준식민지의 신민으로 바꿔놓았다. 일본이 오키나와 주민들에게 '후진', '미개', '2등 국민' 같은 차별적 수식어를 사용한 것은 이러한 준식민적 지위를 반영하고 강화한 것이다.[13] 우리는 이와 유사한 경우를 1910년 일본에 합병된 조선에서 찾아볼 수 있다. 조선인 역시 동화 정책에 의해 정치·경제 생활에서 급격한 재편을 겪었다. 1931년부터 1945년까지의 15년 전쟁은 통치자인 일본인보다 열등한

---

11 豐見山和行, 『琉球王國の外交と王權』(東京: 吉川弘文館, 2004), 69-71쪽; Gregory Smits, "Ambiguous Boundaries: Redefining Royal Authority in the Kingdom of Ryukyu," *Harvard Journal of Asiatic Studies* 60, No.1(2000), p. 92.

12 Hideaki Uemura, "The Colonial Annexation of Okinawa and the Logic of International Law: The Formation of an 'Indigenous People' in East Asia," *Japanese Studies* 23, No.2(2003), p. 218.

13 Nomura Kōya, "Colonialism and Nationalism: The View from Okinawa," Ronald Y. Nakasone(ed.), *Okinawan Diaspora*(Honolulu: University of Hawaii Press, 2002), p. 113.

지위에 있는 오키나와인과 조선인의 지위를 더욱 악화시켰고, 결국 50만 명이 넘는 오키나와 주민들은 일본 본토를 방어하는 최후의 방패막이로 이용 당했다.

미군이 1945년 6월 오키나와현을 점령하면서 일본은 이곳에 대한 통제권을 잃었다.[14] 1945년 4월 1일에 시작되어 6월 23일에 종결된 오키나와 전투로 류큐열도에 대한 일본의 직접 지배는 종식되었고, 대신 오키나와에 대한 미국의 장기 관리가 시작되었다.[15] 오키나와 전투는 태평양에서 벌어졌던 가장 피비린내 나는 전투로 20만 명 이상이 사망했다.[16] 이는 오키나와 주민들에게 너무나도 충격적인 경험이었다. 오키나와 주민들은 집을 떠나 수개월 동안 숨어 살기도 했고 심지어 무덤에 숨기도 했다. 식량 부족으로 영양실조와 굶주림에 시달렸으며, 일본군에 의해 많은 사람들이 죽거나 자살을 강요당했다. 오키나와 본섬의 대부분은 히가 슈헤이(比嘉秀平) 류큐 정부 행정수석의 표현대로 폭격으로 인해 "잿더미로 변했다."[17]

오키나와를 점령한 미군정은 오키나와 영토 재건과 주민들의 생활 환

---

14 오키나와를 미국이 장기간 점령한 데 따른 문화적·사회학적·인류학적 영향에 대해서는 Pedro Iacobelli·Hiroko Matsuda(eds.), *Rethinking Postwar Okinawa: Beyond American Occupation* (Lanham, Md.: Lexington Books, 2017) 참조.

15 오키나와 전투에 대한 각종 증언들은 Hiromichi Yahara, Roger Pineau·Masatoshi Uehara(trans.), *The Battle for Okinawa*(New York: Wiley, 1995), p. 105; George Feifer, *Tennozan: The Battle of Okinawa and the Atomic Bomb*(New York: Ticknor & Fields, 1992), p. 446; Gavan McCormack·Satoko Oka Norimatsu, *Resistant Islands: Okinawa Confronts Japan and the United States*(Lanham, Md.: Rowman & Littlefield, 2012) 2장 참조; 오키나와현 평화기념자료관에서는 오키나와 전투 전후는 물론 도중에 벌어진 처참한 상황을 생생하게 보여주고 있다. http://www.peace-museum.pref.okinawa.jp/annai/tenji_sisetu/index.html(검색일: 2014.12.1).

16 Masahide Ōta, "Re-examining the History of the Battle of Okinawa," Chalmers Johnson(ed.), *Okinawa: Cold War Island*(Cardiff, Calif.: Japan Policy Research Institute, 1999), pp. 13-14.

17 Yoshiko Sakumoto Crandell, "Surviving the Battle of Okinawa: Memories of a Schoolgirl," *Asia-Pacific Journal* 12, No.2(April 7, 2014), http://apjjf.org/2014/12/14/YoshikoSakumoto-Crandell/4103/article.html 「移民使節からブラジル大統領への移民促進要請陳述書」(OPA Call No.R00053765B)에서 히가 슈헤이의 언급 참조.

경 개선에 소극적이었다.¹⁸ 류큐열도는 중국에서 공산당이 승리하는 등 냉전의 초기 상황이 전개되기 시작하면서 미국 당국으로부터 관심과 지원을 받게 되었다. 오키나와의 제3차 세계대전에 대한 공포는 미국의 봉쇄 정책이 변화하는 맥락에서 이해해야 한다. 한국전쟁 발발 몇 달 전, 미국 국가안전보장회의(NSC)는 일본과의 평화조약 체결 시 류큐열도의 영유권을 단호하게 주장했고, 1950년 6월 한국전쟁 발발 후 이 요구를 다시 강조했다. 1949년 6월 15일에 작성된 NSC 49 「일본 내 미국 안보 수요에 대한 현재 전략적 평가」와 한국전쟁의 가장 중요한 시점으로 인천상륙작전 직전인 1950년 9월 8일에 작성된 NSC 60/1 「일본 평화조약」 등의 문서에서는 향후 일본과의 모든 조약에서 미국의 "류큐에 대한 독점적이고 전략적인 지배"를 보장해야 한다는 견해를 표명했다.¹⁹ 이 문서들은 소련이 주도하는 공산주의의 확산으로부터 미국이 세계 곳곳의 관심 지역을 보호해야 한다는 광범위한 인식을 반영했다. 1950년 4월 14일에 작성된 NSC 68 「국가 안보를 위한 목표와 프로그램」(같은 해 9월 해리 트루먼 미국 대통령이 승인)은 봉쇄 정책의 원칙을 하나의 문서로 통합했다.²⁰ 1940년대 후반 미 국무부는 국가안보에 매우 중요하다고 생각되는 아시아의 특정 산업 및 군사 거점을 확보하는 것이 중요하다고 생각했고, 1950년대 초에는 서태평양 지역의 모든

---

18 미국 점령 당국은 점령지 행정을 분리하여, 오키나와현은 미 군정부 아래 두었지만 일본의 나머지 지역은 연합군최고사령관(SCAP)이 통치했다. 맥아더 장군의 경우, 뛰어난 장교들은 일본 본토에서 근무하도록 임명한 반면, 지근거리에서 자신을 보좌할 만큼 뛰어나지 않다고 판단한 장교들은 오키나와로 보냈다. Takemae Eiji, Robert Ricketts·Sebastian Swann(trans.), *Inside G.H.Q.: The Allied Occupation of Japan and Its Legacy*(New York: Continuum, 2002) 참조. 당시 이에 대한 맥아더의 입장은 John W. Dower, *Embracing Defeat: Japan in the Wake of World War II*(New York: Norton, 1999), p. 222 참조.

19 Kensei Yoshida, *Democracy Betrayed: Okinawa under U.S. Occupation*(Bellingham: Western Washington University, 2001), p. 45 재인용. NSC 60/1은 1949년 12월 27일 작성된 NSC 60이 개정된 것이다. NSC 49는 1949년 10월 4일 작성된 NSC 49/1로 개정되었다.

20 NSC 68은 케넌(George Kennan)이 만든 사활적 이익 지역과 주변부 지역 간의 구분을 폐지했다. 무엇이 '사활적'이고 무엇이 '주변적'인지에 대한 상당한 논의가 이루어졌다. 케넌에게 일본과 서유럽은 사활적 이익 지역의 일부였다.

지점이 미국의 이익을 위해 똑같이 중요하다고 판단했다.[21] NSC 68의 입안자들이 보기에 "현재 전 세계적으로 자유 제도(free institutions)에 대한 공격이 일어나고 있으며, 현재처럼 세력이 양극화된 상황에서 어느 한 곳의 자유 제도의 패배는 모든 곳의 패배"였다.[22] NSC 68에서는 미국과 소련 사이의 세력 균형이 세계 곳곳에서 끊임없이 위기에 처해 있다고 밝혔다.[23] NSC 68에서 제시되었던 모든 원칙들은 한국전쟁에서 미국의 역할로 실행에 옮겨졌다.

한국전쟁은 미국 정부가 류큐열도의 군사적 통제 필요성을 검토하는 데 상당한 영향을 미쳤다. 동아시아에서 공산주의의 위협이 증가함에 따라 미국은 일본과의 평화조약에서 오키나와에 대한 영구적 지배권을 확보하고자 했다. 오키나와는 미국의 태평양 '방위선'의 연결을 확보하기 위한 전략적 요충지였다. 당시 국무장관 고문이던 덜레스(John F. Dulles)는 평화조약의 설계자였는데, 이 조약에는 류큐열도에 대한 "일체의 행정·입법·사법권"을 미국이 갖는다고 규정한 제3조가 포함되어 있었다.[24] NSC 68과 NSC 60/1에 큰 영향을 받은 샌프란시스코 평화조약은 오키나와의 민간인을 통

---

21 John Lewis Gaddis, *Strategies of Containment: A Critical Appraisal of American National Security*(Oxford: Oxford University Press, 2005), pp. 89-121.

22 U.S. National Security Council, "NSC-68: A Report to the National Security Council," *Naval War College Review* 27 (May-June 1975), pp. 51-108. 당시 니츠(Paul H. Nitze)가 NSC 68의 정책 기획 그룹을 이끌었다.

23 John Lewis Gaddis(2005), *Strategies of Containment: A Critical Appraisal of American National Security*, pp. 89-121.

24 Robert D. Eldridge, *The Origins of the Bilateral Okinawa Problem: Okinawa in Post war U.S.-Japan Relations, 1945-1952*(New York: Garland, 2001), pp. 301-314. 당시 일본 측 협상가들은 류큐를 일본에서 분리하는 것은 실수라는 의견을 수차례 표명했다. U.S. Department of State, *Foreign Relations of the United States, 1951*, Vol. VI, *Asia and the Pacific*, Part 1(Washington, D.C.: Government Printing Office, 1977), pp. 811, 833, 960-961, 1163. 반면 천황을 비롯한 주요 정치인들은 오키나와를 내주고 미국의 안전보장을 받는 것을 지지했다. 소위 천황 메시지에 대해서는 大田昌秀, 『検証: 昭和の沖縄』(那覇: 那覇出版社, 1990), 314-329쪽; 松岡完·広瀬佳一·竹中佳彦, 『冷戦史: その起源·展開·終焉と日本』(東京: 同文舘出版, 2003), 84-85쪽 참조.

치할 수 있는 특별 권한을 미군에게 부여했다.[25] 맥코맥(Gavan McCormack)은 한국전쟁을 통해 "미국의 군사기지가 사실상 영구적으로 일본에 존재하게 되었고, 이는 일본과의 평화조약과는 다른 별도의 형태를 띠게 되었다"고 지적했다.[26] 사실 미국의 입장에서 오키나와는 일본과 평화조약이 체결된 이후에도 미국의 완전한 통제하에 남아 있어야만 하는 곳이었다.[27]

오키나와는 한국전쟁 당시 미군의 핵심 기지였다. 북한군이 남한을 침략한 지 3일 만에 오키나와에 주둔하고 있던 B-29 중형 폭격기 부대가 한반도 상공에서 폭격 임무를 개시했다.[28] 당시 오키나와에는 폭격기가 이륙할 수 있는 일본 열도에서 유일한 활주로가 가데나 비행장에 있었기 때문에 미군은 오키나와의 다른 비행장인 후텐마 비행장과 요미탄 비행장 등을 확장하는 등 기존 기지를 확장하고 새로운 기지를 건설하는 데 많은 자원을 투입하기 시작했다. 또한 1950년 7월에는 제19폭격기전대를 괌에서 오키나와로, 제22폭격기전대를 미국에서 오키나와로 재배치하는 등 오키나와의 공군력을 강화했다.[29] 1950년 8월에는 제307폭격기전대도 미국에

---

25 "Treaty of Peace with Japan" UCLA East Asia Studies Documents, http://www.international.ucla.edu/eas/documents/peace1951.htm(검색일: 2010.4.7). 다우어(John Dower)를 비롯한 많은 이들이 일본과의 평화조약을 제2차 세계대전 이후 미국이 체결한 가장 불평등한 양자 협정이라고 평가했다. John W. Dower, "Peace and Democracy in Two Systems: External Policy and Internal Conflict," Andrew Gordon(ed.), *Postwar Japan as History*(Berkeley: University of California Press, 1993), p. 8.

26 Gavan McCormack, *Cold War Hot War: An Australian Perspective on the Korean War*(Sydney, Australia: Hale & Iremonger, 1983).

27 처음부터 미 국방부와 국무부는 오키나와에 "시설"을 유지하고 미국의 지위를 강화하는 것을 목표로 삼고 있었다. U.S. Department of State, *Foreign Relations of the United States, 1949*, Vol. VII, *the Far East and Australasia*, Part 2(Washington, D.C.: Government Printing Office, 1976), p. 655. 1950년에 들어서자 이는 오키나와 전역에 대한 통제를 의미하게 되었다. Dean Acheson, "Crisis in Asia: An Examination of the U.S. Policy," *Department of State Bulletin* 22, No.551(1950), pp. 111-118 참조.

28 Nicholas Evan Sarantakes, *Keystone: The American Occupation of Okinawa and U.S Japanese Relations*(College Station: Texas A&M University, 2000).

29 괌에 사령부가 주둔하고 있는 제20공군은 마리아나 제도, 본 제도, 타이완, 류큐열도 등을 담당했다. 한국전쟁 중 오키나와 및 타 지역의 군부대 배치 현황에 대한 상세한 설명은 Gordon L. Rottman,

서 오키나와로 재배치됐다. 이 모든 부대가 한국전쟁에 참전했으며 1950년 말까지 오키나와에 주둔한 미 공군은 한반도 상공에 3,284회 출격해 2만 4,914.9톤의 폭탄을 투하했다.[30] 미 육군 제29보병연대(일명 '투나인'으로 불림)는 1949년 5월 1일 오키나와 누푼자(登川) 기지에서 재편성되어 일부 대대가 1950년 7월 한국에 배치되었으며 연대 본부는 오키나와에 전쟁 내내 주둔했다. 마지막으로 미 제7함대 타격대가 1950년 6월 오키나와에 전진 기지를 설치하기도 했지만 주요 작전을 벌인 후 철수했다.[31]

오키나와 사회의 군국주의화는 1950년대와 1960년대에도 지속되었지만 가장 급격한 변화를 겪은 것은 한국전쟁 기간 중이었다. 1950년 미국 의회는 오키나와 재건을 위해 5,000만 달러의 예산을 승인했다. 일본 기업들은 미국 및 필리핀 기업들과 함께 오키나와의 여러 사업 계획 추진을 위해 현장을 조사하고 입찰서를 제출했다.[32] 일본 본토의 다양한 기업들, 예를 들어 TKK건설, 노토미건설, 시미즈건설, 아사누마 구미(淺沼組), 홋카이도건설 등이 오키나와 건설 계획에 참여했다.[33] 이들 기업이 직접 고용한 4,800여명의 오키나와 주민과 더불어 기지 건설 과정에서 일본 본토의 일본인뿐만 아니라 필리핀과 중국인 노동자, 미국인 공사업자 등 많은 외국인들이 섬으로 유입되면서 지역 주민의 물질적·사회적 생활이 변화되었다.[34]

Korean War Order of Battle: United States, United Nations, and Communist Ground, Naval, and Air Forces, 1950-1953(Westport, Conn.: Praeger, 2002), pp. 82-84 참조.

30 Nicholas Evan Sarantakes(2000), *Keystone: The American Occupation of Okinawa and U.S Japanese Relations*, p. 67.
31 Gordon L. Rottman(2002), *Korean War Order of Battle: United States, United Nations, and Communist Ground, Naval, and Air Forces, 1950-1953*, p. 93.
32 "Permanent Installation on Okinawa, W. R. Hodgson," National Archives of Australia(NAA): A1838, 527/2 Part 1.
33 USCAR Labor Dept., "Programing Statistics Files 1952." 오키나와의 소규모 건설업체들도 참여했다.
34 특히 주목할 만한 부분은 다른 국적자들 간의 결혼은 물론 결혼 전 출산을 들 수 있다. Johanna O. Zulueta, "A Place of Intersecting Movements: A Look at 'Return' Migration and 'Home'

그림 10 1951년 오키나와에서 폭탄을 준비하는 미 공군 요원
출처: 베르너 비쇼프, 매그넘 사진

    이 노동자들이 받는 급여는 출신지에 따라 달랐다. 일본 본토인은 오키나와 노동자보다 더 높은 보수를 받았다.[35] 일부 기업은 의심스러운 해고 관행으로 신고당하기도 했다. 1950년 7월에 미국인 기술자 157명, 일본 본토인 404명, 오키나와인 1,467명을 고용했던 미국 기업 비넬사(Vinnell Co.)는

    in the Context of the 'Occupation' of Okinawa"(PhD diss., Hitotsubashi University, Tokyo, 2004) 참조. 오키나와에 머물던 일본 본토 출신 노동자들에 대해서는 OPA Call No.u81101463B/995301 folder 1 참조. 이 문건에서는 오키나와 건설 계획을 위해 유입된 노동자들에 대해 설명하고 있다. 유효한 비자가 있음에도 오키나와에서 추방된 필리핀 노동자에 대한 차별 사례에 대해서는 OPA Call No.985148, folder 2 참조.

35 Chosho Goeku, "Petition Concerning Removal of Racial Discrimination in Treatment of Ryukyuans Employed by U.S. Military Agencies," May 28, 1952, at OPA Call No.015001, folder 2.

1952년 64명의 오키나와인을 해고했다. USCAR 보고서에 따르면, "[회사가] 오키나와인들이 휘발유를 훔친다고 의심했기 때문이지만, 회사는 아무런 증거도 제시하지 못했다. 또한 상황을 보고하지 않았고 시정 조치도 취하지 않으려 했다." 같은 해 말에도 이 회사는 미국 당국에 신고되었는데, 이번에는 1,000명의 노동자를 해고하기에 앞서 2주 미만의 짧은 통보 기간만 두었기 때문에 고발당한 것이다.[36] 오키나와인들이 공식적으로는 군사 업무를 수행하기 위해 채용된 것은 아니었지만, 미군이 한국 전선에 파병되었기 때문에 오키나와인들은 미군 시설 경비 등을 비롯한 군사 지원 역할에 투입되었다.[37]

오키나와의 신규 미군 기지 건설과 기존 기지의 확장은 지역 주민이 소유한 토지에서 이루어졌으며, 한국전쟁으로 인한 기지 건설 붐 때문에 오키나와 주민 소유의 토지가 강제로 수용되는 일이 급격히 많아졌다. 예를 들어 1950년 9월부터 11월까지 미군 기지 건설을 위해 152채의 가옥, 438기의 무덤과 약 60만 평방미터의 농지가 정리되었다.[38] 미군용 주택과 오락 시설이 기지 안팎으로 빠르게 확장되었고, 코자(현재 오키나와 시의 일부)와 같은 전형적인 '기지촌'이 한국전쟁 중에 대규모 홍등가로 번성하기 시작했다.[39] 당시 코자의 혼란스러운 삶에 대해 한 현지 주민이 다음과 같이 생생하게 묘사했다.

한국전쟁이 발발하자 완전무장한 군인들이 탈영해 마을을 배회하는 일이

36　Richard A. Davies, Acting Director, Govt. & Legal Dept., "Investigation"(1952.10.6), OPA, under the Call No. of NARA, Record Group 260, Box 1, folder 1.

37　鳥山淳,「閉ざされる復興と'米琉親善': 沖繩社會にとっての1950年」, 中野敏男(編),『沖繩の占領と日本の復興: 植民地主義はいかに継續したか』(東京: 青弓社, 2006), 197-217쪽, 208쪽 재인용.

38　川平成雄,「戰後"なき沖繩」,『琉球大學·經濟研究』80號(2010), 55-80, 63쪽 재인용.

39　鳥山淳(2006),「閉ざされる復興と'米琉親善': 沖繩社會にとっての1950年」.

반복되었습니다. 헌병대에 체포되어도 그들은 환하게 웃으며 가곤 했습니다. 그들은 전쟁터로 가기 싫어서 일부러 탈영을 감행했고, 결국 영창에 갇혔습니다. 군인들은 위협적인 존재였기 때문에 우리는 스스로를 보호해야 했고, 집과 오솔길 주변에 철조망을 둘러야 했습니다.[40]

오키나와에 미군이 주둔하기 시작하면서 전후 오키나와가 처했던 심각한 사회경제적 상황이 더욱 악화되었다. 아시아태평양전쟁 이후, 특히 한국전쟁 발발 이후 미군은 신규 기지 건설을 위해 대규모로 토지를 몰수했다. 경작지의 감소는 류큐열도 내에 가난과 정치적 긴장이 지속되는 원인이 되었다. 농작물의 감소는 오키나와의 식량 공급 감소를 의미했고, 지역 사회는 외국 원조에 더욱 의존하게 되었다.[41] 한 미군 장교는 이를 '시한폭탄'이라고 묘사했다. 그는 "법 집행, 경제 왜곡, 다른 사회 구성원에 대한 가장 기본적인 존중의 기준을 악의적으로 남용하는 데 있어서 우리 미국인들이 사상 초유의 기록을 세웠다"[42]고 회고했다.

한국전쟁으로 오키나와 주둔 공군의 병력 수는 기존보다 세 배나 늘어났다.[43] 섬의 풍경도 바뀌었다. 가데나 비행장에서 나하시 사이에 있는 여러 미군 시설들 때문에 '하나로 이어진 미군 기지'가 되어버렸다. 『성조지(Stars and Stripes)』 기자들은 1952년 이 섬에 있는 미군 기지의 기반 시설에 대해 자랑스럽게 보도했다. "이곳이 태평양의 핵심입니다. 이것이 해답입니다. 우리는 일본을 떠날 것입니다. 10년 후가 될지 15년 후가 될지는 모르겠습

40　鳥山淳(2006),「閉ざされる復興と'米琉親善': 沖縄社會にとっての1950年」, 208쪽.

41　Glenn Hook and Richard Siddle, *Japan and Okinawa: Structure and Subjectivity*(London: Routledge Curzon, 2003), p. 4; MiyumeTanji, *Myth, Protest and Struggle in Okinawa*(London: Routledge, 2006), p. 41.

42　OPA Call No.0000105499, folder 1. Unknown, Text Letter Received March 22, 1952.

43　Nicholas Evan Sarantakes(2000), *Keystone: The American Occupation of Okinawa and U.S Japanese Relations*.

니다. 그러나 우리는 여기에 머물러야만 합니다."[44] 군사 시설의 건설로 군사기지로서 이 섬의 군사력은 강화되었고, 그 결과 오키나와는 아시아에서 공산군과 충돌하면서 잠재적 표적이 되었다.

▬ 공포에 빠진 사람들

새로운 세계대전의 가능성에 대해 공포를 품은 것은 오키나와 사람들이 처음은 아니었다. 체코슬로바키아의 쿠데타, 베를린 봉쇄, 중국 내전에서 공산당의 승리 등 1940년대 후반에 벌어진 냉전의 여러 사건들이 또 다른 세계대전의 가능성에 대한 미국과 동맹국들의 인식을 바꾸어놓았다. 게다가 1945년 히로시마와 나가사키에서 입증된 미국의 핵 능력과 1949년 소련의 핵무기 실험 성공은 미래의 모든 전쟁이 핵전쟁이 될 것이라는 공포를 심화시켰다.

이 밖에도 세계대전의 전망으로 인한 공포는 1950년대 정치 문헌 곳곳에서 찾아볼 수 있다. 예를 들어 미케(Ferdinand. O. Miksche)의 『무조건 항복: 제3차 세계대전의 원인』(1952)에서는 공산주의의 팽창으로부터 유럽을 방어하기 위해 영국, 프랑스, 독일이 협력할 것을 촉구한다. 전쟁은 다른 수단에 의한 정치의 연속이라는 클라우제비츠(Carl von Clausewitz)의 생각을 차용한 미케는 레닌(Vladimir Lenin)에게 공산주의 국가가 벌이는 전쟁은 다른 수단에 의한 혁명의 연속이 된다고 지적했다.[45] 리프먼(Walter Lippmann)은 『제3차 세계대전 방지』라는 저널에서 우리가 "지속적인 세계대전의 위험 속"

---

44 OPA, Call No. 0000105499, folder 1. Excerpt from article in the Stars and Stripes, March 28, 1952.
45 F. O. Miksche, *Unconditional Surrender: The Roots of a World War III*(London: Faber &Faber, 1952), p. 337.

에 살고 있다고 주장한다.⁴⁶ 미국의 사회학자 밀스(C. Wright Mills)는 『제3차 세계대전의 원인』(1958)에서 세계대전에 대해 "동시대인이 느끼는 감정"을 다음과 같이 설명했다. "전쟁을 성찰한다는 것은 현재 인류의 상황을 성찰하는 것이며, 그 상황이라는 것은 제3차 세계대전이 일어나는 방향으로 분명하게 드러나고 있다. 이제 이러한 전쟁을 대비하는 일이 전 세계를 이끌고 있는 주요 사회들의 특징이 되었다."⁴⁷

그러나 새로운 전쟁에 대한 우려는 지적 추측에 그치지 않았다. 전 세계 정부는 이러한 가능성을 심각하게 고려하고 그에 따라 행동했다. 예를 들어 트루먼 미국 대통령은 1950년 12월 16일 한국과 여타 지역에서 빚생한 사건에 대응하여 비상사태를 선포했다.⁴⁸ 이 선포문에서 그는 '국가 비상사태'를 선언하면서 "국가 안보에 대한 모든 위협을 물리치고 유엔을 통해 이루어지고 있는 노력들과 그 밖에 지속적인 평화를 가져오기 위해 우리가 책임을 다할 수 있도록 이 나라의 육군, 해군, 공군 및 민방위를 가능한 한 신속하게 강화해야 한다"고 요구했다. 트루먼은 "공산 제국주의에 의한 세계 정복"의 위협에 맞서기 위해 모든 시민을 소집했다.⁴⁹ CIA의 블루크트(E. van der Vlugt)는 1954년 상원 외교위원회 연설에서 한국전쟁의 화염이 미국을 "완전히 불태웠버렸고" 그 화염들은 "언제든 타오를 준비가 된 상태로 재속에 숨겨져 있다"고 지적했다.⁵⁰ 블루크트에게 난제는 미국이 어떻게 제3차 세계대전을 피할 수 있는가였다.

---

46 Walter Lippmann, "End of the Postwar World," *Prevent World War III* 50(Summer 1957), p. 8.
47 C. Wright Mills, *The Causes of World War Three*(New York: Simon & Schuster, 1958), p. 1.
48 Harry Truman, "Proclamation 2914: Proclaiming the Existence of a National Emergency" (1950.12.16), *The American Presidency Project*, http://www.presidency.ucsb.edu/ws/?pid=13684(검색일: 2014.11.25).
49 Harry Truman, "Proclamation 2914 – Proclaiming the Existence of a National Emergency."
50 E. van der Vlugt, "The Third Korean War: Our Last Round before World War III," CIA Freedom of Information(1950.5.20), CIA-RDP80R01731R000700040003-2.

1950년 유엔 총회 제281차 본회의에서, 칠레가 제안한 (소련 주도의) 호전적 활동에 대한 대응 계획을 논의했다.[51] 이 계획에서는 협정에 서명한 국가에 대한 침략이 발생하면 자국의 군사력과 경제력을 동원하여 침략에 저항한다는 협정을 제안했다. 세계 양대 블록이 충돌할 것이라는 생각이 대다수 국가에 퍼져 있었고, 특히 1950년대 초에는 이것이 세계적으로 거의 확실시되는 현상으로 여겨졌다. 심지어 바티칸의 추기경회에서도 제3차 세계대전이 발발할 경우 교황청을 북미로 이전할 가능성까지 검토한 것으로 알려졌다.[52] 이러한 두려움이 비공산권 국가뿐만 아니라 중국과 같은 공산권 국가에도 있었다는 점에 주목해야 한다. 마스다 하지무는 "중국의 제3차 세계대전에 대한 공포는 부인할 수 없는 사실이었으며, 이 때문에 많은 사람들이 [한국에서] 전쟁이 일어났다는 소식에 흥분하기도 했다"[53]고 지적했다.

제3차 세계대전 발발에 대한 예상은 미국 주도 블록 내에서도 실질적인 공포를 불러일으켰다. 일본과 오키나와에서 제3차 세계대전에 대한 공포는 한국전쟁과 밀접한 관련이 있었다. 일본인과 오키나와 주민들은 모두 한반도를 넘어서는 전쟁 확대의 위험성을 너무나도 잘 알고 있었다. 일부 관측통들은 소련이나 중국이 전쟁에 전면적으로 개입하게 되면 일본을 포함한 전 세계로 전쟁이 확대되고 핵무기가 사용될 수밖에 없다고 생각했다. 외부 위험을 인식한 데 따른 심리적 반응인 공포는 자기 보존의 표현으로 연구되어 왔으며, 따라서 공포를 불러일으키는 대상과 상황은 외부 세계가 갖고 있는 힘에 대한 지식과 감정에 크게 좌우된다.[54] (경외감이나 혐오와도 밀접한

---

51 281st UN General Assembly(1950.9.23), Meeting Record Symbol A/PV.281, http://daccess-dds-ny.un.org/doc/UNDOC/GEN/NL5/012/53/PDF/NL501253.pdf?

52 "Vatican Might Move If War Breaks Out," *Stars and Stripes*(1950.11.16), p. 1, Pacific edition. 그러나 교황 비오12세(Pius XII)는 "성 베드로 대성당의 왕좌를 버리는 일"을 거부했다.

53 Masuda Hajimu(2015), *Cold War Crucible: The Korean Conflict and the Postwar World*, pp. 60-64.

54 Sigmund Freud, *A General Introduction to Psychoanalysis*(New York: Boni and Liveright,

관련이 있는) 공포라는 감정은 '어떤 중요한 경험의 반복'된 '회상의 결과'로 설명되어 왔다.[55] 일본 본토와 오키나와의 경우, 공포를 불러일으킨 중요한 경험은 아시아태평양전쟁의 마지막 몇 달 동안 벌어진 대규모 무차별 폭격과 엄청난 파괴였다. 나중에 살펴보겠지만, 두 사례 모두 전쟁과 파괴에 대한 기억은 잠재적인 제3차 세계대전에 대한 내러티브의 일부였다. 그러나 감정, 특히 공포는 문화적 유물이기도 하다. 거츠(Clifford Geertz)가 지적했듯이, '공포'라는 것은 존재하지 않고 '공포를 느끼는 사람들'이 존재할 뿐이다.[56] 이 장에서 설명하는 감정 공동체는 문화적·정치적 힘에 의해 구성되고 유지된다.[57] 일본과 오키나와에서 새로운 세계대전에 대한 공포가 전개되는 방식을 보면 이를 이해할 수 있다.

최근 마스다 하지부는 세3차 세계대전에 대한 일본의 공포 문제를 연구했다.[58] 마스다의 저술은 한국전쟁이 일본 재무장 논의를 어떻게 고무하고 자극했는지를 보여주는 동시에 제3차 세계대전이라는 개념을 형성하는 데 도움이 되었다. 한국전쟁 당시 미국은 일본이 군사적으로 한층 더 독자성을 갖도록 압박했다. 1948년부터 뚜렷해진 이른바 '역코스'는 미국의 대일정책이 비무장화에서 일본의 군사적 방어 능력을 증강하는 전략으로 전환되었음을 의미했다. 마스다에 따르면, 제3차 세계대전에 대한 공포는 한국전쟁의 발발로 생겨난 것만은 아니며, 재무장 논의가 또 다른 세계 분쟁에 대

1920), p. 341. 심리학에 여러 학파가 있지만 대부분의 학파에서 공포에 대한 이러한 기본적인 개념은 공통적이다.

55 Sigmund Freud(1920), *A General Introduction to Psychoanalysis*, pp. 335-337.
56 Joanna Bourke, "Fear and Anxiety: Writing about Emotions in Modern History," *History Workshop Journal* 55(Spring 2003), p. 117.
57 Barbara H. Rosenwein(2010), "Problems and Methods in the History of Emotions," pp. 19-20.
58 Masuda Hajimu, "Fear of World War III: Social Politics of Japan's Rearmament and Peace Movements, 1950-53," *Journal of Contemporary History* 47, no. 3(2012), pp. 551-571; Masuda Hajimu(2015), *Cold War Crucible: The Korean Conflict and the Postwar World* 참조.

한 공포를 불러일으키는 방식으로 제2차 세계대전의 기억을 재구성하는 데 기여했다. 일본이 전쟁 막바지에 미국의 대규모 폭격(원자폭탄 및 기타 폭격)을 받은 경험은 재무장이 논의되는 가운데 불거진 가장 중요한 기억이었다. 그러나 한국전쟁이 발발할 당시 점령지이기는 했지만 일본은 자체 정부가 있었고(1952년 4월까지는 SCAP의 감독하에 있었으나 그 이후에는 완전히 독립) 전쟁으로부터 어느 정도 거리를 둘 수 있었던 반면, 오키나와는 전쟁에서 남한 편에 서서 가장 많이 관여한 미국의 직접 통치하에 있었다.⁵⁹

한국전쟁이 발발하고 류큐열도에 주둔하고 있던 미군이 전쟁에 직접 참전하면서 오키나와는 일본 본토보다 전쟁에 더 직접적으로 연루된 것처럼 보일 수밖에 없었다. 전쟁은 오키나와 주민들 사이에 강한 공포감을 불러일으켰다. 이러한 두려움은 (무엇보다도) 일본 본토의 (물품) 밀수업자를 비롯한 여러 출처에서 나온 소문에 근거했으며, 한국전쟁이 불러일으킨 1945년 오키나와 전투의 쓰라린 기억으로 인해 더욱 심화되었다.⁶⁰ 오키나와 주민들은 제2차 세계대전 중에 겪은 끝없는 폭격과 전투의 경험이 한반도에서 발생한 사건으로 인해 반복될 수 있다고 점점 더 믿기 시작했다. 지역 신문들은 한국전쟁과 유엔의 최신 전략을 상세히 보도했고, 맹렬한 반공 선전이 정기적으로 신문의 1면을 장식했다.⁶¹ 미군 점령 기간 동안 오키나와 언론은 심한 검열을 받으면서 대부분의 경우 점령 당국의 메시지를 전달하도록

---

59 미국 주도의 일본 점령은 이중 구조로 이루어졌다. 1945년 10월 2일 도쿄에 창설된 연합군최고사령관 총사령부(GHQ/SCAP)가 점령지 일본의 민정을 담당했다. 더불어 1945년 8월 20일 마닐라에서 요코하마로 이전한 미 태평양 육군 총사령부(GHQ/AFPAC)가 류큐열도를 포함한 이 지역의 미군을 담당했다. 1948년에 AFPAC는 극동군사령부(FECOM)가 되었고, 그 산하에 류큐사령부(RYCOM)가 포함되었다. 냉전 초기 오키나와는 미국의 봉쇄 정책을 군사적으로 지원하는 목적으로만 자리 잡게 되었다. Takemae Eiji(2002), *Inside G.H.Q.: The Allied Occupation of Japan and Its Legacy*, pp. xxvii-xxix. (역자 주) 미 태평양 육군 총사령부는 1947년 1월에 극동군사령부로 변경되었다.

60 오키나와 전투로 섬 인구의 1/3 이상이 사망했다.

61 이 장에서는 1950년 10월부터 1951년 2월까지의 『우루마신보』 참조.

기사를 구성했다.[62] 당시 오키나와에서 발행된 신문들은 상당 부분 세계적 차원에서, 공산주의에 맞선 전쟁의 또 다른 도구로서 한반도에서 벌어진 일들에 대한 미국의 입장을 대변했다. 실제로 『우루마신보』는 부분적으로 이러한 목적으로 창간되었다. 오키나와 사람들에게 한국전쟁은 일상적인 대화와 삶의 일부였던 반면에 일본 본토에서는 일본의 재무장으로 제3차 세계대전이 발발한다면 일본이 군사적 표적이 될 가능성이 있다는 정도의 관심에 그쳤다.[63] 특히 오키나와는 미군의 자원과 병력이 극도로 집중되어 있었던 만큼 이미 충분히 군사적 표적이 되어 있는 상태였다.

1951년 중반경 중국의 개입으로 인해 한국전쟁의 지리적 범위가 확대되면서 오키나와 지역 사회의 공포감은 절정에 달했다. 제3차 세계대전이 곧 시작될 것이며 오키나와가 가장 먼저 공산군의 공격 표적 중 하나가 될 것이라는 소문이 널리 퍼졌다. 이 소문에는 오키나와에 대한 폭격의 정확한 날짜도 포함되어 있었다. 일본 패전 6주년인 1951년 8월 15일이었다.[64] 다른 지역으로 한국전쟁의 확전이 임박했다는 생각은 북한군이 1950년 7~8월 부산 방어선까지 침투했을 때 처음 나타났고, 한국군이 북쪽으로 반격한 후 1950년 10월 중국이 참전하면서 이러한 생각은 더욱 힘을 얻게 되었다. 류큐사령부는 이 소문의 출처를 확인할 수 없었지만 오키나와 본섬에서 비롯되었을 가능성이 있다고 추정했다.[65]

---

62 Davinder Bhowmik, *Writing Okinawa: Narrative Acts of Identity and Resistance*(Oxon, UK: Routledge, 2008), p. 90. 특히 주목할 점은 우루마신보 편집장을 잠시 동안 맡았던 세나가 카메지로(瀬長亀次郎)가 1949년 8월 미 당국으로부터 사임하라는 압력을 받았다는 점이다. 이 정보를 제공해준 테사 모리스-스즈키 교수께 감사드린다.

63 Masuda Hajimu(2012), "Fear of World War III: Social Politics of Japan's Rearmament and Peace Movements, 1950-53,"

64 "Predicting Bombing of Okinawa," OPA Call No.0000105499, folder 2.

65 B-2등급(일반적으로 신뢰할 수 있으며, 대체로 사실)으로 분류된 정보의 출처는 아마미오시마정부(奄美群島政府)의 일원이었다. "Predicting Bombing of Okinawa," OPA Call No.0000105499, folder 2.

폭격에 대한 공포가 지역 사회에 확산된 것은 익명의 소문뿐만 아니라 새로운 세계대전 발발 가능성에 대한 여러 신문들의 보도 결과이기도 했다. 오키나와 본섬의 주요 신문 중 하나인 『우루마신보』는 한국전쟁 기간 동안 제3차 세계대전의 가능성을 다룬 기사를 정기적으로 게재했다. 예를 들어 1950년 9월 9일에는 영국, 프랑스, 미국이 "제3차 세계대전을 막기 위해 협력하고 있다"는 기사를 1면에 실었고,[66] 11월 8일에는 '제3차 세계대전의 위험성'에 대해 보도하면서 중공군이 전 세계를 위험에 빠뜨리는 분쟁의 불씨 역할을 한다고 비난했다.[67] 이틀 후 사설에서는 중국의 참전으로 한국전쟁은 더욱 세계적인 분쟁이 되었으며 "우리[오키나와 사람들]는 단지 표적이 되었을 뿐이다."라고 적었다.[68] 11월 29일자 헤드라인은 한국전쟁이 "제3차 세계대전의 가능성을 충분히 내포한 분쟁"이라는 내용으로, 오키나와 사회에 새로운 세계대전의 위험을 경고했다.[69] 1950년 12월 2일자 사설은 새로운 전쟁에 대한 오키나와 주민들의 인식을 다음과 같이 묘사했다. "오키나와 전투의 잿더미에서 회복하지 못한 채 삶을 이어가기 위해 고군분투하고 있는 우리를 제3차 세계대전의 유령이 노려보고 있다." 이 사설의 필자는 동포들에게 오키나와 밖의 현안에 대해 계속 관심을 가질 것을 촉구하는 한편, 국내에서도 오키나와 사회의 재건을 위해 계속 노력할 것을 호소했다. '숨어 있는' 전쟁이 오키나와의 전후 복구(또는 '녹화')를 방해해서는 안 된다는 것이었다. 앞으로 살펴보겠지만, 1950년 말까지 지역 주민들은 새로운 세계대전의 위협을 당연한 사실로 받아들였다.[70]

---

66 "World War Three: With the Collaboration of Friendly Nations We Will Prevent It," 『ウルマ新報』 1950年 9月 9日, 1면.
67 "Danger of a Third Great War," 『ウルマ新報』 1950年 11月 8日, 3면.
68 "Editorial," 『ウルマ新報』 1950年 11月 11日, 2면.
69 "Phase towards the Third Great War," 『ウルマ新報』 1950年 11月 29日, 1면.
70 "Editorial," 『ウルマ新報』 1950.12.2., p. 2; "Editorial," 『ウルマ新報』 1950年 11月 30日, 2면.

한반도 정세에 대한 오키나와 주민들의 반응은 당시 상황에 대한 『우루마신보』의 기사보다 더 현실적이었다. 미군정은 한국전쟁에 대한 오키나와 주민들의 반응을 조사했고, 그 결과를 1951년 1월 극동군사령부에 보고했다.[71] 류큐사령부 행정장교 맥걸로크(H. W. McGulloch) 대위가 작성한 이 보고서는 많은 오키나와 주민들에게 전 세계적인 규모의 전쟁 발발은 시간문제이며 그 전쟁에서 오키나와가 큰 공격을 받을 것으로 여긴다고 언급했다. 일부 오키나와 정치 전문가들은 "제3차 세계대전은 피할 수 없으며, 다가오는 전쟁은 제2차 세계대전보다 더 큰 고통을 류큐인들에게 가져올 것이라고 확신했다."[72] 그들은 오키나와 주민들의 생활 수준이 너무 낮아져 향후 30~40년 동안 비참한 삶을 살게 될 것이라고 예상했다. 그럼에도 불구하고 많은 주민들은 미군이 소련에 질대 굴복하지 않을 것이라고 믿었다.(당시 현지 언론들은 소련이 한국전쟁의 배후에 있다고 보도했다.) 불과 5년 전에 미군의 군사력을 경험한 오키나와 주민들은 "제3차 세계대전은 미국의 승리로 끝날 것"이라고 확신했고, 일부는 "우리 섬은 강력하게 방어될 것이기 때문에 이전 전쟁보다 공습으로 인한 피해가 적을 것"이라고 예상하기도 했다.[73] 한 미군 보고서는 "오키나와 주민들이 미국의 국력과 자원에 대해 전적으로 신뢰하고 있다"[74]고 밝혔다.

하지만 미군도 새로운 세계대전의 발발과 오키나와에 구축된 방어 체계에 대해 우려하고 있었다. 당시 CIA 기획 담당 부국장 덜레스(Allen W. Dulles)는 1951년 1월 25일에 작성한 '오키나와 공습 대피소'라는 제목의 비망록에서 CIA의 극동 관련 정보 수집의 핵심 기지인 오키나와 CIA 감시 기지에

---

71 "Public Reaction to International Situation"(1951.1.24), OPA Call No.0000105499, folder 2.
72 "Public Reaction to International Situation"(1951.1.24), OPA Call No.0000105499, folder 2, p. 1.
73 "Public Reaction to International Situation"(1951.1.24), OPA Call No.0000105499, folder 2, p. 3.
74 "Public Reaction to International Situation"(1951.1.24), OPA Call No.0000105499, folder 2,

대해 우려를 표명했다. "오키나와에 대한 공습을 비롯해" 아시아에서 대규모 전쟁이 발발할 경우, CIA는 오키나와 감시 기지의 지속적인 운영을 보장해야만 한다면서, 덜레스는 "방공호 건설을 고려하고 있다"고 언급했다. 그는 "CIA는 오키나와 기지의 고도로 전문화된 감시 요원들과 부양가족의 안전을 우려하고 있으며, 공중 및 해상 폭격으로부터 감시 작전을 보장하기를 원한다"는 내용으로 비망록을 마무리했다.[75] 같은 해 말에 군은 요원들을 위한 공습 방공호 건설에 착수했다. 덜레스의 우려에서 알 수 있듯이 오키나와의 미래에 대해 우려한 것은 오키나와 주민들만이 아니었다.

최근 보고에 따르면 현지 주민들 대부분은 전쟁의 불가피성에 의문을 제기했지만 한편으로 대부분 미국의 승리를 믿어 의심치 않았다. 주민들이 가장 우려한 것은 전쟁으로 인한 인명 피해와 식량 문제였다. 실제로 오키나와에서 새로운 전쟁에 대한 공포의 중심에 있는 사회 심리는 주민의 생존과 영양에 대한 극심한 불안감에서 비롯되었다. 이 두 가지 문제는 오키나와 사람들이 제3차 세계대전을 바라보는 데 있어 가장 중요한 공포의 근원이었다. 오키나와 주민의 안전에 대한 우려는 점령 당국이 방공 대책을 공개적으로 발표하면서 촉발되었다. 많은 오키나와 주민들은, 이 피할 수 없는 전쟁 상황에서 점령군이 군인과 부양가족을 위해 강력한 방공호를 많이 건설하면서 왜 지역 민간인들이 폭격에 대비할 수 있도록 지원하지 않는가에 대해 의문을 제기했다. 행동을 취해야 한다는 압력이 오키나와 지방 정부에 가해졌다. 『오키나와 타임스』의 우에치 가즈시(上地一史)는 타이라 다츠오(平良辰雄) 지사에게 점령 당국에 비상 조치를 제안할 것을 촉구했다. 이 의견은 미군의 보고에 따라 방공호와 공습 대피소를 건설하고 공습 훈련을 실시해야 한다고 믿는 다른 주민들에게도 반향을 일으켰다. 그들은 오키나와 주민

---

75 Allen W. Dulles, "Bomb Shelters on Okinawa," CIA Freedom of Information, January 25, 1951, Doc. No. ESDN 0000460178.

의 생명과 재산을 보호하려는 노력과 관련하여 지사가 주도적으로 나설 책임이 있다고 생각했다.

오키나와 전투 당시 폭격에서 살아남은 많은 민간인들이 기근을 견뎌야 했다. 따라서 섬에서 새로운 전쟁이 일어날 가능성에 직면했을 때 식량 문제도 논의해야 할 중요한 의제였다. 제2차 세계대전의 적대 행위가 끝난 지 5년이 지난 후에도 오키나와는 여전히 미국의 대외 원조에 의존해 식량을 충당하고 있었다. 그런 의미에서 오키나와 주민들은 식량 공급선의 안전에 대해 깊이 우려하고 있었다. 식량 공급선이 끊기면 식량을 수입할 수 없어 많은 민간인이 "굶어 죽을 것"으로 생각했다.[76] 나하의 고등학교 교사들도 식량 문제를 크게 우려했다. 한 미군 장교의 보고에 따르면, 교사들은 "원자폭탄 투하보다 식량 부족을 훨씬 더 걱정했다."[77] 마찬가지로 미와지(眞和志) 시장인 오나가 조세이(翁長助靜)는 새로운 전쟁이 발발하면 "식량은 류큐인들에게 생사의 문제가 될 것"이라고 생각했다.[78] 『오키나와 타임스』의 편집자는 오키나와 정부가 모든 민간인을 최소 6개월 동안 먹일 수 있는 충분한 식량을 비축해야 한다고 강조했다. 전쟁이 오래 지속될 것이라는 전망이 제기되자 지역 주민들은 새로운 전쟁이 발발할 경우 "굶주림을 피하는 보장"이라는 생각으로 점령군에 적극적으로 협력하려는 태도를 보였다.

하지만 한국전쟁 당시 오키나와 주민들은 미국에 대한 의존도가 높다는 것을 인식했음에도 불구하고 (혹은 어쩌면 그 때문에) 오히려 미국의 지도력에 대한 신뢰가 약해지면서 일본으로 복귀하려는 열망이 더욱 커지게 되었다. 오타 마사히데(大田昌秀, 1990~1998년 오키나와 지사 역임)는 1950년대 초까지

---

[76] "Public Reaction to International Situation"(1951.1.24), OPA Call No.0000105499, folder 2, p. 3.
[77] "Public Reaction to International Situation"(1951.1.24), OPA Call No.0000105499, folder 2, pp. 2-3.
[78] "Public Reaction to International Situation"(1951.1.24), OPA Call No.0000105499, folder 2, p. 3.

오키나와에서는 민주주의의 보증인으로서 미국에 대한 믿음이 상당히 강했지만, 한국전쟁 중 미국이 열도에 대한 지속적인 지배를 재확인하려는 움직임을 보이자 이러한 믿음이 급격히 사라졌다고 회고했다. 오키나와 문제에 대한 저명한 논평가인 모리 히데토(森秀人)는 같은 맥락에서 다음과 같이 언급했다.

> 한국전쟁은 오키나와의 전략적 중요성을 미국에 알리기만 한 것이 아니었습니다. 달콤한 자립을 생각했던 오키나와 주민들을 깨우는 역할도 했던 것입니다. 이대로 영구적으로 미국의 속국이 될 수도 있다는 위기감에 힘입어 조국복귀운동이 시작되었습니다.[79]

실제로 1951년 단 3개월 만에 오키나와 성인 인구의 72%에 해당하는 19만 9,000명의 서명을 받아 일본 본토로의 복귀를 요구하는 청원서가 접수되었다.[80]

결론

감정 공동체는 비슷한 일상, 정치, 경제를 공유하는 사회 집단, 즉 공통의 이해관계와 관심사를 가진 공동체를 의미한다. 이 장에서 논의한 바와 같이 오키나와에서는 새로운 세계대전의 표적이 될 수 있다는 공포에 사로잡힌 감정 공동체를 확인할 수 있다. 제3차 세계대전 발발에 대한 우려는 다른 지역 사회에서도 공유되었지만, 오키나와에서는 1950년 말 중국인민지

79　川平成雄(2010),「'戦後'なき沖縄」, 59쪽 인용.
80　宜野灣市議會,『宜野灣市議會史: 活動編』(宜野: 宜野灣市議會, 2006), 418쪽. https://www.city.ginowan.lg.jp/shisei/gikai/2/4100.html

원군이 북한군에 합류하면서 더욱 탄력을 받았다. 한반도 분쟁의 방관자였던 오키나와는 자국 영토에 미군이 적극적으로 주둔하면서 전쟁에 깊숙이 개입하게 되었다. 오키나와에 주둔한 미 공군은 한국전쟁 초기부터 작전에 투입되어 매일 폭격기를 한국에 보내 공습을 감행했다. 오키나와 주민들은 어떤 의미에서는 분쟁의 방관자였지만, 이 지역에서 미군의 역할이 커지면서 새로운 분쟁의 표적이 될 가능성을 점점 더 의식하게 되었다. 그다음 분쟁은 당연히 제3차 세계대전을 의미했고, 이 전쟁에는 반드시 핵무기가 동원될 것으로 여겨졌다.

일본 본토에서 제3차 세계대전에 대한 공포는 본질적으로 일본의 군사적 미래에 대한 정치적 고려와 관련이 있었다. 반면 오키나와에서 가장 중요한 관심사는 지속되는 분쟁의 표적으로서 류큐열도의 미래에 관한 것이었다. 이런 의미에서 오키나와 주민들은 오키나와에 대한 공산군의 침공 위협을 실현 가능한 현실로 인식했다. 한국전쟁은 오키나와에 거의 편집증에 가까운 공포 분위기를 조성했고, 새로운 세계대전이 발발하면 오키나와 주민들에게 어떤 일이 일어날지에 대한 논쟁이 시작되었다. 미군 문서들과 지역 신문 보도들에 따르면, 오키나와의 많은 사람들은 미군이 어떤 적도 물리칠 수 있다는 점에 대해서는 신뢰를 표명했다. 그러나 한편으로 류큐열도에서는 제3차 세계대전에 대한 두려움에 사로잡힌 대중이 공산군의 공격 아래서 오키나와의 미래, 특히 전쟁 발발 시 식량 배급을 확보할 수 있는 방법을 고민하게 되었다. 문제는 침략 여부가 아니라 전쟁이 발발할 경우 오키나와 주민들이 얼마나 오랫동안 스스로를 지탱해야 하는지에 대한 것이었다. 동시에 새로운 전쟁에 휘말릴지도 모른다는 두려움은 특히 1952년 5월 오키나와를 제외한 채 일본이 주권을 회복한 이후 일본과 재결합하려는 발상에 대한 호소력을 높였다. 이런 의미에서 한국전쟁은 오키나와의 운명에 지속적으로 중요한 영향을 미쳤다.

6. 국경을 넘나드는 전쟁
600001번 일본인 포로의 기묘한 여정

테사 모리스-스즈키

한 남자가 여러 막사들과 얼어붙은 갯벌, 그 주변에 둘러쳐진 철조망으로 황량한 풍경의 부산포로수용소를 배경으로 우두커니 서 있다. 무장한 경비병이 멀리서 그를 주의 깊게 지켜보고 있다. 1951년 11월 어느 늦은 오후의 풍경이었다. 대지에 그림자가 길게 드리워지고 추위가 느껴진다. 이 작은 체구의 남자는 몇 사이즈나 커 보이는 군용 방한 외투를 입고 있다. 한 손은 주머니에 깊숙이 집어넣은 채 다른 한 손에는 담배를 들고 있다. 그의 얼굴은 야위고 바람에 그을려 어두웠고, 그의 머리는 옆에 서 있는 키 큰 유럽인의 어깨에 겨우 닿을 정도였다. 키 큰 유럽인은 온화하지만 약간 어색한 표정으로 이 남자를 내려다보고 있다. 말이 통하지 않는 두 사람 사이에 적막이 흐른다.

이 유럽인은 제네바 출신의 프레데리크 비에리(Frédérique Bieri)로 국제적십자위원회 스위스 대표이며, 큰 외투를 입은 작은 남자는 포로 번호 600001번이다. '6'은 일본을 의미하고, '00001'은 그가 한국전쟁 중 유엔군에 의해 체포되어 포로로 잡힌 유일한 일본군 포로라는 뜻이다. 그는 여기서 무엇을 하고 있을까? 왜 일본 군인이 한국전쟁에서 공산군 편에 서서 중국군·북한군과 함께 싸웠을까? 그는 어떻게 유엔군의 포로가 되었으며 이후 어떻게 되었을까?

내가 처음 이 남자를 만났을 때, 포로 번호 600001은 숫자일 뿐이었고,

그림 11 부산포로수용소에서 프레데리크 비에리와 함께 있는 마쓰시다 가즈토시
출처: 국제적십자위원회

한국전쟁이라는 암울한 상황 속에서 흥미롭지만 한편으로는 당혹스러운 암호 같았다. 1952년 1월 당시 유엔군 포로수용소 제1거제수용소 10개 구역에 수용된 국적별 포로의 숫자는 다음과 같았다.

한국인 11만 4,440명
중국인 2만 754명
일본인 1명[1]

---

1   "UN POW Camp no. 1 Koje-Do and POW Enclosure no. 10 Pusan, visited by Mr. Fred Bieri, on 4 to 16 January 1952," the Archives of the International Committee of the Red Cross(이후 ICRC Archives) B AG 210 056-021, *Transmission des rapports de visites de camps aux Nations Unies, aux Etats-Unis et à la Corée-du-Nord*, January 16, 1951-May 12, 1952.

그러나 수년간의 연구 과정에서 접한 문서보관소의 문장, 간단한 신문 기사, 의회의 질문에 대한 단답형 답변에서 숫자 뒤에 숨은 인물의 이미지가 조금씩 드러나기 시작했다. 그의 이야기 대부분은 여전히 베일에 싸여 있지만, 조각조각 맞춰볼 수 있는 부분들은 예상치 못한 전쟁의 풍경이 보이는 창을 열어준다.

600001번 포로 마쓰시다 가즈토시(松下一珍)(본명)에게 부산포로수용소는 일본 시골 고향에서뿐만 아니라 그가 장남인 열 명의 형제자매들로 이루어진 가족과도 너무나 멀리 떨어져 있는 것처럼 느껴졌을 것이다.[2] 그가 겪은 냉전 시대로의 길고 고통스러운 여정은 아시아에서 일본의 제국주의적 팽창과 한국전쟁을 연결하는 얽히고설킨 실타래 중 하나에 불과했다. 그의 개인적 이야기는, 놀라울 정도로 특별하지만 종종 주목받지 못하고 지나치는 역사의 중요한 측면에 대한 관점을 제공한다. 그의 기묘한 여정은 마치 우리를 전쟁에서 숨겨져 있던 뒷골목으로 안내하여 평소에는 보이지 않던 수많은 상호관계와 연관성을 볼 수 있게 해주는 것 같다.

숨겨진 전쟁 풍경

마쓰시다 가즈토시가 전장에서 전장으로 떠나는 여정은 아시아태평양전쟁에서 한국전쟁으로 이어지는 폭력의 역사를 너무나도 생생하게 드러냈다. 1945년 8월 15일은 역사책에 '전쟁'과 '전후'가 완전히 단절되는 순간으로 새겨져 있는 경우가 많다. 그날 정오를 기해 떨리는 천황의 항복 방송을 듣고 있던 암울한 표정의 일본인들의 모습은 떼려야 뗄 수 없는 과거와

---

[2] 마쓰시다의 상세한 경력에 대해서는 「國府-中共-國連軍へ: "生きていた兵隊" 數奇な運命にもまれる 捕虜600001號」, 『毎日新聞』 1952年 1月 29日(東京版), 3면; 「朝鮮戰爭で捕虜: 8年ぶり黒枠お外す寫真」, 『日向日日新聞』 1952年 1月 26日, 2면; 「ひょっこり寫眞: 國連軍捕虜の松下さん」, 『日向日日新聞』 1952年 2月 15日, 2면 참조.

현재 사이를 결국에는 단절시키는 그날이 오고야 말았다는 느낌을 불러일으켰다. 그러나 마쓰시다를 비롯한 수만 명의 일본인과 중국인, 한국인에게 일본의 항복 소식은 뒤늦게 간접적으로 전해졌고, 계속되는 전쟁 상황에서 잠시 숨통이 트이는 정도에 불과했다. 일본제국의 팽창과 아시아태평양전쟁의 폭력으로 인한 분쟁은 중국 전역에서 지속되었고, 8월 8일 일본에 선전포고한 소련군은 만주와 사할린 남부를 휩쓸고 있었으며, 식민 통치자들에 대한 한국 독립운동가들의 오래된 투쟁은 새로운 게릴라 투쟁과 합쳐져 1948년에는 한국 남부 일부 지역을 내전으로 치닫게 했다.

1945년 8월 15일은 제2차 세계대전의 보편적인 종결점으로 여겨지는 한편, 1950년 6월 25일은 북한군이 38선을 넘어 남한을 침공한 순간이자 냉전 시대 최초의 대규모 '열전(熱戰)'인 한국전쟁이 시작된 폭발적이고 결정적인 출발점으로 묘사되는 경우가 대부분이다. 그러나 이 폭력의 뿌리는 여러 가지가 있으며 동북아 역사에 훨씬 더 깊숙이 자리 잡고 있다. 커밍스(Bruce Cumings)는 한국전쟁의 출발점을 일본이 중국 동북부를 침략해 만주국을 세운 1931년에서 1932년까지 거슬러 올라갈 수 있다고 주장하고, 예거(Sheila Miyoshi Jager)는 전쟁의 발단이 된 복잡한 지역사를 추적한다.[3] 1910년 한국이 일본의 식민지가 되었을 때 이미 만주에는 약 20만 명의 한국 이주민이 살고 있었고 20세기 중반에는 그 수가 거의 200만 명에 달했다. 대부분은 고국의 가난을 피해 느슨하게 통제된 국경을 넘어왔지만, 일부에게는 라티모어(Owen Lattimore)가 말한 것처럼 분쟁의 요람[4]인 만주의 험난한 지역이 일본 식민 지배에 맞서 무장 투쟁을 이어갈 수 있는 무대가 되었기 때문이었다.

---

3   Bruce Cumings, *The Korean War: A History* (New York: Modern Library, 2010), p. 44; Sheila Miyoshi Jager, *Brothers at War: The Unending Conflict in Korea* (New York: Norton, 2013).

4   Owen Lattimore, *Manchuria: Cradle of Conflict* (New York: Macmillan, 1932).

커밍스가 언급한 것처럼 1930년대 초 만주국의 일본인들은 "곧 규모가 상당한 유격대나 비밀결사, 도적들의 저항에 직면했는데, 조선인들이 그 구성원의 절대적 다수를 차지하고 있었으며, 해당 지역 중국공산당의 90% 이상을 구성하고 있을 정도였다." 유격대의 지도자 중에는 해방 후 북한 지도부의 핵심을 구성하는 김일성과 그의 동지들도 있었다.[5] 한편, 만주로 이주한 다른 한국인들은 일본 관동군에서 훈련을 받고 공산주의 전복 세력을 뿌리 뽑기 위해 만들어진 민병대 조직에 참여하기도 했다. 한국전쟁의 과정과 그 참혹함과 격렬함은 식민지 시대의 이러한 국경을 넘나드는 이념적 갈등에 전쟁이 얼마나 깊고 불가분의 관계에 있었는지, 그리고 중국의 국공내전과 한국전쟁이 얼마나 밀접하게 연관되어 있었는지 이해하지 못하면 알 수 없다.(4장에 소개된 개인적 기록에도 이 점이 생생히 드러나 있다)

마쓰시다의 이야기는 우리의 냉전 질서의 공간적 의미에 대해서도 의문을 제기한다. 냉전의 일반적인 이미지는 세계가 이데올로기에 따라 다른 색으로 구분된 거대한 영토인 '권역'으로 나뉜 것이다. 중국과 북한은 '공산권'에, 일본·한국·타이완은 '비공산권'에 속하게 되었다. 한국전쟁은 이 두 권역의 충돌을 의미하며, 냉전을 맹렬하게 타오르는 화염으로 바꾸어버린 불꽃으로 간주된다. 그러나 이러한 정적이고 너무나도 분명한 시각은 과거의 많은 부분을 보이지 않게 만들었다. 무엇보다도 냉전과 열전의 다른 차원, 즉 한국의 산과 일본의 해안가, 중국의 마을과 타이베이의 뒷골목에서 벌어진, 너무나 쉽게 변하고 어디에서나 흔히 볼 수 있는 이데올로기 전쟁을 감추었던 것이다. 전쟁은 공간적 경계를 넘나들었고 유동적인 인간은 때로는 지적 확신에 따라, 때로는 단순한 생존 요구에 따라 그 경계선을 넘나들었다. 이 전쟁은 한 가족 내에서, 한 방 안에서, 또는 한 개인의 마음속에서 벌

---

5   Bruce Cumings(2010), *The Korean War: A History*, p. 44.

어질 수 있는 전쟁이었으며, 이 전쟁이 개인적인 것이 될수록 그 결과는 더욱 고통스러웠다.

마쓰시다 가즈토시의 동아시아에서의 여정은 한국전쟁사에서 간과되어 온 두 가지 다른 측면을 조명한다. 하나는 공식적으로 전쟁에 참전하지 않았던 일본인들이 실제로는 다양한 역할로 전쟁의 폭력에 휘말렸다는 사실을 다시 한 번 상기시켜 준다.(1장 참조) 두 번째로 마쓰시다의 경험은 1950년부터 1953년까지 남한 내 유엔군 포로수용소에서 벌어진 기이한 전쟁, 즉 1953년 판문점 휴전 협상의 가장 큰 걸림돌로 작동했던 숨겨진 첩보전의 역사를 재조명한다.(4장 참조)

━ 전쟁의 여정

마쓰시다 가즈토시가 태어나 어린 시절을 보낸 가미나야(上納屋)는 일본 남부 규슈 동해안의 미야자키현에 있는 조용한 어촌 마을로, 오랫동안 이어져 내려온 일본 문화의 모습을 찾기 위해 사람들이 방문하는 곳이다. 바닷바람에 풍화된 회색 목조 주택들이 폭풍으로부터 만을 보호하는 건너편의 숲으로 우거진 오토시마(乙島)를 내려다보고 있으며, 오토시마에는 숨겨진 여러 개의 동굴을 비롯해 거대한 바위 틈새의 구멍들이 많았다. 지붕 처마 끝에 줄지어 매달린 생선과 항구 옆에 펼쳐진 해초에서 비릿한 냄새가 풍겼다. 일 년 중 가장 신나는 행사는 매년 가을 흰옷을 입은 마을 청년들이 지역 신사에서 바다까지 행렬을 지어 춤을 추고 노래를 부르고 북을 치며 어선단에 축복을 가져다줄 화려한 미코시(御輿, 신을 모신 가마)를 들고 행진하는 때였다. 이 축제를 위해 몇 달간 준비한 것들은 마을 잔치와 사케로 절정에 이른다.

마쓰시다의 고향 마을은 외딴곳이고 아름다웠지만 그곳의 삶은 그리 아름답지 못했다. 규슈 동해안은 과거에나 지금이나 일본에서 가장 가난한 지역 중 하나였고, 현대적인 삶의 축복은 물론 저주도 모두 늦게 도착했다. 축제나 신께 바치는 기도만으로 바다에서의 안전이나 풍성한 어획량을 보장할 수는 없었다. 마쓰시다가 태어난 1923년, 아직 10대였던 마쓰시다의 어머니는 눈 질환으로 시력을 거의 잃었다.[6] 마쓰시다가 학교에 다닐 무렵인 1930년대에는 대공황이 닥쳐 그 어느 때보다 힘든 시기였다. 그러던 중 전쟁이 발발하면서 마을의 청년들은 깃발을 흔드는 친구들과 가족들의 환호를 받으며 중국이나 다른 곳의 전쟁터로 하나둘씩 떠났다. 마침내 마을에는 여성과 어린이, 노인들만 남게 되었다.

1952년 1월 부산포로수용소에서 사진이 찍힌 당시 마쓰시다 가즈토시는 7년 넘게 가족과 연락이 끊긴 상태였다. 마쓰시다는 부모님이 일본 제국군 제복을 입은 자신의 사진에 검은색 테두리를 둘러 집 안 불단 위에 놓고 고인이 된 아들을 위해 기도하고 있다는 사실을 꿈에도 몰랐다. 그의 사진 옆에는 동남아시아에서 일본 제국군으로 싸우다 전사한 동생 마쓰시다 가즈요시(松下一義)의 사진도 함께 있었다.[7]

▬ 전쟁에서 전쟁으로

마쓰시다 가즈토시는 만주 평원을 통한 우회 경로로 한국전쟁에 참전했는데, 그의 여정은 전쟁의 국제적 기원에 대해 많은 것을 알려준다. 마쓰시다는 10대 중반에 학교를 그만두고 고향을 떠났는데, 처음에는 전쟁터에 나가기 위해서가 아니었으며, 오사카의 철강 공장에서 노동자로 일하며 생계를 꾸려나갔다. 그러다 스무 살이 되던 해인 1944년 1월 만주 동부 무단장

---

[6] 「朝鮮戰爭で捕虜: 8年ぶり黒枠お外す寫真」,『日向日日新聞』1952年 1月 26日.
[7] 「朝鮮戰爭で捕虜: 8年ぶり黒枠お外す寫真」,『日向日日新聞』1952年 1月 26日.

(牡丹江)에 주둔하고 있는 관동군철도대(關東軍鐵道隊)에 징집되어, 일본군이 중국 내에서 벌인 최후의 대규모 공세인 '1호작전'에 동원되었다.[8]

이 작전의 목적은 중국 영토를 관통해 인도차이나 국경까지 진출하여 동남아시아에서 베이징과 다롄으로 이어지는 철로를 개설하는 것이었다. 1944년 4월부터 8개월 동안 일본군은 중국 후베이성과 후난성을 통해 남쪽으로 진군하여 창사(長沙), 헝양(衡陽), 구이린(桂林)을 점령했다. 전투는 참혹했다. 1944년 10월 함락된 유서 깊은 도시 구이린에서 일본군의 진군 앞에 국민당군의 저항이 무너지면서 주민들은 도시를 버리라는 명령을 받았다. 국민당군은 구이린 곳곳을 약탈하고, 일본군에 넘어가지 않도록 불대었다.[9] 마쓰시다는 구이린에서 조금 남서쪽에 있는 린구이(臨桂鎭) 마을에 주둔한 철도대에 배치되어 군 생활을 시작했다.[10] 그는 피난민들이 필사적으로 기차 지붕에까지 들어차거나 때로는 걸어서 철로를 따라 이동하는 끝없는 행렬을 목격했을 것이며, 공중 폭격을 받거나 지상 공격을 받을 때 공포에 질린 군중들이 일본군의 공격을 피해 도망치려다 발밑에서 짓밟히는 장면도 목격했을 것이다.[11]

1호작전은 무너져 가는 장제스의 국민당군에게는 굴욕이었고, 적어도 문서상으로는 일본의 승리로 보였다. 그러나 작전이 끝날 무렵 일본군은 지칠 대로 지친 상태였다. 일본군은 주요 도시를 점령하거나 파괴했지만 지방에 대한 장악력은 훨씬 약해졌고, 일본군이 침략한 지역의 혼란은 중국공산군의 영향력이 커지는 데 비옥한 토양을 제공했다. 1944년 12월, 마쓰시다

---

8 「國府-中共-國連軍へ: "生きていた兵隊" 數奇な運命にもまれる捕虜600001號」, 『毎日新聞』1952年 1月 29日(東京版); 臨沂行署出版辦公室 編, 『孟良崮戰役資料選』(濟南: 山東人民出版社, 1980), 187쪽.

9 Diana Lary, *The Chinese People at War: Human Suffering and Social Transformation, 1937-1945* (Cambridge: Cambridge University Press, 2010), p. 154.

10 「朝鮮戰爭で捕虜: 8年ぶり黒枠お外す寫真」, 『日向日日新聞』1952年 1月 26日.

11 Diana Lary(2010), *The Chinese People at War: Human Suffering and Social Transformation, 1937-1945*, p. 155.

가 근무하던 철도대는 우창(武昌)으로 북상하라는 명령을 받고 추운 겨울 날씨에 폐허가 된 지역을 지나 약 800킬로미터를 행군해야 했다. 행군의 중간쯤인 12월 20일 밤에 부대는 헝양시 근처의 다리를 건너기 위해 출발했다. 날이 밝자 마쓰시다 가즈토시는 대열에서 사라졌다.[12] 생사 여부와 상관없이 그의 흔적은 찾을 수 없었다. 일본군 동료들은 그를 다시는 보지 못했고, 그의 가족은 그가 전투 중 사망했다는 소식을 들었다. 당시의 다른 많은 일본인 가족들처럼 마쓰시다의 가족도 패전 후 연합군이 점령한 일본으로 돌아오는 동원 해제 군인 대열에 그가 나타날지도 모른다는 희망을 가졌지만, 일본이 항복한 후 거의 2년이 지나자 그의 부모는 그가 집으로 돌아오지 못한다는 사실을 받아들였고, 1947년 6월 23일 마쓰시다 가즈토시는 공식적으로 사망 선고를 받았다.[13]

▬ 경계선 반대편

하지만 그는 죽지 않았다. 그는 탈영했는데, 이 위험한 행동이 전장에서 목격한 공포에 대한 반응이었는지 아니면 단순히 생존을 위한 필사적인 노력이었는지 여부는 아직 확실하지 않다. 아시아태평양전쟁 막바지의 혼란 속에서 마쓰시다는 버려진 마을에서 은신처를 찾아냈고, 전쟁이 끝날 때까지 그곳에서 살았다.[14] 얼마 지나지 않아 승리한 중국 국민당군이 도착해 그를 생포했고, 곧바로 한이성(韓義生)이라는 중국 이름으로 자국 제74사단 수송 부대에 입대시켰다.[15] 그 무렵 소련은 만주를 점령했고, 그때까지 일제에

---

12 「朝鮮戰爭で捕虜: 8年ぶり黒枠お外す寫眞」, 『日向日日新聞』 1952年 1月 26日.
13 「朝鮮戰爭で捕虜: 8年ぶり黒枠お外す寫眞」, 『日向日日新聞』 1952年 1月 26日.
14 「動亂の大陸に10年間: "生きた英靈" 松下一珍さん」, 『日向日日新聞』 1954年 8月 4日, 3면.
15 臨沂行署出版辦公室(編)(1980), 『孟良崮戰役資料選』, 187쪽.

대한 공동의 투쟁으로 유지되던 중국 국민당과 공산당 간의 취약한 동맹은 붕괴했다. 1945년 10월, 중국은 다시 전쟁 상태에 빠졌다. 일본의 침략으로 인한 파괴와 1946년 봄까지 지속된 소련군의 만주 주둔으로 인해 군사적 균형이 근본적으로 바뀐 새로운 내전이었다. 마쓰시다를 비롯해 수백만 명의 중국인에게 일본의 항복은 평화를 가져온 것이 아니라 단지 전쟁의 이름과 성격만 바꾼 것에 불과했다.

마쓰시다 가즈토시는 이 새로운 분쟁에 참여한 수천 명의 일본군 중 한 명에 불과했다. 실제로 그가 속한 국민당 부대에는 난징에서 일본군으로 싸우다 탈영했다가 생포된 가토 히토유키(加藤等之)라는 이름의 일본인도 포함되어 있었는데, 중국 국민당 부대는 그를 입대시키고 황자텅(黃嘉騰)이라는 중국 이름을 부여했다.[16] 중국군의 입장에서 생포된 일본인은 잠재적으로 귀중한 정보원이자 절실히 필요한 인력이었다.

1945년 8월 일본이 항복한 후 내전이 다시 발발하자 국민당 진영과 공산당 진영 모두 중국에 잔류한 일본인을 적극적으로 활용했다. 장제스는 패전한 일본군을 상당히 관대하게 대했는데, 이는 그들 중 일부라도 공산당과의 계속되는 투쟁에 활용할 수 있기를 바랐기 때문이었다.[17] 중국 내전에서 가장 주목할 만한 일본 군인들의 참전은 산시성에서 일어났는데, 장제스와 동맹을 맺은 군벌인 옌시산이 중국 서부에 고립된 약 2,600여 명의 일본군 및 민간인을 설득하여 공산당과의 전투에 참전하도록 한 것이다. 이 중 550여 명이 중국 내전에서 전사했고, 400여 명이 중국인민해방군의 포로가 되었다.[18] 한편 중국공산군은 1945년 8월 이후에도 중국에 남아 있던 많은 일본

---

16 臨沂行署出版辦公室(編)(1980), 『孟良崮戰役資料選』, 186쪽.
17 Donald G. Gillin and Charles Etter, "Staying On: Japanese Soldiers and Civilians in China, 1945-1949," *Journal of Asian Studies* 42, no. 3(1983), pp. 497-518.
18 池穀薰, 『蟻の兵隊: 日本兵2600人山西省殘留の眞相』(東京: 新潮社, 2007); Donald G. Gillin and Charles Etter(1983), "Staying On: Japanese Soldiers and Civilians in China, 1945-1949," pp.

인을 동원했다. 만주에서는 일본 패전 직후 몇 년 동안 의사와 간호사, 조종사, 엔지니어를 비롯해 약 1만 명의 일본군 및 민간인이 중국인민해방군에 협력했다.[19]

일부 일본인은 이데올로기적 신념으로 중국 편에 합류했다. 아시아태평양전쟁 중 일본의 좌파 소설가 가지 와타루(鹿地亙)(그의 이야기는 8장에서 다시 만나게 된다)는 충칭(重慶)으로 피신하여 일본인민반전동맹을 조직했다. 한편 정치 활동가인 노사카 산조(野阪參三)는 옌안(延安)으로 건너가 일본인민해방연맹을 설립했다. 두 단체는 탈영한 일본 군인들을 모집하여 중국 측에서 반전 선전 임무를 수행하도록 훈련시켰다. 그러나 마쓰시다 가즈토시를 비롯한 대다수 일본인에게 중국군에 입대하는 것은 이념적 신념의 문제를 떠나 생존 또는 불가항력의 문제였다. 1946년 중반, 마쓰시다 가즈토시가 소속된 중국 국민당 제74사단은 재편된 후 공산군과 무력 충돌을 거듭했고, 8월에는 상하이 북서쪽 장쑤성 중부의 주요 거점에서 공산군을 몰아내는 큰 승리를 거두었다. 하지만 승리는 잠시뿐이었다. 5월 중순, 중국 공산당 화동야전군(華東野戰軍)은 제74사단을 멍량구(孟良崮)의 험준한 산악 지대로 유인하여 포위하고 국민당 군대의 자존심을 완전히 무너뜨렸다. 제74사단은 1만 5,000명의 사상자를 냈고, 생존자들은 생포되어 공산군의 화동야전군에 편입되었다.[20]

마쓰시다 가즈토시와 가토 히토유키는 이 학살에서 살아남았지만, 이제 내전에서 공산당 편에 서게 되었다. 이들을 생포한 공산당 당국은 국민당이 일본군과 협력하여 병사를 충원한 살아 있는 증거라고 발표했다.[21] 공산

500-501, 506-508 참조.
19 古川萬太郎, 『中國殘留日本兵の記錄』(東京: 岩波書店, 1994).
20 Christopher R. Lew, *The Third Chinese Revolutionary Civil War, 1945-1949: An Analysis of Communist Strategy and Leadership* (London: Routledge, 2009), p. 61.
21 臨沂行署出版辦公室(編)(1980), 『孟良崮戰役資料選』, 187쪽.

당이 생포한 일본인에 대해 쓴 보고서에서는 마쓰시다가 국민당군에게 자신을 집으로 돌려보내 달라고 요청했지만 그의 간청이 아무런 소용이 없었다는 내용도 언급되어 있었다. 여기에는 아이러니가 있었다. 마오쩌둥의 군대는 마쓰시다나 가토와 같은 일본인들의 존재를 활용해 내전을 벌이고 있는 국민당의 위신을 실추시켰지만, 자신들 역시 중국을 장악하기 위한 전쟁에서 승리할 수 있는 병력이 누구보다 필요했다. 따라서 중공군도 마찬가지로 일본인을 일본으로 귀환시키는 것을 꺼려했다. 하지만 마쓰시다는 훗날 자신이 일본인이라는 사실을 알게 된 공산당 군인들이 자신을 "대접"해 주었다고 회상한다. 공산군은 그를 내전이 계속되는 전선으로 돌려보내는 대신 처음에는 군량미로 쓸 고구마와 호박을 재배하는 일을 시켰다.[22] 1947년 여름 가미나야에 있는 가족들이 아들의 공식적인 사망 신고 절차를 마쳤을 때, 마쓰시다 가즈토시는 자신을 신생 중국인민해방군의 일원으로 변모시킬 새로운 훈련과 정치 교육을 받기 시작했다.

그사이 공산군은 국민당군에 대한 승리를 공고히 하고 있었고 1949년 10월 1일 마오쩌둥은 중화인민공화국 수립을 공식 선언했다. 하지만 마쓰시다도 곧 알게 되겠지만, 그의 전쟁은 아직 끝나지 않았다.

국공내전에서 한국전쟁으로

중국에 남아 있던 다른 일본인들도 동일한 사실을 알게 되었는데, 그중에는 나가노현 출신 청년 오하바 히로유키(大巾博幸)가 있었다. 그는 1944년 14세의 나이에 만주개척청소년의용군으로 만주로 보내졌다. 일본의 항복 후 소련군이 진주했을 때 오하바는 다른 어린이 및 청소년들과 함께 포로로

---

22 「動亂の大陸に10年間: "生きた英霊"松下一珍さん」,『日向日日新聞』1954年 8月 4日.

붙잡혔다가 치치하얼에서 풀려난 반면, 일본인 성인 포로들은 시베리아 수용소로 끌려갔다. 해방이 마냥 기뻐할 일은 아니었다. 1945~1946년 겨울 동안 치치하얼에 버려진 젊은 일본인들은 먹을 식량은 물론 지낼 거처도 없었다. 많은 이들이 굶어 죽었고, 오하바의 회고에 따르면 그들의 시신은 길거리에 벌거벗겨진 채로 방치되었다. 무덤을 파기에는 언 땅이 너무 단단해서 묻을 수가 없었고, 산 자들이 몸을 따뜻하게 유지하기 위해 죽은 자의 옷까지 필사적으로 훔쳤기 때문에 벌거벗은 채로 방치되었던 것이다.[23]

1946년 4월 중국공산군이 치치하얼에 진주하자 오하바는 "살아남기 위해서" 그들에 협력했다. 그는 먹을 것을 대가로 군복을 염색하는 일부터 아픈 병사들에게 영양을 공급하기 위해 소의 젖을 짜는 일까지 다양한 일들을 부여받았다. 이후 중국 제4야전군 제136사단에 자원입대한 그는 중국 남부에 배치되어 내전 전선으로 보급품을 수송하는 임무를 맡았다가 다시 안동으로 재배치된 1951년 봄, 중국인민지원군과 함께 압록강을 건너 한국전쟁에 참전해 북한 편에서 싸웠다.

4장에서 살펴본 것처럼 한국전쟁은 마오쩌둥이 내전에서 승리를 선언했지만 분쟁의 불씨가 중국 국경지대에 여전히 남아 있던 시기에 발발했다. 장제스의 군대는 타이완을 장악하고 있었을 뿐만 아니라 동쪽의 진먼다오 (金門島)와 서쪽의 버마 국경에서 여전히 공산군과 교전을 벌이고 있었다. 신생 중국공산당 정권의 관점에서 볼 때 한국전쟁은 이러한 지속적인 투쟁의 일부였다. 북한이 승리하면 북한의 입지가 공고해지지만, (마오쩌둥의 말을 빌리자면) "미 제국주의자들이 승리하면 성공에 도취되어 우리를 위협할 수 있는 위치에 오르게 될"[24] 것이었다. 이러한 믿음은 중국이 내전으로 인한 피

23　大山博幸, 「共産軍に動員朝鮮戰爭まで」(2009년 3月 10日; 2009년 6月 16日), NHKアーカイブス, https://www2.nhk.or.jp/archives/movies/?id=D0001150037_00000(검색일: 2013.2.12).

24　Zhihua Shen, *Mao, Stalin and the Korean War: Trilateral Communist Relations in the 1950s*, trans. Neil Silver(London: Routledge, 2012), p. 140 재인용.

해 복구를 시작하지도 못했음에도 불구하고 북한을 지원하기 위해 100만 명 이상의 병력(완곡하게 표현하면 '지원군'이라고 함)을 기꺼이 파견한 이유를 설명해준다.

중국 내전은 또 다른 방식으로도 한국전쟁에 영향을 미쳤다. 1950년 10월 이후 북한을 지원하기 위해 파병된 중국인민지원군의 상당수는 중국국민당군 출신으로, 최근에야 항복했거나 공산당에 붙잡힌 이들이었다. 충성심이 불확실한 이들의 존재는 남한의 포로수용소에서 중국인민지원군 포로들 사이에서 터진, 국공내전의 축소판이라고까지 할 수 있는 격렬한 갈등을 설명하는 데 도움이 된다.

중국인민지원군 중에는 극소수의 일본인이 포함되어 있었는데, 이들은 중국에서 일본군에 복무했거나 성착민으로 만주에 살던 이들이었다. 자세한 내용은 알 수 없지만, 일본 역사학자 후루카와 만타로(古川萬太郞)는 아시아태평양전쟁이 끝난 후 중국에 발이 묶인 일본인 중 수십 명에서 300여 명 정도가 한국 전선에서 중국인민지원군과 함께 복무한 것으로 추정한다.[25] 구술 기록에 따르면 이들 중 일부는 전투 중 사망했으며, 한국군은 사망한 중국인민지원군 병사들과 함께 "일본 관동군 출신으로 추정되는" 오카모토 다케오(岡本武男)라는 이름표를 단 중국인민지원군 제복을 입은 남성의 시신을 발견했다고 보고했다.[26] 2장에서 살펴본 것처럼 다른 일본인들도 중국 북동부 전선에서 전쟁 부상자를 돌보는 의사 및 간호사로 일했다. 다롄 인근의 한 공동묘지에는 14명의 일본인 의료진을 비롯해 351명의 무덤이 있는데, 묘지 입구 표지에 이들이 "항미원조전쟁의 승리를 위해 목숨을 바쳤

---

25 古川萬太郞(1994), 『中國殘留日本兵の記錄』.
26 古川萬太郞(1994), 『中國殘留日本兵の記錄』, 101쪽; Central Intelligence Agency, "Information from Foreign Documents or Radio Broadcasts"(1951.3.28-4.20), CIA Freedom of Information Act Declassified files, CIA-RDP80-00809A000600400532-6.pdf, https://www.cia.gov/library/readingroom/document/cia-rdp80-00809a000600400532-6

다"²⁷고 쓰여 있다.

초기 계획에 따르면, 중국인민지원군 내에 상당한 규모의 일본인이 더 포함될 수도 있었던 것으로 보인다. 중국이 한국전쟁에 참전하기 몇 주 전, 중국과 북한을 가르는 압록강변의 안동은 '군인들의 바다'였다.²⁸ 중국 전역에서 차출된 부대들이 항미원조라는 중국의 사명을 준비하기 위해 모여들었다. 그중에는 일본인 선전요원을 비롯해 상당수의 일본인 신병이 포함되어 있었으며, 이들은 북한군과 합동 작전을 위해 실전과 같은 훈련을 받았다.²⁹ 그러나 최종 순간에 중국 최고사령부는 다른 판단을 내렸다.

1950년 9월, 한국전쟁에 일본군이 참전하는 문제가 치열한 국제 선전전의 주제로 떠오르고 있었다. 일부 미국 하원의원들은 미군이 한국전쟁에서 근무할 일본인 지원병을 모집할 수 있도록 허용하는 법안을 통과시키려는 노력을 기울이고 있었고, 일본의 저명 인사들도 이러한 움직임을 지지했다.³⁰ (1장 참조) 그러나 미 의회의 조치는 성공하지 못했고, 미군사령부는 일본군의 한국전쟁 참전 계획을 공개적으로 부인했다. 미군사령부는 공개적으로 일본군을 전쟁에 투입할 계획이 없다고 주장했지만, 일본군 역할에 대한 논쟁은 소련과 그 동맹국들 사이에서 일본군이 실제로 미국에 의해 비밀리에 모집되어 한국전에 투입되었다는 보도를 부추기는 데 일조했다.

1950년 11월 소련 신문『트루드(Trud)』는 "맥아더와 그의 심복 요시다가 지배하고 있는 일본이 한국에서 여성과 어린이를 학살하면서 사실상 전쟁에 개입하고 있다. 점령자들은 포츠담선언은 물론 다른 국제협정들을 심각

---

27 五味洋治,「日本人も參戰した朝鮮戰爭」,『光射せ!: 北朝鮮收容所國家からの解放を目指す理論誌』6號 (2010.12.6), 109–117쪽.

28 石田壽美惠,「戰場に送るため救った命」(2008年), NHKアーカイブス, https://www2.nhk.or.jp/archives/movies/?id=D0001100115_00000 (검색일: 2013.2.12).

29 古川萬太郎(1994),『中國殘留日本兵の記錄』, 77–78쪽.

30 *Japan News*, August 12, 1950; *Perth Sunday Times*, August 6, 1950.

하게 위반하면서 일본군을 한국에 파병하고 있다"³¹는 분노에 찬 기사를 실었다. 극동위원회를 비롯한 다른 국제 회의에서도 소련 대표들은 같은 주장을 되풀이했다.³² 이는 과장된 주장이지만, (1장에서 살펴본 것처럼) 당시 미국이나 일본이 인정한 것보다 한국전쟁에 대한 일본의 군사적 또는 준군사적 지원이 상당했기 때문에 이러한 주장에 근거가 전혀 없는 것은 아니었다.

마오쩌둥 정부는 공개 성명이나 선전 포스터, 심지어 대중가요 등을 통해 중국의 한국전 참전을 미 제국주의뿐만 아니라 부활하는 일본 제국주의와의 전쟁으로 묘사했다.³³ 이러한 상황에서 중국 당국은 한국에 파병된 중국인민지원군에 일본인이 있으면 도덕적 우위를 점할 수 있는 시각이 훼손될 수 있고 미국과 그 동맹국에게 선전 기회를 제공할 수 있다는 우려를 갖게 되었다. 안동과 그 인근에 배치되었던 대부분의 일본인 병사들은 이제 한국전쟁에 참전할 필요가 없다는 사실을 갑작스럽게 통보받았다. 그러나 적어도 일부의 경우, 일본 신병들을 한국에 파견하지 않기로 한 결정이 모든 부대에 전달되지는 않았던 것으로 보인다.³⁴ 그 틈을 빠져나가 한국 전선이나 그 후방에서 복무하게 된 이들이 있었는데, 그중에 마쓰시다 가즈토시가 포함되어 있었다.

1950년 11월, 마쓰시다는 중국 제20군 제58사단 소속으로 병참 임무

---

31 소련과 중국에서의 이러한 언론의 보도는 1950년 12월 1일 주소련호주대사관이 호주 외무부에 보낸 "한국전쟁에서 일본의 지원을 활용하는 맥아더에 대한 모스크바 언론 보도(Moscow Press Reports on MacArthur's Utilisation of Japanese Assistance in the Korean War)"에서 인용한 것이다. National Archives of Australia. A1838, 3123/7/27. "Korean War-Japan-Policy."

32 「제203차 회의록 발췌본」, Far Eastern Commission(November 2, 1950), National Archives of New Zealand, EA, W2619, 324/4/29, "Individual Countries, Korea, Political Affairs, War in Korea: Use of Japanese Personnel" 참조.

33 Adam Cathcart, "Japanese Devils and American Wolves: Chinese Communist Songs from the War of Liberation and the Korean War," *Popular Music and Society* 33, no. 2(May 2010), pp. 203-218, p. 210에서 인용.

34 古川萬太郎(1994), 『中國殘留日本兵の記錄』, 97-98쪽.

를 맡고 있었고, 12월에는 얼어붙은 압록강을 건너 북한으로 들어갔다.³⁵ 제58사단은 1950년 11월부터 12월까지 미군과 유엔군이 한국 동부지역에서 한중 국경으로 진군하는 것을 저지하기 위해 그 치열했던 장진호 전투를 벌였다. 이 전투에서 중공군은 유엔군의 진군을 저지하는 데는 성공했지만 후퇴하는 미군의 돌파를 막지 못했고, 결국 대규모 미군 병력이 흥남항을 통해 철수할 수 있었다.³⁶ 한편 중공군도 장진호 전투에서 막대한 인명 피해를 입었는데, 약 3만 5,000명의 중공군이 사망하거나 부상당한 것으로 추정되었다. 상당수 사상자가 적과 전투 중 사망한 것이 아니라 장진호 주변의 험준한 산악 지대에서 극심한 추위에 자다가 동상에 걸리거나 얼어 죽었다.

마쓰시다의 부대는 원산항까지 진군했지만, 훈련도 제대로 받지 못했고 보급품과 장비도 턱없이 부족했으며, 주요 무기는 일본군이 중국에 남기고 간 구식 38식 소총이었다. 이마저도 충분하지 않아 소총 한 자루를 서너 명의 병사가 나눠 쓰기도 했다.³⁷ 마쓰시다가 다시 탈영하여 홀로, 하지만 단호하게 남쪽으로 38선과 적의 방어선을 향해 걸어간 것도 바로 이 시점에서였다. 놀랍게도 그는 이 여정에서 살아남았고, 1951년 5월 24일 쓰러진 상태로 서울에서 멀지 않은 곳에서 유엔군에게 투항했다. 전선 인근의 집결소에서 확인을 거친 후 한반도 최남단의 부산포로수용소로 이송된 그는 1951년 7월 18일자 공식 기록에 처음으로 등장했다. 이 기록은 최근 체포된 마쓰시다 가즈요시, 포로 번호 600001에 대한 기록을 유엔군사령부 헌병사령관에게 보고하는 간략하고 형식적인 메모였다.³⁸ 그의 이름은 '가즈

35 「動亂の大陸に10年間: "生きた英靈"松下一珍さん」, 『日向日日新聞』 1954年 8月 4日.
36 Roy Edgar Appleman, *East of Chosin: Entrapment and Breakout in Korea, 1950* (College Station: Texas A&M University Press, 1987), p. 51.
37 「動亂の大陸に10年間: "生きた英靈"松下一珍さん」, 『日向日日新聞』 1954年 8月 4日.
38 Record no. 20, July 18, 1951, Transmittal of record (DA AGO Form 19-2) on Matsushita

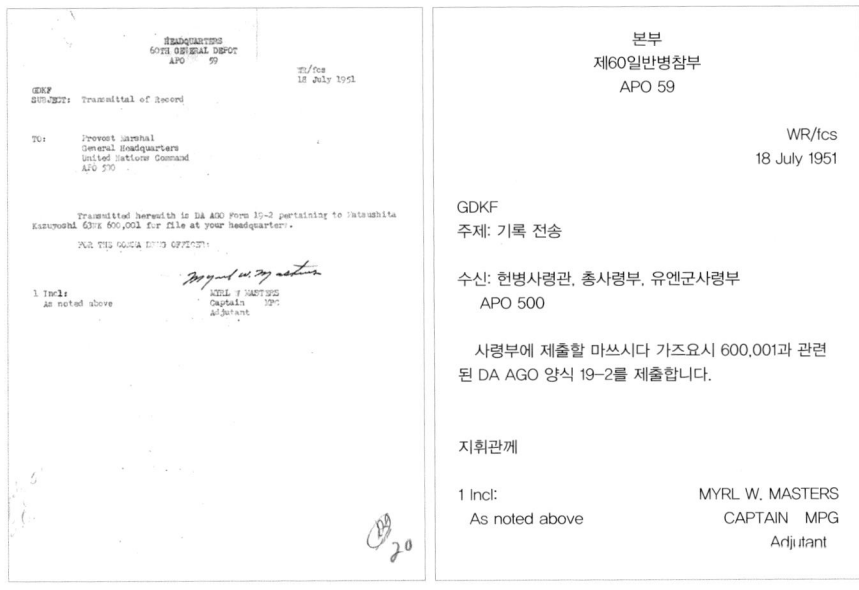

그림 12 1951년 7월 18일자 포로 600001에 대한 최초 공식 기록
출처: 국사편찬위원회

요시'로 잘못 적혀 있는데, 아이러니하게도 이 이름은 아시아태평양전쟁에서 일본 제국군과 함께 싸우다 전사한 그의 남동생 이름이었다.

■ 부산과 거제도

유엔군은 당시 대규모 전쟁포로를 감당할 준비가 되어 있지 않았기 때문에 인천과 부산에 처음 설치된 포로수용소는 곧 포로들로 넘쳐났다. 1950년

Kazuyoshi [sic]; "DA AGO Form 19-2 Basic Personnel Record, UN PW Camp 1," August 3, 1951, National Records and Archives Administration (hereafter NARA), College Park, RG 554, GHQ Far East Command, Office of Provost Marshall, "Correspondence of the Prisoner of War Division Relating to Enemy Prisoner of War, 1950-1954," Box 2, May 1 to Dec. 30, 1951.

말 부산포로수용소는 6,000여 명의 부상자를 포함해 13만 5,000여 명의 전쟁포로를 수용해 소도시 규모로 커졌고, 일부 구역은 심각한 과밀 상태였다.³⁹ 이 문제를 해결하기 위해 이후 몇 달 동안 대부분의 포로들이 배를 타고 거제도 앞바다의 큰 섬으로 이송되었고,⁴⁰ 그곳에서 산비탈을 따라 바다 쪽으로 경사진 논에 거대한 천막 도시가 건설되었다.(4장 참조)

마쓰시다 가즈토시가 부산포로수용소에 도착했을 때 수용소의 규모는 크게 축소되어 있었지만 여전히 1만 6,000명 이상의 포로를 수용하고 있었다.⁴¹ 병원은 그대로 남아 있었지만 나머지 수용소는 여성(엄마와 함께 수감된 소수 어린아이)과 거제도로 이송할 남성 포로들을 단기간 구금하는 장소로 사용되었다. 부산 북쪽 산기슭의 넓은 농경지에 펼쳐진 수용소는 양철로 지붕이 덮인 나무 오두막과 천막이 뒤섞여 있었고, 각 막사에는 보통 50여 명 이상의 포로가 수용되었으며, 대부분 바닥에 멍석을 깔고 잠을 잤다. 수용소의 여성 구역에는 간이침대가 있었지만, 간혹 함께 사용해야 하는 경우도 있었다. 부엌, 병원, 신문을 하는 막사에는 전기가 들어왔지만 포로들의 숙소에는 전기가 들어오지 않았기 때문에 일부 포로들은 해가 질 무렵 막사로 들어가 어둠 속에서 긴 시간을 함께 지내야 한다고 불평했다.⁴² 포로들 사이에 다툼이 잦을 수밖에 없었다.⁴³ 수용소 경계 철조망 바로 옆의 오두막들에는 당국의 몇 차례 철거에도 불구하고 포로들에게 암시장 물건을 전문적으로

39 "UN POWCamp no. 1 Pusan, visited on December 27 and 28, 1950 by ICRC Delegate Mr. Fred Bieri," p. 1, ICRC Archives, B AG 210 056-021.
40 당시 영문 문서에는 'Koje Island' 혹은 'KojeDo'로 표기되어 있다.
41 "UN POWCampno. 1, Koje-Do and Pusan, visited July 17-19 1951 by ICRC delegate Mr. F. Bieri," p. 1, ICRC Archives, B AG 210 056-021.
42 "UN POWCampno.1,Koje-Do and Pusan, visited by ICRC delegates M. Bieri August 19-20 and August 23 to September 19, 1951, and M. de Reynier August 29 to September 2 1951," p. 21, ICRC Archives, B AG 210 056-021.
43 "UN POW Camp no. 1, Koje-Do and Pusan, visited by ICRC delegates Mr. Bieri May 29 to June 9 and Dr. Bessero May 29 to 30 1951," p. 18, ICRC Archives, B AG 210 056-021.

판매하는 지역 주민들이 머물고 있었다.

대부분의 포로들에게 부산포로수용소는 거제도행의 중간 기착지였다. 그러나 마쓰시다는 거제도로 이송되지 않은 채, 1951년 5월 생포된 이후 1953년 6월까지 부산포로수용소에 머물렀다. 유엔군사령부 입장에서 그는 골칫거리였다. 그의 존재는 포로들의 어느 범주에도 속하지 않았지만, 전체 포로 시스템이 혼란에 빠지고 있던 시기에 그를 진지하게 주목하기에는 너무나도 사소한 예외 사항에 불과했다. 그는 유일한 일본인 포로였지만 그에게 수용소 생활은 어떤 측면에서 놀라울 정도로 익숙했다. 수용소에서 사용되는 세면도구, 칫솔 등의 일상용품 상당수가 일본에서 공급되었다.[44] 더욱 흥미로운 것은 대부분의 포로 신문이 일본어로 진행되었다는 점이다.

한국전쟁이 발발하자 미군은 "한국군과 소통할 수 있는 인원이 거의 전무하며" 중국어를 구사할 수 있는 장교도 절대적으로 부족하다는 사실에 직면했다.[45] 맥아더는 국방부에 한국어를 구사할 수 있는 미군 장교 30명을 요청했지만, 단지 17명만 구할 수 있었다. 미 제8군에서 일본에 거주하며 일부 영어를 구사하는 한국인을 모집했지만, 보안에 대한 미국의 우려로 인해 그 수가 제한되었다.[46] 유엔군사령부는 그 공백을 메우기 위해 화교와 타이완 출신 통역관이나 일본계 미군에게 의지했다. 식민지 시대에 일본이 한

---

44 "Rapport Médical conc. les camps I-Kojedo, IC-Pongyamdo [sic], IB-Yonchedo et IAChoguri, du 5-5-53 au 19-5-53," p. 4, ICRC Archives, B AG 210 056-008, "Rapport du Délégué du CICR Dr. Jean-Maurice Rubli. Situation médical dans certains camps de prisonniers de guerre," May 25, 1953-July 03, 1953.

45 Military History Section, Headquarters, U.S. Army Forces and Eighth U.S. Army, *Intelligence and Counterintelligence Problems during the Korean Conflict*(Washington, D.C.: Office of the Chief of Military History, 1955), p. 27, http://www.history.army.mil/documents/Korea/intkor/intkor.htm#cont(검색일: 2013.2.23).

46 Peter Knight, "MacArthur's Eyes: Reassessing Military Intelligence Operations in the Forgotten War, June 1950-April 1951"(PhD diss., Ohio State University, 2006), p. 126; Military History Section, Headquarters, U.S. Army Forces and Eighth U.S. Army, *Intelligence and Counterintelligence Problems during the Korean Conflict*, p. 27.

국을 강점했기 때문에 대부분의 교육받은 한국인들은 일본어를 구사할 수 있었다. 따라서 한국인 포로들은 영어 질문을 일본계 미국인 신문관이 일본어로 통역하고, 필요한 경우 다시 한국인 통역관이 일본어에서 한국어로 통역하는 등 3개국어로 신문을 받는 경우가 많았다. 물론 이로 인해 신문 시간이 두 배 이상 늘어났고, 번역 과정에서 중요한 정보가 누락되는 경우가 종종 발생했다.[47]

마쓰시다의 경우 신문관과 소통하는 과정이 비교적 순조롭게 진행되었지만, 그렇다고 해서 신문 자체가 유쾌했던 것은 아니다. 미군 문서에 따르면 한국전쟁 동안 포로 신문에 어려움이 있던 것으로 보인다. 1952년 중반까지 모든 집중 신문은 부산포로수용소 신문 막사에서 이루어졌다.

잦은 정전 때문에 빛이 충분히 들어오도록 창문은 항상 열어놔야만 했다. 열악한 조명과 무더운 날씨에 들끓는 벌레들, 호통치는 신문관과 벌벌 떠는 포로들, 이 모든 상황들이 아무리 애써도 정보 수집에 별다른 도움이 되지 않았다. [⋯] 전략 신문(strategic interrogations)이 보통은 몇 주, 길게는 몇 달 동안 지속되었기 때문에 포로들은 현재의 상황에 흥미를 잃었다.[48]

일부 포로들은 때로 신문 중에 학대를 받았다고 불만을 제기하기도 했다. 1953년 초 국제적십자사 대표단이 거제도포로수용소의 미군 사령관에게 이러한 불만을 제기하자, 포로들이 신문 중에 "구타당한 적은 한 번도 없"지만 때때로 "비명을 지를 때까지" 신문을 받는다는 말을 듣기도 했다.[49]

---

47 Military History Section, Headquarters, U.S. Army Forces and Eighth U.S. Army(1955), *Intelligence and Counterintelligence Problems during the Korean Conflict*, pp. 26-27.
48 Military History Section, Headquarters, U.S. Army Forces and Eighth U.S. Army(1955), *Intelligence and Counterintelligence Problems during the Korean Conflict*, p. 33.
49 Note from O. Lehner to ICRC, Geneva, "Entretien du 24.12.52 relatif aux PG avec UN,

수용소가 오래 유지될수록 긴장은 더욱 끓어올랐다. 마쓰시다가 부산포로수용소에 도착한 지 약 6주 후, 한국인 포로들이 일본의 아시아태평양전쟁 패전 및 조국 해방 6주년을 기념하는 행사를 치렀다. 그날 밤 9시경, "한 수용동에서 정치적인 노래를 부르기 시작하자 다른 수용동에서도 차례로 불렀다."⁵⁰ 포로들은 밤 10시까지 막사 안으로 들어가라는 명령을 받았지만, 일부는 어둠 속에서 밖에 남아 수용소를 둘러싼 울타리를 향해 돌진하여 밀치기 시작했다. 10시 30분경 탈옥을 우려한 경비병들이 포로들을 향해 총을 쏘기 시작했다. 그들은 또한 노랫소리가 가장 큰 여성 막사 중 하나에 총격을 가했다. 여성 1명을 포함한 6명의 수감자가 즉사하고 24명이 부상을 입었으며, 이 중 3명은 나중에 사망했다.⁵¹

이것이 폭력이 급증한 초기 사례 중 하나였으며 1951년 중반부터 종전 시까지 점점 더 규모가 커지며 반복되었다. 한국전쟁 발발 1년 전에 채택된 1949년 제네바협약은 포로들을 국적에 따라 분류하도록 규정하고 포로 중 장교들이 소속 군대의 일반 병사들에 대한 지휘권을 계속 유지할 수 있도록 했다. 포로들은 자신들의 대표를 선출할 권리를 가졌다. 또한 제3협약 제118조에 따르면 "전쟁포로는 적극적인 적대 행위가 종료된 후 지체 없이 석방하고 송환하여야 한다"고 명시했다.⁵² 이는 현명하고 인도적인 규정처럼 보였지만, 당시의 입안자들은 한국전쟁과 같은 전쟁을 예상치 못했다. 즉 내전인 동시에 대리 세계대전이고, 참전한 강대국 중 하나가 자국 내전의

Col. Ramsay"(January 7, 1953), p. 2, ICRC Archives, B AG 210 056-016, Traitement des prisonniers de guerre, October 18, 1952-May 31, 1955.

50 "UN POW Camp no.1,Koje-Do and Pusan, August 19-20, August 23 to September 19, August 29 to September 2 1951," p. 10.

51 "UN POW Camp no.1,Koje-Do and Pusan, August 19-20, August 23 to September 19, August 29 to September 2 1951," pp. 10-11.

52 "Convention (III) Relative to the Treatment of Prisoners of War, Geneva, 12 August 1949" 이 문건은 국제적십자위원회 웹사이트에서 제공한 것이다.(검색일: 2013.9.29)

여파를 겪고 있던 상황이었다.

북한군 포로 중에는 출신지가 38선 이북과 이남에 있는 모든 사람이 포함되어 있었다. 그리고 그중에는 자의든 타의든 (북한)조선인민군에 징집된 북한 사람, 1950년 북한군이 남하할 때 자원하여 입대한 남한 사람, 그리고 자신의 의지에 반해 강제로 조선인민군에 징집된 남한 사람들이 있었다. 상당수 포로들이 이념적 또는 개인적 이유로 전쟁이 끝나면 북한으로 보내질 것이라는 전망에 깊은 불안감을 안고 있었다. 중국군 포로 중에는 자의든 타의든 중국공산군에 편입된 지 얼마 되지 않은 국민당 출신 군인들도 상당수 포함되어 있었다. 이들 중 일부는 전쟁이 끝나면 당연히 중화인민공화국으로 돌아가는 것보다 중화민국으로 송환되기를 원했다.(4장 참조) 부산포로수용소에 있는 마쓰시다를 방문했던 적십자 관계자 프레데리크 비에리에 따르면, 공산주의 사상을 받아들인 일부 중국인 포로들조차도 중화인민공화국으로 송환되는 것을 꺼렸다고 한다. 그들은 자신들이 적의 포로로 잡힌 것에 대해 처벌받을 것이라고 믿었기 때문이다. "그들은 오히려 타이완으로 보내져서 그곳에서 무슨 일이 일어날지 모르는 위험을 무릅쓰고 싶어 했다."[53]

> 공산당원들은 포로들이 송환되면 항복한 데 대한 정당한 이유가 있어야 한다고 확신하고 있습니다. "정당한 이유"가 없다면, 수용소에서 '좋은 점수'를 받는 것이 살아남을 확률을 높일 수 있습니다. 좋은 점수는 여러 가지 파괴적인 행동을 통해 얻을 수 있는데, 그중에서도 (정치적 반대자들에게 막대기나 돌로 구타를 가하고 때로는 사형을 선고하는) 인민재판을 주도하는 것이

---

53 "UN POW Camp no 1, Koje-do and Pusan, visited by ICRC delegates Bieri, August 28th to Sept. 9th, 1951 and de Reynier, August 28th to Sept. 3rd 1951," ICRC Archives 1411, Rapports de Mm. Lehner, Bieri, de Reynier, Corée 1951.

좋습니다. [...] (북한인과 남한인) 반공주의자들도 가만히 있지 않습니다. 그들도 똑같이 인민재판을 열어 처벌을 내립니다.⁵⁴

요컨대 중국의 국공내전과 한국의 남북전쟁이 거제와 부산, 그리고 다른 포로수용소에서도 나란히 지속되었다. 한국군과 미군 교도관의 개입은 폭력을 억제하기는커녕 오히려 격화시키는 경우가 많았다. 1952년 5월, 수용소장이 포로들에게 일시적으로 잡힌 거제도포로수용소 폭동 사건은 31명의 포로가 사망하면서 끝이 났는데, 이 중 절반가량은 동료 포로들이 살해한 것으로 알려졌다. 1952년 10월에는 중국 국경절을 기념한 폭동으로 제주도포로수용소에서 61명의 중국인 포로가 경비대원들에게 사살당했다. 그리고 같은 해 12월 당국의 발표에 따르면, 봉암도포로수용소에서 대규모 폭동으로 번질 뻔한 시위가 벌어져 한국인 포로 87명이 사살되고 100여 명 이상이 부상을 입었다고 한다.⁵⁵ 이후 미국과 유엔군사령부는 포로 전원을 심사하여 송환 의사를 확인하기로 결정했다. 그러나 이 심사 과정은 포로 내부의 여러 집단 간의 지지를 얻기 위한 다툼에 불을 붙였을 뿐이었다. 한편 북한과 중국은 전쟁이 끝난 후 모든 포로를 자국으로 송환해야 한다고 주장했고, 1952년 상반기부터 송환 문제를 둘러싼 분쟁이 정전협정 체결을 지연시키는 주요 걸림돌이 되었다.⁵⁶

---

54 "UN POW Camp no 1, Koje-do and Pusan, visited by ICRC delegates Bieri, August 28th to Sept. 9th, 1951 and de Reynier, August 28th to Sept. 3rd 1951."

55 제주도에서의 사망 사건에 대해서는 G. Hoffmann, "Rapport confidential concernant l'incident au compound no. 7 de UN POW Branch Camp 3A, Cheju-Do du 1er octobre 1952," ICRC, BAG 210 056-012, Incidents dans les camps, February 08, 1952-April 13, 1953 참조. 거제도의 사망 사건에 대해서는 Charles S. Young, Name, Rank and Serial Number: Exploiting Korean War POWs at Home and Abroad(Oxford: Oxford University Press, 2014), pp. 32-33 참조.

56 Sheila Miyoshi Jager(2013), Brothers at War: The Unending Conflict in Korea, pp. 201-207; Charles S. Young(2014), Name, Rank and Serial Number: Exploiting Korean War POWs at Home and Abroad, 5장 및 7장.

죽음에서 돌아오다

이러한 혼란 속에서 마쓰시다는 살아남기 위해서 할 수 있는 한 가지 조치를 취했다. 바로 일본에 있는 가족에게 편지를 쓰는 것이었는데, 답장을 받지는 못했다.(아마도 편지가 가족에게 전달되지 못했기 때문인 것으로 보인다.) 1951년 11월 말 프레데리크 비에리가 부산포로수용소를 방문했을 때 마쓰시다가 그에게 가족과의 연락을 도와달라고 호소하면서 주소를 주었고, 이를 비에리가 일본 적십자사에 전달했다.[57] 그때까지만 해도 그 과정은 더디게 진행되었다. 당시 마쓰시다가 처한 상황이 정치적으로 매우 복잡하게 얽혀 있었기 때문에 적십자사, 일본 정부, 유엔군사령부 사이에 조용한 협의가 있었을 것으로 보이며, 두 달이 지나서야 마쓰시다의 행방에 대한 소식이 마침내 가미나야에 있는 그의 가족에게 전해졌다.

1952년 1월의 어느 비 오는 날, 장남의 사망 7주기를 맞아 제사를 이제 막 마친 마쓰시다의 가족들은 국제적십자위원회의 한국·일본 수석대표인 레너(Otto Lehner)가 서명한 편지를 받고 놀라움을 금치 못했다. 레너의 편지에는 "아드님은 살아 있으며, 가족의 소식을 듣고 싶어 합니다."라고 적혀 있었다.[58] 당시 50대 중반이던 마쓰시다의 아버지 마쓰시다 하루요시는 이 소식에 너무 흥분한 나머지 우산도 없이 빗속으로 뛰쳐나가 아들이 기적적으로 살아 돌아왔다는 소식을 이웃들에게 알렸다.[59] 그는 며칠 후 인터뷰에서 신문 기자에게 "가즈토시가 살아 있다는 것이 믿기지 않습니다."라고 말

---

57 "UN POW Enclosure no. 1 and 14th Field Hospital, Pusan, Visited by Mr. F. Bieri, 23/ 24, 11, 1951 and 11,12, 1951," ICRC Archives, 1411, Rapports de Mm. Lehner, Bieri, de Reynier, Corée 1951.
58 「國府-中共-國連軍へ: "生きていた兵隊"數奇な運命にもまれる捕虜600001號」, 『每日新聞』 1952年 1月 29日 (東京版).
59 「朝鮮戰爭で捕虜: 8年ぶり黒枠お外す寫真」, 『日向日日新聞』 1952年 1月 26日.

했다. "이제 그가 하루빨리 집으로 돌아오기를 기도할 뿐입니다."⁶⁰ 다음 달 비에리는 마쓰시다의 형제 중 한 명이 보낸 편지와 1939년에 찍은 가즈토시의 사진, 『마이니치신문』이 1월에 게재한 600001번 포로에 관한 기사의 사본을 들고 부산포로수용소로 돌아왔다. 비에리는 "마쓰시다가 가족으로부터 소식을 접한 것이 9년 만입니다. 그는 자신을 위해 노력해준 국제적십자위원회와 일본 적십자사에 계속해서 감사를 표했습니다."⁶¹라고 말했다.

하지만 마쓰시다 가즈토시가 죽음에서 살아 돌아온 것이 일본으로 빨리 귀환할 수 있는 전주곡이 되지는 못했다. 그의 이야기가 신문에 보도된 직후, 전후 일본 정치계에서 가장 흥미로운 인물 중 한 명인 나카야마 마사(中山マサ)가 마쓰시다가 저한 곤란한 상황에 대해 언급했다. 1860년대 나가사키에 정착한 미국인 상인 파워스(Rodney H. Powers)의 혼혈 딸인 나카야마는 미국에서 교육을 받은 후 일본으로 돌아와 오사카 출신의 변호사 겸 정치인과 결혼했고, 1947년 일본 최초의 여성 국회의원 당선자가 되었다.⁶² 전시 일본에서 혼혈 여성으로 상당한 어려움과 위험을 겪었던 나카야마는 전쟁으로 인한 실향민 문제에 민감했다. 정치인으로서 처음부터 그녀는 외국에서 사망하거나 실종된 일본인 선원들의 가족을 비롯해, 일본군에 징집되어 패전 후 승전국으로부터 전범으로 고발되었지만 전후 일본 정부에 의해 버려졌던 한국인 및 타이완인의 권익을 옹호했다. 나카야마가 마쓰시다 가즈토시와 그의 가족이 처한 상황에 깊이 공감할 수 있었던 것도 그와 같은 동

60 「國府-中共-國連軍へ: "生きていた兵隊"數奇な運命にもまれる捕虜600001號」, 『毎日新聞』 1952年 1月 29日 (東京版).
61 "Report on Calls at UN POW Enclosure no. 10, Pusan. 5.2.52 by ICRC delegates Hoffmann, Munier and Bieri, and on 14.2.52 by Bieri," ICRC Archives, 1412, Corée 1952.
62 나카야마 마사에 대해서는 Sally Ann Hastings, "Women Legislators in the Japanese Diet," Anne E. Imamura(ed.), Re-imaging Japanese Women(Berkeley: University of California Press, 1996), pp. 271-300, 특히 p. 276 참조.

기에서 비롯된 것이었다.

1952년 1월 30일, 나카야마는 일본 국회 중의원 외무위원회에서 마쓰시다를 대신해 짧지만 열정적으로 호소했다. 나카야마는 미야자키현 출신의 이름이 알려지지 않은 '우리 동포'가 종전 후 중국에 남아 중국인민지원군으로 "한국의 포로수용소에 나타난" 것에 대해 언급했다. 1950년 12월, 유엔은 포로 문제를 포함한 현안에 대해 수용 가능한 합의를 도출하기 위해 이란, 인도, 캐나다 대표로 3인 휴전 그룹을 구성했고, 1952년 1월까지 이 그룹은 양측의 포로 교환 가능성에 대해 치열한 협상을 벌였다. 공교롭게도 나카야마가 의회에서 질문을 던진 바로 그 시간에 일본 대표단이 유엔 그룹과 회의를 하기 위해 제네바에 머물고 있었다.[63] 나카야마는 중의원에서 한 발언을 통해 중국에 남아 있는 일본인들이 겪는 고통에 대해 이야기하며 포로 교환 계획에 휘말리면 부산에 있는 일본인 포로가 중국으로 다시 보내질 수 있다는 우려를 표명했다. 그녀가 일본 정부에 호소한 내용은 당시 제네바에 있던 일본 대표단을 통해 유엔군사령부에 메시지를 전달해 마쓰시다를 일본으로 송환해 달라고 요청하는 것이었다.[64]

정부의 초기 대응은 전형적으로 신중하고 관료적이었다. 일본 정부는 일본인 전쟁포로 사건을 처리하기 위한 '구체적인 조치'는 아직 취하지 않았다고 답변하면서 일본 송환 당국에서 후속 조치를 취할 것이라고 약속했다.[65] 3주 후 정부 대변인은 더 고무적인 소식과 함께 중의원에서 마쓰시다 가즈토시가 해당 포로임을 확인하는 발언을 했다. 그는 외무성 관리들이 "복원국과 연락하여 필요한 조사를 마친 후 총사령부에 귀환 알선을 요청"

---

63 Korea Institute of Military History, *The Korean War*, vol. 3(Lincoln, Neb.: Bison Books, 2001), p. 23.
64 『國會議事錄』衆議院 外務委員會 第2號(1952年 1月 30日).
65 『國會議事錄』衆議院 外務委員會 第2號(1952年 1月 30日).

했다고 보고했다. 포로 문제에 대한 국제 협상이 어려운 상황임에도 불구하고 유엔군 당국은 "일본인의 일이기 때문에 최선을 다할 것"이라고 밝혀, 마쓰시다를 송환해 달라는 일본의 요청에 긍정적으로 응할 가능성이 높아 보였다.[66]

이렇게 일본 공론장에 등장했던 마쓰시다 가즈토시가 또다시 갑자기 사라졌다. 더욱 미스터리한 것은 그의 존재에 대한 정보가 갑자기 공식 석상에서 완전히 지워진 것 같았다는 점이다. 1952년 5월 27일, 오카자키 가쓰오 외무상은 한국전쟁에서 일본인 병사가 북한군 편에서 싸웠을 가능성에 대한 중의원의 질문에 이렇게 대답했다. "유엔군에 잡힌 포로 중에 일본인이 한두 명 있다는 소문도 들었습니다만, 현재까지 우리가 확인하려고 노력 중이지만 성과를 거두지는 못했습니다. 따라서 우리로서는 아직 포로 중에 그런 사람이 존재하지 않는다고 할 수 있습니다. 소문은 듣고 있습니다만 이 정도로 말씀드릴 수밖에 없습니다. 분명한 증거가 있다고 하더라도 극소수에 불과하다는 소문입니다."[67] 마쓰시다는 실제로 포로 통계에서도 사라졌다. 1951년 말 적십자 포로 명부에는 국적에 따라 마쓰시다의 신원이 확인되었지만, 1952년 1월에는 이상하게도 한국인으로 재분류되었고, 그 이후로는 통계에서 사라져버렸다.[68]

이제 언론의 관심은 전쟁에서 남한 측에서 미군과 함께 싸우다 포로로 잡혀 북한에 수감된 일본인들에 대한 보도로 옮겨 갔다. 휴전 협상이 진행되면서 이들에 대한 증언이 늘어났다. 10명 이상의 일본인 포로가 북한에 억

---

66 『國會議事錄』衆議院 外務委員會 第5號(1952年 2月 20日).
67 『國會議事錄』衆議院 海外同胞引揚及び遺家族援護に關する調査特別委員會 第15號(1952年 5月 27日).
68 국제적십자위원회 스위스 대표였던 비에리는 1952년 1월 부산포로수용소를 방문한 기록을 남겼는데, 포로 수를 집계한 표에서 "기타 계급" 한국인 수치에 일본인 1명 포함이라는 각주를 추가했다. 이 후부터 마쓰시다는 포로 통계에서 확인되지 않는다.

	Deceased	Escaped	Released	Repatriated "Little Swap"	Repatriated "Big Swap"	Trans. to NNRC
212,001 – 213,000	18	212		30	496	
213,001 – 214,000	14	198		26	471	
214,001 – 215,000	17	180		37	620	
215,001 – 216,000	8	78		14	231	
300,001 – 301,000	31	91		174	356	
301,001 – 302,000	10	78		166	417	
305,001 – 306,000	18	117		78	495	
306,001 – 307,000	15	56		39	288	
400,001 – 401,000	9	36		3		
500,001 – 600,000	6					
600,001 –		1				
	121	1061		567	3135	2
1 APR 58	2696	26972	52	5015	59808	77

그림 13 전쟁포로 명단 중 600001 작성 부분
출처: 국사편찬위원회

류되어 있다는 주장도 제기되었다.[69] 그러나 1953년 7월 판문점 휴전으로 마침내 대규모 포로 송환의 길이 열렸을 때, 귀환을 기다리는 포로 중 일본인은 단 두 명에 불과했다. 후쿠시마 출신의 쓰쓰이 기요히토(筒井清人)와 도쿄 출신의 다니가와 요시오(穀山義男)로, 두 사람 모두 일본 내 미군 기지에서 근무하다 미군과 함께 전선에 나섰던 이들이었다.(1장 참조) 일본 이름을 가진 또 다른 포로는 도쿄로 이주한 한국인 2세인 것으로 확인되었으나 일본

---

[69] 「日本人捕虜: 十人二上?」『朝日新聞』1953年 4月 11日, 1면.

으로 송환되었는지 여부는 불분명하다.[70] 아무도 마쓰시다 가즈토시의 행방에 대해서는 묻지 않았다.

단 한 부의 깔끔한 공식 문서가 그의 운명에 대한 수수께끼 같은 단서를 제공한다. 휴전 후 반년이 지난 1954년 4월 1일, 미국 극동군사령부와 유엔군사령부는 유엔군이 생포한 포로의 수와 그들의 최종 운명에 대한 최종 집계표를 작성했다. 포로들의 운명은 사망(Deceased), 탈출(Escaped), 석방(Released), 1953년 4~5월 "소규모 포로 교환" 중 송환(Repatriated "Little Switch"), 1953년 가을~12월 "대규모 포로 교환" 중 송환(Repatriated "Big Switch"), 중립국송환위원회(NNRC)로 이송,(당시 중립국송환위원회는 고국으로 돌아가길 원치 않는 포로들을 담당했다) 민간인 억류자로 재분류(CI's) 등 7가지 제목으로 열거되어 있다. 약 15민 명의 한국군 포로들의 운명을 일괄적으로 분류하고 포로 번호로 식별해서 문서로 작성한 표의 한 페이지에 누군가 연필로 한 줄을 더 추가했다.

"600001 탈출"[71]

— 대탈출

1952년 5월 거제도포로수용소의 대규모 폭동 사건 이후 남한의 포로수용소는 대대적으로 개편되었다. 한국인 포로들 중 민간인 포로로 재분류된 이들은 거제도 남쪽에 있는 별도의 수용소로 이송되었다. 중국인 포로들은

70　「日本人捕虜送還さる」,『朝日新聞』1953年 8月 17日, 1면; "直ちに日本へ送還: 三人の日本人捕虜", 『朝日新聞』1953年 8月 2日, 7면;「一言'はずかしいョ':捕虜の筒井君やっと歸る」,『朝日新聞』1953年 8月 24日, 7면;「日本人捕虜は元氣」,『朝日新聞』1953年 9月 5日, 7면.

71　"Korean Recap," April 1, 1954, in NARA College Park, RG 554, stack area 290, row 51, compartment 9, shelf 3, Records of GHQ, FEC, SCAP AND UNC, Office of Provost Marshal, Statistical Reports Relating to Enemy Prisoners of War, 1950-1953, Box 1.

제주도포로수용소에 집중 수용되었다. 포로 재분류의 목표는 '친공포로'로 확인된 이들을 섬에 있는 포로수용소로 이송하고 '반공포로'로 확인된 이들은 부산을 비롯해 육지에 있는 수용소로 옮기는 것이었다.[72] 얼마 후 방문한 적십자사 대표 호프먼(George Hoffmann)이 언급한 것처럼 부산포로수용소의 분위기는 극적으로 변했다.

대표단은 수용소 전체가 (깃발, 행진, 음악, 노래로 진행되는) 반공 시위로 들뜬 상태라는 것을 알아차렸다. 2개 구역 수용소의 포로 대표들은 대표단에게 선언했다. "우리는 더 이상 스스로를 전쟁포로라고 생각하지 않습니다. 우리는 석방을 요구합니다. 우리는 대한민국(남한) 군대에 입대하여 유엔과 자유세계를 위해 싸우고 싶습니다. […]" 대표는 이렇게 "착한 소년들(good boys)"을 가두어놓고 있는 이 수용소가 곧 구금 당국에게는 상당한 어려움과 불편을 초래할 것이라고 확신했다.[73]

국제적십자위원회에게 이는 진퇴양난의 문제였다. 포로를 중화인민공화국이나 북한으로 강제로 송환하는 것은 분명 비인도적인 일이었지만, 부산과 같은 수용소에서는 이념적 동기를 가진 포로들이 남한 교도관들의 열렬한 지원하에 다른 포로들에게 영향을 미치고 협박할 수 있는 여건이 제공되었다. 이승만 대통령은 정전협정 체결에 단호하게 반대했고, 한국 전체가 남한 통치하에 재통일이 되어야만 전쟁이 끝날 수 있다고 주장했다. 특히 그는 북한으로 송환되기를 꺼리는 포로들을 송환하려는 움직임을 저지하기 위해 총력을 기울였다. 1953년 휴전 논의가 절정에 달하면서 송환을 둘러

---

72 Headquarters, Prisoner of War Command(Provisional), APO 59, 25 August 1952, ICRC, BAG210056-016.
73 "Rapport au CICR sur la visite de M. G. Hoffmann au UN POW Enclosure 11, Pusan, du 29 May1952," p. 5, ICRC Archives, 1413, Corée 1952.

싸고 격렬한 논란이 계속되자 이승만 대통령은 직접 행동에 나섰고, 호프먼이 예견했던 바로 그 '어려움과 불편'이 펼쳐졌다.

한국군 내에서 극비리에 준비가 이루어진 후 1953년 6월 18일 이른 아침 한국인 반공포로들이 수감된 수용소를 통제하고 있던 한국군 헌병대가 철조망을 끊어 현대 역사상 가장 많은 2만 7,111명의 포로들이 집단 "탈출"하도록 허용했다.[74] 이 행위는 무엇보다도 휴전회담을 방해하려는 시도였으며 실제로 북한, 중국, 소련의 거센 반발을 불러일으켰다. 소수의 탈출자들이 생포되었지만 대부분은 남한 주민들 사이에 녹아들었고, 상당수는 (자의든 타의든) 남한 군대에 편입된 것으로 보인다. 집단 "탈출"로 인한 혼란에도 불구하고 휴전 협상은 계속되었고, 7월 27일 북한, 중국, 유엔군사령부가 정전협정에 서명했다. 남한은 서명을 거부했지만 이승만은 암묵적으로 미국으로부터 상호방위조약과 막대한 원조 약속 등 상당한 양보를 받는 대가로 마지못해 정전협정을 받아들였다.[75]

많은 사람들에게 '대탈출'은 진정한 해방의 순간이었을지 모르지만, 그 혼란 속에서 37명의 포로가 사망하고 100명 이상이 부상을 입었다. 출신 성분이 복잡하거나 찬반이 뒤섞였던 포로들에게는 이것이 두려움, 혼란, 불안의 순간이었을 것이다. 1953년 6월 부산포로수용소에 수감되었던 3,385명의 포로 중 86명을 제외한 전원이 탈출했는데, 그들 중에 어둡고 빠르게 비어 가는 수용소를 걸어 나와 곧바로 한국군의 품으로 들어가 한국군에 입대한 마쓰시다 가즈토시가 있었다. 일본 관동군, 중국 국민당군, 중국 인민해방군, 중국인민지원군에서 연이어 복무한 마쓰시다 가즈토시는 이제는 대한민국 제1928부대원으로 특이한 군 생활을 마감하게 된다.

---

74 Paik Sun Yup, *From Pusan to Panmunjom: Wartime Memoirs of the Republic of Korea's First Four-Star General* (Dulles, Va.: Brassey's, 1999), pp. 229-230.

75 Paik Sun Yup(1999), *From Pusan to Panmunjom: Wartime Memoirs of the Republic of Korea's First Four-Star General*, p. 323

한국군은 그를 정보전과 선전전에서 활용 가치가 높은 정보원으로 여겼던 것으로 보인다. 1954년 5월 한국 언론에 호기심을 자극하는 일련의 기사들이 잇따라 보도되었고, 저 멀리 미국 피츠버그의 영자신문에까지 보도되었는데, 당시 지역 신문인 『피츠버그 포스트 가제트』에서는 '한국전쟁에서 빨갱이들을 위해 싸우도록 강요당한 일본인'이라는 제목의 기사를 실었다. 이 기사는 "한국전쟁에서 중국 홍군(紅軍)을 위해 싸우도록 강요받았다고 말하는 일본인 하사"의 정보를 바탕으로 한 한국군의 정보보고서를 인용했다. 그 문제의 하사는 마쓰시다 가즈토시였고, 그가 "2차 세계대전 후 공산당이 약 5만 명의 일본군을 강제 징용했다고 말했다"고 전했다. 또한 "시베리아 캄차카 반도에서 러시아군이 20만 명을 더 훈련시켰다"고 주장했다고 했다.[76]

한국의 언론 보도는 더 자세하고 노골적이었다.[77] 두 개의 한국 신문은 마쓰시다의 말을 인용해 캄차카에서 20만 명의 일본인이 훈련받았을 뿐만 아니라 중국에 남은 일본 여성 대부분이 중공군 매춘 업소에서 '위안부'로 일하도록 강요받았다고 보도했다. 마쓰시다의 생애에 대한 설명도 마찬가지로 기괴했다.[78] 이 이야기는 마쓰시다가 규슈 출신으로 만주로 건너가 관동군 철도사단에 입대했다고 설명하면서 상당히 정확하게 시작되었다. 그러나 그가 일본군에서 탈영하여 중국 국민당군과 싸웠던 시기는 기사에서 삭

---

76 "Japs Forced to Fight for Reds in Korea War," *Pittsburgh Post-Gazette*, June 1, 1954, 2.
77 「軍慰安婦로 強要된 日女 前關東軍은 中共軍으로 強制編入 投降日本人松下 中共蠻行暴露記」, 『동아일보』 1954년 5월 31일; 「中共軍에 日人五萬」, 『경향신문』 1954년 5월 31일.
78 아이러니하게도 이 두 기사 중 하나가 최근 알려졌고 광적인 일부 블로거들에 의해 부정확한 일본어로 번역되면서, "위안부" 문제에 대한 최근의 격렬한 논쟁을 불러일으켰다. 성폭력의 역사는 피해자들이 증언하기를 꺼리기 때문에 늘 밝혀지기가 어렵다. 일본이 패배한 직후 구제국의 일부 지역에서 발이 묶인 일본 여성들에게 일련의 성폭력이 가해졌음을 시사하는 증언들이 있었다. 특히 상당수 일본 여성들이 만주에서 소련군이 저지른 강간의 희생양이 되었다. Lori Watt, *When Empire Comes Home: Repatriation and Reintegration in Postwar Japan* (Cambridge, Mass.: Harvard University Press, 2010) 참조. 그러나 상당수 일본 여성이 중공군 대상 위안부로 모집되었다는 이야기는 문서 또는 구두 증거로 전혀 확인되지 않았다.

제되어 있다. 대신 아시아태평양전쟁 말기 일본이 항복할 때까지 일본군에서 복무한 후 중공군의 포로가 되었다고만 기록했다. 더 이상한 것은 마쓰시다가 1950년 12월 중국 제3야전군과 함께 한국전에 투입되었다가 1953년 5월 중공군에서 탈영하고 한국군 정보부대에 투항할 때까지 한반도 전역에서 계속 전투를 벌였다고 서술되어 있다는 점이다. 부산 수용소에서의 포로 생활은 역사에서 완전히 지워져 있었다.

이 보고서 중 실제로 마쓰시다가 직접 작성한 것이 얼마나 되는지, 그를 체포한 헌병들이 마쓰시다를 대신해 작성한 것이 얼마나 되는지는 불분명하다. 몇 달 후 석방되어 일본으로 돌아간 후 마쓰시다가 진술한 내용은 이것과는 전혀 달랐다. 그러나 시기적으로 볼 때 한국군은 이 일본인 신병으로부터 유용한 정보를 얻어냈고, 마침내 그를 귀국시킬 의사가 있었던 것 같다. 한국전쟁이 끝난 지 1년이 지나고 그가 전사했다고 알려진 지 거의 10년 만인 1954년 7월 말, 마쓰시다는 대구에서 1928부대 장교가 한국군 군복을 선물하며 "일본 재건을 위해 일할 때 이 옷을 입으라"는 말과 함께 공식적으로 작별을 고했다.[79]

▬ 집으로 돌아가기

마쓰시다는 페리 온진호를 타고 오사카로 가서 그곳에서 배와 기차를 타고 고향으로 이동하여 1954년 8월 3일 오후에 도착한 후 가족과 300여 명의 마을 사람들로부터 열렬한 환영을 받았다. 귀국 직후 지역 신문과의 인터뷰에서 마쓰시다는 중국공산군과 보낸 시절에 대한 솔직한 이야기를 들려주었는데, 한국군의 정보보고서에 실린 내용과는 전혀 다른 이야기였다.

---

79 「動亂の大陸に10年間: "生きた英靈" 松下一珍さん」, 『日向日日新聞』 1954年 8月 4日.

그는 자신이 소속된 중국 부대에서 집중적인 사상 교육을 받았지만 실제 군사 기술 훈련은 거의 받지 못했고 장비도 매우 열악했다고 회고했다. 그는 소련이 일본인 병사를 훈련시켰다는 이야기는 언급하지 않았으며, 중국 국경에서 소련군을 가끔 마주친 적은 있지만 북한에서는 본 적이 없다고 말했다. 그리고 그는 중국인민해방군과 민간인 사이에 적용되는 규율, 즉 약탈과 절도가 엄격히 금지되고 여성에 대한 범죄가 금기시되는 규율에 깊은 인상을 받았다고 말했다.[80]

긴 전쟁이 끝난 후 마쓰시다 가즈토시는 규슈에서 수십 년 동안 살았고, 고향에서 배관공으로 일했다. 그는 결혼하여 두 아들을 두었지만 전쟁 경험에 대해서는 거의 말하지 않았다. 가미나야 출신 어부의 아들은 동북아시아의 주요 군대를 모두 경험했지만, 1954년 지역 신문과의 짧은 인터뷰 외에 그들에 대해 느낀 점 등에 대해서는 침묵했다. 그가 세상을 떠나자 그를 개인적으로 아는 사람들을 제외하고는 거의 모든 사람들이 그의 이야기를 오랫동안 잊어버렸다. 이 점에서도 마쓰시다는 상징적인 존재였다. 그의 여정은 전쟁의 주요 서사들과는 어울릴 수 없는 불협화음을 만들어낸다. 그의 여정은 우리가 국가와 시대의 경계에 맞춰 입맛에 맞게 만들어낸 역사를 넘어서 예상치 못하게 흘러간다. 또한 20세기 중반 동북아시아의 이데올로기적 불확실성과 유엔군의 전쟁포로 처리 방식을 비판적으로 조명한다. 훌륭한 병사 슈베이크(Schweik)[81]처럼 끝까지 살아남아 가족에게 돌아가겠다는 일념을 가졌던 마쓰시다는 우리의 역사적·정치적 가정들을 예리하고 날카롭게 파헤쳤다. 그의 삶을 기억함으로써 우리가 한국전쟁을 기억하는 새로운 방법을 찾을 수 있다고 생각한다.

---

80 「動亂の大陸に10年間: "生きた英霊" 松下一珍さん」, 『日向日日新聞』 1954年 8月 4日.
81 (역자 주) 『훌륭한 병사 슈베이크(Osudy dobrého vojáka)』는 체코의 소설가 야로슬라프 하셰크(Jaroslav Hašek)가 1921년부터 1923년까지 4권으로 발표한 반전(反戰) 소설이다.

7. 삶과 죽음을 넘나든 정보원들
UNPIK의 중국인 비밀요원들

캐서린 처치먼

"한국전쟁의 특징 중 하나는 서양인을 스파이로 활용할 수 없다는 것입니다. 서양인은 외모만 봐도 단번에 알아챌 수 있기 때문입니다."[1]

한국전쟁을 '반대편'에서 보도한 몇 안 되는 서양인 중 한 명인 버쳇(Wilfred Burchett)은 전쟁 기간 내내 미군과 한국군이 포로를 군사 정보 수집을 위한 강제 스파이로 활용하면서 제네바협약에 위배되는 활동을 했다고 주장했다. 전쟁 기간 내내 그리고 1953년 7월 정전협정이 체결된 짧은 기간 동안 400여 명 이상의 중국인민지원군 포로들이 부산과 거제, 제주에 있는 여러 수용소에서 끌려나와 북한 후방 지역에서 특수 정보 작전을 수행하도록 강요당했다는 것이다.

전쟁이 발발하기 전부터 미군은 38선 이북에서 온 피난민들을 북한에 대한 정보 수집과 위장 게릴라 작전에 활용했다. 이 부대가 바로 "KLO(Korea Liasion Office, 주한연락처)"로, 그 역사는 이미 자세히 연구된 바 있다.[2] 1950년 10월 중국이 참전하자 미군은 중국인 포로를 비슷한 목적으로 활용하기 시작했고, 낙하산, 도보 또는 잠수정을 통해 전선으로 보내 위험

---

1   Wilfred Burchett·Alan Winnington, *Koje Unscreened* (London: Britain-China Friendship Association, 1953), pp. 73-74.
2   이창건, 『KLO의 한국전비사』(지성사, 2005) 참조. 이창건의 저술에 대한 평가는 Stephen C. Mercado, "KLO ui Hangukchon Pisa[Secret History of the KLO in the Korean War]," *Studies in Intelligence* 56, no. 1(2012), pp. 33-35 참조.

한 첩보 임무를 수행하도록 했다. 이들이 속한 부대는 TLO(Tactical Liaison Office, 전술연락처)라는 약어로 알려졌으며, UNPIK(United Nations Partisan Infantry Korea, 주한유엔군유격대)[3] 예하 중국인 포로들로만 조직된 특수 작전 부대인 '백호부대'에 속해 있었다. UNPIK의 활동은 1990년대까지 기밀 정보였으며, 필자는 아직 UNPIK 내부의 중국인에 대한 미국의 공식 기록을 찾지 못했다. 이 장의 논의는 다음과 같은 개인들의 진술에 기반을 두고 있으며 이 중 상당수는 최근에 이루어진 것이다.

- 버쳇과 위닝턴(Alan Winnington)의 1953년 저서 『혼논의 서제도(Koje Unscreened)』를 통해 TLO의 기능과 임무가 처음으로 드러났다. 이들의 정보는 주로 1951년 12월 거제에서 TLO로 포섭되었다가 공산당으로 탈출한 장웬롱(張文榮)과 14차례에 걸쳐 TLO의 북한 지역 고공 침투 임무에 참여했지만 장웬롱의 탈출로 체포되어 공산군 측 미군 포로가 된 해리슨(David T. Harrison) 중사의 증언을 통해 얻은 것이다.

- 1951년 8월 부산포로수용소에서 포섭된 뒤 1954년 1월 1일까지 2년 반 동안 첩보원으로 근무했던 가오원쥔(高文俊)을 들 수 있다. 최장수 TLO였던 그는 2000년에 출간된 회고록 『한국전쟁의 기억(韓戰憶往)』과 2013년에 출간된 구술사집 『한국전쟁반공의사탐방기(韓戰反共義士訪談錄)』의 두 차례 인터뷰를 통해 자신이 받았던 훈련과 임무들에 대해 상세히 기술했다.

---

3   (역자 주) 한국전쟁 당시 첩보 임무를 담당했던 각종 부대들은 수차례 통합과 개편이 반복되었다. 대표적으로 1951년 7월 KLO부대와 백호부대, 동키부대 등 10여 개 부대를 주축으로 8240부대가 창설되었고, 1952년 11월 그 명칭을 UNPFK(United Nations Partisan Forces Korea)로 변경했다가 1953년 9월 다시 UNPIK로 변경했다.

- 1952년 4월부터 TLO로 훈련을 시작한 후광밍(侯廣明)도 『한국전쟁반공의사탐방기』를 통해 당시의 경험을 인터뷰했다.

- 1953년 3월 초 첫 임무에 투입된 원젠유(文健友)도 『한국전쟁반공의사탐방기』를 통해 인터뷰했다.

- 1954년 1월 타이완으로 돌아올 때까지 8240부대에 근무했던 마쿤겅(馬羣耕) 역시 『한국전쟁반공의사탐방기』를 통해 인터뷰했다.

이들의 이야기는 8장에서 다룰 일본인 목격자 증언에서도 확인할 수 있다.

━━ 선발과 교육

적어도 1951년 1월 초부터 미군 G-2는 부산, 거제, 제주의 포로수용소에 수감된 반공포로 중에서 몇몇을 선발하여 비밀 훈련을 위해 도쿄 인근과 인천 인근의 작은 섬 선갑도(仙甲島)에 있는 두 곳의 미군 시설로 보냈다.[4] 1951년 4월경 도쿄로 파견되었다가 다시 서울로, 이후 선갑도로 파견된 후광밍의 증언에 따르면, 당시 중국이 체포된 TLO를 통해 이러한 사실을 알고 항의했기 때문에 일본이 더 이상 자국 영토에서 이러한 훈련을 허용하지 않았다고 회고했다.[5] 그러나 황푸군관학교 출신으로 거제의 강경 반공포로들이 모여 있던 72수용동의 분대장 장웬룽은 1951년 12월 13일 배를 타고

---

[4] 高文俊, 『韓戰憶往: 浴血餘生話人權』(臺北: 生智文化事業有限公司, 2000), 246쪽. 가오원쥔에 따르면 1951년 8월 1일 선갑도에 도착하자마자 6개월 전 부산수용소에서 사라졌던 5명을 다시 만났다고 한다.

[5] 「侯廣明先生訪問紀錄」, 周琇環·張世英·馬國正·周維朋, 『韓戰反共義士訪談錄』(臺北: 國史館, 2013), 288쪽.

부산으로 갔다가 '도쿄의 특무학교'로 이송되어 그곳에서 일본인 교관에게 두 달간 '비밀요원 훈련'을 받게 된 사례가 있는 것으로 보아 일본에서의 훈련은 이후 재개되었던 것으로 보인다.[6]

미 육군은 특히 국민당군 출신 장교들과 군관학교에서 훈련받은 젊은 병사들을 선발하는 데 관심이 컸다.[7] 버쳇과 위닝턴은 거제수용소에서 매달 시험을 통해 '똑똑한 학생'을 선발해 수용소 내 특수 임무를 맡기거나 특수요원으로 북한에 공수하는 선발 과정을 설명했다.[8] 가오원췬은 수용소 도착 후 실시하는 선별 과정이 가장 중요한 선발 방법이라고 기술했다. 이 심사가 끝나면 지원자들의 활동과 학력에 관한 파일이 작성되었다. 본토로 돌아가는 것이 너무 위험할 만큼 주변에 알려진 반공포로들이 우선적으로 선발되었다.[9] 마쿤쩡은 미군이 TLO를 신발할 때 잠재적인 세 가지 기준이 있었는데, 교육을 받았는지, 확고한 반공주의자인지, 건강한지 등의 기준이었다고 회고했다.[10] 자신의 이야기를 자세히 들려준 가오원췬, 후광밍, 원젠유, 마쿤쩡 등 네 명 모두 TLO로 포섭되기 전에 국민당 황푸군관학교 학생으로 중등 교육을 받은 적이 있었다. 특히 마쿤쩡은 수용소 경비병으로 반공 활동에 참여했던 경험이 있었기 때문에 더욱 적임자였다.

미군은 포로를 정보 수집에 활용하는 일을 누구보다 비밀로 하고 싶어 했다. 그 이유는 무엇보다 그 자체가 제네바협약에 위배되는 일이기 때문이었다. 따라서 미군은 포로 명단에서 해당 포로들의 이름을 삭제하여 TLO가 체포될 경우 포로를 정보 수집에 활용했다는 사실을 부인할 수 있도록 했는데, 이는 제2차 세계대전 당시 독일군이 포로를 정보 업무에 활용하면서 터

---

6 Wilfred Burchett · Alan Winnington(1953), *Koje Unscreened*, p. 72.
7 高文俊(2000), 『韓戰憶往: 浴血餘生話人權』, 244쪽.
8 Wilfred Burchett · Alan Winnington(1953), *Koje Unscreened*, p. 14.
9 「高文俊先生訪問紀錄」, 周琇環 · 張世瑛 · 馬國正 · 周維朋(2013), 『韓戰反共義士訪談錄』, 306쪽.
10 「馬羣耕先生訪問紀錄」, 周琇環 · 張世瑛 · 馬國正 · 周維朋(2013), 『韓戰反共義士訪談錄』, 261쪽.

득한 기법이었다.[11] 판문점 협상에서 미군은 공산당이 이런 일을 꾸며냈다며 그러한 활동이 진행 중이라는 사실을 공식 부인했다. 버쳇은 "미국 측에서는 비밀요원이 되기를 원치 않는 사람을 비밀요원으로 활용하는 것은 어리석은 일이라는 이유를 들며 고공 침투 요원들에 대한 보도가 완전히 날조된 것이라는 입장을 유지했다"고 언급했다. 북한의 남일 장군이 유엔군 수석대표 해리슨(William K. Harrison Jr.) 장군으로부터 12월 18일에 넘겨받은 포로 명단에는 이름이 있는데 이후 명단에는 누락된 포로들에 대해 설명을 요구하자 해리슨은 그 포로들이 "탈출"했다고 설명했지만 그 "탈출한" 포로들 중 일부가 결국 북한으로 고공 침투했다고 지적받자 더 이상 대답을 하지 못했다.[12]

수용소에서 끌려간 포로들에 대한 기록은 그들이 선발될 때 어떤 일을 하게 될지 전혀 알지 못했음을 암시한다. 후광밍은 "매우 힘든 일"을 해야 하지만 포로수용소 밖으로 나갈 수 있는 기회를 제안받았고, 그와 함께 동행한 다른 사람들도 이를 모두 흔쾌히 받아들였다. 도쿄에 도착해 철조망으로 둘러싸인 막사에 들어가서야 그는 '매우 어려운 일'이 무엇인지 깨달았다.[13] 적어도 후광밍에게는 선택권이 주어지기는 했다. 가오원퀀은 다른 포로들이 수용소에서 어떻게 끌려갔는지 기억하고 있었다.

수용소 내 20~25명의 포로들이 자정에 갑자기 기상하는 일이 종종 있었습니다. 각자 군용 담요 두 장과 밥그릇, 나이프와 포크, 개인 소지품을 챙겼습니다. 때때로 사람들은 사방이 붉은 십자가로 칠해진 구급차에 실려

---

11 「馬犖耕先生訪問紀錄」, 周琇環·張世瑛·馬國正·周維朋(2013), 『韓戰反共義士訪談錄』, 262쪽; 「文健友先生訪問紀錄」, 周琇環·張世瑛·馬國正·周維朋(2013), 『韓戰反共義士訪談錄』, 344쪽.
12 Wilfred Burchett · Alan Winnington(1953), *Koje Unscreened*, p. 73.
13 「侯廣明先生訪問紀錄」, 周琇環·張世瑛·馬國正·周維朋(2013), 『韓戰反共義士訪談錄』, 287쪽.

가는 모습을 엿볼 수 있었습니다. 이런 일이 반복되었지만, 사람들은 [무슨 일이 벌어지고 있는지] 추측만 할 수 있었습니다.[14]

거제수용소 내 (포로들에게 반공 교육을 실시하는) 민간정보교육국(CIE) 학교에서 교육을 맡고 있던 마쿤쩡 등은 미국인들이 수용소에서 몇몇 이들을 빼내는 것을 목격했고, 아마도 이들이 미국인들을 위해 일하러 간 것이라고 생각했는데, 이들은 수용소에서 나간 뒤 다시는 돌아오지 않았다.[15] 그러한 이동 대상자 중 한 명이던 원젠유는 1953년 제주에서 끌려왔는데, 당시 유엔을 위해 일하겠다고 자원한 사람들의 명단에 그의 이름이 올라갔지만 그는 실제로 그런 일을 한 적이 없었다.[16] 얼마 지나지 않아 가오원췐과 마쿤쩡도 수용소에서 끌려갔다. 마쿤쩡은 다음과 같이 기억했다.

어느 날 저녁 갑자기 우리 중 30명이 한데 모였습니다. 미국인 한 명과 중국인 한 명이 있었는데, 중국인이 우리에게 질문한 후 신체 검사를 했고, 검사가 끝나자 우리를 원래 부대로 돌려보냈습니다. 다음 날 갑자기 누군가가 나타나서 선발된 사람들은 특정 장소에 모여서 미군에게 보고하라고 명령했습니다. 당시 우리는 포로수용소를 떠나 미군을 위해 일하는 것이 그곳에 머무는 것보다 훨씬 낫다고 생각했습니다.[17]

마쿤쩡과 마찬가지로 가오원췐도 포로수용소를 출발해 30분간 이동하는 동안 가장 먼저 든 생각은 수용소를 나올 수 있어서 너무나 다행이라는 것

14 高文俊(2000),『韓戰憶往: 浴血餘生話人權』, 244쪽.
15 「馬輩耕先生訪問紀錄」, 周琇環・張世瑛・馬國正・周維朋(2013),『韓戰反共義士訪談錄』, 260-261쪽.
16 「文健友先生訪問紀錄」, 周琇環・張世瑛・馬國正・周維朋(2013),『韓戰反共義士訪談錄』, 341쪽.
17 「馬輩耕先生訪問紀錄」, 周琇環・張世瑛・馬國正・周維朋(2013),『韓戰反共義士訪談錄』, 261쪽.

이었다. 그는 유엔이 자신이나 유엔에 협조한 다른 포로들에게 부당한 일을 할 것이라고는 전혀 의심하지 않았다. 이동이 끝났을 때 그와 나머지 일행은 한 막사로 옮겨졌는데, 중국어를 할 줄 아는 미국인이 포로복을 벗으라고 요구하면서 그 대신 새 미군 군복을 한 벌씩 주었다. 4시간 동안 잠을 자고 수송기와 보급 트럭을 타고 인천으로 이동한 후, 작은 배를 타고 3시간 동안 항해하여 해 질 녘에 도착한 곳은 작은 모래섬 선갑도였다.

1951년 8월 1일 선갑도에 도착한 가오원췬은 6개월 전에 수용소를 떠났던 다른 포로 6명을 만났다. 새로 도착한 이들은 다음 날 제2차 세계대전 당시 독일에서 미국으로 망명한 폭스(Fox) 대위를 만났다. 폭스 대위는 이들에게 그들이 더 이상 포로가 아니며 이제 유엔군의 일원이 되었다는 사실을 알렸다.[18] 그는 새로 도착한 포로들을 장차 그들의 교관이 될 네 명의 TLO에게 소개했다. 가오원췬은 그들 모두와 안면이 있었다. 이 중 한 명은 국민당 군관학교 동창이었다. 부제야오, 덩단, 장화위, 저우안방이 바로 그들이다. 가오원췬은 부제야오와 덩단이 유엔군을 위해 처음으로 일했고, 장화위와 저우안방은 그들이 가르친 학생이었다고 회상했다.[19]

마쿤젱도 비슷한 경로로 선갑도에 왔고, 섬에 도착한 후에야 자신이 할 일을 설명받았다. 그는 다음과 같이 기억했다.

그 당시만 해도 우리는 선갑도에 무슨 일을 하러 왔는지 몰랐습니다. 하지만 이후 미군으로부터 우리가 첩보 임무에 선발되었다는 통보를 받았습니다. 북한에 잠입해 첩보 활동을 수행한 뒤 미군 기지로 복귀하는 것이 임무였습니다. 이 말을 들었을 때 우리는 모두 겁에 질렸습니다. 북한에 잠입해 첩보 활동을 하다가 공산당에 발각되면 처형당할 수 있다는 사실을 모두

---

18   高文俊(2000), 『韓戰憶往: 浴血餘生話人權』, 246-247쪽.
19   高文俊(2000), 『韓戰憶往: 浴血餘生話人權』, 248쪽.

가 잘 알고 있었기 때문입니다.²⁰

가오원쥔이 선갑도에서 받은 교육은 30일간 진행되었으며 독도법(讀圖法)과 위장술, 정보 수집, 정찰, 통신, 한국어, 사선을 넘는 법, 은밀히 육지를 횡단하는 법 등을 배우는 과정으로 구성되었다. 그는 부족한 훈련과 열악한 장비를 회상하며, 때때로 교관들이 자신이 가르치는 내용에 대해 깊은 지식이 없다고 느꼈다고 말했다.²¹ 예를 들어 고공 침투 훈련의 경우 연습할 낙하산이 없었고 점프 연습을 할 높은 무대도 없었기 때문에 훈련은 전적으로 말로만 이루어졌으며, 성공 여부는 전적으로 운에 달려 있었다.²² 마쿤셩도 20일간의 훈련만 기억하고 있었으며 가오원쥔과 마찬가지로 훈련이 특별히 전문적이지 않다는 인상을 받았다고 언급했다.²³

버쳇은 이전에도 국민당 요원들이 북한에 침투했지만, 당시 중국인민지원군들 사이에서 유행하는 표현이나 말투를 몰라 쉽게 발각되었다고 언급했다.²⁴ 아마도 이 경험이 미군에게 더 많은 주의를 기울이도록 가르쳤을 것이다. 후광밍은 "미군은 우리들이 발각되는 것을 두려워했기 때문에 임무에 나가기 전에 공산군가나 유행가를 배우도록 훈련시켰다. 중국에서 유행하는 노래라면 무엇이든 가르쳤다"고 회고했다.²⁵

미군은 TLO를 최대한 그럴듯하게 보이게 하기 위해 각 TLO에게 똑같

---

20 「馬羣耕先生訪問紀錄」, 周琇環·張世瑛·馬國正·周維朋(2013), 『韓戰反共義士訪談錄』, 261쪽.
21 高文俊(2000), 『韓戰憶往: 浴血餘生話人權』, 249쪽.
22 高文俊(2000), 『韓戰憶往: 浴血餘生話人權』, 253쪽.
23 「馬羣耕先生訪問紀錄」, 周琇環·張世瑛·馬國正·周維朋(2013), 『韓戰反共義士訪談錄』, 262쪽.
24 Wilfred Burchett·Alan Winnington(1953), *Koje Unscreened*, p. 74. 필자가 추측하기에 국민당은 이후에도 미국이 하는 일을 잘 몰랐던 것을 볼 때, 여기서 언급한 국민당 요원들은 한국군이 북한에서의 간첩 활동을 위해 주한중화민국대사관을 통해 고용한 조선족 요원들을 지칭하는 것으로 보인다.
25 「侯廣明先生訪問紀錄」, 周琇環·張世瑛·馬國正·周維朋(2013), 『韓戰反共義士訪談錄』, 289쪽.

은 군복은 물론 소련제 권총에서부터 상하이에서 만든 펜까지 지급했다.[26] 그러나 문제는 여전히 있었다. 현지에서 사용하기 위해 가져간 돈 중 일부는 위조된 위안화였는데, 이를 사용하다 붙잡힌 TLO가 발각되었던 것이다.[27] 더 큰 문제는 일부 포로들이 수용소에서 반공의 상징으로 새긴 문신인데, 이는 포로수용소 출신임을 즉시 알아볼 수 있는 표시였다. 버쳇은 한자로 된 문신 가운데 "反共抗蘇(반공항소)"라고 새긴 문신을 "간첩으로 보내기 전에 꽃이나 다른 디자인으로 보이도록 어설프게 변조"했다고 지적했고,[28] 중국 자료에서 이를 확인했다. 마쿤젱은 거제에 있을 때 팔뚝에 영어로 'anticommunist(반공)'라는 문신을 새겼는데, 이를 뱀 문신으로 만들었다.[29] 후광밍은 중국 지도 문신을 매화 문신으로 바꾸기도 했다.[30]

▬ 임무의 성격

TLO 임무의 주요 목표는 적진을 넘어 북한으로 가서 그곳에서 알아낸 내용을 남한의 미군 기지로 복귀해 보고하는 것이었다. 이들은 보통 두세 명씩 조를 이루어 파견되었으며, 단독으로 임무를 수행하더라도 항공기로 고공 침투하거나 배를 타고 해안에 침투하거나 도보로 이동하는 등 세 가지 방법 중 하나를 자유롭게 선택했다.[31] 미국은 TLO가 항공기로 고공 침투하는 것을 선호했는데, 이는 적진 내부로 더 깊이 들어갈 수 있고 더 많은 양

---

26 「文健友先生訪問紀錄」, 周琇環·張世瑛·馬國正·周維朋(2013), 『韓戰反共義士訪談錄』, 346쪽.
27 「侯廣明先生訪問紀錄」, 周琇環·張世瑛·馬國正·周維朋(2013), 『韓戰反共義士訪談錄』, 289쪽.
28 Wilfred Burchett·Alan Winnington(1953), *Koje Unscreened*, p. 74.
29 「馬羣耕先生訪問紀錄」, 周琇環·張世瑛·馬國正·周維朋(2013), 『韓戰反共義士訪談錄』, 261쪽.
30 「侯廣明先生訪問紀錄」, 周琇環·張世瑛·馬國正·周維朋(2013), 『韓戰反共義士訪談錄』, 289쪽.
31 「馬羣耕先生訪問紀錄」, 周琇環·張世瑛·馬國正·周維朋(2013), 『韓戰反共義士訪談錄』, 261, 263쪽; 「文健友先生訪問紀錄」, 周琇環·張世瑛·馬國正·周維朋(2013), 『韓戰反共義士訪談錄』, 346쪽.

의 정보를 수집할 수 있기 때문이었다. 반면에 대부분의 TLO는 고공 침투 훈련을 충분히 받지 못했을 뿐만 아니라 고공 침투 임무를 수행하면 적진 한가운데로 들어가기 때문에 돌아오는 과정에서 포로가 잡힐 가능성이 훨씬 높아 고공 침투와 해상 침투를 가장 위험한 방법이라고 생각했다.[32]

원젠유는 앞서 항공기로 고공 침투한 요원들 중 상당수가 돌아오지 않았고, 이 때문에 이들 이후로 임무에 나선 이들은 이 방식을 꺼렸다고 회고했다.[33] 마쿤젱이 아는 한두 번 이상의 고공 침투 임무에서 살아 돌아온 이는 없었고, 고공 침투나 해상 침투를 통한 인명 희생 비율이 높았기 때문에 미군도 TLO 작전에서 이 두 경로를 고집하지는 않았다고 한다.[34] 그러나 이러한 마쿤젱의 기억은 1953년 버쳇이 기록한 것과는 전혀 달랐다. 버쳇의 기록은 TLO의 강하(降下) 책임을 맡았던 해리슨 중사의 증언에 따른 것이었는데, 해리슨은 모든 요원들이 항공기 탑승을 꺼렸기 때문에 자신이 총구를 겨누고 명령해야만 했다고 증언했다.[35] 버쳇이 기록한 내용 중 상당 부분이 전직 첩보원들의 설명과 일치했지만, 이 경우엔 고공 침투가 어쩔 수 없는 세 가지 선택지 중 하나였다고 말한 마쿤젱과 원젠유의 증언이 신빙성이 더 높다고 할 수 있다. 도보로 최전선을 넘는 것도 위험하기는 마찬가지였다. 남북 양쪽 진영 사이에 수많은 지뢰가 설치되어 있었고 적의 눈에 띄지 않기가 어려웠을 뿐만 아니라[36] 바다를 통해 침투하면 해안에서 경비병에게 발각되기 쉬웠다.[37]

훗날 선갑도에서 교관이 된 이들이 수행한 초기 중국인 TLO의 임무는 고

---

32 「馬羣耕先生訪問紀錄」, 周琇環·張世瑛·馬國正·周維朋(2013), 『韓戰反共義士訪談錄』, 267쪽.
33 「文健友先生訪問紀錄」, 周琇環·張世瑛·馬國正·周維朋(2013), 『韓戰反共義士訪談錄』, 346쪽.
34 「馬羣耕先生訪問紀錄」, 周琇環·張世瑛·馬國正·周維朋(2013), 『韓戰反共義士訪談錄』, 267쪽.
35 Wilfred Burchett · Alan Winnington(1953), *Koje Unscreened*, p. 73.
36 「馬羣耕先生訪問紀錄」, 周琇環·張世瑛·馬國正·周維朋(2013), 『韓戰反共義士訪談錄』, 263-264쪽.
37 「文健友先生訪問紀錄」, 周琇環·張世瑛·馬國正·周維朋(2013), 『韓戰反共義士訪談錄』, 346쪽.

공 침투와 해상 침투로 이루어졌다. 부제야오와 덩단의 첫 번째 임무는 고공에서 전선에 투입되어 유엔군의 소이탄 폭격의 유효성을 검증하는 것이었는데, 이후 도보로 복귀하는 데 10여 일이 걸렸다고 한다. 그들은 세 명이 한 조가 되어 침투했지만, 이 중 한 명의 낙하산이 펴지지 않아 사망했다고 한다. 장화위와 저우안방은 잠수정과 소형보트를 타고 한반도 서해안에 상륙한 후 동쪽까지 행군했지만 도중에 일행 한 명을 잃었다.[38] 다른 TLO들과 달리 원젠유는 고공 침투 경로를 가장 안전한 선택이라고 믿고 선호했다. 대다수가 거부하는 일을 선택했기 때문에 미국인들은 그의 말에 큰 신뢰를 보냈다.[39] 1953년 3월, 원젠유는 첫 임무로 고공 침투를 통해 압록강 근처 적진 깊숙한 곳에 수감된 미군 포로들의 사진을 찍으라는 지시를 받았다. 복귀하면서 그는 안전을 확보하기 위해 미군이 임무 수행을 위해 준 카메라를 재빨리 버리고, 미군의 공습을 피해 낮에는 잠을 자고 밤에는 이동하면서 돌아가는 길을 찾았다. 중국인민지원군 병사들과 마주치면 그는 자신이 다른 사단의 소속이라고 말하고 사단과 군번을 지어내곤 했는데, 이 수법은 항상 통하는 듯했다.[40]

마쿤젱은 도보로 전선을 가로지르는 방법을 택했는데, 전 동창이던 리 씨는 고공 침투 임무에서 살아서 돌아오지 못했다. 마쿤젱은 항상 가오원췬과 함께했다. 그러나 세 번째 팀원은 매번 달라졌다. 그들은 1952년 12월에 첫 번째 임무, 1953년 11월에 마지막 임무까지 총 여섯 번의 임무를 완수했다. 세 사람은 각각 소총과 권총으로 무장한 채 야간에 전선을 넘었지만, 지도를 소지한 채로 전선을 넘으면 발각된 이후에 처할 위험이 너무 컸기 때문에 지도를 소지하지는 않았다. 전선을 넘은 후 그들은 밤새 8~9킬로미터

---

38 高文俊(2000), 『韓戰憶往: 浴血餘生話人權』, 248쪽.
39 「文健友先生訪問紀錄」, 周珞環·張世瑛·馬國正·周維朋(2013), 『韓戰反共義士訪談錄』, 344쪽.
40 「文健友先生訪問紀錄」, 周珞環·張世瑛·馬國正·周維朋(2013), 『韓戰反共義士訪談錄』, 342쪽.

를 걸어서 숨을 곳을 찾았다. 낮에는 이곳에 어떤 부대가 주둔하는지, 그들의 군번, 이동 수단, 보급품의 공급 방법 등을 관찰했다. 적진에서 너무 멀리 떨어져 있었고 중국인이었기 때문에 눈에 띄어도 의심을 받지 않았다. 임무는 3일간 지속될 예정이었지만 첫 번째 임무에서는 맹추위로 발에 동상이 걸려 반나절 일찍 귀환했다. 1953년 여름 세 번째 임무가 끝날 무렵 마쿤쩡 일행은 야간에 자신들을 TLO로 인식하지 못한 미군들로부터 기지에 너무 가까이 접근했다는 이유로 공격을 당하기도 했다. 다음 날 공산군과 미군은 전투를 벌이기 시작했고, 공산군은 그들이 밤새 숨어 있던 곳에서 불과 10미터 떨어진 미군 주둔지에 총격을 가하기 시작했다. TLO는 총격이 멈출 때까지 감히 다시 움직일 엄두를 내지 못했고, 미군이 그들을 발견했을 때는 자신들이 지뢰밭에 발을 디딘 것을 알아차렸고 뒤로 물러나라는 명령을 받기도 했다.[41]

   TLO는 임무 중간중간 서울에서 열흘 정도 휴식을 취할 수 있었고, 다시 선갑도로 보내져 한 달 정도 휴식을 취한 후 다시 파견되었다.[42] 전반적으로 첩보 임무에는 인명 희생이 많았다. 가오원쥔은 한 달 동안 25명의 TLO 중 9명만이 돌아왔다고 주장했고,[43] 전쟁 기간 동안 400명 이상의 중국인 포로가 TLO로 투입되었지만 45~65명만이 살아남아 타이완으로 왔고 나머지는 실종되거나 생포되었다고 추정했다.[44] 어떤 임무는 참담했다. 중국인민지원군 정찰병을 사로잡기 위해 7명의 TLO를 파견했는데, 너무 추워서 얼어 죽지 않기 위해 밤에도 계속 움직여야 했다. 이 과정에서 누군가가 실수로 총을 발사해 이어진 반격으로 6명은 서로 다른 방향으로 도망쳤는데, 어

---

[41] 「馬羣耕先生訪問紀錄」, 周琇環·張世瑛·馬國正·周維朋(2013), 『韓戰反共義士訪談錄』, 265-268쪽.
[42] 「馬羣耕先生訪問紀錄」, 周琇環·張世瑛·馬國正·周維朋(2013), 『韓戰反共義士訪談錄』, 266쪽.
[43] 高文俊(2000), 『韓戰憶往: 浴血餘生話人權』, 253쪽.
[44] 高文俊(2000), 『韓戰憶往: 浴血餘生話人權』, 246, 274쪽에서는 400명 중 65명이 살아남았다고 기록되어 있다.

둠 속에서 앞이 잘 보이지 않아 가만히 있던 1명 만이 기지로 돌아올 수 있었다.⁴⁵ 운 좋게 연속으로 임무를 성공적으로 수행한 사람들은 경험과 지식으로 인해 미군에게 더 가치가 높아져 다시 임무에 투입될 가능성이 높아지는 문제가 있었다. 그와 동시에 많은 임무를 성공적으로 수행한 TLO는 공산군에게 잡혀도 자비로운 대우를 받을 가능성이 없었다. 원젠유는 그들의 어려운 처지를 다음과 같이 설명했다.

> 당시 미군들은 최악이었습니다. […] 그들은 여러 번 정보 임무를 마친 이후에도 더 이상 갈 필요가 없다고 말하지 않았습니다. 한 번 다녀오면 감히 공산당에게 항복할 엄두를 낼 수가 없는 상황이었습니다. 공산주의자들이 보기에 더 심각한 범죄를 저질렀기 때문에 가면 갈수록 항복할 가능성은 낮아집니다. 더불어 더 많이 갈수록 그곳의 상황을 더 많이 이해하고 있기 때문에 정보 업무에서 배제될 일도 없습니다. 그냥 총살당할 뿐이었죠. 이 상황을 반전시킬 기회는 거의 없습니다. 한 번 갔다가 잡히면 범죄로 간주되어 곧장 죽음으로 이어지지는 않겠지만, 더 많이 갈수록 공산당은 그가 어리석고 고칠 수 없다고 생각할 것이기 때문에 죽음을 당할 가능성이 더 큽니다. 반면에 미국인 입장에서는 여러 번 다녀온 사람일수록 경험이 많아서 돌아오는 길을 더 쉽고 안전하게 찾을 수 있다고 판단할 것입니다. 따라서 더 많이 갈수록 미국인들의 손아귀에서 벗어날 수 있는 가능성은 줄어들게 되어 있습니다. TLO 소속 정보 요원들은 그렇게 생각했습니다.⁴⁶

중국인 요원과 지휘관들 사이에는 상호 불신과 혐오가 팽배했다. 한 번

---

45 高文俊(2000), 『韓戰憶往: 浴血餘生話人權』, 260-261쪽.
46 「文健友先生訪問紀錄」, 周琇環·張世瑛·馬國正·周維朋(2013), 『韓戰反共義士訪談錄』, 349쪽.

만 더 임무를 수행하면 타이완으로 보내주겠다는 약속이 미끼로 던져지곤 했지만, 요원들이 막상 살아 돌아오면 지휘관들은 그런 말을 한 적이 없다고 부인했다.[47] 미국인들도 TLO에 대한 신뢰가 부족했다. 그들은 임무를 떠나기 전에는 절대로 무기를 주지 않았고, 기지로 돌아오자마자 무기를 회수했다.[48] 훈련 기간 동안에도 중국인 요원들은 무장한 한국인 경비병의 감시를 계속해서 받았다.[49] 미군은 자신들이 선발한 신병들에게 완벽한 복종과 철저한 반공 태도를 요구했다. 포로 활용에 대한 비밀이 보장되었기 때문에 태도가 흔들리거나 불복종하는 신병은 손쉽게 처분했다. 후광밍과 함께 끌려온 한 사람은 수용소에서 반공에 앞장섰지만, 일본에 도착한 후 "공산당도 나쁘지 않고 국민당도 나쁘지 않다"고 말하는 실수를 저질렀다. 이 말을 한 직후 그는 사라져 다시는 소식을 들을 수 없었다.[50] 또 다른 포로였던 웬촨지(文傳基)는 영어를 할 줄 알았지만 미국인들에게 협조를 거부하고 거친 말을 하곤 했다. 후광밍은 이 남성이 철조망으로 둘러싸인 작은 공간에 갇혔는데, 그 공간이 너무 좁아서 일어서지도 못했다고 증언했다.[51] 나중에 선갑도에서 그는 일행과 함께 임무를 수행하기를 거부했고, 일행이 돌아왔을 때는 이미 사라진 뒤였다. 다른 사람들은 그가 미군에 의해 전방으로 끌려가 그곳에서 처리된 것으로 의심했다.[52]

후광밍은 TLO들 사이에 "모래주머니를 등에 지고 가라"는 말이 있다고 회상했다. 이는 명령에 불복종하는 TLO를 제거하기 위해 모래주머니를 등

47　高文俊(2000), 『韓戰憶往: 浴血餘生話人權』, 253쪽.
48　高文俊(2000), 『韓戰憶往: 浴血餘生話人權』, 255쪽.
49　高文俊(2000), 『韓戰憶往: 浴血餘生話人權』, 249쪽.
50　「侯廣明先生訪問紀錄」, 周琇環·張世瑛·馬國正·周維朋(2013), 『韓戰反共義士訪談錄』, 288쪽.
51　「侯廣明先生訪問紀錄」, 周琇環·張世瑛·馬國正·周維朋(2013), 『韓戰反共義士訪談錄』, 287쪽.
52　「馬犖耕先生訪問紀錄」, 周琇環·張世瑛·馬國正·周維朋(2013), 『韓戰反共義士訪談錄』, 265쪽.

에 묶어 바다에 던져버리는 방법을 일컫는다.[53] 이후 TLO 경험이 쌓이면서 살해 위협은 사라졌지만, 여전히 불복종에 대한 굴욕적인 체벌이 자행되었다. 가오원쥔은 이씨, 왕씨, 우씨 등 세 명의 TLO가 최전방으로 침투했지만 한 장소에서 출발해 같은 장소로 두 번이나 돌아오는 바람에 임무를 제대로 수행하지 않고 비무장지대에서 며칠을 그냥 보냈다는 의심을 받았다고 회상했다. 이에 대한 처벌로 동료 5명이 보는 앞에서 야구 방망이로 각각 세 대씩 맞았다.[54]

시간이 지나면서 미국의 태도는 부드러워지기 시작했고, 가오원쥔과 마쿤쩡 같은 경험 많은 TLO는 미국에도 상당히 가치 있는 존재였기 때문에 자신들의 처우에 대해 항의할 수 있었다. 가오원쥔에 따르면, 단식 투쟁과 침대에서 일어나지 않는 소극적 저항, 부대에서 벌어지는 상황을 중국 국민당 정부에 알리기 위해 탈출하여 주한중화민국대사관으로 가는 방법, 긴급한 상황이 아니면 임무에 투입되는 것을 거부하는 방법 등 세 가지 주요 항의 방법이 사용되었다고 한다. 가오원쥔에 따르면, 단식 투쟁을 통해 인기가 없던 지휘관이 중국어를 할 줄 아는 지휘관으로 교체되기도 했다.[55]

그러나 한편으로 지휘관으로부터 6회 임무를 수행하면 더 이상 보내지 않겠다는 약속을 해주기 전까지 더 이상 임무를 수행하지 않겠다고 선언한 TLO들은 몇 주 동안 감금되기도 했다. 야구 방망이로 맞아본 경험이 있는 마쿤쩡은 이렇게 회상했다. "우리는 임무를 수행하면서 이미 경험 많은 첩보원으로 간주된다는 것을 알았고, 게다가 우리는 최전선이 아닌 서울에 있었기 때문에 미국인들이 우리를 죽이지 않을 것이고 우리에게 협상할 여지

---

53 「侯廣明先生訪問紀錄」, 周琇環·張世瑛·馬國正·周維朋(2013), 『韓戰反共義士訪談錄』, 288쪽.
54 高文俊(2000), 『韓戰憶往: 浴血餘生話人權』, 256쪽.
55 高文俊(2000), 『韓戰憶往: 浴血餘生話人權』, 267쪽.

가 있다는 것을 알고 있었다."⁵⁶ 1953년 춘절에 모든 TLO는 축제 기간 동안 어떤 임무에도 나가지 않겠다고 단호하게 거부했다. 이에 미국인들은 총으로 그들을 위협하고 그들이 자고 있는 막사에 총을 쏘아 겁을 주기도 했지만 조준해서 쏘지는 않았다.⁵⁷ 그들은 가까스로 지휘관으로부터 6회 이상 임무는 보내지 않는다는 서면 동의서를 받아냈지만, 여섯 번째 임무를 마치고 돌아온 후 미군은 지휘관을 바꾸고 새 지휘관은 자신이 동의서에 서명하지 않았다는 이유로 전임자가 서명한 동의서를 지키지 않았다.⁵⁸ TLO는 덫에 빠져 이용당한다는 데 무력감을 느꼈다. 미군에 대해 좋은 말을 하는 사람은 아무도 없었다. 후광밍은 이렇게 회상했다.

> 처음에는 미군들에 대해 좋은 인상을 받았지만 가까이 지내다 보니 그들은 믿을 수 없었고 무력과 폭력을 사용했으며 이런 악랄한 방법으로 우리를 통제했지만 우리가 할 수 있는 일은 아무것도 없었습니다. 어떻게 할 수 있었겠어요? 포로라서 반격할 방법도 없었습니다.⁵⁹

마쿤쩡의 심정은 다음과 같았다.

> 당시 선갑도에서 우리가 미군의 도구에 불과하다는 것이 분명했습니다. 우리가 죽어도 그들은 인정하지 않았을 겁니다. 우리가 무사히 돌아올 수 있다면 미군들은 정보를 얻을 수 있겠지만 그러지 못하면 우리의 존재를 부정했을 것입니다.⁶⁰

---

56 「馬羣耕先生訪問紀錄」, 周琇環·張世瑛·馬國正·周維朋(2013), 『韓戰反共義士訪談錄』, 268쪽.
57 「侯廣明先生訪問紀錄」, 周琇環·張世瑛·馬國正·周維朋(2013), 『韓戰反共義士訪談錄』, 292쪽.
58 「馬羣耕先生訪問紀錄」, 周琇環·張世瑛·馬國正·周維朋(2013), 『韓戰反共義士訪談錄』, 268-269쪽.
59 「侯廣明先生訪問紀錄」, 周琇環·張世瑛·馬國正·周維朋(2013), 『韓戰反共義士訪談錄』, 292쪽.
60 「馬羣耕先生訪問紀錄」, 周琇環·張世瑛·馬國正·周維朋(2013), 『韓戰反共義士訪談錄』, 262쪽.

가오원쥔은 판문점 휴전회담이 진전을 보이고 평화로운 분위기가 조성되기 시작하면서 TLO의 근무 여건이 개선되었다고 회상했다. 정보원들은 더 나은 대우를 받기 시작했고, 서울에 가서 쿠어스, 버드와이저, 조니워커 같은 술을 마시고 식사를 할 수 있었다. 그들은 또한 더 많은 의복과 식량을 제공받았고, 유엔군사령부로부터 더 많은 인정을 받았다. 클라크(Mark W. Clark) 장군은 8240부대원들에 대해 특별한 칭찬을 아끼지 않았고, 그들이 서울에 머무는 동안 좋은 대우와 대접을 받을 수 있도록 배려했다.[61] 그 결과 1953년 중반 무렵부터 그들은 강제로가 아니라 자발적으로 일하고 보수를 받기 시작했다.

■ 붙잡힌 사람들

비밀요원으로 선발된 사람들은 거의 대부분 포로수용소에서 반공 활동에 연루되어 있었기 때문에 공산군에 체포되면 간첩죄로 처벌받는 것 외에 다른 처벌도 받을 가능성이 높았다. 예를 들어 원젠유는 공산주의자들이 포로수용소에서 CIE 학교의 지도자였던 사람을 붙잡으면 총살할 것이라고 지적했다. 이 학교의 교장이었던 쑨중겅(孫仲鯁)의 전 동창도 이런 일을 당했다.[62] 그러나 잡힌다고 처벌이 항상 신속히 이루어진 것은 아니었다. 포로로 잡힌 TLO는 포로수용소에 관한 것은 물론 TLO 첩보 조직 자체에 대한 공산군의 귀중한 정보원이었기 때문에 반드시 총살하지는 않았다.[63]

의심할 여지 없이 공산군 측에서 가장 유명한 포로는 부산의 반공 측 지도자이자 나중에 거제도포로수용소 72수용소의 부연대장이었던 악명 높

---

61 高文俊(2000), 『韓戰憶往: 浴血餘生話人權』, 261-262쪽.
62 「文健友先生訪問紀錄」, 周琇環·張世瑛·馬國正·周維朋(2013), 『韓戰反共義士訪談錄』, 348-349쪽.
63 「文健友先生訪問紀錄」, 周琇環·張世瑛·馬國正·周維朋(2013), 『韓戰反共義士訪談錄』, 346쪽.

은 리다안(李大安)이었다. 공산군 포로에 대한 그의 잔인함은 악명 높았고, 1952년 포로 심사 전날 공산군 린쉐부(林學逋)의 가슴에서 뛰는 심장을 잘라냈다는 이야기는 유엔군 포로수용소 내 반공 지도자들의 잔인함을 상징하는 이미지가 되었다.[64] 수용소 내 반공주의자들의 모습을 잘 그려낸, 일종의 반공 전기(傳記)인 『반공의사분투사』에서도 리다안이 공산주의자들을 면도칼로 베고 살을 도려냈다고 기록했다.[65] 가오원쥔에 따르면, 1953년 7월 27일 포로수용소에서 TLO 프로그램에 새로 충원된 60명의 포로들이 판문점 '인도군 마을'로 이송되었고, 리다안도 그중 한 명이었다. 그는 중국 국경 인근에 첩보 기지를 설치하기 위해 무선 장비를 가지고 북한으로 고공 침투했지만, 그를 비롯해 여섯 명 모두 다시는 소식을 듣지 못했다. 타이완인들에게 리다안의 이야기는 1980년대 중국과 타이완 사이에 교류가 이루어질 때까지 미스터리로 남았다.[66]

리다안의 이후 운명은 공산 측 자료에서 확인할 수 있다. 버쳇은 그가 1952년 11월 제주에서 선갑도로 끌려가 정보 훈련을 받았고, 1953년 4월 말 한중 국경을 따라 고공 침투한 이후 사흘 만에 체포되었다고 기록했다.[67] 거제도포로수용소 포로 출신으로 이 주제에 대해 글을 쓰는 것이 공식적으로 승인된 몇 안 되는 중국 작가 중 한 명인 장저쓰(張澤石)(장저쓰는 다른 많은 귀환 포로들과도 친분이 있었고 공식 문서에도 접근할 수 있었기 때문에 가장 정확한 정보를 가졌다.)는 리다안이 1953년 4월 4일 스파이로 북한에 고공 침투했다고 말한다. 그렇지만 그는 북한군에 곧바로 체포되어 이미 그의 신분을 알고 있

---

64 실례로 大鷹, 『志願軍戰俘紀事』(北京: 解放軍文藝出版社, 1986), 143쪽; 張澤石, 『志願軍戰俘紀實: 美軍集中營親曆記』(北京: 中國文史出版社, 1996), 321-324쪽; Richard Peters·Xiaobing Li(eds.), *Voices from the Korean War*(Lexington: University Press of Kentucky, 2005), p. 245.

65 反共義士奮鬥史編纂委員會, 『反共義士奮鬥史』(臺北: 反共義士就業輔導處, 1955).

66 高文俊(2000), 『韓戰憶往: 浴血餘生話人權』, 268쪽.

67 Wilfred Burchett·Alan Winnington, *Plain Perfidy*(London: Britain-China Friendship Association, 1954), p. 133.

던 중공군에게 넘겨졌다. 그는 중국으로 송환되었고 결국 1958년 6월 24일 베이징 군사구 군사법원에서 사형 선고를 받았다.[68]

생포된 다른 TLO들의 운명은 잡혔다가 탈출해 기지로 돌아온 사람들의 이야기를 통해 짐작할 수 있다. 야구 방망이로 구타당한 후 다시 최전방으로 파견된 이씨, 왕씨, 우씨 등 TLO 세 사람은 제시간에 돌아오지 못했다. 상부에 보고할 새로운 정보가 없었던 이들의 지휘관은 부족한 부분을 채우기 위해 새로운 팀을 보내 정보를 수집하는 방식으로 이 문제를 해결하기로 결정했다.[69] 이 임무를 위해 완성탕과 청룽신[70] 그리고 왕씨 성을 가진 사람까지 모두 세 사람이 다시 파견되었다. 4일 동안 적진 뒤에 숨어 있다가 기지로 돌아가기 위해 30분 정도 남았을 때 한 무리의 중국인민지원군 부대가 매복해 무기를 빼앗았다. 왕씨 성을 가진 TLO는 총을 들고 도망치려 했지만 그 자리에서 총격을 받고 사망했다.

그날 밤 중국인민지원군 기지에서 그들은 "미국 제국주의의 간첩"이라고 불리며 가혹한 구타와 학대를 당했다. 그들은 한데 묶여 12일 동안 밤낮으로 행군해야 했다. 그들은 당시에는 재판을 진행하기가 너무 어려웠기 때문에 처형되지 않았다고 믿었다. 미군 비행기가 끊임없이 공습을 위해 지형을 탐색하고 있어서 몇 명 이상의 사람들이 모인 그룹은 손쉬운 표적이 될 수 있었다. 결국 그들은 60~70명의 포로들이 갇혀 있는 전나무가 우거진 어두운 숲으로 끌려갔다. 간부들이 그들을 감시하고 있었고 서로 대화하는 것이 금지되어 있었기 때문에 사람들의 이름이나 그곳에 보내진 이유를 알 수는 없었지만, 포로수용소에서 본 얼굴의 절반 이상을 알아볼 수 있었고 이전에

---

68 張澤石(1996), 『志願軍戰俘紀實: 美軍集中營親曆記』, 319-320쪽.
69 高文俊(2000), 『韓戰憶往: 浴血餘生話人權』, 257-260쪽.
70 후광밍은 계성탕(葛生塘)과 첸룽신(陳榮新)이라는 이름을 언급했는데, 전자는 발음은 다르지만 글자가 비슷하고, 후자는 발음은 비슷하지만 글자가 다르다. 『侯廣明先生訪問紀錄』, 周琇環·張世瑛·馬國正·周維朋(2013), 『韓戰反共義士訪談錄』, 288-289쪽.

선갑도에서 만났던 인물도 10명 정도 되었다.⁷¹ 그들은 밤에는 참호에 갇혀 있다가 낮에 나와서 참호를 더 파거나 당나귀와 말의 짚을 구하고 교량을 수리하는 등 중국인민지원군을 위한 노동을 해야 했다.

포로로 잡힌 두 명의 TLO는 3개월 동안 이렇게 지내다가 초가을이 되자 감시자들이 상당히 미숙한 군인이라는 사실을 깨닫고 탈출하여 유엔군 측으로 돌아갈 계획을 세웠다. 포로 중 한 명이 큰 나무 조각을 뱀으로 착각하여 혼란스러워하는 순간, 그들은 기회를 틈타 여러 방향으로 흩어져 탈출에 성공했다. 그들은 14일 동안 남쪽으로 방황하다가 마침내 유엔군을 발견하고 자신들의 상황을 설명했다. 그들이 돌아왔을 때 미국인들은 그들이 너무 오래 떠나 있었다고 말하며 이중 첩자로 활동하기 위해 돌아왔다고 의심했다.⁷² 그들은 한국인들이 나머지 TLO들에게 자신들의 상황을 알릴 때까지 구금되었고, TLO들은 그들을 석방시키기 위해 항의 시위를 벌였다. 석방된 후 그들은 다시 임무를 수행하기 위해 파견되었고, 결국 청룽신만 살아남았다.⁷³

의도적으로 중국 측으로 망명한 TLO도 처벌을 피할 수 없었다. 버쳇이 북한에서 해리슨 중사와 대화할 수 있었던 것은 1952년 2월 19일 장웬룽의 행동 덕분이었다. 장웬룽은 북한으로 망명하기로 결심하고 고공 침투 임무를 수행하기 위해 탑승하고 있던 C-46 수송기에 수류탄을 던진 후 낙하산으로 뛰어내렸다. 고공 침투 교관이었던 해리슨도 탈출하는 데 성공했지만, 전선 후방에 침투할 예정이던 탑승 미군들은 모두 죽거나 부상을 입었

---

71 후광밍은 북한의 정치범들도 그곳에 수감되어 있었다고 덧붙였다. 「侯廣明先生訪問紀錄」, 周琇環·張世英·馬國正·周維朋(2013), 『韓戰反共義士訪談錄』, 288쪽.

72 「高文俊先生訪問紀錄」, 周琇環·張世英·馬國正·周維朋(2013), 『韓戰反共義士訪談錄』, 298쪽; 高文俊(2000), 『韓戰憶往: 浴血餘生話人權』, 260쪽.

73 「侯廣明先生訪問紀錄」, 周琇環·張世英·馬國正·周維朋(2013), 『韓戰反共義士訪談錄』, 288-289쪽.

고 수송기는 파괴되었다.[74] 해리슨은 장웬룽이 수송기를 파괴했다고 증언했지만, 장웬룽은 여전히 중국공산당에 의해 스파이로 낙인찍혀 종신형을 선고받았고, 일자리를 구하는 데도 어려움을 겪었으며 끊임없는 정치적 박해를 피하지 못했다. 1980년에 중국공산당은 중국으로 돌아온 다른 포로들은 사면했지만 장웬룽은 사면하지 않았고, 그는 사망한 후 3개월이 지난 2000년 6월 사면받을 때까지 정치범의 딱지를 떼지 못했다.[75]

▬ 중화민국과의 관계

가오원췐에 따르면 8240부대 내 중국인의 활동은 유엔군의 철저한 비밀이었으며 국민당 정부도 처음에는 이들의 존재를 알지 못했다.[76] 다만 가오원췐은 국민당이 어쨌든 TLO 선발에 관여했다고 강하게 의심했는데, 그 근거는 국민당의 관점에서 볼 때 반공포로들의 진정한 가치는 포로수용소 내부에서 지도자이자 교사로 활동하면서 중국 포로들에게 영향을 미쳐 포로들이 타이완으로 가도록 하는 목표를 달성하는 데 있었기 때문이었다.[77]

앞서 언급했듯이 중국인 정보 요원들이 사용한 항의 방법 중 하나는 국민당 정부에 자신들의 처지를 알리는 것이었다. 1953년 7월 휴전이 체결될 무렵,[78] 더 이상 잘못된 임무에 나서지 않아도 된다는 약속이 연이어 깨진

74　버쳇이 들었던 내용과 장저쓰가 기록한 내용은 세부적으로 차이가 있다. Wilfred Burchett·Alan Winnington(1953), *Koje Unscreened*, pp. 72-73. 장저쓰는 해리슨 중사가 조종사였고, 장웬룽이 던진 수류탄으로 미군 병사 10명이 사망했다고 기록했다. 이 경우 해리슨 중사의 직접 증언을 들은 버쳇의 내용을 더 신뢰할 수 있다.
75　張澤石, 『我的朝鮮戰爭』(北京: 金城出版社, 2011), 下卷 第10章 7節.
76　高文俊(2000), 『韓戰憶往: 浴血餘生話人權』, 267쪽.
77　「高文俊先生訪問紀錄」, 周琇環·張世瑛·馬國正·周維朋(2013), 『韓戰反共義士訪談錄』, 306-307쪽.
78　정확한 날짜를 제시한 것은 아니지만 가오원췐의 진술 내용을 보면 이 일이 1953년 7월 판문점 휴전 회담 체결 이전에 일어났던 것으로 추정된다.

후 새로운 지휘관이 와서 이들에게 각자 마지막 임무를 하나씩 수행해야 한다고 지시했다. TLO들은 이에 동의했지만, 동시에 롱, 저우, 부, 다이라는 성을 가진 네 명의 TLO(가운데 두 명은 앞서 언급한 저우안방과 부제야오)는 탈옥하여 서울에 있는 주한중화민국대사관으로 향할 계획을 세웠다. 탈출에 성공한 이들은 왕동위안(王東原) 대사를 만날 수 있었는데, 왕동위안 대사는 작년에 이미 왕이라는 이름의 또 다른 전향 TLO를 보호한 적이 있어 이미 상황을 파악하고 있었다고 말했다. 그는 유엔에 대한 전략적 가치와 미중 관계에 미칠 영향 때문에 국민당 정부가 이들을 대사관에 숨길 수 없다고 설명했다. 이 사실을 알게 된 미국인들은 네 명의 탈출자늘이 판문섬 휴전 협상가들에게 비밀리에 포로를 이용했다는 정보를 누설할 것을 우려해 가오원쥔과 남아 있던 다른 사람들을 신문하는 한편, 서울 주변을 며칠 동안 수색했다. 왕동위안 대사는 탈출자 4명을 화교로 위장해 야간열차로 부산으로 보낸 후 그곳 화교들의 집에 숨겨서 보호하는 등 발빠르게 대처했다.[79]

이 일이 있은 후 왕동위안 대사는 TLO를 대신하여 미군과 협상을 시작했고, 그 결과 중 하나는 장기간 복무한 요원들이 그들의 임무에 대한 보상을 받도록 하는 것이었다. 1953년 말, 유엔 당국은 이 탈출자 4명에게 중국군 포로들이 송환을 준비하기 위해 수용되어 있던 판문점의 '인도군 마을' 주변에서 일할 것을 요청했다. 이는 북한과 중공이 타이완으로 송환되기를 희망하는 비송환 포로들을 붙잡으려는 시도를 막기 위한 조치였다.[80] 가오원쥔과 타오, 텐, 리라는 성을 가진 세 명이 이 임무에 자원했고, 그 보상으로 미화 100달러를 지급받았다. 동시에 다른 TLO들에게도 소급하여 급여가 지급되기 시작했다. 8240부대 복무 급여로 매달 75달러씩 지급되었는

---

79 高文俊(2000), 『韓戰憶往: 浴血餘生話人權』, 269쪽.
80 高文俊(2000), 『韓戰憶往: 浴血餘生話人權』, 264-265쪽.

데, 이는 미군 고위급 병사들과 동일한 급여였다.[81] 다른 TLO들은 북한에서 수행한 각 임무에 대해 소급하여 지급받았기 때문에 일부 TLO는 월 175달러까지 벌었다. 가오원쥔은 이 금액이 국민당 군인 525명의 월급을 모두 합친 것과 같다고 계산했다.[82] 가오원쥔은 또한 미국인들이 요원들에게 미국 시민이 되어 미국에서 공부하고 미국 정부로부터 복지를 받을 수 있다고 약속했다고 말했다. 그러나 이러한 약속 중 어느 것도 실행에 옮겨지지는 않았다.[83]

국민당 정부의 개입으로 인한 또 다른 결과로 미 제8군 사령관 테일러(Maxwell D. Taylor) 장군은 중화민국대사관 군사 무관인 양쉐팡(Yang Xuefang) 소장과 중국 TLO의 만남을 허용했다. 양쉐팡은 중앙정부에 곧바로 보고하고 모든 정보 요원들의 타이완 귀환을 보장하겠다고 약속했다.[84] 국민당 관리들이 목격한 TLO의 처우에 관한 약속으로 미군은 더 이상 이들을 마음대로 비밀리에 이용할 수 없었고, 이들도 타이완으로 갈 수 있다는 합의가 이루어졌다. 마쿤쩡은 선갑도에 있던 TLO들이 판문점에서 합의가 이루어졌다는 소식을 듣고 타이완으로 돌려보내 달라고 동요하기 시작했다고 기억했다.[85]

▬ 타이완 도착

1954년 1월 초, 유엔군사령부는 TLO를 명시되지 않은 장소로 이송할 것이라고 발표했다. 당시 그곳에는 최근에 도착한 30명을 포함해 95명의 요

81　高文俊(2000), 『韓戰憶往: 浴血餘生話人權』, 265-266쪽.
82　高文俊(2000), 『韓戰憶往: 浴血餘生話人權』, 275쪽.
83　高文俊(2000), 『韓戰憶往: 浴血餘生話人權』, 274쪽.
84　高文俊(2000), 『韓戰憶往: 浴血餘生話人權』, 270쪽.
85　「馬羣耕先生訪問紀錄」, 周琇環·張世瑛·馬國正·周維朋(2013), 『韓戰反共義士訪談錄』, 269쪽.

원들이 있었다. 소지품과 옷은 가져가되 옮길 수 없는 것은 모두 기름을 뿌려 불태우라는 지시를 받았다. 정오에 미국의 대형 순찰선이 선갑도 앞바다에 닻을 내렸고, 오후 5시에는 작은 배들이 요원들을 데리러 왔다. 이 배에서 그들은 잘 먹었고 영화를 볼 수 있었으며, 배 안에는 금지 구역이 여러 군데 있었지만 갑판 위를 걸어 다닐 수도 있었다. 다음 날 아침 한반도 남서쪽 해안의 초도(草島)라는 섬에 도착한 요원들은 1월 22일 저녁까지 약 3주 동안 그곳에 머물렀다. 이날 저녁 요원들은 민간인 신분을 부여받았고, 미군 지휘관들은 환송 파티를 열어주었다. 그들은 다음 날 배에 실려 한국 본토로 돌아가 그곳에서 곧바로 부산의 비행장으로 이동하였는데, 그곳에는 국민당 정부가 제공한 공군 비행기가 그들을 기다리고 있었다. 밤에 쑹산 비행장에 도착한 그들은 중화민국 국방부 관계자들의 영접을 받았다.

그 후 며칠 동안 국민당은 본토 송환을 거부한 1만 4,000명의 전쟁포로를 환영하는 선전에 열을 올렸다. 그러나 타이베이 거리에서 승리의 퍼레이드를 벌인 '반공의사'들과는 달리 전직 정보 요원들은 주목받지 못했다. 그들의 존재를 비밀로 해달라는 미국 정부의 요청에 따라 그들은 환자와 직원이 하나도 없는 완룽(萬隆)의 군 병원으로 이송되었다.[86] 전쟁 직후 발표된 국민당 선전물에서 리다안이 받은 대우를 보면 그들의 활동이 기밀에 부쳐졌음을 알 수 있다. 리다안은 중국 어딘가에서 군사재판을 기다렸는데, 『반공포로분투사』에서는 그의 영웅적 최후가 그려졌다. 그 책에서는 그가 칼한 자루로 무장한 채 거제도포로수용소의 공산군 수용동에서 반공포로들을 구출하려다 매복에 걸려 살해당한 것으로 묘사되었다.[87]

타이완에 도착한 후 TLO로 미국인들을 위해 복무했던 사람들은 국민당으로부터 본토에서의 첩보 수집 임무에 자원해 달라는 요청을 받았다. 마쿤

86　高文俊(2000), 『韓戰憶往: 浴血餘生話人權』, 276쪽.
87　反共義士奮鬥史編纂委員會(1955), 『反共義士奮鬥史』, 95-96쪽.

젱과 가오원쥔은 모두 자원을 거부했다. 마쿤젱이 기억하는 30여 명의 전직 TLO 중 10명 이상이 계속 정보 요원으로 일했다. 그는 장씨 성을 가진 한 사람이 본토에서 체포되어 처형된 것을 기억했다.[88] 여기서 그는 아마도 가오원쥔이 선갑도에서 만난 장기복무 TLO 중 1957년 10월 10일 푸저우의 공군 기지 사진을 찍다가 체포되어 즉결 처형된 장화위를 지칭하는 것으로 보인다.[89]

UNPIK에서 중국인들이 수행한 활동에 대해서는 현재까지도 민감하고 비밀스러운 분위기가 있다. 2008~2009년 구술사 수집을 위해 인터뷰한 20명의 전직 반공포로 중 5명이 전직 TLO였다. 가오원쥔, 후광밍, 마쿤젱, 원젠유, 류통허(劉通和)이다. 이 다섯 명 중 마지막 세 명은 실명을 공개적으로 밝히지 않기를 원했다. 특히 그중 한 명(류통허)은 자신의 TLO 활동에 대해 언급하기를 끝까지 꺼렸는데, 이는 60년이 지난 현재에도 UNPIK의 일원으로 활동한 사실이 알려지면 친척들과 자신의 삶에 부정적인 영향을 미칠까봐 두려워하고 있음을 시사한다. 앞서 언급했듯이 공산군은 탈북했거나 생포된 사람들로부터 TLO로 활동하는 사람들에 대한 정보를 수집한 것으로 알려져 있다. 특히 마오쩌둥 시대에는 이 때문에 중국에 있는 친척들이 곤란을 겪는 경우가 많았다. 예를 들어 중국 본토에 있던 후광밍의 아내는 당국으로부터 이혼과 재혼 명령을 받아 아들을 데리고 새로 결혼했다. 후광밍은 재전향자인 장웬룽이 자신에 대한 정보를 당국에 넘겼다고 의심했다. 그의 형도 후광밍이 한국에서 국민당 간첩이었다고 주장하는 공산당으로부터 정치적 신문을 받았다. 후광밍은 "저는 국민당 간첩으로 단 하루도 일하지 않았다"고 말했다.[90] 실제로 이 장에서 살펴본 바와 같이 UNPIK

---

88 「馬羣耕先生訪問紀錄」, 周琇環·張世瑛·馬國正·周維朋(2013), 『韓戰反共義士訪談錄』, 270쪽.
89 『福建省情資料庫』, http://www.fjsq.gov.cn/ShowText.asp?ToBook=193& index=20&
90 「侯廣明先生訪問紀錄」, 周琇環·張世瑛·馬國正·周維朋(2013), 『韓戰反共義士訪談錄』, 274쪽.

의 TLO로 일하는 것과 국민당의 스파이로 일하는 것은 전혀 다른 일이었다. 오히려 TLO의 활동은 미국의 한국전쟁 개입에서 중요했던 일이지만 전혀 인정받지 못했다.

8. 미국, 일본, 한국에서의 첩보 전쟁

테사 모리스-스즈키

냉전 시대의 냉혹한 경계가 드러나면서 두 일본 청년 야마다 젠지로(山田善二郞)와 이타가키 고조(板垣幸三)는 서로 그 경계의 반대편에 서게 되었고, 자신들이 통제할 수도 없고 상상할 수도 없는 역사적 사건에 휘말리게 되었다. 이 사건들은 7장에서 설명한 한국전쟁 당시 일본 측의 정보 수집 작전과 연루되어 일본과 미국 사이에 중대한 외교적 사건을 유발하는 계기가 되었다. 이들의 이야기를 통해 한국전쟁의 거대한 전략이 지역 주민들의 일상에서 어떻게 전개되었는지에 대한 통찰을 얻을 수 있다.

야마다 젠지로는 전쟁 중 일본제국 해군에서 항공대 생도로 훈련을 받았으며, 일본이 패전한 후 당시 다른 많은 퇴역 군인들과 마찬가지로 미 점령군에 취직했다. 야마다가 맡은 일은 미국 정보장교 캐넌(Jack Y. Canon, 본명은 Joseph Young Canon) 대령의 집에서 요리사로 일하는 것이었다. 야마다는 요코하마 근처의 집에서 대령과 그의 아내 조셋 그리고 두 명의 어린 자녀로 이루어진 캐넌 가족의 식사를 준비하는 일을 했다. 무뚝뚝하고 총을 좋아하는 텍사스 출신인 캐넌 대령은, 주변 사람들이 사람을 대하는 그의 태도에 놀라기도 했지만, 이 젊은 일본인 요리사에게 금세 호감을 갖게 되었다.

캐넌 부부의 집 현관은 주방으로 바로 연결되어 있었고, 대령은 일이나 여행을 마치고 집에 돌아오면 종종 그곳에 들러 캐멀 담배를 피우며 이 일본인 요리사와 이야기를 나눴는데, 조셋은 이를 몹시 짜증내며 가끔 담배에

하얀 가루를 섞어 넣기도 했다.[1] 캐넌이 자신의 일에 대해 자세한 내용은 말하지 않았지만, 야마다는 대령이 상당히 영향력 있는 인물이라는 것을 금방 알 수 있었다. 그가 주최한 만찬과 칵테일 파티에는 일본의 고위 경찰을 비롯해 저명한 일본 인사들이 참석했다. 야마다는 특히 훗날 정치인이 된 유명 영화배우 야마구치 요시코(山口淑子, 李香蘭)가 자신의 히트곡인 '중국의 밤'을 불렀던 파티를 기억하기도 했다.[2]

1950년 6월 한반도에서 전쟁이 발발했을 때, 한국을 방문하고 막 돌아온 캐넌은 야마다와 대화를 나누기 위해 들러서 요리사에게 이 새로운 분쟁에 대해 어떻게 생각하는지 물었다. 대령은 이 문제에 대해 개인적으로 큰 관심을 가지고 있었는데, 그가 운영하던 정보 조직인 'Z부대(Z Unit 또는 캐넌 기관 Canon Organization)'가 일본뿐만 아니라 한국, 중국, 극동 소련에서 복잡한 첩보 활동을 벌이고 있었기 때문이다. 당시 20대 초반인 야마다 젠지로의 정치적 견해는 제2차 세계대전 당시 받은 해군 생도 훈련의 영향을 크게 받았으므로 한국전쟁에 대해 묻는 캐넌의 질문에 간단명료하게, 한국전쟁의 발발은 일본이 공산주의의 위협에 맞서 재무장하는 것이 중요하다는 점을 의미한다고 대답했다. 야마다의 회고에 따르면, 그 당시 캐넌은 웃으며 다시 "내가 군대를 만들어줄게!"라고 말했다고 한다.[3] 그러나 이후 한국전쟁 3년 동안 야마다 젠지로의 세계관은 근본적으로 바뀌게 되었고, 야마다 자신도 정치적으로 큰 사건에 휘말리게 되었다. 당시의 미일 관계가 너무나도 심각해서 2017년 현재까지도 이 문제에 대한 공식 문건 상당수가 기밀로 분류되거나 검열되고 있다.

---

1 「야마다 젠지로와 필자의 인터뷰」(2014.8.31).
2 「야마다 젠지로와 필자의 인터뷰」(2014.8.31); 日本國民救援會, 『山田善二郎が語る: 私と鹿地事件そして國民救援會』(東京: 日本國民救援會, 1999), 6쪽 참조.
3 山田善二郎, 『アメリカのスパイ, CIAの犯罪』(東京: 學習の友社, 2011), 22쪽.

한편 야마다보다 두 살 아래인 이타가키 고조는 1945년 8월 일본이 항복했을 때 새로 등장한 냉전의 경계선 반대편에 고립된 수십만 명의 일본인 중 한 명이었다. 이타가키는 제국의 고아였다. 전쟁 전 일본령 가라후토(樺太, 사할린)로 이주했던 그의 아버지는 광산 사고로 사망했고, 어머니는 1945년 8월 말 소련군이 가라후토를 침공했을 때 사망했다. 일본령 가라후토가 소련 영토로 편입되면서 이타가키는 잃어버린 제국의 전초기지에 무일푼인 채 홀로 남겨졌고, 일본 본토에서 야마다 젠지로가 그랬던 것처럼 점령군에게 일자리를 구하며 살아남았다. 그는 타르킨(Maxim Tarkin)이라는 소련 장교의 집에서 '하우스보이'가 되었는데, 일부에서는 타르킨이 소련의 정보기관인 GPU(KGB의 전신)의 대령이었다고 주장하기도 한다.⁴

1949년에 중국을 거쳐 모스크바로 돌아간 타르킨은 이타가키를 중국 선양(瀋陽)까지 동반해서 데려갔다. 그렇지만 이 젊은 일본인 유랑자는 자신이 한 번도 가본 적도 없는 고향으로 돌아가기만을 간절히 바랐다. 이타가키는 선양에서 중국과 북한 간의 허술한 국경선을 넘어 한반도 해안을 따라 원산항까지 홀로 걸어갔다. 그곳에서 그는 일본으로 향하는 밀수선의 정박지를 발견했다. 전후의 혼란 속에 밀수가 성행하면서 일본 주변 바다를 건너는 수천 척의 배 중 하나였던 이 배는 발각되지 않고 도쿄만으로 들어가 시바우라항(芝浦港)에 이타가키를 내려주었다. 하지만 이타가키는 일본에 직업도, 돈도, 직계 가족도 없었다. 도쿄에 내리기 전에 그는 곧 다른 밀수선이 입항할 것이라는 정보를 들었다. 일본 수도에서 며칠을 보낸 후(자신의 증언에 따르면), 이타가키는 밀수선인 고호쿠마루를 찾아 선원들에게 자신을 갑판원으로 채용해 달라고 요청했다. 그는 거의 2년 동안 이 밀수선에서 일하며 일본 각 지역은 물론 오키나와, 남북한, 중국, 타이완, 극동 러시아 등 이곳

---

4 「일본 법무성 인권옹호국장 토다 마사오(戶田正直)의 증언」, 衆議院 法務委員會 第27號(1953.7.31).

저곳의 바다를 조용히 누볐다.⁵ 한국전쟁이 발발했을 때 이타가키는 여전히 고호쿠마루에서 몰래 일하고 있었지만, 얼마 지나지 않아 그의 삶은 캐넌과 야마다 젠지로와 기묘하고 운명적인 방식으로 얽히게 된다.

■ 다시 생각하는 일본 점령과 한국전쟁

어떤 측면에서 야마다 젠지로와 이타가키 고조는 그들 세대의 전형적인 인물들이었다. 평범했던 이 두 사람은 아시아태평양전쟁에서 일본의 패배로 인해 삶이 180도 뒤바뀌었다. 특히 이들이 얽히게 된 역사적 사건은 선후 일본, 더 나아가 동북아시아 역사에서 이전에는 볼 수 없었던 날카로운 화두를 던져주었다. 이 두 청년의 경험은 연합군의 일본 점령이나, 한국전쟁과 일본의 연관성에 대해 우리가 기존에 알고 있던 인식을 재고하도록 이의를 제기한다.

일본 점령사는 1947년 초까지 개혁의 시기와 이후의 '역코스'로 뚜렷하게 구분된다. 한 연구에 따르면 "미국의 점령 초기 목표는 일본의 비무장화와 민주화, 일본이 자립할 수 있도록 기본적인 경제 기능의 회복을 돕는 것이었다. 그 외에는 일본에 대해 관심이 없었다." 하지만 냉전의 긴장이 고조되면서 "점령 초기에 미국이 도입한 민주적 개혁의 흐름은 둔화되었고 때로는 역전되기도 했다."⁶

더군다나 캐넌의 Z부대가 핵심적인 역할을 했던 점령기 정보 작전에 관한 이야기는 점령이 처음부터 두 가지 모습을 갖고 있었음을 상기시켜 준

---

5 「이타가키 고조의 증언」, 衆議院 法務委員會 第31號(1953.8.5); 猪俣浩三, 『占領軍の犯罪』(東京: 圖書出版社, 1979), 266쪽.

6 Miranda A. Scheurs, "Japan," Jeffrey Kopstein·Mark Lichbach, *Comparative Politics: Interests, Identities and Institutions in a Changing Global Order*(Cambridge: Cambridge University Press, 2008).

다. 즉 자유주의적이고 개혁적인 측면과 냉전 이데올로기 목표를 강력하게 추구하는 비밀스러운 측면이라는 두 가지가 바로 그것이다. 점령의 두 번째 측면은 점령이 시작되고 처음 몇 주부터 시작된 미 점령군 고위층과 일본군(특히 전시 군사 정보 분야) 전직 고위 인사들 간의 긴밀한 협력과 관련이 있었다. 이 협력 네트워크의 핵심 인물은 주일미군 및 미 극동군사령부 G-2(정보부)의 책임자이자 성미 급하고 맹렬한 반공주의자였던 윌로비(Charles A. Willoughby) 소장이었다. 독일인 아버지와 미국인 어머니 사이에서 태어난 윌로비는 본명이 아돌프 체페-바이덴바흐(Adolph Tscheppe-Weidenbach)로, 18세 때 미국으로 건너가 귀화하여 미국 시민이 되었다. 그는 맥아더 장군의 신임을 받았지만 다른 많은 사령부 참모들과는 관계가 별로 좋지 않았다.[7] 점령군정 내 진보적인 인사들은 그의 극우적 정치관을 의심했고 윌로비는 자신에 대한 비판에 똑같이 대응했는데, 자신을 비판하는 기자들을 "사생아", "매춘기자"라고 부르거나 "적을 이롭게 한다"고 비난하는 등 진보 언론에 맹렬한 공격을 가하기도 했다.[8]

1945년 9월 윌로비는 일본에 도착하자마자 전쟁 중 일본 육군참모본부 제2부장(정보부장)이었던 아리스에 세이조(有末精三)와 일본 육군 참모차장이었던 가와베 도라시로(河辺虎四郎) 등 전직 일본 군인들과 관계를 맺기 시작

---

7   Takemae Eiji, Robert Ricketts·Sebastian Swann(trans.), *Inside G.H.Q.: The Allied Occupation of Japan and Its Legacy*(New York: Continuum, 2002), p. 161; Matthew M. Aid, "US Humint and Comint in the Korean War: From the Approach of War to the Communist Intervention," Richard J. Aldrich·Gary D. Rawnsley·Ming-Yen T. Rawnsley, *The Clandestine Cold War in Asia, 1945-1965: Western Intelligence, Propaganda and Special Operations*(London: Frank Cass, 2000), pp. 16-62, 17.
8   Letter from Charles A. Willoughby to Walter Bedell Smith, May 21, 1951, CIA RDP80B0167R002600080060-2; Charles A. Willoughby, "Cuba: The Pack's in Full Cry Attacks on the Pentagon and Intelligence," *Foreign Intelligence Digest*, May 19, 1961; Tessa Morris-Suzuki, "Democracy's Porous Borders: Espionage, Smuggling and the Making of Japan's Transwar Regime" (Part 1), *Asia-Pacific Journal: Japan Focus 12*, issue 40, no. 4(October 6, 2014), https://apjjf.org/2014/12/40/tessa-morris-suzuki/4198.html

했다. 이 전직 군인들은 G-2의 지원으로 전범 기소를 피할 수 있었을 뿐만 아니라, 미 점령 당국에 정보를 제공하는 민간 정보망을 구축하도록 지원받았다. 당시 이들의 활동에 대한 소문은 많았지만 최근 미국 문서가 기밀 해제되면서 점령기 정보 수집 협력에 대한 중요한 세부 사항이 공개되기 전까지 거의 확인되지 않은 채로 남아 있었다.[9]

아시아태평양전쟁 후반기에 호주와 파푸아뉴기니의 미 정보기관에서 근무했던 캐넌은 항복 직후 일본에 도착하여 윌로비가 지휘하는 CIC에서 근무했다.[10] 1947년 윌로비는 캐넌을 동북아시아 전역에서 비밀정보 및 방첩 활동을 수행하기 위해 신설된 Z부대의 책임자로 임명했다. 윌로비, 캐넌, 그리고 그 동료들의 활동은 초창기부터 냉전적 사고방식이 미 점령군 일부에 얼마나 깊숙이 침투해 있었는지를 보여준다. 또한 이들의 활동은 점령의 다국적 차원과 국경을 넘는 차원의 중요성을 강조한다.

윌로비는 주일미군과 미 극동군사령부 정보 책임자를 겸임하면서 일본을 넘어 동아시아 지역 전체를 아우르는 정보력을 발휘했다. 그가 만든 Z부대를 비롯한 첩보 네트워크는 일본을 한국, 중국, 베트남에 이르는 미국 정보 수집 활동의 중심지로 만들었다. Z부대는 국경을 넘나드는 작전뿐만 아니라 다민족을 대상으로 작전을 벌였다. 이 부대의 부사령관인 연정은 만주

---

9 그러한 문서 중 하나가 Head of Station to Chief, FDZ, *JIS Groups and Japanese National Revival*, May 11, 1951, CIA Japanese Imperial Government name files, Hattori Takushiro, vol. 1 document 18 보고서이다. 기밀 해제된 문서에 대해서는 有馬哲夫, 『CIAと戰後日本: 保守合同·北方領土·再軍備』(東京: 平凡社, 2010) 참조. 이 문제에 대한 추가적 논의는 Tessa Morris-Suzuki, "Democracy's Porous Borders: Espionage, Smuggling and the Making of Japan's Transwar Regime"(Part 2), *Asia-Pacific Journal 12*, issue 41, no. 2(October 13, 2014) 참조.

10 Duval A. Edwards, *Jungle and Other Tales: True Stories of Historic Counterintelligence Operations*(Tucson, Ariz.: Wheatmark, 2008); Joseph Y. Kurata, "Counter Intelligence in Occupied Japan," *Building_a_New_Japan*, https://www.javadc.org/building_a_new_japan_introduction.html(검색일: 2014.9.4). 『Building a New Japan』은 전후 미국의 일본 점령에 관여했던 일본계 미국인들의 구술 회고록을 모은 온라인 컬렉션으로 미국재향군인협회에서 편집 및 간행을 맡고 있다.

에서 일본군과 함께 복무한 경험이 있는 한국인으로, 한국 대통령 이승만이 직접 이 부대에 임명했다.[11] 다른 부대원으로는 일본계 미국인들(그들 중 상당수는 미국에 전시 포로로 잡혀 있었다)과 반공주의자인 러시아인들이 있었다.[12] 한국 및 중화민국 군 장교들이 때때로 Z부대에 협력했으며,[13] 일부 정보원은 이 부대에서 수집한 정보를 한국, 일본, 중화민국 당국과 공유했다.

국경을 초월한 이러한 점령군 활동은 한국전쟁 발발 이후 특히 중요했다. 1장에서 이미 살펴본 것처럼 일본은 다양한 방식으로 한반도의 분쟁에 연루되었다. 수천 명의 일본인이 한국전쟁 지역에서 기뢰 제거, 병력·무기·폭탄 수송 등 군사 관련 임무를 수행했으며, 전쟁에 관한 주요 결정이 대부분 일본 본토에서 이루어졌다. Z부대의 이야기는 한국전쟁과 일본의 관계에서 오랫동안 간과되었던 또 다른 측면, 즉 한국전쟁 정보 작전에서 일본이 가진 위상을 드러내고 이러한 관계가 일부 일본 시민들에게까지 미친 영향을 다시 한 번 상기시켜 준다.

▬ 밀수, 정보 수집, '전염병 선박': 한 귀환자의 이야기

에이드(Matthew M. Aid)가 지적했듯이, 한국전쟁 당시 미 극동군사령부는 소련 군사 활동에 대한 정보 대부분을 일본군 포로들로부터 입수했다.

제2차 세계대전이 끝난 후 1950년 6월까지 소련 또는 극동의 소련 점령

---

11 延禎, 『キャノン機関からの証言』(東京: 番町書房, 1973).
12 山田善二郎(2011), 『アメリカのスパイ, CIAの犯罪』; 韓道峰, 「キャノン機関員としての回想」, 『週刊新潮』, 1960年 7月 11日; 한도봉의 해당 기사는 CIA가 영문으로 번역하여 Han To-pong, "My Recollection as an Agent of the Canon Organ," CIA Freedom of Information Act Declassified files, CIARDP75-00001R000300470028-4 제공하고 있다. 「이타가키 고조의 증언」, 衆議院 法務委員會 第31號(1953.8.5).
13 山田善二郎(2011), 『アメリカのスパイ, CIAの犯罪』, 43쪽.

지역에서 포로가 되었다가 귀환한 약 150만 명의 일본인 전쟁포로가 신문을 받았다. 1946년 12월부터 1948년 6월까지 도쿄의 극동군사령부 중앙신문센터는 약 62만 5,000명의 일본인 귀환자를 신문하고, 입국장에서 5만 7,000명의 일본군 포로를 약식 신문했으며, 소련에 대한 '중요한 정보'를 보유한 9,000명의 일본군 포로를 보다 정밀하게 신문했다.[14]

점령군 정보 당국의 특별한 관심을 끌었던 귀환자 중 한 명이 이타가키 고조였다. 이타가키의 이야기에 대해 우리가 알고 있는 대부분의 정보는 1953년 8월 이타가키가 일본 국회 중의원 법무위원회에서 했던 증언과 추가로 법무부 관리들에게 제공한 정보에서 나온 것이다. 이 증언에는 여러 가지 의문이 따른다. 우리는 그것을 얼마나 믿을 수 있고 이타가키는 얼마나 많은 것을 감추려고 했을까? 이타가키와 다른 Z부대 피해자들을 대변했던 사회당 국회의원 이노마타 고조(猪俣浩三)조차도 처음에는 이타가키의 이야기가 "너무 이상하다"며 불신이 섞인 태도로 대했다.[15] 1953년 언론 인터뷰에서 이타가키는 부대 지휘관에 대한 잘못된 정보를 간접적으로 전달했다. 예를 들어 그는 캐넌을 캘리포니아 출신이라고 언급했지만 그는 텍사스 출신이었다.[16] 그러나 그해 8월에 열린 Z부대에 대한 국회 청문회에서 이타가키의 개인적 이야기의 핵심 요소인 니가타(新潟)에서의 신문, CIC로의 이송, 캐넌 기관에 의한 감금 등은 니가타지방검찰청과 법무성 관계자 등 다른 증인들에 의해 사실로 확인되었다.[17] 이노마타 의원은 자신이 직접 경험

14 Matthew M. Aid(2000), "US Humint and Comint in the Korean War," p. 19.
15 猪俣浩三(1979), 『占領軍の犯罪』, 265쪽.
16 板垣幸三·鈴木智雄·竹內理一·多田一郎·眞山晴雄, 「スパイ渦巻く東京租界」, 『オール読物』 8卷 10號 (1953.10), 218-225, 219쪽.
17 「일본 법무성 인권옹호국장 토다 마사오의 증언」, 衆議院 法務委員會 第27號(1953.7.31); 「일본 법무성 교정국장 나카노 분사쿠(中尾文策)의 증언」, 衆議院 法務委員會 第27號(1953.7.31); 「야마다 젠지로의 증언」, 衆議院 法務委員會 第31號(1953.8.5).

한 일을 언급하면서 이 젊은 귀국자가 실제로 진실을 말했다고 믿게 되었다.[18]

1951년 초에 이타가키는 여전히 밀수선인 고호쿠마루에서 일하고 있었다. 이 선박이 불법 무역뿐만 아니라 소련이나 북한에 대한 첩보 활동이나 기타 정치 활동에도 관여했을 수 있지만, 이타가키는 이보다 더 민감한 임무에 대해서는 비밀에 부친 것으로 보인다. 1951년 3월, 배는 일본 서해안 니가타현의 한 항구에 입항했고, 이타가키는 보자기로 싼 꾸러미를 건네받으며 이를 아오모리현 미사와(三沢) 인근의 주소지(대규모 미 공군 기지의 소재지)로 갖다주라는 명령을 받았다. 그는 꾸러미의 내용물을 보지 말라는 명령을 받았지만, 미사와로 향하는 기차 안에서 자신이 들고 있는 꾸러미에 대한 호기심에 사로잡혀 꾸러미를 열어보려 했다. 그런데 갑자기 객차 안에 있던 한 남자가 이타가키를 붙잡았는데, 그는 이타가키를 미행하기 위해 밀수꾼들이 고용한 사람인 것이 분명했다. 그 남자는 짐을 움켜쥐고 다음 정차역에서 이타가키를 열차 밖으로 밀어낸 후 심하게 구타했다. 돈도 소지품도 없이 낯선 장소에 홀로 남겨진 이타가키는 혼란에 빠진 상태로 철로 옆을 헤매다가 경비원에게 발견되어 경찰에 인계되었다.

이타가키는 아직 소년이었기 때문에 일본 법에 따라 소년원으로 보내졌다. 그러나 특이한 경로로 입국한 사할린 귀환자로서 그는 곧 일본 경찰뿐만 아니라 미국 정보기관의 관심을 끌었다. 이타가키는 중의원 법무위원회에 제출한 증언에서 니가타의 소년원에 수감되어 있는 동안 매일 아침 CIC 요원들이 자신을 니가타에 있는 사무실로 데리고 가 신문했다고 회고했다. 그 후 불법 입국 혐의로 소년법원에서 재판을 받고 6개월의 집행유예를 선고받은 이타가키는 다시 일본 당국에 의해 곧바로 CIC에 넘겨졌다.[19]

18 猪俣浩三(1979), 『占領軍の犯罪』, 265쪽.
19 「이타가키 고조의 증언」, 衆議院 法務委員會 第31號(1953.8.5).

1951년 5월 3일 한 CIC 장교가 이타가키를 기차로 도쿄 우에노역으로 데려갔다. 그곳에서 그는 일본계 미국인 요원의 보호를 받았는데, 나중에 그 요원의 이름이 미즈다(William Mitsuda)라는 사실을 알게 되었다. 알고 보니 미즈다는 Z부대에 고용된 일본계 미국인들 중 한 사람이었다. 이타가키와 야마다 젠지로가 만나게 될 또 다른 주요 인물은 마쓰이(Victor Matsui)였는데, 그는 (일본 점령군에 고용된 많은 일본계 미국인과 마찬가지로) 1945년 하반기에 미군에 징집되어 일본으로 파견되기 전에 미국에서 적국인으로 억류된 적도 있었다.[20]

　　미즈다는 이타가키를 지프차 좌석에 묶어놓고, 위치를 헷갈리게 하기 위해 일부러 주변을 빙빙 돌면서 차를 몰았다. 이타가키는 우에노역 한쪽 구석에 모리나가 밀크 캔디를 광고하는 대형 네온사인이 계속 반복해서 지나가는 것을 보고 이 사실을 깨달았다.[21] 밤늦게 마침내 차가 넓은 벽으로 둘러싸인 큰 건물 앞에 멈췄지만 이타가키는 자신이 어디에 있는지 전혀 알지 못했다. 사실 그곳은 역에서 차로 불과 몇 분 거리에 있는 우에노공원 옆 저택이었는데, 미쓰비시재벌(三菱財閥)의 창업자였던 이와사키(岩崎) 가문이 한때 살았지만 당시에는 캐넌의 Z부대 본부가 있는 곳이었다.

　　이타가키는 저택 아래 창문 없는 감방에 수감되어 약 2주 동안 신문을 받았고, 그 기간 동안 캐넌과 다른 부대원들로부터 칼과 권총으로 협박받았다고 증언했다. 한때 그는 바닥에 물이 흥건해 누울 수도 없는 감방에 이틀 동안 음식이나 음료수 없이 갇혀 있었다. 미국 정보 당국은 이타가키가 니가타에서 CIC 요원들의 질문에 한 대답을 믿지 않았고, Z부대는 사할린에서

20　山田善二郎(2011), 『アメリカのスパイ、CIAの犯罪』, 25쪽. 한국전쟁 기간 동안 정보 수집 업무에서 일본계 미국인들의 역할에 대해서는 Monica Kim, "Humanity Interrogated: Empire, Nation, and the Political Subject in U.S.- and UN-Controlled POW Camps of the Korean War, 1942-1960" (PhD diss., University of Michigan, 2011) 참조.

21　「이타가키 고조의 증언」, 衆議院 法務委員會 第31號(1953.8.5).

의 생활과 밀수선 고호쿠마루의 총기 난사 또는 간첩 행위에 대한 추가 정보를 요구했다. 하지만 이타가키는 더 이상 할 말이 없다고 했다. 이와사키 저택 지하실에서 몇 주 동안 공포와 어둠 속에서 지낸 후 그는 눈을 가린 채 Z부대가 관리하는 또 다른 서양식 주택으로 끌려갔는데, 나중에 알게 된 그곳은 한때 도쿄은행 소유였던 가와사키에 있는 건물로 도센 클럽(東川 Club) 또는 'TC 하우스'라고 불렸다.

여기서 이타가키는 창문이 천으로 덮인 방에 수감되었고, 한쪽 손목은 군용 침대에 수갑으로 묶였다. 그래도 한 가지 위안이 되었던 것은 이타가키와 비슷한 또래의 일본인이 매일 식사를 가져다주었다는 사실이다. 나중에 알고 보니 그가 바로 야마다 젠지로였다. 한국전쟁이 발발한 지 얼마 지나지 않아 캐넌의 아내와 아이들은 미국으로 돌아가고 캐넌 대령은 야마다를 처음에는 CIC 요코하마 사무소의 주방에서 일하게 했는데, 그 이후에는 TC 하우스의 요리사로 일하면서 그곳에서 일하는 Z부대 요원들뿐만 아니라 Z부대 요원들이 '손님'이라고 부르는 비밀 신문을 위해 데려온 일련의 비공식 수감자들을 위한 식사도 준비하게 했다. 이타가키는 야마다가 맞은 두 번째 손님이었다.[22]

두 달여 동안 TC 하우스에 갇혀 있던 이타가키는 어느 날 밤 11시경 이와사키 저택으로 끌려가 건물 위층에 있는 캐넌의 큰 사무실에서 고호쿠마루의 활동에 대한 추가 정보를 제공하지 않으면 즉시 처형하겠다는 협박을 받았다. Z부대 요원의 요구를 들어줄 수 없었던 이타가키는 집 주변의 넓은 잔디밭으로 끌려 나가 밤 이슬비가 내리는 가운데 석등 사이에 서서 캐넌과 일본계 미국인 요원이 처형을 집행하기를 기다렸다. 그러나 결국 캐넌은 이타가키가 더 이상 말할 것이 없다고 판단한 듯 총살 대신 이타가키에게 Z부

---

22 山田善二郎(2011), 『アメリカのスパイ, CIAの犯罪』, 22, 26-29쪽.

대 임무에 참여할 것을 요구했고, 니혼대학의 제복을 지급하고, 간단한 감시 기술을 익히도록 했다.

그러나 곧 이타가키는 좀 더 익숙한 업무에 재배치되었다. 1951년 12월 그는 Z부대가 운영하는 여러 대의 밀수선 중 한 척의 갑판원으로 파견되었다.[23] 그가 탄 선박은 한국의 부산과 도쿄 사이 해역을 오가며 화물을 운반했는데, 그 화물은 부분적으로 Z부대의 운영 자금을 조달하는 데 사용되었을 것으로 추정된다. 이타가키에 따르면, 이 화물에는 일본에서 유명한 '카오 비누'라고 적힌 상자가 들어 있었지만 "실제로 비누가 들어 있었는지는 조금 의문이었다."[24] 인화물도 있었다고 덧붙였다. 한 번은 이타가키가 탄 배가 부산에서 도쿄로 가는 한국인 남성과 여성, 어린아이를 태운 적이 있다고 회상했다. 얼마 지나지 않아 그는 한 여성이 이와시키 저택 감방으로 끌려가 신문을 받았다는 소식을 듣고, 조선에서 데려온 여성이라고 결론지었다. 다음 항해에서 그들은 원산에서 포로로 잡혀 수갑을 찬 채 배에 실린 것으로 보이는 한 남성을 포함해 다섯 명을 이송했다.[25] 밀수선을 통해 한국인을 일본으로 이송했다는 이타가키의 진술은 다소 모호하고 확인할 수 없지만 Z부대가 이송에 관여했다는 증거가 점점 더 드러나고 있으며, 이는 최근 아프가니스탄전쟁과 이라크전쟁에서 상당한 논란이 된 미국의 '특별 인도' 절차의 전조였다.

이타가키가 탄 선박은 Z부대가 직접 또는 간접적으로 운영하는 소규모 선단들 중 하나였다. 전쟁 전 상하이에서 일본군과 함께 일하다가 나중에 미군 CIC에 포섭되어 Z부대에 배치된 한국인 위혜림(한도봉이라고도 알려져 있다)은 이 부대에 고용된 많은 요원들이 중국, 한국, 극동 러시아로 향하는 첩

---

23 「이타가키 고조의 증언」, 衆議院 法務委員會 第31號(1953.8.5).
24 「이타가키 고조의 증언」, 衆議院 法務委員會 第31號(1953.8.5.).
25 「이타가키 고조의 증언」, 衆議院 法務委員會 第31號(1953.8.5).

보 임무에 필요한 자금 조달을 위해 위장 신분으로 밀수에 종사했다고 회고했다. "요원들을 내려주고 물품 거래를 완료한 후, 배는 요원들을 다시 태우기 위해 무선 연락이 닿을 때까지 해상에서 기다려야 했다. 일본에서 가져온 물건을 원래 가격의 4~5배에 팔 수 있었기 때문에 많은 선원들이 그런 위험한 일을 그만두지 않았다."[26]

앞의 위혜림의 증언과 오쿠보 쓰라유키(大久保貫之, 훗날 오이타현 의회 부의장)의 증언에 따르면, 전시에 일본군 중 몇몇도 이러한 밀수와 첩보 임무에 관여했다고 한다. 오쿠보는 전시에 일본 해군에 복무했으며 1940년대 후반기에는 규슈에서 소규모 해운업을 운영했다. 그는 1980년대 한 일본 잡지에 한국전쟁 직전 Z부대가 북한 원산 인근의 작은 항구 도시로 밀수 및 첩보 임무를 수행하기 위해 마키노마루와 다이니도요마루라는 두 척의 선박을 확보하는 데 도움을 주었다고 말했다. 일본으로 돌아간 배의 선원들은 밀수 혐의로 체포되었고 오쿠보에 대한 체포영장도 발부되었지만, (오쿠보에 따르면) Z부대가 그들을 대신해 변호한 후 혐의가 취소되었다고 한다.[27] 이와 유사한 임무도 있었는데, 이 임무에 관련된 선박인 이가사마루가 태풍으로 와카야마현의 항구에서 피난처를 찾다가 선장과 선원이 밀수 혐의로 체포된 일이 있었는데, 이 일로 당시 여론이 상당히 시끄러웠고 오랜 법정 소송이 이어지기도 했다.[28]

위험천만한 이러한 모험 사례들은 한국전쟁 당시 일본에서 행해진 미국 정보 작전이 극도로 분열되어 있었음을 여실히 보여준다. 미 육군의 정보부서인 G-2, 연합군 점령 당국의 CIS(Civil Intelligence Section, 민간첩보국), 신생

---

26 Han To-pong, "My Recollection as an Agent of the Canon Organ," pp. 3-4.

27 茂木和行,「『鹿地互殺せ』と右翼に頼んだキヤノン機関」,『サンデー毎日』1981年 7月 5日, 150-156쪽. 미키노마루호 등 밀수선 압류에 대해서는『朝日新聞』(大阪版) 1949年 2月 25日 조간에 보도되었다.

28 Han To-pong, "My Recollection as an Agent of the Canon Organ," pp. 7-8;『朝日新聞』1951年 2月 1日;『朝日新聞』1955年 2月 6日;『朝日新聞』1959年 8月 29日.

부서인 CIA(Central Intelligence Agency, 중앙정보국)는 서로의 작전에 대한 의견을 공유하지 않았고, 심지어 작전에 대해 알리지도 않았다. 1950년 11월 극동군사령부 참모장 대리 히키(Doyle O. Hickey)가 작성한 극비 메모에는 두 기관의 작전을 망친 원인이 두 기관 간 조율 부족에 있었음이 잘 드러나 있다. 히키는 최근의 "사건들"과 "경솔한" 정보 작전을 언급하면서, 앞으로 "일본이나 극동군사령부의 통제하에 있는 지역에서 수행하는 어떠한 종류의 작전도 극동군사령부의 완벽한 이해와 동의 없이는 수행하지 말라"고 명령했다.[29] 히키가 어떤 사건이나 작전을 염두에 둔 것인지 분명하지 않지만 Z부대가 수행한 작전 중 일부가 이미 다른 미국 정보기관들의 눈살을 찌푸리게 했던 것으로 보인다. 그러나 이를 제지하려는 노력에도 불구하고 더욱 당혹스러운 일이 벌어졌다.

그 와중에도 Z부대는 한국전쟁에서 독특한 해상 작전을 계획하고 있었다. 당시는 시기적으로 미국 당국이 공식 석상을 통해서라도 승전보가 필요한 상황이었다. 샘스 작전(Operation Sams)으로 불린 이 작전은 1951년 2월 말 맥아더 장군의 요청으로 시작되었다. 이 작전은 미 의무여단의 샘스(Crawford Sams) 여단장과 Z부대의 2인자 연정이 포함된 한 팀이 북한군 후방에 상륙해 원산 인근 지역에 전염병이 퍼지고 있다는 소문의 진위를 확인하는 것이었다. 향후 한반도 북부로 진격하는 유엔군의 건강을 보호하기 위해 이 정보가 필요하다는 논리로 작전이 입안되었다.[30] 샘스에 따르면, 그

29　Doyle O. Hickey, "Intelligence and Related Covert Activities, FEC," November 4, 1950, CIA Freedom of Information Act Declassified files, CIA-RDP80B01676R004000130058.

30　Paul Edwards, *Unusual Footnotes to the Korean War*(London: Bloomsbury, 2013); Sheila Miyoshi Jager, *Brothers at War: The Unending Conflict in Korea*(New York: Norton, 2013), pp. 242-244; Crawford F. Sams·Zabelle Zakarian(ed.), *Medic: The Mission of an American Doctor in Occupied Japan and Wartorn Korea*(Armonk, N.Y.: M. E. Sharpe, 1998), ch. 30. 샘스의 회고록에서 연정은 "E Yun 대장"이라는 이름으로, 뛰어난 유격전 전사이자 한국 해군 장교로 기술되었고, 연정의 회고록에서도 자신이 "E. Yun 대장"이었음을 분명히 확인하고 있다. Crawford F. Sams·Zabelle Zakarian(ed.), *Medic*, p. 241; 延禎(1973), 『キャノン機関からの証言』.

의 목표는 페스트 유사 증상을 보이는 한 명 이상의 북한인을 찾아 모르핀을 주사한 후 수상 실험실로 개조한 상륙함에 태워 페스트 여부를 검사하는 것이었다. 이 계획은 실행이 어려울 것으로 예상되었지만, 샘스는 자신과 연정, 그리고 다른 요원들이 원산 근처 해안으로 가서(샘스 자신은 휘장을 제거한 일반 미군 군복을 입고) 선발대가 마련한 땅굴에 몸을 숨겼었다고 보고했다. 땅굴의 한쪽 입구는 당시 임시 야전병원으로 사용되고 있던 마을과 가까웠다. 야간에 마을로 잠입한 샘스와 그의 팀은 일부 환자들에 대한 정보를 입수하고 무사히 일본으로 귀환했다.[31] 이 임무를 바탕으로 샘스는 북한에 만연한 질병이 페스트가 아니라 심각하기는 하지만 치사율이 낮은 출혈성 천연두라고 결론 내렸다.[32]

반면 임무에 대한 연정 대위의 기술은 샘스의 보고와는 달리 훨씬 더 참혹했다. 연정에 따르면, 그와 다른 특공대원들은 어둠을 틈타 병원이 있는 마을로 잠입해서 여러 구의 시신을 수습하고 살아 있는 환자 세 명을 차량에 태워 샘스가 기다리고 있던 땅굴로 돌아왔다. 샘스는 그 자리에서 살아 있는 환자와 시신을 확인한 후 땅굴 입구를 봉쇄하여 살아 있는 환자와 시신 모두를 땅굴 안에 그대로 묻었다고 기술했다. 연정은 야전병원의 환자와 사망자들이 발진티푸스, 천연두를 비롯해 다양한 질병을 앓고 있었음을 확인했으며, 팀이 떠날 때 함께 데려온 야전병원의 북한군 의무병과 간호사가 이 작전을 모두 보고 도왔다고 덧붙였다.[33] 두 가지 진술 모두 액면 그대로 받아들일 수는 없다. 연정의 회고록은 흥미진진하고 소설 같았으며, 여러 작전에서 자신이 핵심적인 역할을 담당했음을 강조하기 위해 상당히 의도적으로 집필되었다. 샘스는 강한 반공주의 입장에서 북한의 인구가 열악한 의

31　Crawford F. Sams · Zabelle Zakarian(ed.)(1998), *Medic*, pp. 243-245.
32　Crawford F. Sams · Zabelle Zakarian(ed.)(1998), *Medic*, p. 246.
33　延禎(1973), 『キャノン機関からの証言』, 208-211쪽.

료 서비스의 결과로 전쟁이 끝날 무렵 1,100만 명에서 300만 명으로 감소했다고 진술하는 등 믿기 어려운 주장을 펼쳤다.[34]

이 이야기의 진실이 무엇이든, 극도로 비밀스러운 이 임무는 오랫동안 비밀로 유지되었다. 1951년 4월 9일, 『뉴스위크』는 '페스트 선박'이라는 제목의 작지만 눈에 띄는 기사를 통해 "쥐와 토끼를 가득 실은" 미 해군 실험선이 원산으로 보내졌으며, "해군 상륙부대가 항구의 작은 섬에서 수많은 중국인 빨갱이들을 잡아 실험선으로 데려와 무서운 페스트 증상을 검사했다"고 보도했다.[35] 미국 정부는 이 보도에 대해 북한인이나 중국인에 대한 강제 연행을 부인하면서, 이 임무가 "유엔군의 건강을 지키는 데 중요한 정보"를 얻은 대담한 성과였다고 공개적으로 발표했다. 샘스는 "전대미문의 영웅"으로 훈장을 받았다.[36] 거의 동시에 북한은 『뉴스위크』 보도를 검토하고 원산 인근에서 발생한 사건에 대한 자체 결론을 도출하면서 미군이 한국 주민들에게 세균전을 벌이고 있다는 비난을 쏟아냈다.[37] 이러한 주장의 대부분은 사실이 아니었지만,[38] 샘스 작전에 관한 이야기는 Z부대의 다른 작전에 관한 이야기들과 마찬가지로 중요한 의문에 대한 답을 내놓지 않았다. 가장 중요한 의문은 의료 전문가인 샘스가 야전병원 한 곳에 있는 소수의 몇 사

34 Crawford F. Sams·Zabelle Zakarian(ed.)(1998), *Medic*, p. 246.
35 "Bubonic Plague Ship," *Newsweek*, April 9, 1951, p. 13.
36 *El Paso Herald-Post*, May 9, 1951.
37 Crawford F. Sams·Zabelle Zakarian(ed.)(1998), *Medic*, p. 246.
38 세균전 문제는 현재까지도 상당한 논란이 진행 중이다. 일부 기밀 해제된 문서를 비롯해 여러 증거들은 중국과 북한의 주장 중 일부가 조작되었거나 단순 실수였음을 분명히 보여주지만, 이것만으로 이 문제에 대한 모든 의구심을 해소하기에는 충분하지 않다고 할 수 있다. 이에 대해서는 Martin Furmanski·Mark Wheelis, "Allegations of Biological Weapons Use," Mark Wheelis·Lajos Rósza·Malcolm Dando(ed.), *Deadly Cultures: Biological Weapons since 1945*(Cambridge, Mass.: Harvard University Press, 2006), pp. 252-283. (역자 주) 2016년 3월 라이텐버그(Milton Leitenberg)가 작성한 냉전국제사프로젝트 연구보고서 78호에는 한국전쟁 당시 중국인민지원군 위생부장을 지낸 우쯔리(吳之理)의 회고록을 통해 중국과 북한이 당시 세균전 논란을 조작했다는 사실을 밝혀냈다. 즉 당시 세균전 논란은 국제적으로 명성을 얻고 있던 과학자인 니덤(Joseph Needam)을 중심으로 하는 자칭 국제과학조사단이 중국, 북한과 공모하여 세균전을 선전에 활용한 것이었다.

람만을 검사한다고 해서 북한에 페스트가 있는지 여부를 확인할 수 있을 것이라고 판단한 근거였다. 샘스 작전에 눈에 보이는 것보다 더 많은 것들이 있었는지는 확신할 수 없지만, 파격과 과감함의 조합은 확실히 Z부대 행동의 특징이었다.

▬ 일본으로 끌려온 중국인 전쟁포로

야마다 젠지로가 긴밀하게 관여했던 Z부대의 다른 활동에도 같은 특징들이 나타났다. 실제로 야마다가 회고한 Z부대의 활동은 은밀한 첩보 활동에 지루한 일상의 국면과 극적인 음모와 비극의 순간이 한데 뒤섞인 유별난 모습을 보여주었다. 야마다와 TC 하우스에 근무하는 다른 직원들의 생활은 느리게 흘러갔다. 할 일이 없는 날이면 일본인 직원들은 끝도 없는 카드 게임으로 시간을 보내곤 했다.[39] 이타가키 고조가 TC 하우스를 떠난 지 몇 달 후 어느 날 아침, 야마다 젠지로와 Z부대의 다른 일본인 직원들은 갑자기 이와사키 저택으로 불려갔다. 그곳에서 이토라는 일본계 미국인 장교의 지시에 따라 침대와 매트리스를 실은 세 대의 트럭 호송차에 탑승하여 도쿄 시부야구에 있는 미군 점령군에게 'US-740'으로 알려진 벽돌 건물로 이동했다. 다음 날 중국어를 구사하는 미군 장교 두 명이 건물에 도착했고, 이토는 야마다와 그의 일본인 동료에게 그들이 목격하게 될 일에 대해 입을 열면 끔찍한 결과를 초래할 것이라고 경고했다. 이렇게 준비한 이유는 그날 밤 약 20명의 중국인 승객을 태운 미군 차량이 US-740호 문 앞에 도착했을 때 분명해졌다. 야마다가 곧 깨달았듯이, 이 새로운 '손님'들은 한국의 거제도포로수용소에서 일본으로 끌려온 중국인 전쟁포로들이었다. 그들 중

---

39 「야마다 젠지로와 필자의 인터뷰」(2014.8.31).

상당수는 몸에 반공 구호를 문신으로 새기고 있었다.⁴⁰ 이들은 7장에서 살펴본 UNPIK 중국인 포로 부대의 일원이었다.

야마다 젠지로는 수많은 중국인 포로 그룹이 한국 장교 한 명과 중국 국민당 장교 두 명이 포함된 교관들로부터 훈련을 받고, 몸에 새겨진 반공 구호가 새로운 문신으로 감춰지는 것을 목격했다. 이 훈련 프로그램은 미군 내부에서도 비밀이었던 것으로 보이는데, 그 이유는 이 프로그램을 담당한 장교들이 야마다에게 일반 일본 식료품점에서 포로들을 위한 식량을 구입하도록 명령하면서 동시에 지출 금액보다 '부풀려진' 영수증을 내도록 요청했기 때문이다.⁴¹

중국인 포로들과 야마다의 의사소통은 제한적이었지만, 산시성 출신의 한 남자가 전쟁 중 강제로 배웠던 군용 일본어를 몇 마디 할 수 있었다. 비밀스런 프로그램이었지만 만주의 대형 전시 지도가 관사 벽에 붙어 있었고 포로들은 관사 뒤 정원에 세워진 높은 탑에서 훈련을 실시했기 때문에 야마다는 훈련의 성격을 추측할 수 있었다. 일본 해군 항공대 신병 시절에 비슷한 훈련을 경험했던 야마다는 이를 구식 낙하산 훈련으로 인식했다.⁴²

이 프로그램을 둘러싼 비밀주의는 첩보 임무의 본질적인 특성일 뿐만 아니라 전쟁포로를 스파이로 모집하는 것이 제네바협약을 심각하게 위반하는 행위였기 때문에 불가피했다.(오늘날까지도 여전히 비밀로 유지되고 있다) 6장과 7장에서 살펴본 바와 같이, 많은 중국인 및 한국인 포로들이 폭력적이고 혼란스러운 남한의 포로수용소 환경을 떠나고 싶어 했고, 반공 사상을 표명했던 일부 중국인 포로들은 미군의 지휘 아래 수용소 밖에서 일할 기회를 제

---

40 山田善二郞(2011), 『アメリカのスパイ、CIAの犯罪』, 31-33쪽; 「야마다 젠지로와 필자의 인터뷰」 (2014.8.31).
41 「야마다 젠지로와 필자의 인터뷰」(2014.8.31).
42 山田善二郞(2011), 『アメリカのスパイ、CIAの犯罪』, 43쪽; 「야마다 젠지로와 필자의 인터뷰」 (2014.8.31).

안받자 이를 기꺼이 받아들였다. 마음을 바꾸기에는 너무 늦은 시점까지 그 제안이 북한과 중국에서 포로로 잡혀 죽을 가능성이 매우 높은 첩보 임무에 참여하는 일이라는 사실을 알아챈 사람은 거의 없었다.

일본 내에서 한국전쟁 포로들을 신문하고 훈련시켰다고 야마다가 주장했을 때 그의 주장은 일본 주류 언론에 의해 대부분 무시되었다.[43] 그러나 수십 년이 지난 후, 이 이야기는 첩보 계획에 참여했다가 살아남은 소수의 전직 포로들의 증언을 통해 확인되었다.(7장 참조) 미국이나 일본 정부는 이러한 포로 이송과 스파이 프로그램의 존재를 공식적으로 인정한 적이 없으며, 이와 관련된 미국 문서도 공개된 적이 없다. 일본 정부가 일본 영토에 한국전쟁 포로가 있다는 사실을 어느 정도 알고 있었는지는 아직까지 알려진 바가 없다.

▬ 가지 와타루 사건과 그 여파

시부야에서 중국인 포로들을 위해 일주일 정도 요리를 한 야마다 젠지로는 다시 가와사키의 TC 하우스로 보내져 결핵에 걸린 또 다른 '손님'의 도착을 준비했다. 이 손님은 1951년 11월 25일 저녁 가나가와현 구가누마의 자택 근처 거리에서 Z부대 요원들에게 납치된 일본 좌익 작가 가지 와타루(鹿地亙, 본명은 세구치 미츠기)로 밝혀졌다.

가지는 1930년대 초 도쿄제국대학에서 프롤레타리아 문학 그룹의 일원으로 활동했으며, 1934년 치안유지법 위반으로 체포되었다. 1936년 출옥 후 상하이로 망명했고, 중일전쟁이 격화되자 충칭으로 이주해 국민당과 함

---

[43] 1953년 4월 17일 연합군최고사령관 총사령부(GHQ/SCAP)와 일본 총리 관저 밖에서 이 문제에 대한 대중 집회가 열렸는데, 이를 『복지타임스(福祉タイムズ)』와 『마이니치신문』 영문판에서 기사화하기는 했지만 다른 매체에서는 전혀 보도하지 않았다. 町田忠昭, 「朝鮮戰爭の捕虜問題」, 徐勝(編), 『東アジアの冷戰と國家テロリズム』(東京: 禦茶の水書房, 2004), 253-266쪽.

께 일본군에 배포할 반전 선전물을 제작하는 활동을 시작했다. 1939년에는 일본인민반전동맹을 설립하고 중국 내 다른 좌파 일본인들(군 탈영병 포함)을 모집하여 선전 활동을 펼쳤다.[44] (6장 참조)

1947년 일본으로 송환된 후에도 가지는 미국 정보기관에게 요주의 인물이었다. 미국 정보기관들은 가지와 공산당의 연관성을 의심하는 한편 가지를 설득하거나 강요해서 미국을 위해 중국공산당에 대한 첩보를 수집하는 요원으로 활동하기를 바랐던 것 같다. 1950년 10월 중국이 한국전쟁에 참전한 이후 첩보 활동의 필요성이 더욱 절실해졌다. 가지 납치 사건은 역사학자 마스다 하지무가 "한국전쟁 기간 동안 여러 곳에서 자행된 국내 숙청의 세계적 현상"이라고 묘사한 '반공' 행동의 물결 중 비교적 극단적인 한 사례에 불과했다.[45] 가지 사건에 대한 증거는 야마다 젠지로와 가지 본인의 증언뿐만 아니라 캐넌의 전 부사령관 연정이 나중에 한 진술과 미국 역사학자 에셀스트롬(Erik Esselstrom)이 입수한 기밀 해제된 문서 2건도 포함된다.[46] 이 모든 것을 종합하면 가지가 미국 정보기관 고위층도 모르게 Z부대의 요원들에 의해 납치되었다는 강력한 근거가 된다. 가지는 이타가키 고조와 마찬가지로 처음에 우에노 공원 근처의 옛 이와사키 저택으로 끌려가 고문과 협박을 당한 후 TC 하우스로 이송되었다.[47] 그러나 이타가키와 달리

44　山田善二郎,「鹿地亙の人柄」, 鹿地亙・山田善二郎,『だまれ日本人!: 世界に告げる'鹿地事件'の真実』(東京: 理論社, 1953), 16-17쪽;「가지 와타루의 증언」, 衆議院 法務委員會 第4號(1952.12.10).

45　Masuda Hajimu, *Cold War Crucible: The Korean Conflict and the Postwar World*(Cambridge, Mass.: Harvard University Press, 2015), p. 233.

46　延禎(1973),『キャノン機関からの証言』, 110-112쪽. 연정은 납치 사건이 전략적 실수로 귀중한 정보를 거의 얻지 못했다고 강조했다. Erik Esselstrom, "From Wartime Friend to Cold War Fiend: The Abduction of Kaji Wataru and USJapan Relations at Occupation's End," *Journal of Cold War Studies* 17, no. 3(2015), pp. 159-183. 반면 위혜림은 캐넌이 "공산 중국에 대한 정보 수집에 가지의 협조를 요청했다"고 언급하며 가지가 "불법적으로 감금되고 폭행당했다"는 것을 부인하며 완곡하게 표현했다. Han To-pong, "My Recollection as an Agent of the Canon Organ," p. 4 참조.

47　「가지 와타루의 증언」, 衆議院 法務委員會 第4號(1952.12.10).

가지는 일본 사회에서 유명인이었고 그의 가족과 친구들은 그의 갑작스러운 실종에 의구심을 품고 그를 찾기 위해 필사적으로 노력했다.

가지가 TC 하우스에 도착한 지 며칠 지난 1951년 12월 2일, 야마다 젠지로는 갑자기 이 새로운 손님이 갇혀 있는 방으로 호출되었다. 그곳에서 그와 동료 직원인 미츠다는 바닥에 의식을 잃은 채 쓰러져 있는 가지를 발견했다. 가지는 절친한 친구이자 저명한 서점 운영자이며 출판업자인 우치야마 간조(內山完造)에게 유서를 남기고 자살을 시도했다.[48] 이 자살 시도는 가지의 인생뿐만 아니라 야마다의 인생에도 전환점이 되었다. 젊은 요리사 야마다는 이제 신체적으로 쇠약해진 가지를 돌보는 일에 보다 깊숙이 관여하게 되었고, 가지가 가나가와현 치가사키에 있는 또 다른 Z부대 주택으로 옮겨지자 야마다도 그곳으로 옮겨 가지를 돌보게 되었다. 두 사람 사이에는 동질감과 우정이 싹트기 시작했고, 가지와의 만남은 야마다가 자신의 정치관을 바꾸는 계기가 되었다.

야마다 젠지로는 상당한 위험을 무릅쓰고 가지의 친구 우치야마 간조를 찾아갔고, 그를 통해 가지의 가족에게 가지의 소재를 알렸다. 가지, 우치야마, 그리고 다른 사람들과의 잇따른 접촉을 통해 야마다 젠지로는 정치 및 사회 사상에 점점 더 관심을 갖게 되었다. 특히 마르크스주의 이론과 변증법적 유물론에 관한 책을 폭넓게 읽기 시작했지만, 여전히 야마다는 공산당의 비밀스러운 세포 조직에 대해서는 경계를 늦추지 않았다.[49] 1952년 6월 중순, 야마다는 Z부대 일을 그만두고 가지의 가족 및 다른 사람들과 함께 가지의 석방을 위한 노력에 동참했다.[50] 10월이 되자 일본 언론에서는 미국 정보기관에 의해 유명 작가가 납치, 감금되었다는 소문이 퍼지기 시작했다.

---

48 鹿地亘·山田善二郎(1953), 『だまれ日本人!: 世界に告げる '鹿地事件'の真実』, 9-11, 35-37쪽.
49 「야마다 젠지로와 필자의 인터뷰」(2014.8.31).
50 山田善二郎(2011), 『アメリカのスパイ, CIAの犯罪』, 51-57, 73-91쪽.

연합군의 점령이 1952년 4월에 끝나면서 이제는 독립 국가인 일본의 저명한 시민이 일본 땅에서 외국 세력에 의해 비밀리에 구금되었다는 의혹은 정치적으로 큰 파장을 일으켰다. 가지의 가족을 비롯해 야마다와 우치야마는 사회당 정치인 이노마타 고조와 접촉했고, 1952년 12월 6일 이들은 기자회견을 열어 가지의 운명에 대해 알고 있는 사실을 공개했다. 정치적 스캔들로 확대될 것을 우려한 미국 정보 당국은 가지를 오키나와로 옮겼지만, 결단을 내리지 않을 수 없었다. 다음 날 가지는 도쿄로 돌아와 풀려났다.

이 사건에 대한 미국의 공식 설명은 소련 스파이 혐의로 체포된 가지가 신문을 받던 중 석방될 경우 공산당의 보복을 우려해 미국 당국의 보호를 요청했다는 것이다.[51] 도쿄로 돌아온 직후 가지는 미국 측의 주장을 완강히 부인했지만 일본 경찰에 의해 간첩 혐의로 기소되었는데, 핵심 증거는 미쓰하시 마사오(三橋正雄)라는 이중스파이이자 CIC 요원이 제공한 증언이었다. 오랜 재판 끝에 1969년 가지에 대한 모든 혐의는 최종적으로 기각되었다. 연정은 나중에 캐넌의 명령에 따라 가지를 납치했다는 사실은 인정했지만 가지가 학대받았다는 점은 부인했다.[52] 에셀스트롬이 2013년에 입수한 두 건의 기밀 해제 문건에 따르면, 미국 당국은 가지 사건을 은폐하기 위해서 이 사건에 대한 세 가지 '시나리오'를 마련했는데, 이는 정치적 상황 전개에 따라 다르게 사용하려 했다는 것을 보여준다. 이 문건들은 이 사건이 요시다 내각의 붕괴를 초래하고 미일 관계에 큰 타격을 줄 수 있다는 점을 미국이 심각하게 우려했음을 다시 한 번 보여준다. 문서 중 하나는 또한 "가지 사건의 본질을 훼손"하도록 요구하는 한편 미일 당국 간 긴밀한 협력을 통해, 일본 정부가 가지 사건에 관한 뉴스를 접하자마자 미국에 강력히 항의

---

51 Erik Esselstrom(2015), "From Wartime Friend to Cold War Fiend: The Abduction of Kaji Wataru and USJapan Relations at Occupation's End."

52 延禎(1973), 『キャノン機関からの証言』.

한 것처럼 보이도록 함으로써 요시다 정권의 명예를 보호하려는 전략을 담고 있었다.[53]

1952년 말까지만 해도 미 점령군의 비밀 부대 일개 요리사에 불과했던 야마다 젠지로는 이제 언론과 정치권의 주목을 받는 낯설고 불안한 자리에 서게 되었다. 그는 당시를 마치 미끄러운 비탈길에서 어디로 떨어질지 모르는 혼란한 느낌이었다고 회상했다.[54] 당시는 '미스터리한 사건'의 시대로, 1949년 시모야마(下山) 사건, 마쓰카와(松川) 사건, 미타카(三鷹) 사건 등이 일어나 언론의 헤드라인을 장식했고, 한편으로는 잇따른 폭력적 파괴 공작과 다른 한편으로는 모호한 혐의로 좌익 지지자들을 체포하는 일에 대한 두려움이 만연했다.[55] 야마다는 가지 와타루의 재판에서 핵심인물이 되었고 스파이 훈련을 위해 한국에서 일본으로 이송된 중국인 포로 문제를 부각시키기 위한 항의 운동에도 참여했다.[56] 1954년에는 1925년 치안유지법에 따라 기소된 사람들을 변호하기 위해 1928년에 설립된 단체인 국민구원회에 가입했다. 전후 국민구원회는 부당하게 유죄 판결을 받은 사람들을 위한 활동을 계속해 왔으며, 2014년 비밀보호법 통과 반대 운동을 (비록 실패로 돌아갔지만) 적극 주도하는 등 현재까지도 유사한 활동을 계속하고 있다. 야마다는 이후 60년 동안 이 단체의 핵심 인물이 되어 다양한 인권 문제에 대해 폭넓

53 Erik Esselstrom(2015), "From Wartime Friend to Cold War Fiend: The Abduction of Kaji Wataru and USJapan Relations at Occupation's End."
54 「야마다 젠지로와 필자의 인터뷰」(2014.8.31).
55 Chalmers Johnson, *Conspiracy at Matsukawa* (Berkeley: University of California Press, 1972)에서는 캐넌 부대가 1949년 마쓰카와 사건에 연루되었다는 주장을 조사했는데, 이 사건은 공산당 파괴분자의 소행으로 지목된 열차 탈선 사건이었지만, 피고인은 최종 무죄 판결을 받았다. 1949년에 일어난 또 다른 치명적인 열차 사건인 미타카 사건과 일본국유철도 사장이 살해된 시모야마 사건도 공산당 파괴분자들의 소행이라고 비난받았으며, 미국 정보기관들이 "빨갱이 숙청"을 정당화하기 위해 조작한 사건이라는 소문이 돌았다. 春名幹男, 『秘密のファイル(上·下)』(東京: 共同通信社, 2000) 참조. 존슨(Chalmers Johnson)과 하루나 미키오(春名幹男)의 책이 출판된 이후 기밀 해제된 문건들은 이 사건들의 진상을 밝히는 데 도움이 되었다.
56 町田忠昭(2004), 「朝鮮戰爭の捕虜問題」.

게 글을 썼고, 80대에도 관타나모수용소의 수감자들에 대한 미국의 부당한 대우에 항의하는 활동을 계속했다.⁵⁷

야마다의 고용주였던 캐넌은 가지 와타루 납치 사건이 세상에 알려지자 일본을 떠났다. 1950년대와 1960년대 대부분의 기간 동안 캐넌은 지중해 동부 지역의 비밀 활동에 깊숙이 관여하면서 카이로를 빈번히 방문했는데, 그곳에서 미국 정보기관들은 이집트 정치는 물론 중동의 국제 관계를 진전시키기 위해 복합적인 노력을 기울이기도 했다.⁵⁸ 1950년대 후반 캐넌은 텍사스 포트 후드 기지에서 헌병사령관으로 근무하기도 했지만, 1958년 탄약을 훔치고 위협적인 행동을 보이며 인근 농장의 소 두 마리를 쏜 혐의로 군사재판에 넘겨졌다. 그는 판사가 대량의 관련 기밀문서를 검토하는 비공개 재판 끝에 무죄를 선고받았다.⁵⁹ 전후 동아시아에서 자신의 이름을 딴 비밀부대를 지휘한 캐넌은 정규 군 생활의 규율로 돌아가기 어려웠던 것으로 보인다. 그는 재판 직후 쏟아낸 발언을 통해 포트 후드 기지의 고위 지휘관들에 대해 격렬한 적개심을 드러내며, 누군가가 자신에게 누명을 씌웠고 "그

57　山田善二郎, 『日本近現代史のなかの救援運動』(東京: 學習の友社, 2012); 山田善二郎, 『人權の未來: 警察と裁判の現在を問う』(東京: 本の泉社, 2003); 山田善二郎(2011), 『アメリカのスパイ, CIAの犯罪』, 154-159쪽.

58　위혜림은 1960년에 이루어진 인터뷰에서 일본을 떠난 캐넌이 "카이로에 본부를 둔 중근동(中近東) 전시 지역으로 파견 명령을 받았다. 현재는 터키에서 활동하고 있으며 본부는 앙카라에 있다. 어디에 있든 크리스마스 카드를 보내준다"고 말했다. Han To-pong, "My Recollection as an Agent of the Canon Organ," p. 6 참조. 1962년 8월 캐넌은 『시카고 트리뷴』에 현지 군부 세력의 부패를 폭로하는 편지를 기고하면서 자신의 주소를 '이집트 카이로'로 기재했다. *Chicago Tribune*, September 1, 1962. 1954년 2월 3일자 카이로에서 아테네로 가는 미국 여객기 탑승자 승객 명단에 캐넌이 올라 있다. Document no. NYT715_8417_0768, New York, Passenger Lists, 1820-957, ancestry.com(검색일: 2014. 12. 30) 참조. 1954년 2월 3일과 아테네라는 장소는, 역사가 윌포드(Hugh Wilford)가 "미국의 위대한 게임"이라고 불렀던, CIA 요원인 루스벨트 주니어(Kermit Roosevelt Jr.)와 코플랜드(Miles Copeland)가 수행한 중동의 복잡한 비밀 작전에 캐넌이 관여했음을 보여준다. Hugh Wilford, *America's Great Game: The CIA's Secret Arabists and the Shaping of the Modern Middle East*(New York: Basic Books, 2013).

59　*Abilene Reporter-News*, December 13, 1958; *Lubbock Evening Journal*, December 17, 1958; *Brownsville Herald*, January 15, 1959.

들 중에는 단 한 명의 친구도 없었다"고 비난했다.[60] 4년 후 다시 카이로로 복귀했을 때까지도 캐넌은 여전히 '정의롭지 못했던 군사재판'에 대해 분노를 삭이지 못하고 있었다.[61] 말년에 텍사스로 돌아온 캐넌은 다양한 종류의 탄약을 설계해서 실험하기도 했다.[62] 1981년 3월 8일 캐넌이 텍사스 히달고에 있는 자택 차고에서 총에 맞아 숨진 채 발견되었는데, 자살한 것으로 추정된다.[63]

■ 전후 일본의 잊혀진 얼굴들

냉전 시대는 스파이의 시대였다. 미국과 일본 그리고 주변국들이 동아시아 공산주의 국가들에 대해 스파이 활동을 벌였던 것처럼 소련, 중국, 북한도 일본과 주일미군에 대해 스파이 활동을 벌인 것은 의심할 여지가 없다. 이 시기는 또한 이념적 양극화로 인해 진실이 은폐되는 정치적 극단의 시대였다. 미국 제국주의를 비난하는 가지 와타루 같은 작가들은 공산주의, 특히 중국 공산주의의 미래에 대해 의심을 품지 않았는데, 이는 오늘날 매우 순진한 생각임이 드러났다. 한편 비공산주의 세계에서는 공산주의에 대한 공포로 인해 발생한 폭력 행위가 너무 쉽게 가려지거나 잊혀졌다. 한반도를 압도한 공포에서 벗어난 일본에서도 조용한 구석에서 그 폭력의 작은 메아리가 울려 퍼졌다.

가지 와타루 납치 사건은 오늘날 일본에서 거의 기억되지 않지만, 그가

---

60 *Amarillo Daily News*, January 15, 1959.
61 캐넌이 『시카고 트리뷴』에 보낸 편지 참조. *Chicago Tribune*, September 1, 1962.
62 캐넌은 1960년대 후반에 글레이저 세이프티 슬러그탄(Glaser Safety Slug)으로 알려진 총알을 개발했는데, 이 총알은 현재도 미국에서 사용되고 있다. "Process of Making Obstacle Piercing Frangible Bullet"(patent #6115894), https://patents.justia.com/patent/6115894(검색일: 2014.12.28).
63 1981년 4월 13일자 캐넌의 사망증명서 참조.

일본인이며 지식인이었기 때문에 당시 그의 사건은 적어도 상당한 주목을 끌었다. 하지만 가지가 Z부대의 유일한 '손님'은 아니었다. 야마다 젠지로는 그보다 더 철저하게 잊혀진 다른 포로들을 떠올렸다. 중국인 포로들 중 몇 명만이 살아남아 자신의 이야기를 들려주었다. Z부대 직원들에게 '고바야시 히데오'라는 가명으로 알려진 한국인 남성도 있었는데, 그는 TC 하우스에 수감된 동안 정신적으로 쇠약해졌고 야마다의 증언에 따르면 Z부대 장교 미쓰다와 마쓰이에 의해 알 수 없는 운명으로 끌려갔다고 한다.64

그리고 어려서 귀환한 이타가키 고조도 있었다. 이타가키는 캐넌이 일본을 떠난 후에도 1953년까지 캐넌의 2인자인 연정 밑에서 계속 일했고, Z부대의 잔류자들과 결별한 후에는 Z부대에서의 경험을 공개적으로 증언하기 시작했다. 동시에 이타가키는 여전히 일본에서 활동 중인 Z부대 요원들의 보복을 우려해 일본 법무성 인권옹호국에 도움을 요청하기도 했다. 그러나 구식민지 출신으로 불법적인 방법으로 일본에 입국해서 일본인 국적조차 의심스러운 상황에서 법무성의 답변은 그의 신변에 실질적인 위협이 있을 때까지 기다렸다가 경찰을 찾아가라는 것뿐이었다.65

이타가키 고조는 의회에서 증언한 후 잠적했다. 그의 운명을 알 수 있는 방법이 현재로선 없다. 그가 미국 정보기관의 감시를 피하기 위해 가명을 쓰고 잠적했을 가능성도 있으며 지금까지 살아 있을 가능성도 있지만 그 가능성은 희박해 보인다. 1953년 8월 5일 국회 청문회에서 당시 스물세 살이었던 이타가키를 마지막으로 본 야마다 젠지로는 "어쩌면 죽음을 당했을지도 모른다는 직감이 들었다"고 말했다.66 한국전쟁이 일어난 지 60여 년이

64　山田善二郎(2011), 『アメリカのスパイ, CIAの犯罪』, 22-26쪽.
65　「일본 법무성 인권옹호국장 토다 마사오의 증언」, 衆議院 法務委員會 第27號(1953.7.31).
66　山田善二郎(2011), 『アメリカのスパイ, CIAの犯罪』, 29쪽;「야마다 젠지로와 필자의 인터뷰」(2014.8.31). 이타가키의 실종에 대해서는 豬俣浩三(1979), 『占領軍の犯罪』, 266쪽.

지난 2014년에 야마다와 인터뷰했을 때, 그는 Z부대에서 근무한 이후 자신의 삶의 원동력은 증언하는 활동, 즉 "역사의 진실 자체를 없애지 못하도록 하는 것"이라고 강조했다.[67]

Z부대의 역사에 얽힌 개인들에게 이 조직의 활동은 삶을 바꾸고 때로는 재앙 같은 결과를 초래했다. 하지만 그 역사는 빙산처럼 대부분 수면 아래로 가라앉아 있어 그 영향력을 평가하기가 쉽지 않다. 캐넌과 연정이 일본을 떠난 후 일본에 기반을 둔 정보 활동의 윤곽은 잘 드러나지 않았지만, 그 활동은 분명히 계속되었다. 한국전쟁이 끝난 지 15년이 지난 1968년 1월 일본에 기반을 둔 미국 첩보선 푸에블로호가 원산 인근 해안에서 북한에 나포된 것을 그 예로 들 수 있다.[68] 일부 Z부대 요원들은 아시아의 다른 지역에서도 활동했는데, 그중 마쓰이는 캄보디아에서 CIA 요원이 되었다가 1959년 시아누크 왕자 축출 음모에 연루된 혐의로 체포되었다가 추방되었다.[69] 이러한 사례는 한국전쟁 당시 Z부대의 활동이 이후 동아시아 냉전 첩보 활동들의 기반을 마련하는 데 어떻게 기여했는지를 보여준다. 그러나 Z부대의 활동에 대해 상당히 알고 있다는 그 사실 자체가 결국 이 부대의 약점일 수 있다. 가장 성공적인 정보 작전이라면 분명히 그 누구도 모르는 작전이기 때문이다.

---

67 「야마다 젠지로와 필자의 인터뷰」(2014.8.31).
68 Trevor Armbruster, *A Matter of Accountability: The True Story of the Pueblo Affair* (London: Barrie and Jenkins, 1970).
69 John Prados, *Lost Crusader: The Secret Wars of CIA Director William Colby* (Oxford: Oxford University Press, 2003), p. 68.

에필로그 / 동북아시아와 끝나지 않은 전쟁
_ 테사 모리스-스즈키

2011년 1월, 당시 중국의 후진타오 국가주석이 미국을 공식 방문했는데, 이는 돌이켜보면 미중 관계의 정점을 찍은 사건이었다. 중국의 국가주석은 국빈 만찬과 21발의 예포(禮砲)로 환영을 받았고 의장대를 사열한 후 오바마 대통령과 함께 생방송 기자회견을 가졌다. 후진타오 주석은 "중국은 결코 패권을 추구하거나 팽창주의 정책을 추구하지 않을 것"이라며 이 지역에 대한 중국의 '소프트 파워' 접근 방식을 강조했다.[1] 이 방문은 세계 최대 경제 대국인 미국과 일본을 제치고 제2의 경제 대국으로 부상하려는 국가 간의 친선관계를 진전시킨 것으로 널리 인식되었다.

한편 양국의 일부 언론이 주목한, 작지만 의미 있는 순간이 하나 있었다. 백악관 국빈 만찬 공연에 초청받은 중국의 유명 피아니스트 랑랑(郎朗)이 자신의 레퍼토리에 중국 노래 '나의 조국'을 포함시켰다. 많은 평론가들이 지적했듯이 이 곡은 1956년 중국 영화 「상감령(上甘嶺)」의 주제곡으로, 「상감령」은 한국전쟁 당시 미군에 맞선 중국인민지원군의 전투를 다룬 영화였다. 이 노래는 당시 중국의 유행어를 반영해 미군을 조국의 안전과 안보를 위협하는 약탈자 승냥이(늑대)로 묘사한다. "승냥이 떼가 몰려오면 사냥총으로

---

[1] "Chinese Leader: Beijing Not Seeking Dominance," CNN online, January 21, 2011, http://edition.cnn.com/2011/POLITICS/01/20/china.us.visit/index.html(검색일: 2016.12.4).

맞이하리라.(若是那豺狼來了, 迎接它的有獵槍)"²

　이 공연에서 촉발된 작은 소동은 중요한 점을 시사한다. 중국인 청취자, 특히 노년의 기성세대는 이 곡에 담긴 역사적 의미를 금방 알아챌 수 있지만, 미국 청중들에게는 전혀 와닿지 않았다는 점이다. 이러한 '청취도 격차'는 기억을 둘러싼 더 큰 격차를 반영한다. 한국전쟁에 참전했던 여러 나라들에게 한국전쟁이 기억되고 잊히는 방식은 매우 다양하며, 이는 현재와 미래의 지역적 긴장을 부추길 수 있는 힘을 여전히 가지고 있다. 당시는 물론 현재까지도 한국전쟁 참전 중국군을 미국 대중들은 '인산인해(hordes)', '떼(swarms)', '인해전술(human waves)'로 묘사하며 유엔군을 휩쓸어버리겠다고 위협한 것으로 언급하고 있다. 이러한 묘사는 앞선 장에서 살펴본 중국 참선이 갖는 복잡성과는 전혀 다르게 중공군을 단일의 무모한 집단으로 보는 이미지로 가득하다.³ 반면에 많은 중국인들이 미국에 대해 갖고 있는 침략과 핵 공격에 대한 가시적인 공포는 동북아시아에서 미국이라는 존재에 대한 근본적 우려를 계속해서 제공하고 있다. 특히 이는 중국이 한국전쟁 당시 겪은 경험과 당시 정부의 교육 및 언론 운동을 통해 적극적으로 조장된 것이다.

2　Dennis P. Halpin, "The Other History Controversy: China and the Korean War," NK News, July 8, 2015, https://www.nknews.org/2015/07/the-other-history-controversychina-and-the-korean-war(검색일: 2016.12.4) 인용.

3　커밍스 같은 학자들이 이러한 이미지를 비판했지만, 그 이미지들은 놀라울 정도로 오랫동안 지속되었다. 트위미(Christopher Twomey)는 한국전쟁에서 중국군을 '인해' 혹은 "메뚜기떼"로 묘사한 이전의 기술들을 인용하면서, 복잡한 전술은 포기된 채 간단하지만 효과적인 인해전술로 대체되었다고 언급했다. 트럼프 미국 대통령의 수석보좌관인 나바로(Peter Navarro)와 오트리(Greg Autry)는 「'인산인해'의 중국군과 조우한 소수정예의 미 해병대(The 'Chosin Few' Meet the Chinese Hordes)」라는 글을 쓰면서 "중국군의 인해전술이 장진호를 얼어붙은 지옥으로 만들었으며, 수천명에 달하는 젊은 미군, 영국군, 호주군, 한국군이 무자비한 중국군의 포화 속에서 피를 흘리며 죽어갔다"고 언급했다. 이들은 또한 중국군이 미래 전쟁에서 유사한 전술을 사용할 수도 있다고 언급했다. Christopher P. Twomey, *The Military Lens: Doctrinal Difference and Deterrence Failure in Sino-American Relations*(Ithaca, N.Y.: Cornell University Press, 2010), p. 70; Peter Navarro·Greg Autry, *Death by China: Confronting the Dragon-A Global Call to Action*(New York: Pearson Prentice Hall, 2011), p. 115.

이러한 기억의 분열상을 극복할 수 있을까? 동북아시아 사람들에게 한국전쟁의 여파는 문화적·심리적·물질적 측면에서 어떻게 경험되고 있을까? 이 질문에 대한 답을 찾기 위해 앞서 이 책의 각 장에서 살펴본 다양한 이야기들을 연결하는 몇 가지 실마리를 다음과 같이 정리했다.

▰ 전환기의 분열된 기억

중국 유일의 한국전쟁 박물관은 북한과의 주요 국경 관문이자 (2장과 3장에서 살펴본 것처럼) 전쟁에서 중요한 역할을 했던 도시인 단둥(구 안둥)의 언덕 위에 자리하고 있다. 1958년 지역 역사박물관의 별관으로 처음 건립된 항미원조기념관은 1993년 정전 40주년을 맞아 훨씬 더 웅장한 규모로 재건되었다. 이 박물관은 중국군과 북한군의 형제적 협력을 찬양하고 중·조 국경 양측 주민들이 전시에 겪은 고통을 기억하는 동시에 남한에 억류된 전쟁 포로들의 처지를 조명했다. 거제도포로수용소에서의 비참한 생활을 회상하는 전시물과 반공 구호가 적힌 문신을 강제로 새긴 중국인 포로들의 사진이 전시되었다.

하지만 포로들의 고통을 기념하는 이곳에는 아이러니한 점이 있었다. 박물관에서는 중국인 친공포로들을, 미국과 한국 포로들이 가한 선전과 고문에 저항한 영웅으로 묘사했지만, 중국으로 돌아온 생존 포로들은 곧 자국 정부가 자신들을 귀환 영웅이 아니라 경멸과 의심의 대상으로 취급한다는 사실을 알게 되었다. 포로가 되었다는 사실 자체가 수치스러운 일로 여겨졌고, 포로 생활 중 반공 사상을 드러냈다는 이유로 이념적으로도 의심스러운 사람으로 간주되었다. 고국에서 이들은 차별과 소외를 경험했고, 1960년대 말과 1970년대 초의 문화대혁명 같은 정치적 위기가 닥쳤을 때 박해를 받

기도 했다.⁴

2013년 정전 60주년을 맞이할 무렵, 한국전쟁에 대한 중국의 공식적인 기억은 변화하고 있었다. 동북아시아에서 중국의 역할이 점점 더 커지고 핵실험 및 기타 문제를 둘러싼 중국과 북한 간의 긴장이 커지면서 '혈맹'(양국의 한국전쟁 협력과 그 이후의 관계를 흔히 일컫는 말이다)에 대한 재평가가 이루어지고 있었다. 단둥의 항미원조기념관은 2014년 대대적인 개보수를 위해 문을 닫았고, 2017년에는 재건축이 진행 중이다. 박물관이 다시 문을 열면 한국전쟁에 대한 중국의 기억이 어떤 식으로 새로워질지 지켜봐야 할 것 같다.

타이완에서도 정치사회적 변화로 인해 한국전쟁을 기념하는 방식이 복잡하게 변화하고 있다. 중화민국에 정착하기로 결정한 중국인 한국전쟁 포로들은 1954년 1월 23일 타이베이에 도착했고,(4장 참조) 이후 타이완에서는 매년 1월 23일을 '세계 자유의 날(世界自由日)'로 기념하고 있다. 한국전쟁 직후 중화민국 정부는 한국과 필리핀을 핵심 회원국으로 하는 '아시아태평양 반공연맹(Asia Pacific Anti Communist League)'을 설립하는 데 앞장섰다. 이 연맹은 점차 전 세계로 확대되어 1990년 세계자유민주연맹(World League for Freedom and Democracy, WLFD)으로 발전했다.⁵ WLFD는 여러 국가에 지부를 두고 있지만 특히 타이완에서 영향력을 발휘하고 있으며, 매년 타이완에서 '세계 자유의 날'을 공식적으로 주최하고 있다.

하지만 이 연맹은 중국 국민당과 오랫동안 깊은 관계를 맺어 왔기 때문에 야당인 민진당(民進黨)의 비판의 대상이 되어 왔다. 2016년 민진당이 정권을 되찾은 후 민진당 전당대회에서 만장일치로 이 단체에 대한 모든 국고 지원

---

4 Calum Macleod·Lijia Macleod, "China's Korean War POWs Find You Can't Go Home Again," *Japan Times*, June 28, 2000, https://www.japantimes.co.jp/news/ 2000/06/28/national/history/chinas-korean-war-pows-find-you-cant-go-home-again/

5 Dmitri Bruyas·Sherry Lu, "WLFD Celebrates World Freedom Day," *China Post*, January 24, 2016. 타이완의 '세계 자유의 날'은 미국의 '세계 자유의 날(World Freedom Day)'과는 다르다. 부시(George W. Bush) 행정부 당시 미국에서 정한 세계 자유의 날은 11월 9일에 기념한다.

을 중단하기로 결정했는데, 민진당 정치인들은 이 단체를 국민당 '살찐 고양이'의 피난처라고 비난했다.[6] 이러한 움직임은 오늘날 타이완에서 냉전의 역사, 기억, 정치의 복잡성을 보여주는 한 가지 사례에 불과하다. 점진적인 타이완 독립을 선호하는 민진당 지도자 차이잉원(蔡英文)이 총통으로 선출되면서 중국 해협에 새로운 긴장이 조성되고 있다. 그러나 다원주의적 정체성이라는 탈식민주의적 비전에 기반을 둔 차이잉원 총통의 타이완 민족주의[7]는 글로벌 냉전 동맹과 반공의사의 유산(4장 참조)에 기초한 장제스의 민족주의와는 매우 다르다.

일본에는 한국전쟁을 기념하는 박물관이나 기념일이 없지만 일본 곳곳에 있는 작은 기념비들이 일본과 한국전쟁의 연관성을 기념하고 있다. 가가와현의 고토히라궁(金刀比羅宮)에는 전후 일본 해역과 한국전쟁에서 기뢰 제거 임무를 수행하다 사망한 일본인 선원 79명을 기리는 기념비가 있다. 일본제국 해군기념일(5월 27일)과 가까운 5월 마지막 토요일에 매년 이들을 위한 추모식을 개최하고 있다.[8] 또 다른 거의 눈에 띄지 않는 추모비가 친한파 재일동포단체인 민단 도쿄 본부 밖에 세워져 있는데, 이 추모비는 한국전쟁에서 전사한 135명의 재일학도의용군을 추모하는 명판이다.

그런데 오늘날 일본 정부가 일본자위대의 해외 파병에 대한 제한을 완화하고 전후 일본 평화헌법에 대한 논쟁이 되살아나면서 일본의 전쟁 개

---

6   Wan-Hsin Peng·Jake Chung, "DPP Caucus Agrees to Cut WLFD, APLFD Budgets," *Taipei Times*, November 6, 2016, http://www.taipeitimes.com/News/taiwan/archives/2016/11/06/2003658687

7   Mark Harrison, "How to Speak about Oneself: Theory and Identity in Taiwan," Chris Berry·Nicola Liscutin·Jonathan D. Mackintosh(ed.), *Cultural Studies and Cultural Industries in Northeast Asia: What a Difference a Region Makes*(Hong Kong: Hong Kong University Press, 2009), pp. 51-70, 62.

8   海上自衛隊 掃海隊群, 「特種: 第63回 掃海殉職者追悼式」 on the website of the Maritime Self-Defense Force, http://www.mod.go.jp/msdf/mf/news/training/2014takamatsu.pdf(검색일: 2016.12.11).

입에 대한 목소리가 점점 더 자주 등장하고 있다. 2014년 아베 정부가 헌법을 '재해석'하여 '집단적 자위'로 정의된 분쟁에 한해서 자위대가 해외에서 무력을 행사할 수 있도록 허용한 직후, 미 7함대 사령관 토머스(Robert Thomas) 제독은 한국전쟁이 재발할 경우 자위대 소해함이 전투에 참여할 수 있는 길이 (다시 한 번) 열릴 수 있다고 지적한 바 있다. 토머스 사령관은 "한반도 지형과 기뢰전의 어려움을 검토했을 때, 특히 분쟁 초기에 자위대는 중요한 자산이 될 수 있다"고 말했다.[9] 실제로 한국에서 대규모 분쟁이 발발할 경우 일본의 군사적 개입은 기뢰 제거 임무를 훨씬 넘어설 것으로 보인다.

공유된 결과: 재일조선인과 재중조선인

중국, 일본, 타이완, 몽골이 한국전쟁에 개입한 정도와 성격의 차이는 물론 전쟁에 대한 기억도 달랐지만 주변 국가들 모두는 국가와 지역사회, 정치에 지속적인 영향을 미치는 방식으로 전쟁에 휘말렸다. 그리고 모든 사례에서 보았듯이 전쟁으로 인한 사회적 부담은 매우 불균등하게 분배되어 특정 도시나 지역에 다른 지역보다 훨씬 더 큰 부담을 주었고, 특히 동북아시아의 국경을 넘나드는 소수민족의 삶에 큰 영향을 미쳤다. 이러한 한국전쟁 피해의 국경을 초월한 여파는 판문점 정전협정 체결 이후에도 동북아시아 전역의 많은 사람들의 삶에 지속적인 영향을 미쳤다.

전쟁으로 인한 간첩과 적의 침투에 대한 두려움은 소수민족에게 심각한 영향을 미쳤다. 앞서 살펴본 바와 같이 일본에서는 한국전쟁으로 인해 재일

---

9 Tim Kelly, "Japan Could Deploy Minesweepers off S. Korea in War with North, U.S. Admiral Says," *Reuters*, October 24, 2014, http://www.reuters.com/article/us-usa-japanminesweepers-idUSKCN0ID0U620141024(검색일 2016.12.12).

조선인 사회 내부의 이념적 분열이 심화되었고, 조선인은 정부의 편견과 의심의 대상이 되었다. 조선인 '비전향 장기수'의 대량 추방 계획(1장 참조)은 당시 실행에 옮겨지지는 않았지만, 이후 재일조선인의 운명에 그림자를 드리웠다. 1950년대 내내 일본 정치권 내 세력들은 배후에서 한국인(특히 좌익 성향이 있는 것으로 알려진 사람들)의 대규모 귀환을 유도하는 방법을 찾기 위해 노력했다. 이러한 노력은 1958년 중국인민지원군이 북한을 떠나고 북한 정권이 일본, 중국, 러시아의 조선인들을 '조국'으로 돌아오도록 장려하고, 북한 노동력의 공백을 메우기 위한 대대적인 운동에 착수하면서 더욱 탄력을 받게 되었다. 일본과 북한 정부는 이데올로기적 적대감과 국교 단절에도 불구하고 재일조선인의 북한 이주를 촉진하는 데 공통의 관심을 갖고 있었다. 하지만 일본의 입장에서는 냉전이 한창일 때 비공산권에서 공산권으로의 대량 이주를 장려하는 계획을 매우 경계하는 미국의 태도가 걸림돌로 작용했다.

이 지점에서 한국전쟁의 교훈을 되새길 수 있었다. 4장과 6장에서 살펴본 바와 같이 전쟁 중 미국과 유엔군사령부 동맹국들은 개인의 거주지 선택권을 주장했고, 개인의 자유로운 선택을 보장하기 위해 심사 제도를 만들었다. 1959년 재일조선인의 북한 이주에 대한 논쟁이 격화되자 일본 정부와 일본 적십자사는 재일조선인에게도 동일한 원칙을 적용할 것을 요구했다. 재일조선인들은 일본에 남을 것인지, 북한이나 남한으로 떠날 것인지를 자유롭게 선택할 수 있어야 하고, 이러한 자유로운 선택은 출발지에서 국제적십자위원회가 감독하는 심사 과정을 통해 확인되어야 했다.(한국전쟁 포로들에게 적용되었던 심사와 여러 면에서 유사하다) 이러한 한국전쟁 논리의 확장은 이 제도에 대한 미국의 유보적인 태도를 극복하는 데 매우 효과적인 방법임이 입증되었다.

하지만 실제로는 '자유 선택'의 문제점이 다음과 같이 드러났다. 한국전쟁 때처럼 말이다. 재일조선인들에게 북한 정부는 친북 성향의 재일조선인 총연합회(조총련)를 통해 북한 생활의 이점에 대해 집중적으로 선전했고, 이념적 스펙트럼을 아우르는 일본의 저명한 정치인들이 이러한 선전을 지원했다. 한국 정부는 일본으로부터의 귀환을 받아들이는 데 관심이 없었고, 일본에 남아 있던 재일조선인들은 광범위한 차별과 매우 불안정한 거주권에 직면해 있었기 때문에 남한으로의 이주라는 선택지의 문은 사실상 열려 있지 않았다. 결국 1959년부터 1984년 사이에 약 9만 명의 재일조선인(대부분 한반도 남부 출신)이 북한으로의 이주를 선택했다. 그중에는 김정일의 배우자이자 현 북한 지도자 김정은의 어머니가 된 고영희도 포함되어 있었다. 그러나 대부분은 '조국'에서의 차별과 의심에 직면했고, 그 숫자가 얼마나 되는지 알 수 없는 상당수의 사람들이 늘어만 가는 북한의 노동수용소로 사라졌다.[10]

한국전쟁은 중국 조선족 사회에도 큰 영향을 미쳤다. 1945년 한국이 해방될 당시 중국 북동부에는 약 230만 명의 조선족이 일제강점기 이전부터 정착해 살고 있었다. 아시아태평양전쟁에서 일본이 패전한 후 약 100만 명이 한국으로 귀환했지만, 한국전쟁이 발발했을 때 100만 명 이상이 여전히 중국에 남아 있었다. 중국 내전 당시 수만 명의 조선인이 중국인민해방군에 입대했고, 중화인민공화국 수립 이후에도 약 1만 6,000명의 조선인이 중국인민해방군에 남아 있었다. 그러나 국공내전이 종식되면서 이들 한국인의 귀환을 허용해 달라는 요구가 커졌고, 1950년 1월 약 1만 4,000명의 조선인 인민해방군 참전 용사들이 북한으로 들어갔다.[11]

10 Tessa Morris-Suzuki, *Exodus to North Korea: Shadows from Japan's Cold War*(Lanham, Md.: Rowman & Littlefield, 2007) 참조.

11 「Telegram to Mao Zedong from Nie Rongzheng concerning the Repatriation of Ethnic Korean Soldiers to North Korea」(1949.12.29) International History Declassified Digital Archive of the Woodrow Wilson Center, Washington D.C. http://digitalarchive.wilsoncenter.org/document/114256(검색일: 2016.12.10); 「Telegram from Liu Shaoqi to Mao Zedong」

그러나 중국에 남아 있던 다른 조선족들은 고국에서 전쟁이 발발하면서 귀환의 희망이 사라져버렸다. 한국전쟁이 발발한 직후 작성된 중국 외교부 문서에 따르면 북한은 일본 통치하에 만주에서 살았던 조선족의 충성심을 의심했고 전쟁 중 유입되는 이주민을 감당할 능력이 부족했기 때문에 중국으로부터의 귀환 이주민을 받아들이기를 꺼렸다고 한다. 외교부는 조선족이 중국 당국에 한국 귀환을 허용해 달라고 압박하면 "전쟁을 명분으로 삼아 순순히 거부할 수 있다"고 결론내렸다.[12] 이 결정은 3장에서 다룬 내몽골인처럼 중국 조선족이 소수민족으로서 신생 국가인 중화인민공화국에 편입되는 과정의 일부였다. 한국전쟁이 한창이던 1952년, 중국 조선족 인구가 가장 많은 지역이자 북한 동쪽 국경과 인접해 중국 동북부 지역을 관할하는 연변조선족자치주가 설립되었다. 내몽골자치구 설립과 마찬가지로 이러한 행정 조치는 조선족만의 고유한 문화적 정체성을 유지할 수 있게 해주었지만, 그들은 이제 중화인민공화국의 법적 인민으로서 공화국에 확고한 정치적 충성심을 집중해야만 했다.[13]

한국전쟁과 동북아시아의 군사화

이 책에서 추적한 다양한 사람들의 경험은 커밍스와 다른 역사가들이

(1950.1.22), International History Declassified Digital Archive of the Woodrow Wilson Center, Washington D.C., http://digitalarchive.wilsoncenter.org/document/114257(검색일: 2016.12.10).

12 Foreign Ministry of the People's Republic of China, "On the Return of Korean Nationals to North Korea," translated extract provided in International History Declassified Digital Archive of the Woodrow Wilson Center, Washington D.C., http://digitalarchive.wilsoncenter.org/document/114913(검색일: 2016.12.10).

13 Jeanyoung Lee, "The Korean War and the Citizenship of Korean-Chinese: Loyalties and Making of a Sub-Nation," paper presented at the international symposium The Korean War and Northeast Asia, Academy of Korean Studies, Seongnam, November 15, 2013.

이미 지적했던 점을 명확히 보여준다. 즉 1950년 6월 한반도에서 발발한 분쟁은 아시아태평양전쟁 및 중국 국공내전과 같은 이전 분쟁들은 물론 1953년 이후로도 오랫동안 지속된 긴장들과도 불가분의 관계에 있다는 것이다. 한국전쟁은 더 넓은 지역적 배경과 더불어 1930년대부터 20세기 후반까지, 그리고 오늘날까지 이어지는 장기적인 역사적 맥락에서 보아야 이해할 수 있다.

이전 전쟁들과의 연속성에 대해서는 전후 동원 해제를 경험하지 못한 채 1950년 중반부터 한반도 근해에서 기뢰 제거 임무에 투입된 일본제국 해군 수병들의 이야기에서도 엿볼 수 있다. 일본군이었던 마쓰시다 가즈토시나 민간인이었던 이시다 스미에가 전투병 혹은 비전투병의 임무를 띠고 중국인민지원군의 한국전쟁 참전에 관여한 것에서도 이러한 현상이 동일하게 나타난다. 대부분의 중국인민지원군들에게 중일전쟁과 국공내전에서 겪은 전투들이 그대로 한국전쟁에서의 고난으로 이어졌고, (앞서 살펴본 것처럼) 한국 포로수용소에서의 생활은 다른 방식으로 이루어진 전쟁의 연속이었다.

한국전쟁은 1950년 6월 25일 발발하기 훨씬 이전부터 시작된 오랜 지역 분쟁의 역사에서 비롯된 것이기도 하지만 한편으로 1953년 7월 27일 판문점에서 휴전이 체결된 이후에도 이 지역에 잠재된 폭력이 지속된 전쟁이기도 했다. 이러한 점에서 공식적인 정전협정 체결식의 공식 사진은 매우 의미심장하다. 행사를 위해 지어진 임시 건물에 길게 늘어선 테이블의 한쪽 끝에는 해리슨 미군 중장이 유엔군사령부를 대표해 문서에 서명하려는 자세로 펜을 들고 앉아 있다. 반대쪽 끝에는 북한의 남일 장군이 조선인민군과 중국인민지원군을 대표해 서명하고 있다. 보좌관이 양옆에 선 채로 두 서명자는 적대 행위 중단을 확인하는 도장을 찍을 때 눈을 마주치지 않은 채 서로를 외면하고 있다. 가장 눈에 띄는 점은 한국 대표의 부재이지만, 한

그림 14 판문점 정전협정 체결 현장
출처: 국사편찬위원회

국전쟁의 주역이었던 다른 여러 국가들도 보이지 않는다. 정전협정은 완전한 평화조약으로 이어지기 위한 일반적이고 지속적인 한반도 평화 정착을 향한 첫걸음이 되어야 했다. 2018년이 되어 가지만 평화조약은 아직까지도 체결되지 않았다. 동북아 이웃 국가들을 하나로 모으는 평화 프로세스가 없는 상황에서 전쟁으로 인해 급격히 깊어진 동북아 국가들 사이의 위험한 균열은 치유되기는커녕 더욱 곪아 가고 있다.

 4장에서 설명했듯이 1950년 6월 한국전쟁이 발발하기 전까지만 해도 미국은 타이완의 국민당(중화민국)이 알아서 하도록 내버려두기로 결정했지만, 한국전쟁이 발발하면서 모든 것이 바뀌었다. 중화민국은 전쟁에 노골적으로 개입하지는 않았지만, 전쟁의 여러 측면에 복잡하고 은밀하게 개입하면서 장제스 정권에 대한 미국의 지지를 공고히 했다. 이는 판문점 휴전 이듬해에 미국과 중화민국이 상호방위조약을 체결하면서 절정에 달했다. 그 결과 타이완은, 한 미국 보고서에 따르면 "일본 홋카이도 이남부터 필리핀까지 이어지는 도서방위선에 편입되었다."[14] 이 방위선의 대부분이 현재도 유지되고 있으며, 미국과 중국 간의 긴장이 격화될 경우 최전선이 될 위험이 있다.

실제로 한국전쟁은 동북아시아의 대규모 군사화를 초래했다. 한국전쟁은 국공내전 이후 중화인민공화국의 군대 동원 해제를 뒤집고, 판문점 휴전 이후에도 상당 기간 북한에 대규모 중공군이 주둔하는 결과를 낳았다. 1958년까지 약 30만 명의 중공군이 북한에 남아 재건 프로젝트에 참여하고 군사 임무를 수행했다. 당시 북한 주재 소련대사였던 푸자노프(A. M. Puzanov)는 북한의 저명 정치인이 중국인민지원군에 대해 언급한 다음의 내용을 기록하여 북한 주둔의 복잡성에 대해 흥미롭게 조명했다.

비록 초기에는 "우리는 큰 나라에서 왔고 당신들 나라는 작으니, 필요하다고 생각하는 것은 무엇이건 할 수 있다"는 오만이 있었던 것은 사실이지만, 마오쩌둥 동지의 지시에 따라 이것은 단호하게 근절되었다. 우리는 그러한 극단적인 조치는 취하지 말아 달라고 부탁했는데도, 주민에 대한 부적절한 태도로 인해 심지어 몇 명이 총살당하기까지 하였다.[15]

1958년 북한에서 중공군이 철수한 것은 부분적으로는 국내 경제가 혼란

---

14 Operations Coordinating Board, "Progress Report on NSC 146/2: United States Objectives and Courses of Action with Respect to Formosa and the Nationalist Government," February 16, 1955, CIA Freedom of Information Act Declassified files, CIARDP80R01731R003000010001-1, p. 1.

15 인용된 정치인은 박정애(朴正愛)이다. "the diary of A. M. Puzanov"(1957.29), International History Declassified Digital Archive of the Woodrow Wilson Center, Washington, D.C., http://digitalarchive.wilsoncenter.org/document/115639 (검색일: 2016.12.8).

스러운 시기에 해외 군사력을 감축하려는 중국의 열망 때문이기도 했지만, 북한과 공산권 동맹국들이 공유했던 이러한 움직임이 미국이 남한에서 군대를 철수하도록 국제적인 압력을 가할 것이라는 믿음 때문이기도 했다.[16] 그러나 이러한 희망은 현실에서 이루어지지 않았다. 한국전쟁 발발 직전 미미한 수준으로 감축되었다가 전쟁 중 약 35만 명으로 증가한 남한 내 미군 병력은 1950년대 말에는 약 5만 명으로 줄어들었다. 그럼에도 미군의 주둔은 그대로 이어져, 20세기 말에도 여전히 대한민국에 주둔하고 있었으며, 현재도 약 2만 8,000여 명이 주둔하고 있다.[17]

더욱이 1950년대 후반 주한미군 감축과 동시에 미국은 1958년 1월부터 한반도에 핵무기를 배치하기로 결정했는데, 이는 판문점 정전협정 제2조를 위반한 조치였다. 미국의 핵무기는 1990년대 초까지 남한에 다시 배치되었다. 이재봉이 밝힌 바와 같이 북한은 이에 대응하여 군대를 휴전선에 더 가깝게 배치하고, 미래의 전쟁에 대비해 대규모 땅굴과 공습 대피소를 건설했으며, 자체 핵무기 개발을 위해 소련과 (이후) 중국으로부터 원조를 받기 시작했다.[18] 이러한 대응은 현재까지도 계속되고 있는 북한의 핵무장에 대한 집념의 시작이었으며, 2006년 북한의 첫 핵무기 실험으로 이어졌다.

일본은 1950년대의 군비 증강에서 핵심적인 부분을 차지했다. 1장에서 논의했듯이 한국전쟁 기간 동안에 아시아태평양전쟁 이후 일본의 자체적

---

16 예를 들어 1957년 11월 17일자 푸자노프 일지에 기록된 김일성의 발언이 대표적이다. "the diary of A. M. Puzanov"(1957.11.17), International History Declassified Digital Archive of the Woodrow Wilson Center, Washington, D.C., http://digitalarchive.wilsoncenter.org/document/115639(검색일: 2016.12.9).

17 Tim Kane, "Global U.S. Troop Deployment, 1950-2003," *Center for Data Analysis Report*, no. 04-11, http://www.heritage.org/research/reports/2004/10/global-us-troopdeployment-1950-2003(검색일: 2016.12.9).

18 Jae-Bong Lee, "US Deployment of Nuclear Weapons in 1950s South Korea & North Korea's Nuclear Development: Toward Denuclearization of the Korean Peninsula," *Asia-Pacific Journal* 7, no. 3(2009)(검색일: 2016.12.9).

인 군사력이 출현한 것은 일본 본토와 오키나와에 미군이 대규모 주둔한 것과 밀접한 관련이 있었다. 1950년에서 1954년 사이 일본에 주둔한 미군의 수는 약 13만 6,000명에서 21만 명으로 증가했으며, 1958년에 이르러서야 1950년 수준 이하로 떨어졌다. 미국은 또한 오키나와가 일본에 반환되는 1972년까지 오키나와에 배치했던 수천 개의 핵무기 중 첫 번째 핵무기를 1954년에 들여왔다.[19] 미국 정부는 2016년까지 오키나와에 핵무기를 배치한 역사를 공식적으로 인정하지 않았지만, 당시에는 핵무기의 존재에 대한 루머가 만연해 이 지역의 긴장을 고조시켰다. 최근 기밀 해제된 문서에 따르면 적어도 1960년에서 1967년 사이에 일본 정부는 미국과 비밀 협정을 맺어 한국에서 또 다른 비상사태가 발생하는 경우 미군이 일본에 핵무기를 반입할 수 있도록 허용한 것으로 드러났다.[20]

7장과 8장에서 다룬 이야기에서 강조된 미국의 지역 내 첩보 활동에서 일본(오키나와 포함)이 깊게 얽혀 있는 상황은 한반도에서 발생한 위기의 파급 효과를 통해 반복적으로 설명할 수 있다. 1968년 푸에블로호 위기가 한 예이다. 1968년 1월 23일, 일본 요코스카항에 정박 중이던 미국 정보수집함 푸에블로호가 원산 앞바다에서 북한군에게 나포되었다. 이 교전으로 미국인 승무원 한 명이 사망하고 나머지 승무원(이 중 세 명은 중상을 입었다)은 북한에 붙잡혀 간첩 혐의로 수감되었다. 이들은 같은 해 12월까지 억류되었다가 푸에블로호가 간첩 활동을 했다는 사실을 인정하고 사과하는 미국 정부

19　Jon Mitchell, "Okinawa's First Nuclear Missile Men Break Silence," *Japan Times*, July 8, 2012, https://www.japantimes.co.jp/life/2012/07/08/general/okinawas-first-nuclear-missilemen-break-silence/#.Wel7zdqGOUk; Jesse Johnson, "In First, U.S. Admits Nuclear Weapons Were Stored in Okinawa during Cold War," *Japan Times*, February 20, 2016, https://www.japantimes.co.jp/news/2016/02/20/national/history/first-u-s-admits-nuclear-weapons-storedokinawa-cold-war/#.Wd1ni9qGOUk

20　"Secret Agreements to Get Along," *Japan Times*, March 11, 2010, https://www.japantimes.co.jp/opinion/2010/03/11/editorials/secret-agreements-to-get-along/

의 발표에 따라 석방되었다. 이 사건은 북한 무장공비가 박정희 대통령 관저를 기습하려다 실패한 사건과 동시에 발생했으며, 이 두 사건으로 인해 한반도에는 다시 전면전 직전까지 가는 국제적 위기가 발생했다.

이 위기로 인해 오키나와에 주둔하고 있던 미군의 2개 전투비행단이 즉시 한국에 배치되었고,[21] 일본과 한반도 사이 해역이 다시 한 번 전 세계적 긴장의 전략적 요충지가 되었다. 일본을 최초로 방문했던 핵추진 항모 중 하나인 USS 엔터프라이즈호가 이끄는 함대가 한국전쟁의 재개 가능성에 대비해 동해 순찰을 위해 파견되었다.[22] 푸에블로호 사건이 협상으로 해결되었음에도 불구하고, 이 사건들은 일본과 오키나와가 한반도의 안보 긴장과 얼마나 긴밀하게 맞물려 있는지를 상기시켜 주었다. 이 글을 쓰는 현재까지도 오키나와의 미군 기지는 한국의 군사적 비상사태에 대응하기 위해 미국과 한국이 합의한 비상 계획인 '작전계획 5027(OPLAN 5027)'에서 여전히 핵심적인 곳이다.[23]

▬ 종점을 찾아서

2017년 북한의 사용 가능한 핵무기 보유, 미국 트럼프 정부의 등장, 중국의 역내 역할 강화, 일본의 군비 증강과 개헌 가능성, 타이완의 독립을 향한

---

21 "Note on a Conversation with the Polish Ambassador, Comrade Naperei, on 26 January in the Polish Embassy," by the Acting Ambassador of the German Democratic Republic, Pyongyang, International History Declassified Digital Archive of the Woodrow Wilson Center, Washington D.C., http://digitalarchive.wilsoncenter. org/document/113378(검색일: 2016.12.10).

22 "USS Enterprise (CVAN-65) Narrative Command History 1968," annex to memo from Commanding Officer USS Enterprise to Chief of Naval Operations, Washington D.C., July 1, 1969, on the public website of the USS Enterprise, http://www.public.navy.mil/airfor/enterprise/Documents/Enterprise/1968.pdf(검색일: 2016.12.10).

23 Sang-ho Song, "War Plan Upgrade Reflects NK WMD Threats," *Korea Herald*, August 27, 2015.

움직임 등으로 동북아시아는 다시금 세계 정치의 중요한 화약고가 되었다. 그리고 이 지역의 현대사에서 종종 그랬던 것처럼 위기의 단층선은 한반도를 가르는 38도선을 따라 놓여 있다.

우리가 여기서 추적한 역사는 1950년부터 1953년까지 끝나지 않은 한국전쟁이 단순히 남북한 간의 갈등이나 공산주의 북한과 미국 주도의 유엔군사령부 간의 갈등이 아니었음을 상기시켜 준다. 동북아시아 전체가 다양한 차원에서 연결된 전쟁이었다. 그렇기 때문에 항구적인 평화를 모색하는 데 지역 차원의 과정도 반드시 필요하다. 이 책에서 살펴본 바와 같이 1950~1953년의 분쟁은 한국 국민에게 엄청난 고통을 안겨주었을 뿐만 아니라 역내 전역의 주민들에게도 혼란과 고난, 죽음을 겪게 했다. 한반도에서 다시 분쟁이 발생한다면 같은 결과를 초래할 것이며, 아마도 훨씬 더 파괴적인 형태로 나타날 것이다.

그러나 지역 질서 자체가 재구성되면서 역사적 기억의 재편이 동시에 일어나고 있다. 이를 통해 한국전쟁 때 겪은 여러 지역의 공통된 경험들에 대해 이미 희미해졌거나 억압되었던 기억들을 재발견하는 일이 가능해졌고 동시에 그 중요성도 부각될 것이다. 과거를 기억하지 못하는 사람들이 과거의 운명을 반드시 반복하는 것은 아니지만, 잘못 기억된 과거는 필연적으로 미래 분쟁의 씨앗을 안고 있으며 현재 우리가 직면한 위기에 대한 이해를 방해할 수 있음을 명심해야 한다.

___ 번역을 마치면서

　한국전쟁과 관련하여 그동안 미스터리로 여겨졌던 내용의 일부를 해명할 새로운 책 『감춰진 역사, 아시아의 한국전쟁』을 소개하게 되었다. 호주국립대학 테사 모리스-스즈키 교수의 주도하에 집필된 이 책은 그동안 야화 내지는 음모설의 일환으로 알려졌던 내용을 실증적인 학술 연구 대상으로 삼고 있다는 점에서 저자들의 노력에 찬사를 보낸다. 그러나 다소 지엽적인 이슈를 주제로 다루고 있어 한국전쟁에 대한 독자들의 인식 자체를 흐리지는 않을지 조심스럽다. 이 책이 지닌 여러 가지 장점에도 불구하고 혹시 잘못 인식되어 한국전쟁을 전체적으로 이해하는 데 오히려 방해가 되지는 않을까 염려되기도 한다.

　가령 이 책의 1장에서 저자는 호주군이 일본에서 가지고 온 기념품 스카프를 언급하며, 당시 일본이 한국전쟁 참전국에 당당하게 포함되어 있는 점을 연구의 시작점으로 삼았다. 그런데 이는 오해의 소지가 있는 기술이다. 일본을 한국전쟁 참전국으로 분류할 수 있을까? 그렇게 하는 데 어떤 문제도 없을까? 여기서 가장 큰 문제점은 저자가 당시 한국전쟁에서 후방기지 역할을 한 일본의 실체를 말하지 않는다는 점이다. 1945년 9월부터 1952년 4월까지 일본은 연합군최고사령관 총사령부(GHQ/SCAP)의 통치하에 놓인 피점령국으로서 주권이 제한된 상태였다. 따라서 한국전쟁기 일본의 공식 개입이나 참전은 일본이 아니라 연합국의 지령에 따른 행위라고 이해해야 한다. 이는 일본의 징병으로 아시아태평양전쟁에 참전한 우리나라를 일본에 협력한 아시아태평양전쟁의 침략국이라고 말할 수 없는 것과 같은 이유이다.

저자 테사 모리스-스즈키는 일본계 호주인으로서 모국의 입장을 이해할 수 있었겠지만, 독자의 입장에서라면 이에 대한 비판적 분석이 필요하다. 원문에 충실한 번역은 외서 번역에 있어서 가장 기본이 되는 원칙이다. 그러나 저자의 서술 의도가 마땅치 않을 때 이를 밝히는 것은 역자의 몫이다. 한국전쟁은 우리의 기억에 침전된 현대사에서 가장 큰 사건이기에 이에 관해서라면 더욱 그렇다.

우선 이런 한계가 있다는 점을 이해하고 이 책을 접하는 것이 좋겠다. 각 장의 내용을 소개하기에 앞서 먼저 이 책의 구성을 살펴보면 서론과 에필로그를 포함하여 전체 10편의 글로 이루어져 있다. 이 가운데 서론과 1장, 6장, 8장, 에필로그 이렇게 다섯 편의 글은 테사 모리스-스즈키가 집필했고, 4장과 7장은 캐서린 처치먼이 썼다.

테사 모리스-스즈키가 작성한 「강 건너 불? 한국전쟁과 일본(A Fire on the Other Shore?: Japan and the Korean War)」은 한국전쟁기 일본인의 전쟁 참여에 대해 개괄적으로 분석했다. 한반도에 파견되어 전쟁을 수행한 일본인 수를 최대 8,000여 명으로 추산했고, 일본인 7,000여 명이 헌혈(매혈)을 했다고 소개한다. 엄밀히 말하면 제2차 세계대전 전후 일본의 경제가 심각하게 피폐해진 상황에서 매혈을 할 수밖에 없었던 일본의 사정을 소개하지 않고 혈액 공급에만 초점을 맞춘 것은 이해하기 어렵다.

모 티안의 「한국전쟁이 만주 사회에 미친 경제적·사회적·인적 영향(The Korean War and Manchuria: Economic, Social, and Human Effects)」은 전쟁의 영향

으로 중국 당국이 남만주에 위치해 있던 산업 인프라를 북만주로 이전하고, 1952년 이후 미국의 폭격 위험이 잦아들자 다시 남만주에 대한 산업 투자를 늘린 점을 분석한다. 더불어 만주로 피신한 북한 피난민 수가 1만 명 이상이라는 점도 밝힌다.

리 나랑고아의 「분열된 나라에서 분단된 나라로: 몽골이 치른 한국전쟁(From On Divided Country to Another: The Korean War in Mongolia)」은 한국전쟁이, 분열되었던 내몽골과 몽골인민공화국을 분단으로 이끈 계기가 되었다고 평가한다.(제목에서 기대하게 되는 몽골인민공화국과 내몽골 사이의 관계와 전후 분단에 대한 기술이 없다는 점이 아쉽다.) 전쟁 기간 중 몽골이 제공한 가축 수가 10만 마리에 달하고, 이러한 지원이 북한의 전쟁 수행에 기여했다는 점은 잘 알려지지 않았던 내용이다. 특히 주목되는 내용은 내몽골의 기병대가 중국인민지원군의 일원으로 한국 전선에 참전했다는 새로운 사실이다.

캐서린 처치먼의 「중화민국이 한국전쟁에서 승리한 방법(Victory with Minimum Effort: How Nationalist China "Won" the Korean War)」은 최근 주목받고 있는 데이비드 챙 창의 박사학위논문을 다수 인용하며 중국군 전쟁포로에 대한 중국(자유중국)-미국의 협조와 재한화교의 특수작전을 다룬다. 그런데 증언에만 기초한 주장이 많아 사료와의 교차 분석이 요구된다. 데이비드 챙 창의 박사학위논문은 2020년 『납치된 전쟁: 한국전쟁에서 중국인 포로 이야기(The Hijacked War: The Story of Chinese POWS in the Korean War)』라는 책으로 출간되었다.

페드로 이아코벨리의 「오키나와를 휩쓴 제3차 세계대전의 공포(The Other Legacy of the Korean War: Okinawa and the Fear of World War Ⅲ)」는 제2차 세계대전 말기 20만 명이 넘는 인명의 희생을 목도한 오키나와 사회가 한국전쟁으로 또다시 전쟁의 최전선에 놓여진 상황을 기술하고 있다.

테사 모리스-스즈키의 두 번째 글 「국경을 넘나드는 전쟁: 600001번 일본인 포로의 기묘한 여정(A War across Borders: The Strange Journey of Prisoner No. 600,001)」은 한국전쟁 시기 포로 명단 속의 일본인을 다루고 있다. 연구자 사이에는 그 존재가 잘 알려져 있지만 그동안 제대로 분석되지 않았던 내용이다.

캐서린 처치먼의 또 다른 글인 「삶과 죽음을 넘나든 정보원들: UNPIK의 중국인 비밀요원들(The Life and Death of Line-Crossers: The Secret Chinese Agents of UNPIK)」은 한국전쟁기 비밀작전에 대한 내용을 다룬다. 특히 포로수용소에 있던 중국인민지원군 포로가 적진에서 특수정보작전을 수행했다는 주상을 증언을 통해 밝힌다. 캐서린 처치먼의 글은 앞의 4장에서와 마찬가지로 대부분 회고록과 증언에 의존해 기술하고 있어 자료적 측면에서 설득력이 약하지민 하나의 사례로서 참고할 만하나.

테사 모리스-스즈키의 세 번째 글인 「미국, 일본, 한국에서의 첩보 전쟁(The United States, Japan, and the Undercover War in Korea)」은 캐넌 기관으로 알려진 Z부대의 존재와 활동을 관련자의 증언을 통해 서술한다. 한국전쟁기 일본 내부에서 활동했던 캐넌 기관에 대한 내용은 한국전쟁의 한 측면을 보여준다.

여러 저자가 다양한 주제를 다루는 논문집의 경우 논문 개개의 편차가 드러나기 마련이다. 이 책에서도 모 티안과 리 나랑고아의 글은 개인 회고록에 지나치게 의존하며 무비판적으로 기술하고 있어 설득력이 약하다. 그러나 한국전쟁 당시 만주 지역이나 몽골의 상황을 이해하는 데에는 부족함이 없다. 캐서린 처치먼의 글 역시 일부 학자의 글을 지나치게 많이 이용하고 있어 1차 자료의 객관적 서술이라는 점에서 보면 부족함을 느끼지 않을 수 없다. 이러한 한계에도 불구하고 '세계적 시각'에서 한국전쟁을 볼 때 놓치기 쉬운 아시아 주변국들에 미친 한국전쟁의 영향을 조명하고 있다는 점에서 이 책의 남다른 의미를 찾을 수 있다.

대표 저자인 테사 모리스-스즈키 교수의 한국전쟁에 대한 인상이 에필로그에서 보듯 '끝나지 않은 전쟁'이라는 점에는 번역자로서 씁쓸한 감정을 느끼게 된다. 바람이 담긴 말은 아니겠지만 제3자의 시각에서 글을 쓸 때 단어 선택이 얼마나 중요한지 보여준다. 전쟁 당사국 사람들에 대한 배려 없는 이러한 단어 선택이, 자세히 기록되고 기억된 일본인의 아픔과 대조를 이루며 한국전쟁 75주년을 맞아 다시금 서글프게 다가온다.

2025년 6월

이상호

참고문헌

___ 영어 문헌 및 자료

Mongolia: An Economic Handbook(Warrington, UK: Joseph Crosfield & Sons, 1963).

Acheson, Dean, "Crisis in Asia: An Examination of the U.S. Policy," *Department of State Bulletin* 22, No.551(1950).

Acheson, Dean, *Present at the Creation: My Years in the State Department*(New York: Norton, 1969).

Aid, Matthew M., "US Humint and Comint in the Korean War: From the Approach of War to the Communist Intervention," Richard J. Aldrich·Gary D. Rawnsley·Ming-Yen T. Rawnsley, *The Clandestine Cold War in Asia, 1945-1965: Western Intelligence, Propaganda and Special Operations*(London: Frank Cass, 2000).

Amemiya, Kozy, "Reinventing Population Problems in Okinawa: Emigration as a Tool of American Occupation," *JPRI Working Paper* 90(2002).

Appleman, Roy E., *South to the Naktong, North to the Yalu*(Washington, D.C.: Government Printing Office, 1987).

_____, *East of Chosin: Entrapment and Breakout in Korea, 1950*(College Station: Texas A&M University Press, 1987).

Armbruster, Trevor, *A Matter of Accountability: The True Story of the Pueblo Affair*(London: Barrie and Jenkins, 1970).

Baldwin, Hanson W., "Tense Lands in China's Shadow," Lloyd C. Gardiner(ed.), *The Korean War*(New York: Quadrangle Books, 1972).

Bhowmik, Davinder, *Writing Okinawa: Narrative Acts of Identity and Resistance*(Oxon, UK: Routledge, 2008).

Boose, Donald W., *Over the Beach: US Army Amphibious Operations in the Korean War*(Washington, D.C.: Government Printing Office, 2008).

Borden, William S., *The Pacific Alliance: United States Foreign Economic Policy and Japanese Trade Recovery, 1947-1955*(Madison: University of Wisconsin Press, 1984)

Bourke, Joanna, "Fear and Anxiety: Writing about Emotions in Modern History," *History Workshop Journal* 55(Spring 2003).

Bowers, William T., William M. Hammond, and George L. McGarrigle, *Black Soldier, White*

Army: The 24th Infantry Regiment in Korea(Washington D.C.: United States Army Center of Military History, 1996).

Bradbury, William C., Samuel M. Meyers and Albert D. Biderman(eds.), *Mass Behaviour in Battle and Captivity: The Communist Soldier in the Korean War*(Chicago: University of Chicago Press, 1968).

Breuer, William B., *Shadow Warriors: Covert Operations in Korea*(New York: Wiley, 1996).

Bruyas, Dmitri & Sherry Lu, "WLFD Celebrates World Freedom Day," *China Post*, January 24, 2016.

Burchett, Wilfred & Alan Winnington, *Koje Unscreened*(London: Britain China Friendship Association, 1953).

──, *Plain Perfidy*(London: Britain-China Friendship Association, 1954).

Burgos, Russell, "Review of Peters, Richard; Li, Xiaobing, eds., Voices from the Korean War: Personal Stories of American, Korean, and Chinese Soldiers," *H-War, H-Net Reviews*, November 2004.

Casey, Steven, *Selling the Korean War: Propaganda, Politics and Public Opinion in the United States, 1950-1953*(Oxford: Oxford University Press, 2008).

Cathcart, Adam, "Japanese Devils and American Wolves: Chinese Communist Songs from the War of Liberation and the Korean War," *Popular Music and Society* 33, no. 2(May 2010).

──, "The Bonds of Brotherhood: New Evidence on Sino-North Korean Exchanges," *Journal of Cold War Studies* 13, No.3 (Summer 2011).

Central Intelligence Agency, "Critical Situations in the Far East"(October 12, 1950), CIA Freedom of Information Act Declassified files, CIA-RDP86B00269R000300040006-8.

──, "Information from Foreign Documents or Radio Broadcasts"(1951.3.28.-4.20), CIA Freedom of Information Act Declassified files, CIA-RDP80-00809A000600400532-6.

──, "The Feasibility of Japanese Rearmament in Association with the United States" (1951.4.20.), CIA Freedom of Information Act Declassified files, DOC_0000010668.

Chang, David Cheng, "To Return Home or 'Return to Taiwan': Conflicts and Survival in the 'Voluntary Repatriation' of Chinese POWs in the Korean War"(PhD diss., University of California, San Diego, 2011).

Cheung, Gordon C. K., *Market Liberalism: American Foreign Policy towards China*(New Brunswick, N.J.: Transaction, 1998).

Cho, Grace M., *Haunting the Korean Diaspora: Shame, Secrecy and the Forgotten War*(Minneapolis: University of Minnesota Press, 2014).

Choi, Suhi, *Embattled Memories: Contested Meanings in Korean War Memorials*(Reno: University of Nevada Press, 2014).

Crandell, Yoshiko Sakumoto, "Surviving the Battle of Okinawa: Memories of a Schoolgirl,"

Asia-Pacific Journal 12, No.2(April 7, 2014).

Cumings, Bruce, "The Korean War: What Is It That We Are Remembering to Forget," Sheila Miyoshi Jager·Rana Mitter(ed.), *Ruptured Histories: War, Memory, and the Post-Cold War in Asia*(Cambridge, Mass.: Harvard University Press, 2007).

_____, *The Korean War: A History*(New York: Modern Library, 2010).

_____, *The Origins of the Korean War*, vols. 1 and 2(Princeton, N.J.: Princeton University Press, 1981 and 1990).

Dingman, Roger, "The Dagger and the Gift: The Impact of the Korean War on Japan," William J. Williams(ed.), *A Revolutionary War: Korea and the Transformation of the Postwar World*(Chicago: Imprint, 1993).

Dower, John W., "Peace and Democracy in Two Systems: External Policy and Internal Conflict," Andrew Gordon(ed.), *Postwar Japan as History*(Berkeley: University of California Press, 1993).

_____, *Embracing Defeat: Japan in the Wake of World War II*(New York: Norton, 1999).

_____, *Embracing Defeat: Japan in the Wake of World War II*(New York: Norton, 1999).

Drifte, Reinhard, "Japan's Involvement in the Korean War," James Cotton and Ian Neary(ed.), *The Korean War in History*(Manchester: Manchester University Press, 1989).

Dulles, Allen W., "Bomb Shelters on Okinawa," CIA Freedom of Information, January 25, 1951, Doc. No. ESDN 0000460178.

Edwards, Duval A., *Jungle and Other Tales: True Stories of Historic Counterintelligence Operations*(Tucson, Ariz.: Wheatmark, 2008).

Edwards, Paul, *Combat Operations of the Korean War: Ground, Air, Sea, Special and Covert*(Jefferson, N.C.: McFarland, 2010)

_____, *Unusual Footnotes to the Korean War*(London: Bloomsbury, 2013).

Eiji, Takemae, Robert Ricketts & Sebastian Swann(trans.), *Inside G.H.Q.: The Allied Occupation of Japan and Its Legacy*(New York: Continuum, 2002).

Eldridge, Robert D., *The Origins of the Bilateral Okinawa Problem: Okinawa in Post war U.S.-Japan Relations, 1945-1952*(New York: Garland, 2001).

_____, *The Return of the Amami Islands: The Reversion Movement and U.S.-Japan Relations*(Lanham, Md.: Lexington Books, 2004).

Esselstrom, Erik, "From Wartime Friend to Cold War Fiend: The Abduction of Kaji Wataru and USJapan Relations at Occupation's End," *Journal of Cold War Studies* 17, no. 3(2015).

Feifer, George, *Tennozan: The Battle of Okinawa and the Atomic Bomb*(New York: Ticknor & Fields, 1992).

Foot, Rosemary, *A Substitute for Victory: The Politics of Peacemaking at the Korean Armistice Talks*(Ithaca, N.Y.: Cornell University Press, 1990).

Forsberg, Aaron, *America and the Japanese Miracle: The Cold War Context of Japan's Postwar*

Revival(Chapel Hill: University of North Carolina Press, 2000).
French, Thomas, "Contested 'Rearmament': The National Police Reserve and Japan's Cold War(s)," *Japanese Studies* 34, No.1(2014)
Freud, Sigmund, *A General Introduction to Psychoanalysis*(New York: Boni and Liveright, 1920).
Furmanski, Martin & Mark Wheelis, "Allegations of Biological Weapons Use," Mark Wheelis·Lajos Rósza·Malcolm Dando(ed.), *Deadly Cultures: Biological Weapons since 1945*(Cambridge, Mass.: Harvard University Press, 2006).
Gaddis, John Lewis, *Strategies of Containment: A Critical Appraisal of American National Security*(Oxford: Oxford University Press, 2005).
Garver, John W., *The Sino-American Alliance: Nationalist China and American Cold War Strategy in Asia*(Armonk, N.Y.: M. E. Sharpe, 1997).
Gillin, Donald G. and Charles Etter, "Staying On: Japanese Soldiers and Civilians in China, 1945-1949," *Journal of Asian Studies* 42, no. 3(1983).
Gillin, Donald G. and Ramon H. Myers(eds.), *Last Chance in Manchuria: The Diary of Chang Kia-Ngau*(Stanford, Calif.: Hoover Institution Press, 1989).
Gold, Hal, *Unit 731*(Tokyo: Tuttle, 2011).
Goulden, Joseph C., *Korea: The Untold Story of the War*(New York: Times Books, 1982).
Hajimu, Masuda, "Fear of World War III: Social Politics of Japan's Rearmament and Peace Movements, 1950-53," *Journal of Contemporary History* 47, no. 3(2012).
_____, *Cold War Crucible: The Korean Conflict and the Postwar World*(Cambridge, Mass.: Harvard University Press, 2015).
Halpin, Dennis P., "The Other History Controversy: China and the Korean War," *NK News*, July 8, 2015.
Han To-pong, "My Recollection as an Agent of the Canon Organ," CIA Freedom of Information Act Declassified files, CIARDP75-00001R000300470028-4.
Harrison, Mark, "How to Speak about Oneself: Theory and Identity in Taiwan," Chris Berry·Nicola Liscutin·Jonathan D. Mackintosh(ed.), *Cultural Studies and Cultural Industries in Northeast Asia: What a Difference a Region Makes*(Hong Kong: Hong Kong University Press, 2009).
Haruki, Wada, *The Korean War: An International History*, trans. Frank Baldwin(Lanham, Md.: Rowman & Littlefield, 2014).
Hastings, Sally Ann, "Women Legislators in the Japanese Diet," Anne E. Imamura(ed.), *Re-imaging Japanese Women*(Berkeley: University of California Press, 1996).
Hickey, Doyle O., "Intelligence and Related Covert Activities, FEC," November 4, 1950, CIA Freedom of Information Act Declassified files, CIA-RDP80B01676R004000130058.
Higa, Mikio, *Politics and Parties in Postwar Okinawa*(Vancouver: University of British Columbia

Press, 1963).

Hodgson, W. R., "Japanese Attitude to Korean War," 1950, report by the Australian Mission in Japan, National Archives of Australia, Canberra, Series No.A1838, control symbol 3123/7/27, "Korean War-Japan's Policy."

_____, "Japanese Attitude to Korean War," report by the Australian Mission in Japan, National Archives of Australia, Canberra, 1950, Series No.A1838, control symbol 3123/7/27, "Korean War-Japan's Policy."

Hook, Glenn & Richard Siddle, *Japan and Okinawa: Structure and Subjectivity* (London: Routledge Curzon, 2003).

Iacobelli, Pedro, "The Limits of Sovereignty and Post-War Okinawan Migrants in Bolivia," *Asia-Pacific Journal* 11, No. 34(2013).

Iacobelli, Pedro & Hiroko Matsuda(eds.), *Rethinking Postwar Okinawa: Beyond American Occupation* (Lanham, Md.: Lexington Books, 2017).

Jager, Sheila Miyoshi, *Brothers at War: The Unending Conflict in Korea* (New York: Norton, 2013).

Johnson, Chalmers, *Conspiracy at Matsukawa* (Berkeley: University of California Press, 1972).

Johnson, Jesse, "In First, U.S. Admits Nuclear Weapons Were Stored in Okinawa during Cold War," *Japan Times*, February 20, 2016.

Kane, Tim, "Global U.S. Troop Deployment, 1950-2003," *Center for Data Analysis Report*, no. 04-11(2004).

Kaufman, Victor S., "Trouble in the Golden Triangle: The United States, Taiwan, and the 93rd Nationalist Division," *China Quarterly* 166(2001).

Kelly, Tim, "Japan Could Deploy Minesweepers off S. Korea in War with North, U.S. Admiral Says," *Reuters*, October 24, 2014.

Kim, Dong-Choon, *The Unending Korean War: A Social History*, trans. Sung-Ok Kim (Larkspur, Calif.: Tama Vista, 2008)

Kim, Monica, "Humanity Interrogated: Empire, Nation, and the Political Subject in U.S.- and UN-Controlled POW Camps of the Korean War, 1942-1960" (PhD diss., University of Michigan, 2011).

Kim, Nam G., *From Enemies to Allies: The Impact of the Korean War on U.S.-Japan Relations* (San Francisco: International Scholars Publications, 1997).

Knight, Peter, "MacArthur's Eyes: Reassessing Military Intelligence Operations in the Forgotten War, June 1950-April 1951" (PhD diss., Ohio State University, 2006).

Kojima, Shinji, "Remembering the Battle of Okinawa: The Reversion Movement," Joyce N. Chinen(ed.), *Uchinaanchu Diaspora: Memories, Continuities and Constructions* (Honolulu: University of Hawaii Press, 2007).

Korea Institute of Military History, *The Korean War*, vol. 3(Lincoln, Neb.: Bison Books, 2001).

Kōya, Nomura, "Colonialism and Nationalism: The View from Okinawa," Ronald Y. Nakasone(ed.), *Okinawan Diaspora*(Honolulu: University of Hawaii Press, 2002).

Kurata, Joseph Y., "Counter Intelligence in Occupied Japan," Building_a_New_Japan, www.javadc.org/building_a_new_japan_introduction.html

Lary, Diana, *The Chinese People at War: Human Suffering and Social Transformation, 1937-1945*(Cambridge: Cambridge University Press, 2010).

Lattimore, Owen, *Manchuria: Cradle of Conflict*(New York: Macmillan, 1932).

Lee, Jae-Bong, "US Deployment of Nuclear Weapons in 1950s South Korea & North Korea's Nuclear Development: Toward Denuclearization of the Korean Peninsula," *Asia-Pacific Journal* 7, no. 3(2009).

Lee, Jeanyoung, "The Korean War and the Citizenship of Korean-Chinese: Loyalties and Making of a Sub-Nation," paper presented at the international symposium The Korean War and Northeast Asia, Academy of Korean Studies, Seongnam, November 15, 2013.

Lew, Christopher R., *The Third Chinese Revolutionary Civil War, 1945-1949: An Analysis of Communist Strategy and Leadership*(London: Routledge, 2009).

Lippmann, Walter, "End of the Postwar World," *Prevent World War III* 50(Summer 1957).

Lowe, Peter, *The Korean War*(New York: Palgrave Macmillan, 2000).

Macleod, Calum & Lijia Macleod, "China's Korean War POWs Find You Can't Go Home Again," *Japan Times*, June 28, 2000.

McCormack, Gavan, *Cold War Hot War: An Australian Perspective on the Korean War*(Sydney, Australia: Hale & Iremonger, 1983).

McCormack, Gavan & Satoko Oka Norimatsu, *Resistant Islands: Okinawa Confronts Japan and the United States*(Lanham, Md.: Rowman & Littlefield, 2012).

Mercado, Stephen C., "KLO ui Hangukchon Pisa[Secret History of the KLO in the Korean War]," *Studies in Intelligence* 56, no. 1(2012).

Miksche, F. O., *Unconditional Surrender: The Roots of a World War III*(London: Faber &Faber, 1952).

Military History Section, Headquarters, U.S. Army Forces and Eighth U.S. Army, *Intelligence and Counterintelligence Problems during the Korean Conflict*(Washington, D.C.: Office of the Chief of Military History, 1955).

Mills, C. Wright, *The Causes of World War Three*(New York: Simon & Schuster, 1958).

Mitchell, Jon, "Okinawa's First Nuclear Missile Men Break Silence," *Japan Times*, July 8, 2012.

Morris-Suzuki, Tessa, "Democracy's Porous Borders: Espionage, Smuggling and the Making of Japan's Transwar Regime" (Part 1), *Asia-Pacific Journal: Japan Focus* 12, issue 40, no. 4(October 6, 2014).

_____, "Democracy's Porous Borders: Espionage, Smuggling and the Making of Japan's Transwar Regime"(Part 2), *Asia-Pacific Journal* 12, issue 41, no. 2 (October 13, 2014).

_____, "Post-War Warriors: Japanese Combatants in the Korean War," *Asia-Pacific Journal* 10, No.31(July 30, 2012).

_____, *Exodus to North Korea: Shadows from Japan's Cold War*(Lanham, Md.: Rowman & Littlefield, 2007).

Mun, Samuel, "Destined to Cooperate: Japan-South Korea Naval Relations," *Diplomat*, February 5, 2014.

Navarro, Peter & Greg Autry, *Death by China: Confronting the Dragon–A Global Call to Action*(New York: Pearson Prentice Hall, 2011).

Obermiller, David J., "The U.S. Military Occupation of Okinawa: Politicizing and Contesting Okinawa Identity 1945-1955" (PhD diss., University of Iowa, 2006).

Operations Coordinating Board, "Progress Report on NSC 146/2: United States Objectives and Courses of Action with Respect to Formosa and the Nationalist Government," February 16, 1955, CIA Freedom of Information Act Declassified files, CIARDP80R01731R003000010001-1.

Ōta, Masahide, "Re-examining the History of the Battle of Okinawa," Chalmers Johnson(ed.), *Okinawa: Cold War Island*(Cardiff, Calif.: Japan Policy Research Institute, 1999).

Paik Sun Yup, *From Pusan to Panmunjom: Wartime Memoirs of the Republic of Korea's First Four-Star General*(Dulles, Va.: Brassey's, 1999).

Peng, Wan-Hsin & Jake Chung, "DPP Caucus Agrees to Cut WLFD, APLFD Budgets," *Taipei Times*, November 6, 2016.

Perry, Samuel, "'The Blue Flower of Pusan Harbor': Engendering Imperial Continuities during the Korean War" (paper presented at the 28th Association for Korean Studies in Europe Conference, Charles University, Czech Republic, April 20-23, 2017).

Peters Richard & Xiaobing Li(eds.), *Voices from the Korean War*(Lexington: University Press of Kentucky, 2005).

Prados, John, *Lost Crusader: The Secret Wars of CIA Director William Colby*(Oxford: Oxford University Press, 2003).

Radchenko, Sergey, "Choibalsan's Great Mongolia Dream," *Inner Asia* 11, No.2(2009).

Reddy, William, *Navigation of Feeling: A Framework for the History of Emotions*(New York: Cambridge University Press, 2001).

Rosenwein, Barbara H., "Problems and Methods in the History of Emotions," *Passions in Context* 1, No.1(2010).

Rottman, Gordon L., *Korean War Order of Battle: United States, United Nations, and Communist Ground, Naval, and Air Forces, 1950-1953*(Westport, Conn.: Praeger, 2002).

Rupen, Robert, *Mongols of the Twentieth Century*, Part 1(Bloomington: Indiana University Publications, 1964).

Sams, Crawford F. & Zabelle Zakarian(ed.), *Medic: The Mission of an American Doctor in Occupied Japan and Wartorn Korea*(Armonk, N.Y.: M. E. Sharpe, 1998).

Sarantakes, Nicholas Evan, *Keystone: The American Occupation of Okinawa and U.S Japanese Relations*(College Station: Texas A&M University, 2000).

Sato, Tatsuya, "Major Security Shift: Brother Says No More War Dead," *Asahi Shimbun / Asia Japan Watch*(May 17, 2014).

Schaller, Michael, "The Korean War: The Economic and Strategic Impact on Japan," William Stueck(ed.), *The Korean War in World History*(Lexington: University Press of Kentucky, 2004).

Scheurs, Miranda A., "Japan," Jeffrey Kopstein·Mark Lichbach, Comparative Politics: *Interests, Identities and Institutions in a Changing Global Order*(Cambridge: Cambridge University Press, 2008).

Shen, Zhihua, *Mao, Stalin and the Korean War: Trilateral Communist Relations in the 1950s, trans. Neil Silver*(London: Routledge, 2012).

Singer, Peter W., *Corporate Warriors: The Rise of the Privatized Military Industry*(Ithaca, N.Y.: Cornell University Press, 2003).

Smits, Gregory, "Ambiguous Boundaries: Redefining Royal Authority in the Kingdom of Ryukyu," *Harvard Journal of Asiatic Studies* 60, No.1(2000).

Song Sang-ho, "War Plan Upgrade Reflects NK WMD Threats," *Korea Herald*, August 27, 2015.

Stueck, William, *The Korean War: An International History*(Princeton, N.J.: Princeton University Press, 1995).

Swenson-Wright, John, "The Limits to 'Normalcy': Japanese-Korean Post-Cold War Interactions," Yoshihide Soeya, Masayuki Tadokoro, and David A. Welch(ed.), *Japan as a "Normal Country": A Nation in Search of Its Place in the World*(Toronto: University of Toronto Press, 2011).

Tanji, Miyume, *Myth, Protest and Struggle in Okinawa*(London: Routledge, 2006).

Taylor, Jay, *The Generalissimo: Chiang Kai-shek and the Struggle for Modern China*(Cambridge, Mass.: Harvard University Press, 2009).

Tigner, James Lawrence, "Japanese Immigration into Latin America: A Survey," *Journal of Interamerican Studies and World Affairs* 23, No.4(1981).

Toriyama, Atsushi & David Buist, "Okinawa's 'Postwar': Some Observations on the Formation of American Military Bases in the Aftermath of Terrestrial Warfare," *Inter-Asia Cultural Studies* 4, No.3(2010).

Tovy, Tal, "Manifest Destiny in POW Camps: The U.S. Re-education Program during the Korean War," *Historian* 73, No.3(2011).

Truman, Harry S., "The Truman Memoirs: Part III," *Life* 40, No.6(February 6, 1956).

Twomey, Christopher P., *The Military Lens: Doctrinal Difference and Deterrence Failure in*

Sino-American Relations(Ithaca, N.Y.: Cornell University Press, 2010).

U.S. Department of State, *Foreign Relations of the United States*, 1949, Vol. VII, *the Far East and Australasia*, Part 2(Washington, D.C.: Government Printing Office, 1976)

_____, *Foreign Relations of the United States*, 1951, Vol. VI, *Asia and the Pacific*, Part 1(Washington, D.C.: Government Printing Office, 1977).

U.S. National Security Council, "NSC-68: A Report to the National Security Council," *Naval War College Review* 27 (May-June 1975).

Uemura, Hideaki, "The Colonial Annexation of Okinawa and the Logic of International Law: The Formation of an 'Indigenous People' in East Asia," *Japanese Studies* 23, No.2(2003).

Vlugt, E. van der, "The Third Korean War: Our Last Round before World War III," CIA Freedom of Information(1950.5.20.), CIA-RDP80R01731R000700040003-2.

Watt, Lori, *When Empire Comes Home: Repatriation and Reintegration in Postwar Japan*(Cambridge, Mass.: Harvard University Press, 2010).

Westover, John G., *Combat Support in Korea*(facsimile reprint)(Washington, D.C.: Center of Military History, 1987).

Wilford, Hugh, *America's Great Game: The CIA's Secret Arabists and the Shaping of the Modern Middle East*(New York: Basic Books, 2013).

Willoughby, Charles A., "Cuba: The Pack's in Full Cry Attacks on the Pentagon and Intelligence," *Foreign Intelligence Digest*, May 19, 1961.

Yahara, Hiromichi, Roger Pineau & Masatoshi Uehara(trans.), *The Battle for Okinawa*(New York: Wiley, 1995).

Yasuzō, Ishimaru, "The Korean War and Japanese Ports: Support for the UN Forces and Its Influences," *NIDS Security Reports* 8 (December 2007).

Yoshida, Kensei, *Democracy Betrayed: Okinawa under U.S. Occupation*(Bellingham: Western Washington University, 2001).

Young, Charles S., *Name, Rank and Serial Number: Exploiting Korean War POWs at Home and Abroad*(Oxford: Oxford University Press, 2014).

Zaloga, Steven J., "The Russians in MiG Alley," *Air Force Magazine*, February 1991.

Zhihua, Shen, *Mao, Stalin and the Korean War: Trilateral Communist Relations in the 1950s*, trans. Neil Silver(London: Routledge, 2012).

Zulueta, Johanna O., "A Place of Intersecting Movements: A Look at 'Return' Migration and 'Home' in the Context of the 'Occupation' of Okinawa"(PhD diss., Hitotsubashi University, Tokyo, 2004).

_____ 한국어 문헌 및 자료

김점곤, 『韓國動亂』(광명출판사, 1973).

라종일 편, 『끝나지 않은 전쟁』(전예원, 1994).

문화방송(MBC), 「이제는 말할 수 있다: 6·25 일본 참전의 비밀」, TV 다큐멘터리 방송(2001.6.22.; 2001.6.25).

有山幹夫, 「朝鮮戰爭に參加」, 문화방송, 『이제는 말할 수 있다: 6·25 일본 참전의 비밀』(문화방송, 2001).

이창건, 『KLO의 한국전비사』(지성사, 2005).

_____ 중국어 문헌 및 자료

高慶辰, 『空戰非英雄』(臺北: 麥田出版股份有限公司, 2000).

高文俊, 『韓戰憶往: 浴血餘生話人權』(臺北: 生智文化事業有限公司, 2000).

靳大鷹, 『志願軍戰俘記事』(北京: 解放軍文藝出版社, 1986).

大鷹, 『志願軍戰俘紀事』(北京: 解放軍文藝出版社, 1986).

董其武, 『董其武日記』(北京: 解放軍出版社, 2001).

劉啟發 主編, 『英雄城市英雄人: 丹東人民支援抗美援朝戰爭資料專輯』(丹東市: 中共丹東市委黨史研究室, 1989).

劉維開, 「蔣中正總統對韓戰及相關問題的看法與政策: 民國三十九年」, 『近代中國』137期(2000).

李澄, 「回憶抗美援朝在安東那些日子(代綜述)」, 劉啟發(主編), 『英雄城市英雄人: 丹東人民支援抗美援朝戰爭資料專輯』(丹東市: 中共丹東市委黨史研究室, 1989).

臨沂行署出版辦公室 編, 『孟良崮戰役資料選』(濟南: 山東人民出版社, 1980).

林金田, 『傷痕血淚: 戰後原臺籍國軍口述歷史』(南投: 國史館臺灣文獻館, 2008).

萬照華, 「防空疏散」, 劉啟發(主編), 『英雄城市英雄人: 丹東人民支援抗美援朝戰爭資料專輯』(丹東市: 中共丹東市委黨史研究室, 1989).

反共義士奮鬥史編纂委員會, 『反共義士奮鬥史』(臺北: 反共義士就業輔導處, 1955).

徐占信, 『滿洲裏與抗美援朝戰爭』(海拉爾: 內蒙古文化出版社, 2006).

邵毓麟, 『使韓回憶錄』(臺北: 傳記文學出版社, 1980).

吳金鋒, 「志願軍歸國戰俘口述實錄節選」, 『解放軍文藝』4期(2012年).

王東·謝偉, 「朝鮮戰爭與東北工業布局的調整」, 『中州學刊』2013年 3期.

王東原, 「反共義士爭奪戰紀實: 為紀念一二三自由日第三十六週年而寫」, 『傳記文學』52:1(1988.1).

王峴遐, 『抗美援朝: 1950 內蒙古紀事』(北京: 中共黨史出版社, 2011).

王燁, 「中國北部邊疆邊境城市發展研究: 以內蒙古自治區滿洲裏、二連浩特爲例」, 陝西師範大學 博士學位論文(2013).

于勁, 『厄運』(香港: 天地圖書有限公司, 1992).

原憲千, 「軍事管制時期的滿洲裏口岸運輸」, 徐占信, 『滿洲裏與抗美援朝戰爭』(海拉爾: 內蒙古文化出版社, 2006).

張淑雅, 『韓戰救台灣? 解讀美國對臺政策』(臺北: 衛城出版, 2011).

張澤石, 『我的朝鮮戰爭』(北京: 金城出版社, 2011).

_____, 『志願軍戰俘紀實: 美軍集中營親曆記』(北京: 中國文史出版社, 1996).

張澤石·高延賽, 『孤島: 抗美援朝志願軍戰俘在台灣』(北京: 金城出版社, 2012).

趙德才, 「滿洲裏在抗美援朝戰爭中的貢獻: 在滿洲裏工作過的老同志恫憶錄」, 徐占信, 『滿洲裏與抗美援朝戰爭』(海拉爾: 內蒙古文化出版社, 2006).

趙德馨 主編, 『中華人民共和國經濟史, 1949-1966』(鄭州市: 河南人民出版社, 1988).

周琇環, 「韓戰期間志願遣俘原則之議定(1950-1953)」, 『國史館館刊』 24期(2010.6).

周琇環·張世瑛·馬國正·周維朋, 『韓戰反共義士訪談錄』(臺北: 國史館, 2013).

中共沈陽市委黨史研究室(編著), 『沈陽人民記憶中的抗美援朝』(沈陽: 萬卷出版公司, 2010).

中國社會科學院 中央檔案館, 『中華人民共和國經濟檔案資料選編: 1949 - 1952 綜合卷』(北京: 中國城市經濟社會出版社, 1990).

中國人民政治協商會議, 「解放戰爭中的內蒙古騎兵」(呼和浩特: 內蒙古文史書店發行, 1997).

沈志華, 『毛澤東, 斯大林與朝鮮戰爭』(廣東: 廣東人民出版社, 2003).

沈幸儀, 『一萬四千個證人: 韓戰時期 '反共義士' 之研究』(臺北: 國史館, 2013).

黃天才, 「韓戰第一線上審訊共軍戰俘: 一萬四千名反共義士來臺幕後(上)」, 『傳記文學』, 96:5(2010).

黑龍江省統計局 編, 『黑龍江省四十年巨變: 1949-1989』(北京: 中國統計出版社, 1989).

David Cheng Chang, 「張一夫先生訪問紀錄」, 『口述歷史』 13期(2013.11).

_____ 일본어 문헌 및 자료

古川萬太郎, 『中國殘留日本兵の記錄』(東京: 岩波書店, 1994).

金賛汀, 『在日義勇兵帰還せず: 朝鮮戰爭秘史』(東京: 岩波書店, 2007).

大巾博幸, 「共産軍に動員朝鮮戰爭まで」(2009年 3月 10日; 2009년 6月 16日), NHKアーカイブス.

大沼久夫, 「朝鮮戰爭への日本の協力」, 大沼久夫(編), 『朝鮮戰爭と日本』(東京: 新幹社, 2006).

大沼久夫 編, 『朝鮮戰爭と日本』(東京: 新幹社, 2006).

大田昌秀, 『檢証: 昭和の沖縄』(那覇: 那覇出版社, 1990).

鈴木英隆, 「朝鮮海域に出撃した日本特別掃海隊: その光と影」, electronic resource, http://www.mod.go.jp/msdf/mf/history/index.html(2014.6.8).

笠原正明, 「中國の朝鮮戰爭介入と滿州問題」, 『神戸市外國語大學外國學研究所研究年報』, 通號 7(1970.3).

明星圭介 編, 『むっちゃん機関長半生記: 朝鮮戰爭と船員: 戰後米船船員外史: 明星陸郎十三回忌記念』(橫浜: 明星英子, 2005).

明正三宅 外, 『日本史A: 現代からの歴史』(東京: 東京書籍, 2012).

茂木和行, 「'鹿地互殺せ'と右翼に頼んだキヤノン機関」, 『サンデー毎日』 1981年 7月 5日.

白宗元, 『検証朝鮮戰爭: 日本はこの戰爭にどうかかわったか』(東京: 三一書房, 2013).

山田善二郎, 『鹿地互の人柄, 鹿地互·山田善二郎』, 『だまれ日本人!: 世界に告げる '鹿地事件' の真實』(東京: 理論社, 1953).

_____,『人權の未來: 警察と裁判の現在を問う』(東京: 本の泉社, 2003).

_____,『アメリカのスパイ, CIAの犯罪』(東京: 學習の友社, 2011).

_____,『日本近現代史のなかの救援運動』(東京: 學習の友社, 2012).

三宮克己,「証拠説明書4」, 東京地方裁判所　民事第6部合議B係(2005.5.16), http://comcom.jca.apc.org/iken_tokyo/tinjutu/kojin/sannomiya/shouko_ sannnomiya_4.htm.

西村秀樹,『大阪で戦った朝鮮戦爭: 吹田枚方事件の靑春群像』(東京: 岩波書店, 2004).

石田壽美惠,「戦場に送るため救った命」(2008年), NHKアーカイブス.

石丸安藏,「朝鮮戰爭と日本の關わり: 忘れ去られた海上輸送」,『戰史研究年報』第11號(2008.3).

小野俊彦,「北九州門司港の港灣労働者とその朝鮮戰爭體驗」,『社會分析』32號(2005).

松岡完・広瀬佳一・竹中佳彦,『冷戦史: その起源・展開・終焉と日本』(東京: 同文舘出版, 2003).

埴原和郎,『骨を読む: ある人類學者の體驗』(東京: 中央公論社, 1965).

易忠,「中南剿匪作戰史略」,『軍事歷史』4期(2001).

延禎,『キャノン機關からの証言』(東京: 番町書房, 1973).

五味洋治,「日本人も参戰した朝鮮戰爭」,『光射せ!: 北朝鮮收容所國家からの解放を目指す理論誌』6號(2010.12.6).

王恩美,『東アジア現代史のなかの韓國華僑: 冷戰體制と「祖國」意識』(東京: 三元社, 2008).

王鐵樵,『滿洲裏外運五十年 1946-1996』(海拉爾: 內蒙古文化出版社, 1996).

月刊沖繩社(編),『Laws and Regulations during the U.S. Administration of Okinawa: 1945-1972(1)』(那覇: 池宮商會, 1983).

有馬哲夫,『CIAと戰後日本: 保守合同・北方領土・再軍備』(東京: 平凡社, 2010).

宜野灣市議會,『宜野灣市議會史: 活動編』(宜野: 宜野灣市議會, 2006).

日本國民救援會,『山田善二郎が語る: 私と鹿地事件そして國民救援會』(東京: 日本國民救援會, 1999).

日本油脂株式會社, 社史編纂委員會,『日本油脂三十年史』(東京: 日本油脂株式會社, 1967).

長穀川正安(編),『憲法と地方政治』(名古屋: 風媒社, 1973).

猪俣浩三,『占領軍の犯罪』(東京: 図書出版社, 1979).

町田忠昭,「朝鮮戰爭の捕虜問題」, 徐勝(編),『東アジアの冷戰と國家テロリズム』(東京: 禦茶の水書房, 2004).

鳥山淳,「閉ざされる復興と'米琉親善': 沖繩社會にとっての1950年」, 中野敏男(編),『沖繩の占領と日本の復興: 植民地主義はいかに継續したか』(東京: 靑弓社, 2006).

照屋榮一,『沖繩行政機構変遷史: 明治12年-昭和59年』(那覇: 照屋榮一, 1984).

池穀薫,『蟻の兵隊: 日本兵2600人山西省殘留の真相』(東京: 新潮社, 2007).

川村喜一郎,『日本人船員が見た朝鮮戰爭』(東京: 朝日コミュニケーションズ, 2007).

川平成雄,「戰後'なき沖繩」,『琉球大學・經濟研究』80號(2010).

青木冨貴子,『731: 石井四郎と細菌戰部隊の闇を暴く』(東京: 新潮社, 2005).

春名幹男,『秘密のファイル(上・下)』(東京: 共同通信社, 2000).

土岐茂,「'愛國公約'の歴史と原理: 人民の自律的範の創造」,『早稲田法學會誌』第29卷(1979.3).

板垣幸三・鈴木智雄・竹内理一・多田一郎・眞山晴雄,「スパイ渦巻く東京租界」,『オール読物』8卷 10號

(1953.10).

豐見山和行, 『琉球王國の外交と王權』(東京: 吉川弘文館, 2004).

韓道峰, 「キャノン機関員としての回想」, 『週刊新潮』, 1960年 7月 11日.

海上自衛隊 掃海隊群, 「特種: 第63回 掃海殉職者追悼式」 on the website of the Maritime Self-Defense Force, http://www.mod.go.jp/msdf/mf/news/training/2014takamatsu.pdf.

椛澤陽二, 「朝鮮戰爭と日本人船員(其の2)」, 『海員』, 2007年 9月.

_____, 「朝鮮戰爭と日本人船員(其の3)」, 『海員』, 2007年 10月.

橫浜の空襲を記錄する會, 『橫浜の空襲と戰災(5)』(橫浜: 橫浜市, 1977).

―― 몽골어 문헌 및 자료

Jamiyan-i Battur, *XX-Zunni Mongol ba Solongus-un Harichaa*(Ulaanbaatar: Admon, 1999).

찾아보기

⟨ㄱ⟩

가오원쿤(高文俊)　131, 135~136, 139~140, 160, 236~242, 245~246, 249, 251~252, 255, 257, 259

가와베 도라시로(河辺虎四郎)　267

가지 와타루(鹿地亘)　281~288

가토 히토유키(加藤等之)　206~208

경찰예비대　53~57

국가안전보장회의(NSC)　129, 176

극동군사령부　151, 190, 226, 267~270, 276

김일성　94, 201

⟨ㄴ⟩

나카야마 미사(中山マサ)　222~223

남일　239, 300

⟨ㄷ⟩

덜레스(Allen W. Dulles)　190~191

도서방위선　302

⟨ㄹ⟩

로젠바인(Barbara H. Rosenwein)　171~172

류빙장(劉炳章)　132

리다안(李大安)　141, 146~147, 156, 252, 258

⟨ㅁ⟩

마셜플랜　21, 49, 61

마스다 하지무(益田肇)　13, 85, 185~186, 282

마쓰시다 가즈토시(松下一利)　199~208, 212~231, 300

마쓰이(Victor Matsui)　272, 288~289

마쿤젱(馬羣耕)　237~250, 257, 258

맥아더(Douglas MacArthur)　128, 131, 133, 211, 216, 267, 276

민간정보교육국(CIE)　151, 153~154, 158, 240

민진당(民進黨)　294~295

⟨ㅂ⟩

반공의사(反共義士)　159, 160, 164, 258, 295

버쳇(Wilfred Burchett)　144, 235~244, 252, 254

보안대　54, 58

브래드버리(William C. Bradbury)　134, 149

비쇼프(Werner Bischof)　34, 57, 60, 147, 155, 180

비에리(Frédérique Bieri)　197, 219~222

⟨ㅅ⟩

산노미야 가즈미(三宮克己)　37~38

샌프란시스코 평화조약　169, 170, 177~178

샘스(Crawford Sams) 276~279
샤오위린(邵毓麟) 129, 156~157, 162
CIC 38, 268~274, 284

〈ㅇ〉
아리야마 미키오(有山幹夫) 32~36
아시아태평양전쟁 32, 37, 40, 49, 51, 173, 182, 186, 205, 214, 230, 266, 268, 298, 300, 303, 308
애국공약(愛國公約) 82~87
야마다 젠지로(山田善二郞) 263~266, 272~273, 279~289
SC지대(Seoul Chinese Brigade) 162~163
역코스 21, 186, 266
연정 268, 276~277, 282, 284, 288~289
옌시산(閻錫山) 147, 206
오카자키 가쓰오(岡崎勝男) 56, 224
오쿠보 다케오(大久保武雄) 33, 36
오쿠보 쓰라유키(大久保貫之) 275
왕동위안(王東原) 226
왕스유(王世有) 162~163
요시다 시게루(吉田茂) 28, 33, 60, 211, 285
우치야마 간조(內山完造) 283~284
원젠유(文健友) 154, 158, 237~238, 240, 244~247, 251, 259
웨이시시(魏世喜) 141, 148
위혜림 274~275
윌로비(Charles A. Willoughby) 267~268
이노마타 고조(豬俣浩三) 270, 284
이승만 41, 48, 129, 157, 161, 227~228, 269
이시다 스미에(石田壽美惠) 81, 300
이타가키 고조(板垣幸三) 263~266, 270~274, 279, 282, 288

〈ㅈ〉
자위대 36, 295~296
자원송환(voluntary patriation) 155~158
장루이치(張瑞祺) 121~122, 136~137, 148
장웬롱(张文荣) 236~237, 254~255, 259
장저쓰(張澤石) 124, 252
장제스(蔣介石) 123, 126~130, 134, 141, 144~147, 151, 156~157, 161, 164, 204, 206, 209, 295, 301
제네바협약 133, 218, 235, 238, 280
Z부대 264~289
조국복귀운동 170, 193
G-2 131, 237, 267~268, 275

〈ㅊ〉
창(David Cheng Chang) 125, 144, 146
천젠중(陳建中) 157~158

〈ㅋ〉
캐넌(Jack Y. Canon) 263~273, 282~289
커밍스(Bruce Cumings) 10~11, 200~201, 292, 299
클라크(Mark W. Clark) 129, 251

〈ㅌ〉
토프트(Hans V. Tofte) 130
트루먼(Harry S. Truman) 126, 128, 176, 184

〈ㅍ〉
포츠담선언 28~29, 211
푸에블로호 289, 304~305

프렌치(Thomas French) 54~56

〈ㅎ〉
해리슨(David T. Harrison) 236, 244, 254~255
해리슨(William K. Harrison Jr.) 239, 300
화교 13, 145, 160~163, 216, 256, 309
황톈차이(黃天才) 131~133, 138~140, 145
후광밍(侯廣明) 237~239, 242~243, 248, 250, 259
히라쓰카 시게하루(平塚重治) 41~42
히키(Doyle O. Hickey) 276